¿Qué signo eres? Una de las preguntas que inevitablemente le acabamos preguntando al desconocido con intención de conocer. Sabiendo o no de astrología es uno de los primeros esfuerzos por tratar de descifrar a quien tenemos enfrente y sentimos que la respuesta "Libra" o "Géminis" o cualquiera de los otros diez signos nos ilustra un poco en el quién es esta persona. Este libro es un amigable acercamiento para entender a profundidad esa respuesta, y da entrada a poder elaborar un juicio más certero de los primeros encuentros.

Sin embargo, este libro resulta tan práctico y revelador para entender a la pareja, al jefe con el que no logramos conectar o al hijo al que es siempre necesario entender mejor.

Más entendimiento, mayores posibilidades de conexión y cuando hay mayor conexión nace la posibilidad de relaciones más profundas y armoniosas. Un must!

— *Martha Debayle, exitosa emprendedora, locutora*
y presentadora de televisión

Este libro es tan fácil de entender y tan claro que hasta una persona que no sabe nada de astrología puede aprender y disfrutar al leerlo, pero aun el astrólogo profesional y experimentado encontrará nuevos conceptos e ideas interesantes: históricas, mitológicas, literarias y socio-políticas que iluminan cada signo. Lo recomiendo definitivamente.

— *David Cochrane, astrólogo profesional,*
fundador de Cosmic Patterns Software

¡Bravísimo! Kathie García nos regala esta valiosa aportación. Si usted apenas está empezando a conocer la astrología o si tiene años de practicarla, encontrará nuevas apreciaciones en *El Camino del Héroe a través del Zodíaco*; conceptos intrigantes que darán ímpetu a su búsqueda personal de significado interior o realización profesional. Kathie escribe con un estilo original, mezclando con destreza la experiencia de la vida real con una erudición penetrante y vasta que abarca diferentes escuelas astrológicas, la sabiduría antigua y la psicología moderna de una manera accesible, interesante y que resuena con la verdad. *El Camino del Héroe a través del Zodíaco* revelará cualidades positivas que usted ni se imaginaba que tenía y lo inspirará para aprovechar al máximo la bella aventura de su propia vida.

— *Gregory Bodwell, doctorado y abogado*

Este libro traspasa todas las barreras. Sin importar quién seas, *El Camino del Héroe a través del Zodíaco: los signos solares*, despertará en ti una nueva consciencia, al conectarte con algo tan profundo dentro de tu alma que al terminar de leerlo tendrás una compresión de la vida más clara que la que tenías antes.

— *Karen Drye, astróloga profesional*

Dado que la astrología juega un papel tan significativo en nuestra evolución, recomiendo encarecidamente esta nueva obra sensacional a todos los buscadores espirituales. Esta obra transciende las limitaciones y diferencias de las diferentes religiones del mundo y se enfoca en las verdades más elevadas que comparten todas. Contiene claves para la auto-maestría que son cruciales para nuestra madurez espiritual. Cuando leí la sección de mi propio signo solar, aprendí más sobre cómo y por qué vivo mi vida. Conozco a Kathie desde hace 20 años y me han beneficiado mucho sus sabios consejos. *El Camino del Héroe a través del Zodíaco: los signos solares* imparte una comprensión nueva y más profunda de la manera como los patrones planetarios afectan nuestras vidas. ¡Este libro es un regalo maravilloso para toda la humanidad!

— *C. David Lundberg, autor del*
Unifying Truths of the Worlds Religions

Mi familia ha apreciado mucho la perspicacia astrológica de Kathie desde hace 25 años. Los informes *Child*Star* y *Astro*Journey*, los perfectos compañeros para mis propios estudios de psicología, han sido herramientas invaluables para mí y para mi esposo, para un mejor entendimiento de las fuerzas y los retos de cada uno de nuestros hijos, así como de la naturaleza y el ritmo de sus ciclos vitales. Ahora estamos aprovechando los informes de Kathie para la próxima generación. Es un gozo ver aparecer en nuestros nietos también las características únicas identificadas en los informes Este libro seguramente proveerá a cualquier buscador de la verdad de herramientas prácticas para la vida, la suya y las de los miembros sus familias.

— *Laura Boise, maestra de Montessori y madre de diez hijos*

Usted mejorará sus relaciones con su pareja, con su familia, con su jefe, sus amigos y con sus clientes y más después de haber leído y estudiado este libro. En el encontrará claves de gran valor para comprender el por qué de muchos de los comportamientos de las personas que le ayudarán a entenderlas mejor y amarlas más. *El Camino del Héroe a través del Zodíaco: los signos solares* es una lectura obligada para quienes quieren mejorar sus relaciones y conocerse mejor.

— José Manuel Gonzáles Carro, , empresario
y uno de los editores de este libro

El Camino del Héroe a través del Zodíaco: los signos solares abre el camino a una comprensión mística más elevada y trae al corazón la vibración misma de las estrellas. A través de su sabiduría te elevarás a un plano superior de verdad.

— Dr. Neil Kremer, acupunturista licenciada
y doctor de la medicina oriental

Navegar las estrellas es un reto que puede ser confuso. La sabiduría, intuición y los consejos que he recibido de Kathie García durante *el Camino* de mi vida, me han ayudado ver el sentido en donde no parecía haber. Con su vasto conocimiento, guía y estímulo, me ha ayudado obtener el entendimiento necesario para tapar los baches de mi carretera personal. Ella ha sido bendecida por los ángeles y devuelve el favor con su servicio a los demás.

— Kathleen M. Kierce, artista

El Camino del Héroe a través del Zodíaco es una lectura obligada para principiantes y expertos en astrología. Con un lenguaje claro y que va directo al punto, Kathie García nos lleva de la mano por los intrincados caminos de la psicología personal, para entender mejor la misión del alma en camino de regreso al Origen de toda vida.

A través de sus páginas, el libro orienta de manera sencilla sobre como maximizar nuestros talentos personales para superar ampliamente complejos los desafiantes obstáculos de la vida cotidiana, y transformar nuestro destino cósmico en un acontecimiento totalmente victorioso y digno de haber sido vivido.

No solo es un excelente libro de consulta, sino una obra de interés general que con ameno estilo, ilustra orígenes y consecuencias sobre las desconcertantes y atrayentes manifestaciones de la personalidad humana.

Gracias a Kathie por tan útil herramienta de autosuperación personal, porque arroja luz y comprensión sobre los profundos misterios de nuestro peregrinar en la tierra, al poner en manos de toda persona interesada en el autoconocimiento y psicología del ser, una valiosa guía para escalar con éxito (y sin molestos retrasos) la empinada montaña de la vida.

— *Jorge Luis Aguirre, periodista*

El Camino del Héroe a través del Zodíaco: los signos solares es nada menos que el camino hacia el Ser Real—un viaje de valentía para superar los obstáculos que la vida presenta. Tener un guía para interpretar las señales de las estrellas a lo largo del camino, empezando con el importantísimo Signo Solar propio, es un don inmensurable para el buscador, puesto que dan forma a las sutiles corrientes del subconsciente que controlan nuestras vidas. El estilo de Kathie está lleno de cuentos alegóricos, leyendas de la mitología y anécdotas graciosas que ayudan a inspirar una nueva visión cósmica y disipar los espesos velos de la ilusión. Que este libro sirva a todos los héroes durante su épico viaje hacia la Verdad.

— *Mark Johnston, Sadhaka (practicante o aspirante espiritual)*

ASTROLOGÍA TRANSFORMACIONAL™

El Camino del Héroe a través del Zodíaco

LOS SIGNOS SOLARES

Kathie García

The Three MAGI

DEDICATORIA

*A todas las almas firmes, perseverantes y resueltas
a seguir el Camino del Héroe, la Vía del Amor,
en esta hora histórica en la que cambian tan
dramáticamente los ciclos que gobiernan
nuestro destino individual y colectivo.*

ASTROLOGÍA TRANSFORMACIONAL™
El Camino del Héroe a través del Zodíaco
LOS SIGNOS SOLARES
Kathie García

Edición Imprimida ISBN: 978-0-9908192-3-3
Edición Electrónica ISBN: 978-0-9908192-2-6

The Three Magi
P.O. 81 • Emigrant • Montana
USA 59027 EE. UU.

Impreso en Los Estados Unidos de América

Traducción: Kathie García
Editor: José Manuel González Carro
Corrector de Pruebas: Salvador Arturo Acuña Rico
Editor final: Rosa Ana Domínguez
Gráfica, diseño y presentación: Denis Ouellette
Arte de la portada: Marius Michael-George

Por más información y copias adicionales, diríjase a
www.TheThreeMagi.com

Por favor incluya: nombre, dirección, e-correo, teléfono, y numero de copias.

~ PRIMERA PARTE ~
El SOL en los Signos de FUEGO y AIRE
Masculinos

~ SEGUNDA PARTE ~
El SOL en los Signos de AGUA y TIERRA
Femeninos

RECONOCIMIENTOS

Escribir *El Camino del Héroe a través del Zodíaco: los signos solares* ha sido un paso sumamente significativo para mi propio camino espiritual. Quisiera reconocer a aquellos que han caminado a mi lado, añadiendo su "llama" única a la obra, contribuyendo y compartiendo en el proceso creativo que emergió mientras escribía este libro que ganó nuevas dimensiones durante el proceso de traducirlo al español.

Extiendo primero mi agradecimiento a mi hijo Eugenio García por haber mantenido la visión para mí, animándome y apoyándome a realizar mi sueño. Desde el principio hasta el final, Eugenio ha sido una parte imprescindible de esta obra. Él y mi difunto padre, Jerome J. Zuflacht, me ayudaron a financiar este proyecto. Mi padre no pudo ver el resultado final pero creyó en mí, apoyándome como ninguna otra persona en mi vida lo ha hecho.

Eduardo es el hermano mayor de Eugenio, por dos minutos. Sus cartas astrológicas son exactamente iguales. Cierto, hay eventos que ocurren para ambos a la vez. En otras ocasiones, pareciera que toman turnos pero, al final de cuentas, no existen dos almas idénticas e interpreto la carta de una manera para Eduardo y de otra manera para su hermano mellizo. Eduardo, un reconocido chef, vive la vida como artista. Nos sigue mostrando el camino del Héroe (su historia fenomenal está en la sección sobre el Sol en Leo). Su amor por la vida, su gratitud y su resolución de hacer que cada momento cuente me inspiran, llenando mi vida de júbilo y felicidad.

Mi hija, Indra Astrea Fanuzzi, es una Aries nacida con un Gran Trígono de Tierra entrelazado con un Gran Trígono de Agua, que forman una Estrella de la Victoria. Es en extremo productiva, compasiva y bondadosa. Su sabiduría práctica, su buen sentido de humor y su habilidad singular para hacer casi cualquier trabajo en excelencia, enriquecen mi vida más de lo que puedo expresar con palabras.

Ellie es la más joven. Nació en 1995. De todos mis hijos, ella es la única que nació con el Sol en un signo de Agua (Cáncer). Ellie me hizo consciente de lo que interesa a los jóvenes. Le doy las gracias por haberme ayudado a redactar varios capítulos de este libro, en los que contribuyó con sus comentarios perspicaces, su sensibilidad, gracia y alegría.

Expreso mi más sincera gratitud a Marjorie Lombard, mi querida amiga desde hace muchos años. Escritora y pedagoga, era directora de la escuela Thomas More por muchos años y comparte mi amor por los niños y sus familias. Marjorie ha sido para mí una fuente de inspiración y entusiasmo. Me ha ayudado desde aquellos días cuando apenas empecé a conceptualizar el formato del libro. Hasta la fecha, me escucha y me apoya, siempre animándome a compartir mi experiencia en el Sendero y mi manera única de interpretar la astrología.

Desde que salió *The Hero's Journey through the Zodiac* en el otoño de 2014, muchas personas me preguntaron cuándo saldría en español. Bien, ¿pero quién me iba a ayudar a traducirlo? Decidí por fin que yo misma lo traduciría. A finales de diciembre de 2014, estaba sentada en un café traduciendo las primeras páginas del capítulo sobre el Sol en Aries cuando entró el dueño, mi amigo José Manuel González Carro. Le pedí el favor de echarme una mano con una frase particularmente difícil de traducir. Su respuesta fue tal que me quedé impresionada con su comprensión del mensaje y la fluidez y poesía de su lenguaje. Empezamos a trabajar juntos en enero del 2015, yo traduciendo y él leyendo en voz alta mientras redactaba y corregía mi español. Pensamos que si nos encontrábamos un día a la semana, podríamos terminar en cinco o seis meses. A final de cuentas, no finalizamos sino hasta enero del 2017, ¡dos años y medio después!

Con su Sol en Virgo (minuciosamente detallista) y Capricornio (productor de obras) en el Ascendente, José Manuel decidió desde el principio que no dejaría el proyecto hasta verlo terminado. Reconozco lo ocupado que está con su negocio, su familia, sus viajes y su servicio a la comunidad, y estoy sumamente agradecida por todo el tiempo que dedicó hasta ver terminada la traducción de *El Camino del Héroe a través del Zodíaco*.

En abril, nuestro amigo mutuo, Salvador Arturo Acuña Rico, aceptó ser "otro par de ojos" para revisar lo que José Manuel y yo habíamos hecho juntos. Yo sabía que Arturo tenía dominio sobre el español, facilidad de palabra, un espíritu amoroso y pasión por el Sendero. No sólo estoy agradecida por su ayuda sino también por haber infundido en la obra su estilo y destreza lingüísticos tan especiales.

Cuando mi trabajo con José Manuel y Arturo llegaba a su final, hallábamos más y más de esas complejas dudas a las que los escritores y los editores profesionales se enfrentan una y otra vez y son la entraña de su trabajo artesanal, pero que ni José ni Arturo podían resolver de manera definitiva. Desde luego consulté la RAE, la Real Academia Española, el libro *Redacción sin dolor* de Sandro Cohen y una variedad de fuentes, pero me sorprendió ver cuántas reglas del mundo literario hispánico seguían cambiando, así como lo variadas y llenas de controversia que eran las sugerencias que hallé en la Red. Confié el dilema a mi amiga de tantos años, Alba Rosa Gutiérrez, y ella —¡estoy tan agradecida!—comentó que tenía una muy buena amiga, Rosa Ana Domínguez, una autora mexicana que vivía en Sudáfrica con su familia, que amaba la astrología y que tal vez podría ayudarme. He agradecido a las estrellas por ese fortuito encuentro y porque Rosa Ana aceptara esta tremenda tarea. He aprendido tanto español porque, bueno, ¡tuvo tanto que corregir! Además de la calidad de su trabajo, sus penetrantes habilidades editoriales en el español, su paciencia al señalar cambios necesarios, su dedicación y trabajo duro, agradezco que su alegre llama y franqueza sagitarianas se filtraran en esta obra.

Denis Ouellette fue mi editor para la edición original de este libro en inglés. Desde el primer manuscrito la contribución de Denis ha sido inestimable para crear el diseño, escoger ilustraciones y más. Su ojo artístico, su talento para crear diseños, su entendimiento del proceso editorial y su sentido del humor y perspicacia espiritual me acompañaron a cada paso. Al terminar la traducción al español, volví con Denis para hacer la gráfica, diseño y presentación de *El Camino del Héroe a través del Zodíaco: los signos solares*.

He desarrollado mi enfoque de la astrología a través de muchos años de estudio y práctica devota de las tradiciones místicas del mundo. Agradezco en especial las Enseñanzas de los Maestros Ascendidos, las cuales han sido un faro de luz que han iluminado mi sendero; estas enseñanzas me han moldeado y me han inspirado para la creación de la *Astrología Transformacional*, la cual no busca hacer profecías fatalistas esculpidas en piedra, sino ofrecer una fórmula para el cambio y la superación, para ganar la victoria en esta vida. ¡Esto es el camino del Héroe mientras aprende a gobernar sus estrellas!

Y muchas gracias a los numerosos individuos que me alentaron desde el principio. Un reconocimiento especial para mis clientes, de quienes aprendo tanto. Sus vidas, vistas a través de la lente de sus cartas astrológicas, han profundizado mi entendimiento de la naturaleza del *Camino del Héroe a través del Zodíaco*. Al escribir cada sección, muchos de ustedes aparecieron en mi mente.

Cualquier escritor necesita ser animado de vez en cuando. Doy las gracias a Manuel García Castilla, compañero de mi vida por muchos años y padre de mis cuatro hijos. Su devoción por esta obra ha sido constante; jamás ha dejado de animarme a seguir adelante, muchas veces con metáforas del mar (él fue pescador en sus años mozos): *"Kathie, éste es un gran trabajo y estás en las últimas brazadas, ¡termina tu libro!"* Y ya está hecho, ¡hasta en español!

¡Mil gracias!

INTRODUCCIÓN:

UN HOMBRE SABIO GOBIERNA A SUS ESTRELLAS

Querido Lector,

¡Los vientos de Acuario ya han llegado! Los ciclos requieren que aceleremos la consciencia de nuestra realidad interna. ¡Nada menos bastará! *El Camino del Héroe a través del Zodíaco* es más que una manera actualizada de interpretar la carta astrológica; está escrito para las almas que viven en esta singular época de transformación planetaria. Porque no solamente la Era de Piscis ha dado paso ya a la Era de Acuario, sino que ciclos más largos, algunos de cientos de miles de años, están por cumplirse mientras que otros ciclos están apenas naciendo.[1]

Al mirar las estrellas, al contemplar períodos de evolución tan vastos que sobrepasan la imaginación, y aun cuando escuchamos las últimas noticias planetarias, nos sentimos asombrados, maravillados e incluso, a veces, comparativamente insignificantes y comprensiblemente aprehensivos. ¿Qué nos traerá el futuro? La verdad es que nosotros afectamos a los tiempos en los cuales vivimos tanto como los tiempos nos afectan a nosotros.

Cada aliento de vida, cada paso que damos es parte del baile cósmico. Nuestras elecciones cuentan más ahora que nunca. ¿Qué camino tomaremos como individuos y colectivamente? ¿Vamos a poder torear este reto del cambio? Más aún, ¿podremos determinar su curso? ¿O nos sentiremos abrumados por el?

Siempre he creído que un individuo unido con Dios puede cambiar al mundo. Imagínense a un mundo en el cual el Héroe no es la excepción sino la regla. Visualicen una época que está por venir en la que no solo un ser Crístico caminará por la tierra sino que muchos lo harán; un tiempo en el que muchos

---

[1] Véase *Earth Under Fire,* por Paul LaViolette sobre sus investigaciones de los Ciclos Solares, su duración y su importancia y sobre las súper olas galácticas que chocan con la tierra cada 13 000 años. También recomiendo mi artículo llamado "Galactic Astrology", en la revista en línea *Atlantis Rising Magazine* (no.14) en la que doy la sinopsis del trabajo astro-arqueológico y científicamente innovador del Dr. Violette. Véase también *La dimensión galáctica de la astrología* por el astrólogo y metafísico Dane Rudhyar. Según el autor estamos evolucionado ahora hacia una compresión de tipo galáctica. Para recibir una introducción al significado del ciclo de Kali Yuga en el que ya estamos según la astrología hindú, véase www.Wikepedia.org/wiki/KaliYuga. Según el astrólogo védico Sri Yukeswar, estamos en el ciclo Dwapara Yuga (y no Kali Yuga) que empezó en 1699 y dura 2400 años, una época "trayendo un rápido desarollo en el conocimiento del hombre". Además, considérese que aparte en el amanecer de la Era de Acuario, un "Gran Año" o "Año Platónico", un ciclo que dura 25 800 años está iniciándose. Véase www.Revealer.com/platonic.htm.

seres de luz, unidos uno con el otro por el vínculo del amor, lograrán su maestría sobre el karma.

En la Era de Piscis (más o menos, desde 04 a.C. hasta los primeros años de este siglo), la humanidad recibió gracia, misericordia y oportunidad a través de la fe. Nos fue otorgado el Sendero de la Redención para ayudarnos a recuperar y restaurar las partes fragmentadas de nuestra psicología y así curar nuestros malestares, liberando aquellos aspectos de nuestras almas atrapados en la ignorancia. Ya había llegado la hora de la salvación —*la elevación del ser*— no solo de individuos, sino del planeta entero a los planos de belleza y verdad. (Véase el capítulo sobre el Sol en Piscis para aprender más sobre la Era de Piscis y del papel que jugó Jesús, llamado el Avatar de Piscis).

Existe algo de controversia entre los astrólogos y los metafísicos en cuanto a la pregunta de cuándo exactamente comenzó la Era de Acuario (o cuando comenzará). Sin embargo, cuando los años noventa del siglo pasado estaban a punto de terminar, me di cuenta —no solo por la naturaleza de las noticias, sino también observando las vidas de mis clientes y escuchando sus preocupaciones— que la Era de Piscis estaba concluyendo.

¿Cuáles son las señales de Acuario? Vemos los avances tecnológicos expandirse con rapidez por todas partes del mundo y hay un despertar de consciencia a nivel mundial, como si la gente hubiera estado dormida por siglos. Oímos en todo el mundo gritos por la libertad. Hay levantamientos políticos — expulsión de dictadores y denuncia de formas opresivas de gobierno— y una reconsideración de normas culturales y prejuicios intolerantes que habían sido aceptados por generaciones. Observamos las consecuencias negativas que ocurren en el plano social cuando la gente erróneamente cree que libertad significa libertinaje.

Es importante notar que la Era de Acuario nos trae oportunidades para ejercer más libertad a nivel del alma. Enseñanzas secretas que fueron guardadas por siglos ya son accesibles, tal como ocurrió cuando el Dalai Lama huyó a la India, despertando en el mundo un aprecio por el budismo tibetano. Se están haciendo públicas enseñanzas místicas antes ocultas, tanto de Oriente como de Occidente. A la vez, se han publicado copias piratas de eso mismo en un mundo cada día más conectado y ruidoso. Estamos descubriendo nuevas fronteras en la ciencia y la medicina; por ejemplo, la aceptación de formas de curarse por medio de la intuición y/o de la energía. La astrología se está haciendo más y más popular. Otra señal de la Era de Acuario es que la ciencia del poder del sonido combinada con la meditación está saliendo a la luz del día. Es utilizada para la curación del cuerpo y del alma; del individuo y del planeta. Esta ciencia fue guardada celosamente durante siglos por los grandes místicos para prevenir su uso indebido.

Con la llegada de Acuario vienen los niños de la Nueva Era, generación tras generación de almas cuyas mentes y corazones están más avanzadas que aquellos que los precedieron. Sin estos niños y otros seres destinados a reencarnarse durante este período tan épico en la historia, la Edad Dorada prometida podría demorarse o incluso perderse.

Una característica de la Era de Acuario es el retorno de la Madre —es decir, las energías femeninas de Dios manifestadas como la belleza, el bienestar económico y físico, la sabiduría que nace de la comprensión, los dones del Espíritu Santo— no exclusivamente para unos cuantos elegidos ni tampoco solo para las mujeres, sino para todos aquellos que estén receptivos para recibir su amor. Con este gran arrebato del amor, que es la fuerza más poderosa en el universo, viene el juicio, porque el amor revela y consume todo lo que es antiamor.

Enseñanzas sobre la naturaleza y la manifestación de la energía de la Madre en los diferentes signos en la Era de Acuario están trenzadas en *El Camino del Héroe a través del Zodíaco: los signos solares*. Observamos que esta energía es especialmente pronunciada cuando el Sol está en Cáncer, Escorpio, Piscis y Virgo.

No cabe duda que Acuario ha llegado; rápidamente estamos convirtiéndonos en hombres y mujeres de esta nueva era. No obstante, me pregunto a veces qué tantos entre nosotros han cumplido con éxito los requisitos de la Era previa de Aries —incluso los de la Era de Tauro, que la precedió— cuando recibimos el mandamiento de amar a tu prójimo como a ti mismo. ¿Cuántas almas entre nosotros están imbuídas de la compasión de un Buda? ¿Cuántas personas están desapegadas de las cosas materiales? Porque está escrito que todo aquél que quiera salvar su vida buscando sobre todo ganar posesiones materiales o la aprobación del mundo, la perderá, y aquél que pierda (sacrifique) su vida (mundana) para seguir a Cristo, la salvará.[2]

Y durante los últimos dos mil años, ¿cuántos entre nosotros se han apoderado de la perla de gran valor sobre la cual está escrito que un hombre vendió todo lo que tenía para adquirirla? La perla simboliza la sabiduría invaluable y el espíritu de la verdad que conmueve el alma del hombre y transforma su entendimiento.

Los ciclos de cambio crean nuevas oportunidades y nuevos retos. También es verdad que la maestría que logramos durante un ciclo determinado nos permite aprovechar oportunidades durante el siguiente ciclo, como matricularse en la universidad después de graduarse de la preparatoria. Visto desde otra perspectiva, lo que no se cumple durante un ciclo particular puede suponer una desventaja en el próximo. Es cierto que hemos progresado mucho, pero a la vez mucho se ha perdido o ha sido distorsionado. Entonces, ¿cuántas personas hoy en día han llegado a tiempo para tomar su lugar como hombres y mujeres de esta nueva era?

---

[2] Lucas 9:24, Mateo 16:25 y Marcos 8:35

Cuando uno considera períodos de tiempo tan vastos, es menester dar un paso hacia atrás para captar todo el panorama. Podemos identificar las tendencias y los eventos que marcan el fin de una era astrológica (los últimos dos o tres siglos), cuando el cierre inminente de una era pone la mesa para la siguiente. Vimos los primeros vestigios de la Era de Acuario con el descubrimiento en 1781 de Urano, planeta que rige, con Saturno, a Acuario, el cual coincidió con la Revolución de los Estados Unidos de America, y luego con la Revolución Francesa. Incluso el descubrimiento de Cristóbal Colón del Nuevo Mundo en 1492 fue una herramienta para abrir el camino del futuro país que se iba a dedicar a la "libertad y justicia para todos". Se abrió el camino para generaciones futuras a nivel mundial, a pesar de que este mismo descubrimiento fue la causa del desastre para muchas poblaciones nativas, y que el ideal de libertad y la carga de responsabilidad que conllevaba todavía no se ha realizado por completo.

¿Será que el tiempo mismo se está acelerando, causando que las fechas de las llegadas y salidas de los ciclos sean diferentes de lo que serían si se calcularan usando el calendario normal? Puede ser. Sea como sea, para tomar la antorcha acuariana del amor y de la libertad, tenemos que curarnos individualmente y como comunidad de las heridas del pasado, algunas de las cuales todavía están abiertas mientras que otras han dejado cicatrices que afectan la sensibilidad del alma.

En Piscis se puede encontrar el ungüento necesario. Vamos a recordar, entonces, que aunque es cierto que Piscis ha dado un paso hacia atrás, este signo de la automaestría no ha desaparecido del Zodíaco (y tampoco de nuestra experiencia). ¡De ninguna manera! Además, creo que las primeras décadas de la Era de Acuario —las de este siglo y posiblemente hasta las primeras décadas del próximo— contienen elementos de la Era de Piscis, justo como la noche se retira poco a poco mientras el alba se va aclarando. Considera también que todos los planetas externos han pasado o pasarán por Piscis durante este siglo. Ahora en 2017 ambos, Neptuno y Quirón, están en Piscis.[3]

Especialmente durante el transcurso de estos poderosos tránsitos por Piscis, percibo en el mundo mucho duelo, el deseo profundo del alma de ser sanada, pero también de curar las heridas de un planeta donde los hermanos han luchado unos contra otros, donde tanta sangre se ha derramado, a menudo en el nombre de Dios, y donde la pérdida y la tristeza ponen a prueba nuestras almas.

---

[3] En este año (2017), Neptuno y Quirón están transitando en Piscis. El tránsito de Neptuno en Piscis empezó en la primavera del 2011, justo después del tránsito de Urano que duró siete años en este signo. Dura hasta el 2025 cuando esta generación de jóvenes llegue a la edad adulta. Se nota la influencmia de estos planetas en Piscis en la gran atención en estos timepos a las mareas de los mares y la disponibilidad o escasez de agua. Saturno entrará en Piscis en 2023, quedándose allí por casi tres años. Plutón entrará en Piscis en 2043, por primera vez desde hace 245 años. Este tránsito durará hasta 2068.

Pero Piscis es a la vez un signo de gran júbilo y de milagros, de la fe y del perdón, estados de consciencia en los cuales recordamos quienes somos en realidad y cuál es nuestro destino más elevado. Entonces, nos puede consolar el hecho de que se mantiene todavía una ventana abierta de oportunidad, a través del amor y del perdón, de transmutar los errores de nuestro pasado mientras aceleramos nuestra consciencia para poder sincronizarnos con frecuencias acuarianas. En *El Camino del Héroe por el Zodíaco: los signos solares*, encontrarás muchas claves para poder encarnar la sabiduría de Piscis y el Espíritu Santo de Acuario.

Esta época extraordinaria en la que un ciclo está superpuesto sobre el otro se ha descrito como una clase de cosecha cósmica. Es el tiempo profetizado cuando el trigo de "los justos" (aspectos de consciencia alineados con Dios) será separado de la cizaña (la maldad) dentro de cada quien y dentro de la humanidad. La verdad es que la historia de la mezcla de la luz con la oscuridad sobre este planeta es larga y compleja, pero ya ha llegado la hora en que los campos tienen que ser purificados y limpiados en preparación para lo que nos espera.

Podemos atestiguar por las catástrofes naturales —huracanes, terremotos, tsunamis, etc.— que la hora de pagar las cuentas ha llegado. El planeta está reventando por las costuras sin poder evitar la convulsión, porque no se puede verter el nuevo vino de Acuario en los cueros viejos de Piscis. Durante estos tiempos algunas personas pasan por huracanes, terremotos y conocen la destrucción causada por las guerras, mientras que otras, bajo la misma astrología, luchan para mantener la paz dentro de sus matrimonios y sus familias o dentro de su propia psique. Aunque abundan las soluciones, poder reconocerlas e implementarlas correctamente y a tiempo requiere una consciencia más despierta, más amor, y nuevos niveles de cooperación y cuidado mutuo en todas partes del mundo. Tenemos que darnos cuenta de nuestra interdependencia, no solo de uno para con el otro sino, también para con las fuerzas de la vida elemental —fuego, aire, agua y tierra— sobre este planeta que nos sostiene. Entender los pasos del Héroe (los nuestros) en *El Camino a través del Zodíaco* nos puede ayudar en gran medida.

Durante esta época en que nos toca transformarnos en hombres y mujeres de Acuario, las ciencias curativas, las cuales incluyen la astrología, están cambiando. Debido a esto, desarrollé la *Astrología Transformacional* para ayudar y guiar a aquellas personas que están buscando la autorrealización espiritual y la libertad. La *Astrología Transformacional*, entonces, se creó en respuesta a las necesidades de estas personas que buscan despertar a una perspectiva acuariana —amorosa, compasiva y espiritualmente madura— para asegurar que la promesa de Acuario de traernos una era de amor divino y de libertad no será descarrilada.

El Camino del Héroe a través del Zodíaco se centra en los *Signos Solares*, enseñando desde el punto de vista de la *Astrología Transformacional*. Además, cada capítulo incluye por lo menos un análisis detallado —en una nota al pie de la página— que muestra cómo sintetizar el significado de los diferentes elementos de la carta astrológica, —planetas, aspectos, casas y patrones astrológicos— dando así un fundamento apropiado tanto para el astrólogo profesional como para el novato. Empezar con los signos solares es especialmente útil para quien no sabe mucho de astrología: descubrirá claves esenciales sobre su propia psicología y la de los demás. A la vez, aquellos astrólogos que tienen años de experiencia, ya sean aficionados o profesionales, descubrirán nuevas fronteras de conocimiento y un modo nuevo de interpretación astrológica que provee claves únicas y al día para el hombre, la mujer y el niño de la Era de Acuario.

Acuario representa la unión de lo mejor de lo conocido (Saturno) con lo mejor de lo nuevo e innovador (Urano) y por lo tanto los conceptos que presento en la *Astrología Transformacional* son sobre todo clásicos, pero mi interpretación de ellos es nueva, reveladora y multidimensional. He arrancado, como si fueran malas hierbas, tanto los elementos de temor al futuro (Saturno) como las interpretaciones erróneas de la naturaleza de la libertad (Urano) en nuestras vidas actuales o futuras. Un punto de vista esotérico y también principios kabalísticos sobresalen en esta obra. Creo que estas enseñanzas nos pueden ayudar a ver más allá de la vida externa hasta percibir la vida del alma. Debido en parte a la entrada al escenario mundial de las energías de Plutón (descubierto en 1930) que revela mucho sobre la naturaleza de la mente subconsciente e inconsciente, la psicología ha hecho grandes avances. Al mismo tiempo han brotado diferentes acercamientos psicológicos al estudio de la astrología. Atestiguamos grandes avances como resultado de los esfuerzos de muchos astrólogos profesionales, quienes practicaron durante los primeros cincuenta años del último siglo. Ellos lucharon para que la astrología fuera reconocida como una ciencia legítima en lugar de ser vista como una forma de adivinación.

Especialmente los astrólogos occidentales enfatizaron la importancia que tiene en la interpretación de la ecuación del horóscopo el tomar en cuenta la elección por libre albedrío del individuo: un indicador del pensamiento acuariano. Muchos astrólogos modernos incorporan dimensiones transcendentales y espirituales a sus análisis. Las obras de la astróloga reconocida Liz Greene están influidas por los arquetipos del psicólogo Carl Jung; el astrólogo británico Alan Leo, a veces llamado el padre de la astrología moderna, era teósofo; la *Astrología Transpersonal*, creada por el famoso astrólogo Dane Rudhyar, incorpora temas espirituales que resuenan con la psicología y experiencia humana; la astróloga Isabel Hickey escribió *La astrología, una ciencia sagrada*; Z'ev Ben Shimon Halevi es astrólogo kabalístico (*Astrología y Kabbalah*,) y más recientemente, Jhampa Shaneman y Jan Angel escribieron la *Astrología Búdica*. En *El Camino del Héroe a través del Zodíaco* refiero a menudo a los estudios de la astróloga médica Eileen Naumann. También comparto detalles interesantes de las vidas de astrólogos famosos en relación a su signo solar. Se puede leer de Dane Rudhyar en "El Sol en Aries", de Alan Leo en "El Sol en Leo" y de Grant Lewi en "El Sol en Géminis". A partir de estas tradiciones, añadimos otra dimensión, la del alma que recorre el sendero de la autotransformación en las décadas que constituyen el amanecer de la Era de Acuario.

Mientras que ha habido comunidades místicas por diferentes partes del globo a través de los milenios en donde unos cuantos individuos elegidos aceleraron su avance por el sendero espiritual, en la Era de Acuario muchas más almas están destinadas a conocer estas iniciaciones —más de lo que hemos visto desde las civilizaciones de Lemuria y de la Atlántida. La *Astrología Transforma-*

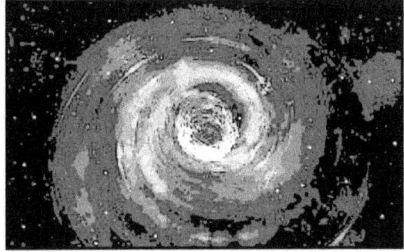
El Agujero de Gusano

cional nos ofrece el mapa. ¿Estás listo para **pasar por el agujero del gusano**, el cambio dimensional descrito en *Star Trek* y por los místicos? Es necesario hacerlo para poder pasar a una dimensión más elevada.

Una vez, un cliente mío exclamó:

—Kathie, ¡estoy cayéndome por entre las grietas!
—No es cierto— le contesté—. ¡Estás volando entre dimensiones!

Alterando su perspectiva mental, pudo desvanecer su miedo y cambiar sus circunstancias. Vivimos en una época de cambio y oportunidad sin precedentes. ¡Más nos vale aprender a volar!

CONCEPTOS BÁSICOS: LO QUÉ NECESITARÁS SABER

El Camino del Héroe por el Zodíaco comparte el punto de vista místico de que el alma no es una víctima pasiva arrojada accidentalmente por reencarnaciones aleatorias. Más bien, tu alma y tu Yo Superior escogieron el minuto específico de tu nacimiento debido a que la combinación compleja de patrones planetarios activos en ese momento, que influían sobre las tendencias históricas y el desarrollo de tu carácter personal, fueron precisamente lo que necesitabas para cumplir tu plan divino en esta vida.

Perspectivas mitológicas y astronómicas sobre las constelaciones y los planetas se entrelazan en este libro. A través de ellas obtenemos pistas importantes sobre sus efectos en nuestras vidas. No obstante, los signos solares son más que constelaciones en el cielo, grupos de estrellas ubicados por el elíptico del Zodíaco. Así como el cuerpo físico que lleva el hombre como vehículo para su alma durante su evolución en el tiempo y el espacio, los planetas también tienen cuerpos físicos, esencia espiritual y energía que nos afectan.

La definición de la metafísica es: el estudio de las causas espirituales detrás de los efectos físicos. Se entiende que la energía que caracteriza a cada signo y a cada planeta emana de una gran fuente espiritual. Como los rayos del arcos iris que vemos cuando miramos por un prisma, cada signo solar es otra expresión, una frecuencia particular, de la Luz Única que nosotros experi-

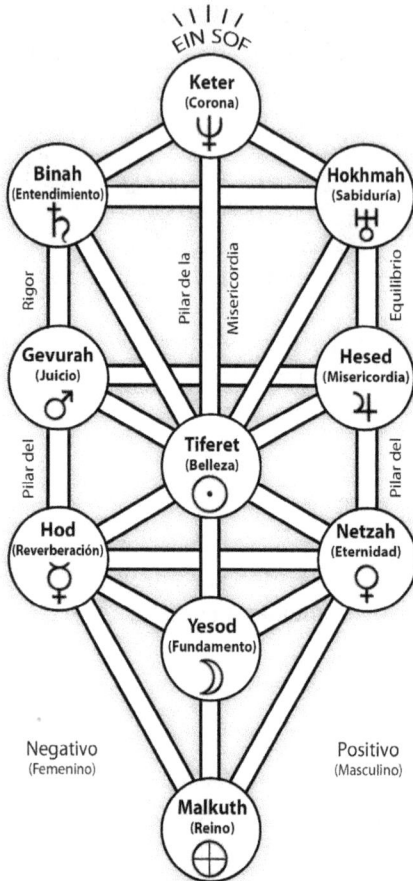

El Árbol de la Vida —El descenso de la Luz Infinita a los diez Sefirot o transformadores (aquí ilustrados con sus planetas correspondientes)

mentamos como los diferentes aspectos del entendimiento y del ser en eterna evolución.

¿Cuál es esta fuente original? La manifestación física y metafísica del centro de nuestra galaxia era un tema de gran interés para los astrónomos y los astrólogos antiguos. Las tradiciones modernas esotéricas hablan de un punto llamado *el Gran Sol Central* reflejado en la presencia divina de cada quien, que es el centro de todo el universo.

Los kabalistas a menudo hablan de *Ein Sof* —lo infinito, literalmente *lo que no tiene límites*, el nombre que ellos usan cuando se están refiriendo a Dios Transcendente, en su esencia pura, Dios en sí mismo, aparte de su relación con el hombre— como el punto original del cual descienden los sefirot puestos sobre el *Árbol de la Vida* kabalístico.[4] Según los escritos del rabino Moisés Luzzatto, maestro, dramaturgo y poeta místico del siglo XIX, Dios creó *los sefirot* como canales o velos por medio de los cuales:

...pudiera transmitirle al hombre su poder y su gracia: restringir esa gracia y ese poder hasta el punto en que los mundos no desaparecieran a causa de demasiada Luz, y que sin embargo proveyeran suficiente de ella para garantizar su continua existencia. Por tanto, Él hizo diez vasijas para que su Gracia y su Poder, al pasar por ellas,

---

[4] Véase JewishVirtualLibrary.org.
[5] Elizabeth Clare Prophet, *Mystical Paths of the World Religions*, (Parte 14) *Keys from Judaism—The Kabbalah and the Temple of Man: The Sefirot: Emanations of God.*

se densificara de tal manera que las creaciones más inferiores pudieran soportarlo y tolerarlo.

Así mismo, la líder y mensajera espiritual Elizabeth Clare Prophet (quién también cita a Luzzatto) enseñaba que el Maestro Ascendido El Morya habla de las doce jerarquías solares (los signos solares), como "transformadores que desaceleran la luz del Gran Sol Central para las evoluciones inferiores en los mundos lejanos a fin de que puedan tomar de la Copa de la Comunión Cósmica sin ser consumidos por la intensidad de la Luz del Sol no mitigada".[5]

Las configuraciones astrológicas presentes en el momento de nacer durante los días en los que Acuario está amaneciendo son particularmente significativas para cada alma, para mandalas o grupos de almas y para civilizaciones. Muchas cosas cobran un mayor sentido cuando tomamos en cuenta la reencarnación, la cual nos permite seguir desarrollándonos a través de la evolución, de modo que en cada encarnación podamos equilibrar karma particular y lograr maestría en **el chakra que corresponde a nuestro signo solar**, o quizá cumplir una misión específica relacionada con las cualidades más brillantes de nuestro signo solar (éstas están indicadas en las páginas al comienzo de cada capítulo).

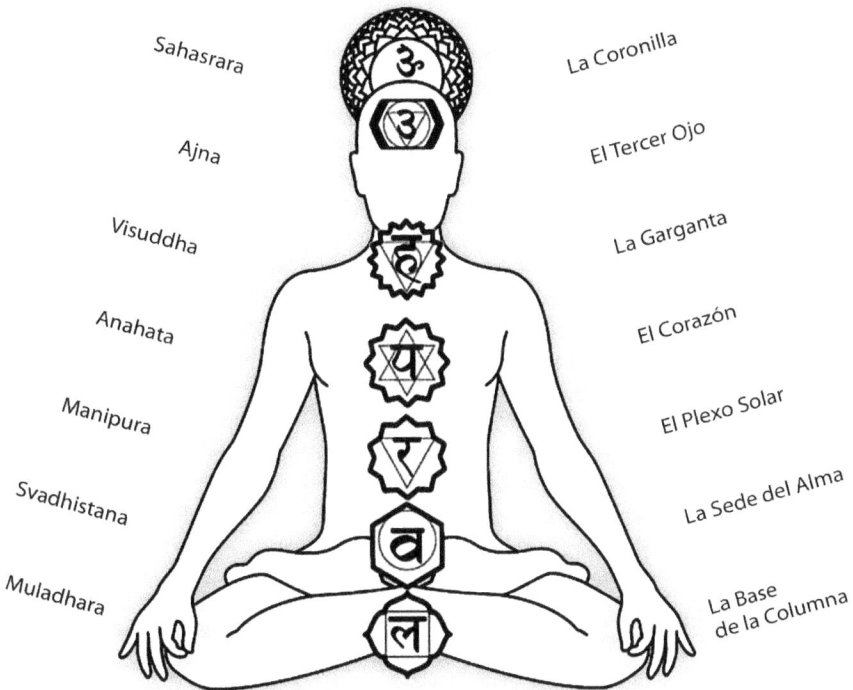

Sahasrara — La Coronilla
Ajna — El Tercer Ojo
Visuddha — La Garganta
Anahata — El Corazón
Manipura — El Plexo Solar
Svadhistana — La Sede del Alma
Muladhara — La Base de la Columna

Los Siete Chakras
(nombres en sánscrito a la izq.)

Además, nos es necesario encontrar ciertos individuos y grupos que son intrínsecos a nuestro plan divino, en escenarios, tiempos definidos y horas específicas. *La Astrología Transformacional* evita interpretaciones y exploraciones de tipo psíquico. No obstante, en la carta natal se pueden descubrir muchas pistas que indican en dónde se ha estado en otras vidas y con qué se tiene que lidiar en la vida actual. Como sea, ¡vivimos en el momento presente! Claro que la carta astrológica no revela todo que somos, pero habla mucho de lo que tenemos que conquistar y lo que tenemos que llegar a ser en esta vida.

Einstein dijo una vez: "Si no lo puedes explicar sencillamente, es que no lo entiendes lo bastante bien". También escribió que se requieren matemáticas complejas para llegar a unas cuantas conclusiones simples. La astrología es un arte complicado y científico; para adquirir maestría sobre ella es necesario aprender un vocabulario particular. Sin embargo, sus postulados y conclusiones son simples.

Empiezo todas mis sesiones astrológicas con la pregunta "¿Cómo te puedo servir? ¿Qué traes en tu corazón?" La mayoría de mis clientes desean entender mejor la naturaleza de las fuerzas activas en sus vidas y en su mundo: "¿Qué es lo que me está sucediendo? ¿Cuánto tiempo va a durar? ¿Cuáles son las lecciones que puedo aprender de mis experiencias? ¿Cómo puedo enfrentarme victoriosamente con mis circunstancias?"

Aunque es verdad que la mayoría de las personas reaccionan mejor cuando saben más, también es cierto que nos toca tener experiencias difíciles y a veces penosas. Algunas personas son más proactivas que otras; saben usar disciplinas espirituales para dirigir energía positiva a través de la ciencia de la palabra hablada;. utilizan invocaciones, afirmaciones y mantras para contrarrestar su vulnerabilidad kármica ante los presagios astrológicos negativos transmutándolos antes de que se manifiesten físicamente (véase la sección llamada *La ciencia acuariana de la invocación*).

En *El Camino del Héroe a través del Zodíaco: los signos solares* exploramos cómo cambia el sentido y la interpretación de los signos solares mientras se madura espiritualmente. Presentamos al alma como el individuo, el aspirante espiritual y como el *Héroe*, títulos que corresponden al alma mientras pasa por diferentes etapas y ciclos de su desarrollo en cada uno de los doce signos del Zodíaco. Éste eres tú en tu momento actual y, según tu libre albedrío, en lo que puedes llegar a convertirte. *El que desea ser el Héroe* es el hombre (o mujer) — a menudo un joven— que empieza a buscar más allá de las ambiciones materialistas y que sinceramente sueña con encontrar su misión en la vida. Puede que ya esté ocupado en su misión. Busca una mayor comprensión de la vida, pero aún no se dedica por completo al sendero de la superación del ego. *El Aspirante* es el que aspira a unirse con Dios. Hace un gran esfuerzo para lograr maestría sobre sí mismo pero todavía está en el proceso de equilibrar su karma. El sendero místico de la autotransformación es el mismo que los santos, adeptos y héroes de Oriente y de Occidente nos han mostrado desde hace miles de años. *El Héroe* es el nombre para el hombre o la mujer autorrealizado(a). Estudiando estos prototipos podemos entender mejor cuáles son los requisitos para la automaestría en cada uno de los signos solares.

Lo que me atrae más que nada de la astrología es su potencial para acelerar una poderosa autotransformación. Interpretar la naturaleza y la sincronización de los ciclos en la vida de un cliente ayuda a hacer un diagnóstico que a veces un psicólogo podría hacer solo después de meses de estudios, abriendo así el camino para un cambio proactivo. De esta manera, un presagio oscuro se puede convertir en uno positivo. Se puede encarar los retos victoriosamente. El potencial positivo se puede ampliar y uno puede cumplir su razón de ser. Es mi esperanza que la sabiduría de las antiguas enseñanzas conjuntamente con la *Astrología Transformacional* facilite el retorno al amor y a la compasión en nuestras relaciones íntimas e interpersonales. Pasemos de los patrones disfuncionales y discordantes a una mayor unidad a fin de que juntos podamos lograr más para la humanidad de lo que podríamos solos.

Una interpretación correcta de los ciclos dentro de ciclos y frecuencias que se sobreponen unas con otras requiere una estrategia multidimensional e intuitiva que toma en cuenta a muchos factores incluyendo, sobre todo, la esencia misma de la persona. Aparte de cumplir con los estudios necesarios de la *Astrología Transformacional*, clásica y kabalística, el astrólogo transformacional debe tratar de ser un instrumento de la sabiduría elevada, manteniendo un estado de paz y armonía. Debe confirmar, pero nunca reemplazar al Guía Interno, y jamás tomar una decisión que el cliente tiene que discernir por sí mismo.

La alquimia de la autotransformación ocurre en etapas. Intrínseco a la *Astrología Transformacional* es que la interpretación de la carta cambiará según el nivel de consciencia de la persona que busca consejo, algo que solo un astrólogo espiritualmente afinado puede discernir correctamente. Las contradicciones a menudo cobran sentido porque la consciencia cambia con el tiempo. Lo que es verdad y realista para una persona no necesariamente refleja la realidad de otra. Por ejemplo, la manera como vemos el mundo cuando somos niños difiere de cómo la percibimos siendo adultos. A veces tenemos que volver a la consciencia inocente del niño para recordar verdades profundas que acaso hemos perdido en el camino. Por otra parte, la inocencia tiene que convertirse en una madurez espiritual, la percepción tiene que ponerse al parejo con la responsabilidad espiritual. De la misma manera, lo que parece ser y de hecho es fantasioso o imprudente para una cierta persona durante cierta fase de su vida, como dar y dar sin preocuparse por ahorrar para mañana, podría ser la fórmula precisa para otro individuo más avanzado o quizá para la misma persona más tarde en su vida, cuando haya madurado espiritualmente y al fin tenga la facultad del discernimiento.

O también puede ocurrir que la persona pase por una conversión religiosa o un renacimiento espiritual. Llega la hora cuando se da cuenta de que no puede seguir viviendo sin valores espirituales definidos. Empieza a buscar al maestro o tal vez tenga un encuentro inesperado o escuche casualmente una plática que estimule su mente, llame su atención, sacuda su corazón y ¡cambie el curso de su vida para siempre! Mientras persista en el sendero de la automaestría, cambiará la interpretación de su carta. Lo que antes constituía un problema para él (representado por una cuadratura, oposición, conjunción intensa dentro de la carta natal o un planeta ubicado en un signo desfavorable para su expresión) no necesariamente ha sido resuelto, pero ahora se convierte en la punta de lanza de su poder y creatividad.

LOS SIGNOS SOLARES Y LA EVOLUCIÓN DE LA CONSCIENCIA

Nuestra aventura comienza con los signos solares. De todas las posiciones en la carta, el Sol representa el evolucionante sentido del ser. Es la influencia astrológica de mayor importancia y la más significativa de todas. En mi trabajo con muchos clientes, he observado que las oportunidades para la automaestría se dan de acuerdo a la naturaleza de su signo solar. *El Camino del Héroe a través del Zodíaco: los signos solares* está lleno de pistas para aquellos que buscan la automaestría. Aquel que llamamos el Héroe personifica la perfección de las cualidades de su signo de nacimiento. Durante muchas encarnaciones ha podido perfeccionarse en los diferente signos. Incluso en su vida actual, por los tránsitos y otras influencias planetarias, ha recibido pruebas en los doce signos, ¡hasta llegar a ser maestro en todos!

Al leer este libro, el lector se embarca en una aventura. Su primera inclinación bien puede ser la de leer su propio signo solar, o el de un ser querido. Claro que eso es factible, pero le recomiendo que regrese a la primera página para leer el libro desde el principio. Aunque se puede aprender de cada signo de por sí, es preferible explorarlo en relación a los demás y como parte del círculo completo. Consideremos, por ejemplo, a Aries. Como es el primer signo del Zodíaco, vemos que Aries, el signo del "Yo Soy", incluye el potencial de todos los demás signos, así como se podría imaginar a cada hombre como parte del alma de Adán.

También recomiendo estudiar los doce signos porque cada uno trata otro paso importante en el Camino del Héroe. Después de todo, cada signo se ubica en algún punto de la carta de cada persona y por lo tanto tiene que ver con algún aspecto de la vida. Además, conforme pasamos por los diferentes meses del año, experimentamos las energías de cada signo solar. Del 20 de marzo hasta el 19 de abril, cuando el Sol está en Aries, experimentamos una falta de paciencia. Tendemos a ser argumentativos y nos preguntamos por qué lo hacemos. Por un mes tratamos lo que un nativo de este signo trata toda la vida.

Pero el Aries, quien eventualmente aprende a liberarse de la arrogancia y del orgullo, llega a ser nuestro maestro, porque ¿quién entre nosotros está libre del ego y del orgullo? En Cáncer entra el verano y nos ponemos más sensibles de lo normal, y cuando el Sol está en Escorpio curiosamente tendemos a preocuparnos de más por nosotros mismos (claro que para nuestros amigos del hemisferio sur las temporadas están al revés, pero los signos son los mismos).

Nota: Debido a los cambios en la rotación de la Tierra —causados por terremotos, la relación entre las mareas y la Luna y otros factores naturales— que causan que la Tierra acelere o desacelere su rotación, además de los años bisiestos, cambios de horario en las diferentes zonas geográficas y otros factores, los ingresos del Sol (el día y el momento exacto cuando entra el Sol a un signo particular del Zodíaco), varían un poco de un año a otro. Si naciste el día de la entrada del Sol aquí escrito o el día antes o después, debes consultar con las efemérides o sacar tu carta natal para establecer si lugar a dudas cuál es tu signo solar. (Consulta la lista de fechas de los signos solares al final de esta Introducción).

LAS TRIPLICIDADES ASTROLÓGICAS

Normalmente los signos astrológicos se presentan en secuencia. Esto es importante porque nos ayuda a ver el hilo de la evolución entre los signos. Por

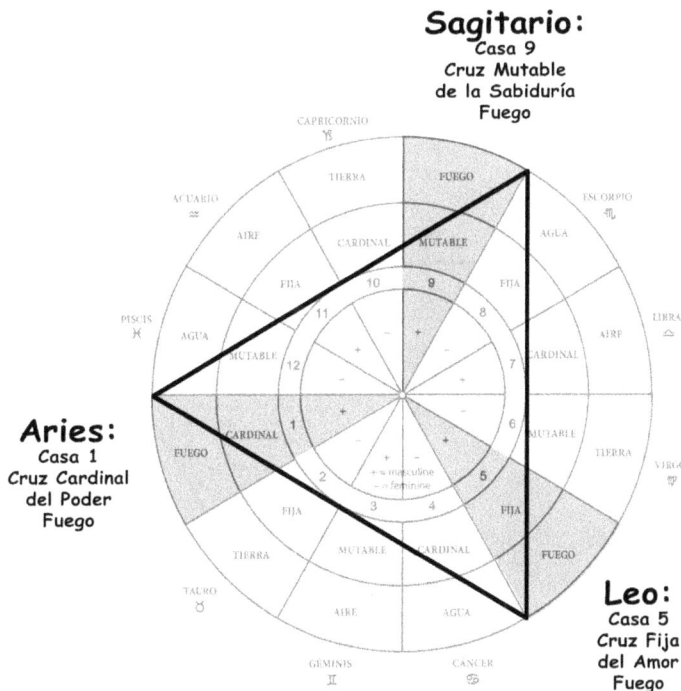

La Triplicidad de Fuego

La Triplicidad de Aire

Acuario:
Casa 11
Cruz Fija
del Amor
Aire

Libra:
Casa 7
Cruz Cardinal
del Poder
Aire

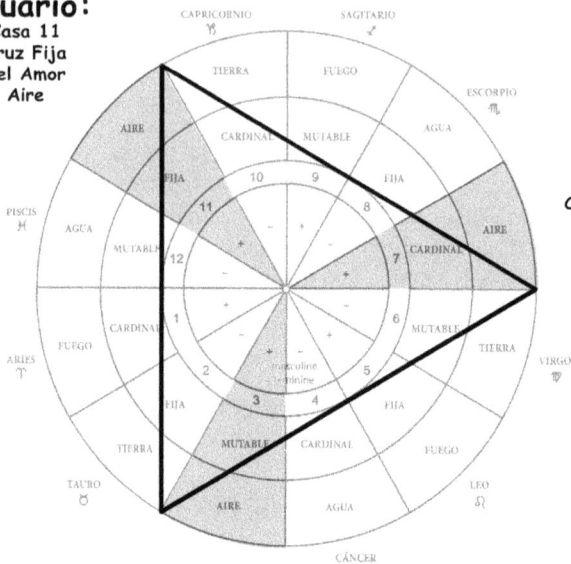

Géminis:
Casa 3
Cruz Mutable
de la Sabiduría
Aire

La Triplicidad de Agua

Escorpio:
Casa 8
Cruz Fija
del Amor
Agua

Piscis:
Casa 12
Cruz Mutable
de la Sabiduría
Agua

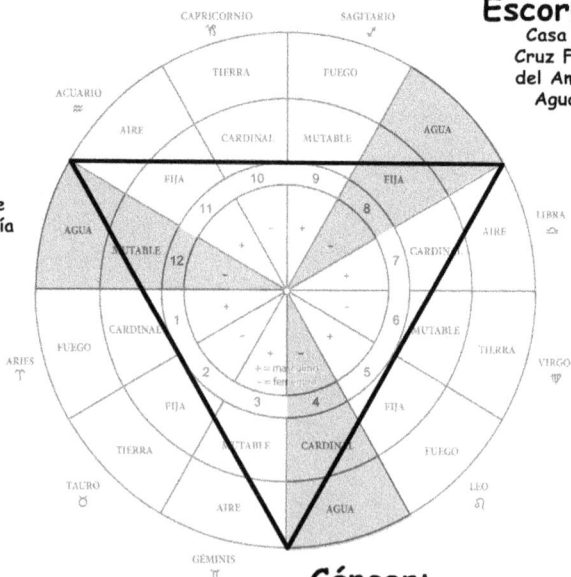

Cáncer:
Casa 4
Cruz Cardinal
de Poder
Agua

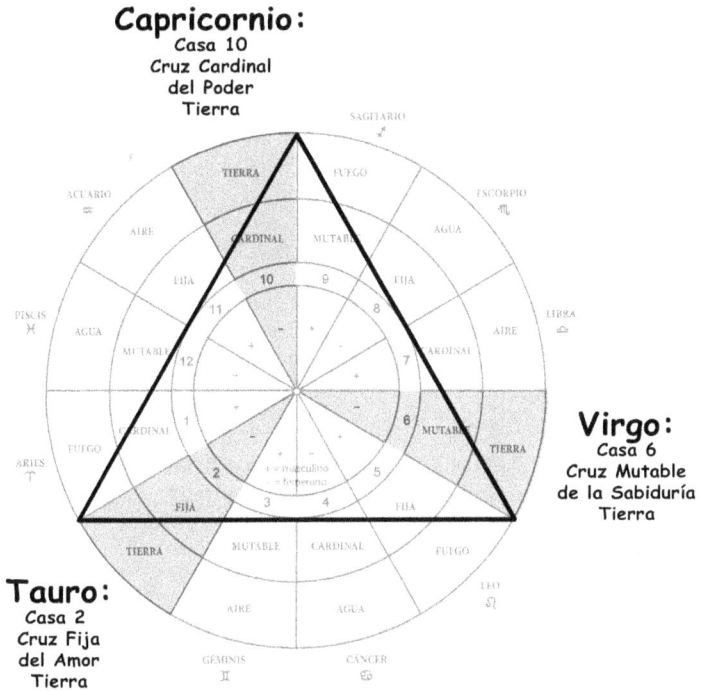

La Triplicidad de Tierra

ejemplo, el hombre de signo Aries centrado en su corazón, llegará a ser el trabajador altruista en Tauro; pero el hombre que es egoísta en Aries probablemente será codicioso en Tauro. También podemos captar el significado de cada signo como reacción al signo previo; los nativos de Libra típicamente perciben el "mí" en términos de "nosotros" mientras que los Escorpio pueden ser demasiado ensimismados. Me refiero a menudo a los signos en su secuencia y en sus polaridades. Sin embargo, he dividido los signos solares y el libro mismo en dos secciones básicas según los Elementos: la Primera Parte incluye los signos de Fuego y de Aire, que son enérgicamente positivos y masculinos; la Segunda Parte incluye los de Agua y de Tierra, que son enérgicamente receptivos y femeninos.

La astrología tradicional se refiere a los elementos como las *Triplicidades* porque tres signos pertenecen a cada uno de los cuatro Elementos. Aries, por ejemplo, no solo es un signo de Fuego, sino es el primero de los tres signos de la Triplicidad. Cada signo de la Triplicidad está relacionado con los otros dos y nos revela algo sobre ellos. Los Elementos corresponden a la expresión del signo. Los signos de Fuego (Aries, Leo y Sagitario) son masculinos y ardientes en su temperamento; tienen una correspondencia con el Espíritu. Los signos de Aire (Géminis, Libra y Acuario) también son masculinos; corresponden a la mente, a los vientos del espíritu. Los Signos de Agua (Cáncer, Escorpio y Piscis) son femeninos y receptivos (negativos); representan la fluidez de las emociones. Por último, los signos de Tierra (Tauro, Virgo y Capricornio) también son femeninos y receptivos, pero en vez de corresponder a las emociones corresponden al plano más denso de todos: el físico. Leer los tres signos de un elemento en secuencia te ayudará a captar la esencia de ese elemento.

LAS CUADRUPLICIDADES ASTROLÓGICAS

Cada signo pertenece a una de las tres cruces; los astrólogos tradicionales se refieren a las cruces como las *Cuadruplicidades* puesto que cada uno de los cuatro elementos —Fuego, Aire, Agua y Tierra— están representados en cada uno de los cuatro puntos de cada cruz. Cada una denota una diferente dinámica o modalidad; tres maneras diferentes de aproximarse a la vida, tres formas de adaptarse a cambios en las circunstancias. Los nombres de las cruces en la *Astrología Transformacional* son: la Cruz Cardinal del Poder, la Cruz Fija del Amor y la Cruz Mutable de la Sabiduría.

La Cuadruplicidad Cardinal del Poder

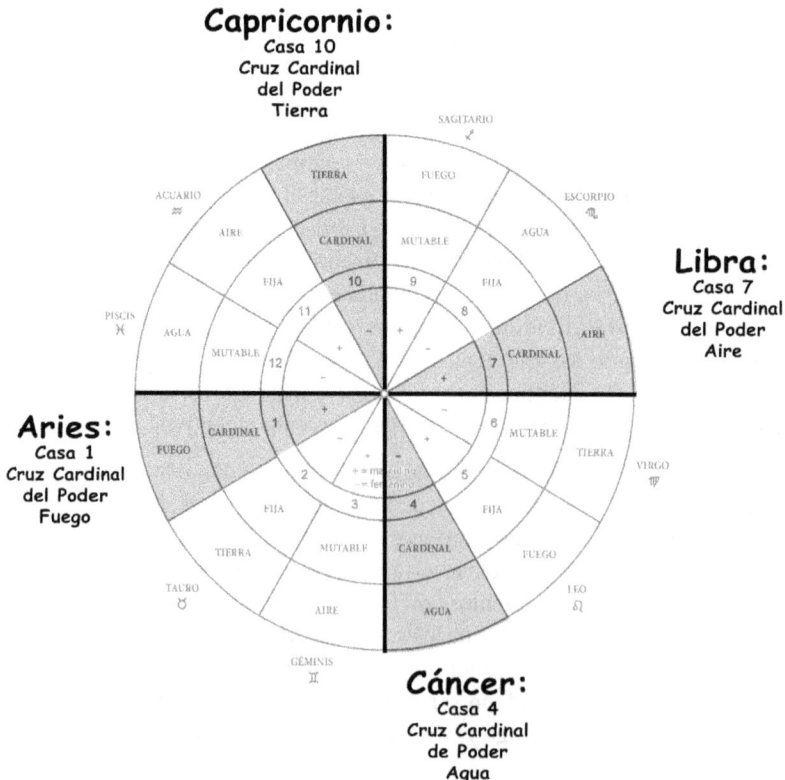

Capricornio:
Casa 10
Cruz Cardinal
del Poder
Tierra

Libra:
Casa 7
Cruz Cardinal
del Poder
Aire

Aries:
Casa 1
Cruz Cardinal
del Poder
Fuego

Cáncer:
Casa 4
Cruz Cardinal
de Poder
Agua

La Cuadruplicidad Fija del Amor

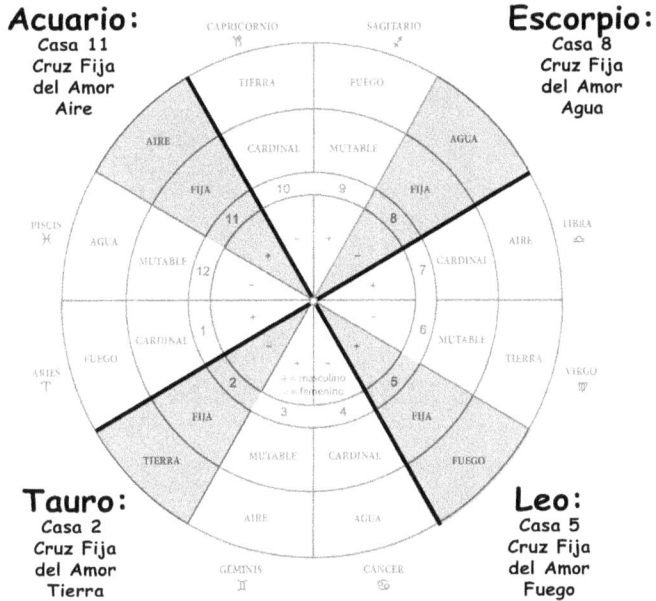

Acuario:
Casa 11
Cruz Fija
del Amor
Aire

Escorpio:
Casa 8
Cruz Fija
del Amor
Agua

Tauro:
Casa 2
Cruz Fija
del Amor
Tierra

Leo:
Casa 5
Cruz Fija
del Amor
Fuego

La Cruz Cardinal del Poder (Capricornio y Cáncer, Aries y Libra), describe la oportunidad de ganar maestría sobre el tiempo y el espacio. Se enfoca en los patrones de la vida cotidiana representada por la Primera, Cuarta, Séptima y Décima Casa de la carta astrológica: yo (Aries y la Primera Casa), mi pareja (Libra y la Séptima Casa), mi hogar, mi madre y mi familia (Cáncer y la Cuarta Casa), mi carrera y mi reputación (Capricornio y la Décima Casa). Esta cruz, que conocemos también como la *Cruz de Identificación Correcta*, describe la percepción del individuo de quién es y la percepción de su relación con Dios que se refleja en todas las relaciones importantes de su vida.

Aquellos que están firmemente anclados en el sendero espiritual, especialmente si en el momento de nacer el Sol estaba pasando por un ciclo de Aries, Cáncer, Libra o Capricornio, pueden esperar recibir lecciones, pruebas e iniciaciones importantes sobre el uso del poder, ya sea su propio uso del poder o en reacción a otros que ejercen algún tipo de autoridad. Las pruebas a menudo vienen en forma de circunstancias y cambios en el trabajo o en las relaciones íntimas importantes; las mismas circunstancias obligan a que uno sea decisivo y tome acción.

En *El Camino del Héroe sobre el Zodíaco: los signos solares* se podrán ganar diferentes dimensiones de entendimiento sobre esta cruz cuando se lea el capítulo del Sol en Aries (Fuego sobre la Cruz Cardinal del Poder), en Libra (Aire

La Cuadruplicidad Mutable de la Sabiduría

Sagitario:
Casa 9
Cruz Mutable
de la Sabiduría
Fuego

Piscis:
Casa 12
Cruz Mutable
de la Sabiduría
Agua

Virgo:
Casa 6
Cruz Mutable
de la Sabiduría
Tierra

Géminis:
Casa 3
Cruz Mutable
de la Sabiduría
Aire

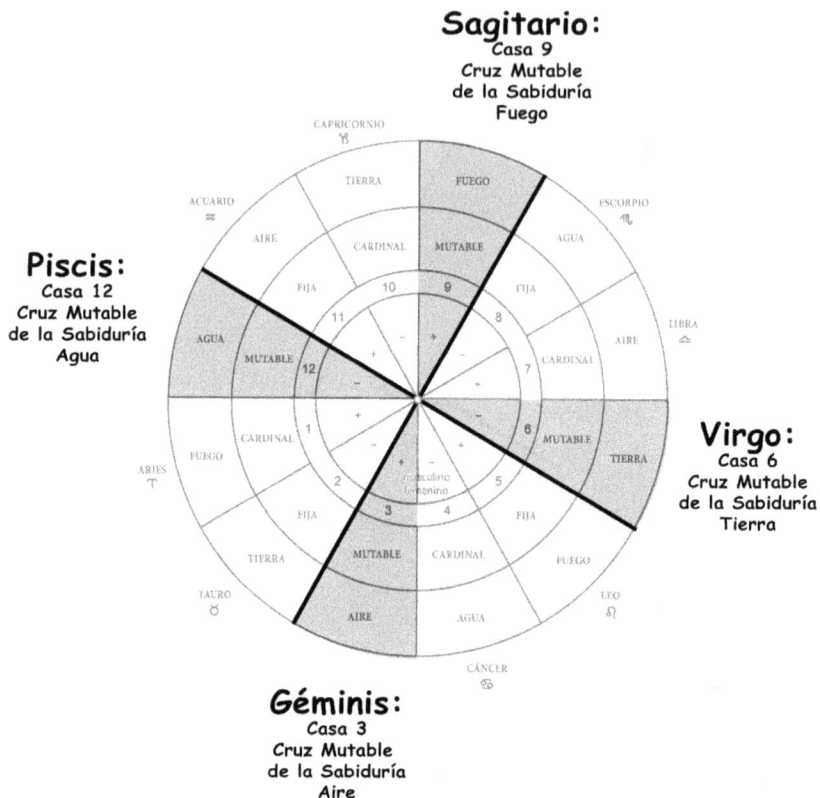

sobre la Cruz Cardinal del Poder), en Cáncer (Agua sobre la Cruz Cardinal del Poder) y en Capricornio (Tierra sobre la Cruz Cardinal del Poder).

La Cruz Fija del Amor (Tauro y Escorpio, Leo y Acuario), trata sobre nuestra capacidad de amar y de crear; también representa los obstáculos al amor que hemos creado y que debemos disolver, donde hemos alejado a otros debido a nuestros miedos. Esta cruz revela mucho sobre nuestra economía, nuestros valores, el comercio, es decir el dar y recibir de la vida. A partir de la Cruz Fija del Amor descubrimos percepciones del conflicto interno que puede existir dentro de nosotros entre el deseo y la voluntad, sus múltiples expresiones y cómo superarlo.

En la Cruz Mutable de la Sabiduría (Géminis y Sagitario, Virgo y Piscis) aprendemos que todos somos maestros y estudiantes a la vez en diferentes niveles de la escalera de la vida. Las personas que nacen bajo la influencia de estos signos muestran un deseo de suprimir la ignorancia, pero tienden también a justificar mentalidades ignorantes. Sobre el sendero espiritual, la Cruz Mutable de la

Sabiduría describe que hay que pasar por él para que la mente inferior y racional pueda transcenderse a sí misma, convirtiéndose en una mente superior. Así, el conocimiento puede trasladarse a un nivel más elevado: el de la sabiduría.

Las personas caracterizadas por la Cruz Cardinal del Poder están orientadas por su naturaleza hacia la acción. Estas personas son dinámicas, activas, les gusta ponerse a cargo de la situación y están muy ocupadas con los asuntos de la vida material. Los signos fijos anclan lo que los signos cardinales iniciaron. Preservan y a veces destruyen. Por lo general son resistentes al cambio. Los signos Mutables de la Sabiduría son los más flexibles de todos. Recogen información con gran rapidez, pero no necesariamente retienen lo que han aprendido. Son muy impresionantes y tienden a cambiar de opinión.

Como aprender hablar un idioma extranjero con fluidez, y lograr expresarse artísticamente y ser un maestro de la comunicación, así, mientras van familiarizándose más y más con las unidades básicas de la astrología, su creatividad y su comprensión aumentan exponencialmente. En *El Camino del Héroe a través del Zodíaco: los signos solares* exploramos el significado tradicional de las *Triplicidades* y de las *Cuadruplicidades* y las claves más profundas detrás de su simbología que se pueden aplicar hoy día en la vida.

Por ejemplo, Cáncer es un signo de Agua (sensible) sobre la Cruz Cardinal del Poder (acción). Tiene que ver con la madre y el hogar, un lugar de amor y sustento. Incluso en la naturaleza, la madre (la relación más personal que tenemos) está ocupada (Cardinal) cuidando a su camada. Dicen que Géminis es un signo de "doble aire" porque es un signo de aire sobre la Cruz Mutable, que está relacionada con la mente y la transmisión de los pensamientos, por lo tanto tiene una correspondencia con el elemento Aire. A menos que otras posiciones en la carta indiquen una influencia más física, el nativo de Géminis tiende a vivir en su cabeza. Incluso si ya estás familiarizado con la terminología astrológica, encontrarás nuevos matices sutiles en este libro.

CLAVES, RETOS Y ENSEÑANZAS ESPIRITUALES

Las claves aquí presentadas para un signo en particular valen para todos los demás. En el capítulo sobre el Sol en Tauro, por ejemplo, escribo sobre *Kavannah*, un concepto kabalístico que se puede entender como "actitud correcta". De hecho, Tauro tiene que ver con la voluntad motivada por el amor. No importa cuál sea el signo solar, todos necesitamos tener *Kavannah*. No vale la pena enseñar a una persona que no la tiene; carecerá de motivación para aprender o será rebelde. Cuando una persona tiene Kavannah, está dispuesta a aprender con humildad y con gratitud, representado por el pilar central del Árbol de la Vida kabalístico, el de la Compasión. En las secciones sobre Virgo, Sagitario y Escorpio, hablo de la importancia del perdón, sin el cual el progreso espiritual no es posible. Cada uno de estos tres signos nos da una percepción distinta del cómo y del por qué es esencial el perdón y de los respectivos obstáculos en el camino hacia el perdón. Lo que es cierto para uno es cierto para todos, pero los Sagitario, por ejemplo, van a lidiar más directamente con los fuegos del resentimiento, los Virgo con un sentido de injusticia difícil de apaciguar y los Escorpio con enojo hirviente. Las pruebas del amor tocan a la puerta de cada quien pero vestidas de modo distinto.

En *El Camino del Héroe a través del Zodíaco, los signos solares* mencionamos, el significado de los regentes planetarios de cada signo y sus casas correspondientes en la rueda astrológica. Géminis y Virgo, por ejemplo, están gobernados por el planeta Mercurio; Géminis corresponde a la Tercera Casa de la comunicación y el transporte y Virgo está relacionado con la Sexta Casa del trabajo y el servicio. Aries, regido por Marte, está *esotéricamente* regido por Mercurio. ¿Cuál es la diferencia entre ellos?

Virgo y Piscis están relacionados con el chakra del plexo solar. Piscis es un signo de Agua. Virgo es un signo de Tierra. Leer sobre alguno de ellos aumenta nuestra compresión del otro. Y todos nosotros, sin importar el signo solar, necesitamos aprender a controlar las emociones. Para aquellos que se comprometen a tomar el camino más elevado con Dios, muchas cosas cambian, pero algunos de los retos que el individuo conoció desde antes seguirán iguales y con mayor intensidad. Es necesario tener mucha experiencia en el Sendero antes de que el Aspirante Leo pueda ser realmente humilde; o para que el devoto Virgo logre superar su inclinación de ser ansioso o que el buscador Libra pueda discernir claramente la diferencia entre el razonamiento de la mente y la intuición del corazón.

En la vida pasa, y aún más cuando el buscador está firmemente asentado en el Sendero, que cuando el alma atrae una luz de mayor intensidad a la vez hace contacto con la oscuridad correspondiente. *El Camino del Héroe a través del Zodíaco* ofrece enseñanzas para ayudar a las almas aspirantes a reconocer y lidiar, tanto como sea posible, con las trampas sutiles que se le presentan y los obstáculos que amenazan a cada devoto. Historias personales, lecciones aprendidas al observar las vidas de personas famosas, entendimiento profundo del significado de los chakras y de las causas psicológicas asociadas con cada signo, principios kabalísticos y esotéricos. Todo esto ayudará al lector a magnetizar hacia sí mismo la consciencia de su ser más elevado y a reconocer y sobreponerse *al Morador en el Umbral*, el enemigo interno que se opone al ser real.

Una vez que el Aspirante tiene el objetivo de la autotranscendencia, medirá su progreso por medio de pruebas e iniciaciones, algunas de las cuales son relativamente pequeñas y otras sumamente cruciales y determinantes en su camino. Así como los chakras están asociados con ciertos signos del Zodíaco, también lo están los diez *sephirot* del Árbol de la Vida en la Kabbalah y las diferentes iniciaciones del Sendero. Por ejemplo, todo Aspirante tendrá que pasar por la iniciación que San Juan de la Cruz llamó *la noche oscura del alma*. Esta iniciación tiene una correspondencia con Libra, el signo asociado con el Espíritu Santo a través del corazón equilibrado. Sin importar cual sea el signo solar, conviene leer la sección sobre *la noche oscura del alma* en el capítulo del Sol en Libra.

EL NIÑO EN LA ERA DE ACUARIO

Nada está más arriba en mi lista de prioridades que asegurar el porvenir de los niños de la Era de Acuario. Tenemos que ayudarles para que la vida no se les escape de las manos y debemos tener cuidado de no menospreciar su inteligencia, aplastar su espíritu ni distorsionar las mentes de nuestros futuros líderes. Las palabras escritas en Proverbios resultan válidas hoy en día: *Instruye al niño en su camino, Y aun cuando fuere viejo no se apartará de él.*[6]

Soy maestra Montessori, madre de cuatro hijos y tengo dos nietos. En 1993 escribí el primer programa de computadora creado especialmente para padres de familia, se llama *Child*Star*. Una madre de diez niños me comentó lo invaluables que han sido estos informes para ella y su esposo en la educación de cada uno de sus hijos. También escribí *Astro*Journey*, un informe pronóstico para los adolescentes y los jóvenes. Contiene además una sección aparte escrita para los padres, que les ayuda a guiar a los jóvenes durante este período tan crítico en sus vidas.[7]

Cada capítulo de los doce signos solares habla del niño, su educación, las cosas que le hacen falta, tomando en cuenta su naturaleza y su destino durante la Era de Acuario. Aprendiendo del niño descubrirás mucho sobre tu propio niño interno. En la lectura sobre el niño en los diferentes signos solares es menester recordar que no existen dos almas idénticas. He recibido la bendición de ser madre de hijos mellizos. Nacieron con dos minutos de diferencia y aunque tienen la misma carta astrológica, la interpreto de una manera para Eduardo y otra para Eugenio. Es fascinante observar que a veces lo que le pasa a uno le sucede al otro casi de la misma manera, pero son muy distintos. También sucede a menudo que algunos rasgos de su signo son obvios en un niño, pero no se manifiestan por años en otro. En la sección sobre el Sol en Aries podemos leer el caso del niño cuyo fuego interno es atípicamente contenido durante sus primeros años de vida. Es como un volcán inactivo hasta que hace erupción, activado por un tránsito pasajero, como el de Urano sobre el Ascendente.

---

[6] Proverbios 22:6 (RVR 1960)

[7] Para recibir una carta natal gratis, envíe un correo electrónico a kathie.garcia @thethreemagi.com. Se puede comprar el informe *Child*Star* por medio del sitio: TheThreeMagi.com.

¡EL HÉROE GOBIERNA A SUS ESTRELLAS!

Por último, ayuda tener en mente que tu comprensión de la astrología y el Sendero se expandirán con el tiempo. De verdad, mientras escribo, continuamente se me revelan nuevas dimensiones de compresión. Así es el Camino del Héroe, ¡Lleno de maravilla y romance! El hombre sabio gobierna a sus estrellas; él comprende la sincronización de los ciclos, la naturaleza de donde ha estado, sus circunstancias actuales y lo que le espera en el futuro. Sus elecciones están iluminadas por el mapa de su destino, los giros y las vueltas en su camino kármico, sus altas y bajas, los momentos para empezar y también para terminar que abren nuevos horizontes a su vista. Consciente de que el pasado y el futuro convergen en el momento actual, tú puedes cambiar tu pasado al alterar tu presente y así reconfigurar tu futuro. ¡Puedes ser el maestro de tu destino!

KATHIE GARCÍA Y THE THREE MAGI: *¡EMANA EL OM!*

Antes de empezar, quisiera invitarles a entrar en la oficina de THE THREE MAGI, un espacio especial en mi casa aquí en Paradise Valley, Montana.

Los famosos Tres Reyes Magos de la Biblia trajeron sus regalos al Niño Jesús y una advertencia urgente a José y a María sobre las intenciones amenazantes del Rey Herodes al niño recién nacido. Para los Magos, la astrología y la astronomía fueron ciencias sagradas; las usaron para calcular su viaje a Belén, guiados por la estrella brillante del Niño Jesús. En la tradición antigua de los Tres Reyes Magos, les damos la bienvenida a todos los que siguen su propia estrella en el Camino del Héroe. Un entendimiento de la carta astrológica te ayudará a llegar a tiempo.

Un gran gong tibetano hecho de bronce está en la entrada de mi casa. Te ofrezco el mazo y te invito a sonar el gong tres veces. Como me dijo el monje tibetano quien me vendió el gong hace años, "El sonido del OM alineará hasta tus montañas". Vamos a entonarnos con estas vibraciones purificadoras: *¡OMMM! ¡OMMM! ¡OMMM!*

Pasa por favor, y toma asiento. Empezamos con una invocación para que seamos bendecidos e inspirados, pidiendo para que recibas alguna respuesta a tus preguntas más urgentes durante la consulta. Percibiremos un cambio de vibración en el ambiente. El espacio dentro y alrededor de nosotros nos parecerá más vibrante. A través de la ventana podrás contemplar la cima del pico Emigrant cubierta de nieve. (Si tienes buena fortuna, verás un águila calva remontando su vuelo frente a la montaña). Experimentarás un sentido de amplitud y libertad.

Probablemente echarás un vistazo a mi escritorio. Junto a mi efemérides se ve la estatuilla de un monje tibetano estudiando, un cuadro de una foto de nubes que parecen ángeles majestuosos, y una muñeca de trapo de la Cenicienta, un regalito que me dio mi hija cuando tenía seis años de edad. Todos conocemos la historia de la Cenicienta. Nacida en una familia amorosa y adinerada, quedó huérfana desde pequeña. Su padre se casó de nuevo, pero al poco tiempo murió dejándola sola con su madrastra y sus dos hermanastras. Celosas de la belleza, tanto interna como externa de Cenicienta, la mandaron al ático, burlándose de ella y tratándola como si fuese una criada. Pero no importa qué tanto la maltrataran, no podrían cambiar su dulce disposición. Ahora bien, tomando la muñeca y volteándola de adentro para afuera, la pobre Cenicienta se transforma en princesa; lleva una corona dorada y sostiene en su mano una varita mágica con una estrella en la punta.

Para mí la muñeca sirve como un recuerdo de que el karma puede ser severo; los retos vienen a nosotros de repente y a veces trágicamente. Pero sin importar la severidad de la circunstancia kármica, una cita con el destino nos espera a todos. Si la Cenicienta se hubiera deprimido y se hubiera vuelto cínica y depresiva, dudo mucho que el Príncipe se hubiera fijado en ella.

En la Era de Acuario, nadie tiene que ser víctima de su astrología ni del karma que representa. No hay astrología buena ni mala; ¡toda es buena! Esto es porque es tu propio camino, tu propio libro de la vida y tu oportunidad de ganar tus victorias. *El Camino del Héroe a través del Zodíaco* está escrito para la persona que desea descifrar los misterios de la vida, brincar más allá de las limitaciones aceptadas por la mayoría, y que aspira a lograr sus más grandes sueños gobernando sus estrellas. ¡Lo puedes hacer! Es posible derrumbar las barreras y lograr avances asombrosos, realizar tu potencial y colocarte en el lugar debido en el momento correcto para cumplir tu razón de ser. La *Astrología Transformacional* te ayudará a hacerlo.

El lema del Héroe es "el amor". Con valentía y un espíritu de aventura —*¡Comencemos!*

TÉRMINOS KABALÍSTICOS

Los nombres de los Sefirot del Árbol de la Vida kabalístico varían según la escuela kabalística; también han sido representados con diferentes nombres durante diferentes épocas. Aunque esta transcripción fonética de los nombres en hebreo de los sefirot corresponde más a la fonética sajona y menos a la española, he decidido conservarla porque muchas de las referencias citadas en este libro lo presentan así, incluso en sus obras traducidas al español (y aun entre ellas existen variaciones). El lector puede aprender la pronunciación de dichos nombres consultando esta lista que incluye su transcripción a la fonética española. Para un mayor entendimiento del significado del vocabulario de la Kabbalah, les recomiendo estudiar la construcción de cada palabra en el hebreo original.

Traducción:	Nombres usados en este libro:	Pronunciación:
Vasija	*Sefirah*	*Sefirá*
Plural de vasija	*Sefirot*	*Sefirot*

Nombres de los diferentes sefirot:

Corona	*Keter*	*Keter*
Sabiduría	*Hokhmah*	*Jojmá*
Entendimiento	*Binah*	*Biná*
Conocimiento	*Da'at*	*Dáat*
Amor/Misericordia	*Hesed*	*Jesed*
Juicio/Severidad	*Gevurah*	*Guevurá*
Belleza	*Tiferet*	*Tiferet*
Eternidad	*Netzah*	*Netza*
Reverberación	*Hod*	*Jod*
Fundamento	*Yesod*	*Yesod*
Reino	*Malkhut*	*Malcut*

Otros Términos Kabalísticos:

	Nombres:	**Pronunciación:**
Recibir (Misticismo Judío)	*Kabbalah*	*Kabala*
La Nada Absoluta	*Ayin*	*Aín*
El Todo Absoluto	*Ein Sof*	*En Sof*
Intención consciente	*Kavannah*	*Kavaná*
Maestro espiritual	*Maggid*	*Maguid*
Maestros espirituales	*Maggidim*	*Maguidim*
Presencia divina	*Shekhinah*	*Shejiná*
La Redención	*Teshuvah*	*Teshuva*
Primero cinco libros del Antiguo Testamento	*Torah*	*La Torá*
El hombre justo	*Tzadik*	*Tzaík*

Nota: Esta lista fue adaptada de *El universo de La Kabbalah* (p.6) por Z'ev Ben Shimon Halevi, Editora y Distribuidora Yug. *y Astrología y Kabbalah*, también por Halevi, Editora y Distribuidora Yug 2013 (pp. 24 y 56).

FECHAS APROXIMADAS DE LOS SIGNOS SOLARES

ARIES	20 de marzo ~ 19 de abril
TAURO	20 de abril ~ 20 de mayo
GÉMINIS	21 de mayo ~ 20 de junio
CÁNCER	21 de junio ~ 22 de julio
LEO	23 de julio ~ 22 de agosto
VIRGO	23 de agosto ~ 22 de septiembre
LIBRA	23 de septiembre ~ 22 de octubre
ESCORPIO	23 de octubre ~ 21 de noviembre
SAGITARIO	22 de noviembre ~ 20 de diciembre
CAPRICORNIO	21 de diciembre ~19 de enero
ACUARIO	20 de enero ~18 de febrero
PISCIS	19 de febrero ~ 19 de marzo

Nota: El día y la hora exacta cuando entra el Sol a un signo particular del Zodíaco puede variar un poco de un año a otro. Si naciste el día listado aquí como la entrada del signo o si naciste el día anterior o siguiente tendrás que preguntar a un astrólogo o ver las efemérides para establecer con certeza cuál es tu signo solar.

~ Primera Parte ~
El SOL en los Signos de FUEGO y AIRE
Masculino

Sagitario:
Casa 9
Cruz Mutable
de la Sabiduría
Fuego

Acuario:
Casa 11
Cruz Fija
del Amor
Aire

Libra:
Casa 7
Cruz Cardinal
del Poder
Aire

Aries:
Casa 1
Cruz Cardinal
del Poder
Fuego

Leo:
Casa 5
Cruz Fija
del Amor
Fuego

Géminis:
Casa 3
Cruz Mutable
de la Sabiduría
Aire

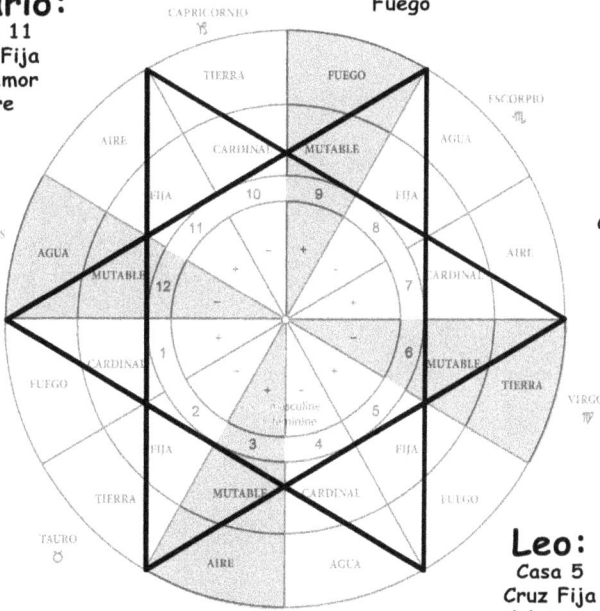

♈ ♊ ♌ ♎ ♐ ♒

1.

♈

Aries

Símbolo . . . .**El Carnero**

Nacido . . . .20 de marzo~19 de abril

Arquetipo . . . .*El Hijo*

Frase clave . . . .**Yo Soy**

Elemento . . . .**Fuego**

Cruz . . . .**Cardinal del Poder**

Casa . . . .**La Primera:**
  El Ascendente, imagen personal, conciencia
  de sí mismo, apariencia física y carácter personal

Regente . . . .**Marte**

Regente esotérico . . . .**Mercurio**

Polaridad . . . .**Libra**

Chakra . . . . .El Corazón

Anatomía . . . . .Cabeza, cara y ojos

Cualidades espirituales . . . .**Autoconocimiento
  y dominio, coraje, hablar decir la verdad y osadía**

Vulnerable a . . . .*Orgullo, egoísmo y arrogancia,
  impaciencia y enojo, impulsividad, y no cooperación*

Debe adquirir . . . .**Humildad, sabiduría del corazón,
  autodisciplina, paciencia, apreciación por la
  opinión de otra persona, y pasión moderada**

Jesús • Johann S. Bach • Elizabeth Clare Prophet • Wilbur Wright • Mary Pickford

EL SOL EN ARIES

Hombre, conócete a ti mismo.

—Sócrates

LA BÚSQUEDA DEL YO REAL

Aries es el primer signo del Zodíaco. Ubicado a cero grados sobre la rueda zodiacal, es el portal de la Primera Casa, por tanto de toda la carta astral. El signo ubicado sobre la cúspide de la Primera Casa (el Ascendente, determinado por el momento preciso del nacimiento), describe la personalidad del individuo. En Aries tenemos que contestar la pregunta más básica, que es la primera y la más importante de todas: ¿Cuál "yo" escojo ser? O dicho de otra manera, ¿cuál "yo" escojo no ser? Éste es el significado esencial del acertijo de Aries.

La astrología tiene que ver con la naturaleza de las relaciones; nuestras relaciones con el otro, así como nuestras relaciones con diversas influencias del medio ambiente, a la vez que con las orbes celestiales del sistema solar y la más importante de todas: nuestra relación individual con el Espíritu. Por supuesto, nuestro punto central de referencia es "yo mismo". De hecho, en la *Astrología Transformacional* el análisis de toda la carta astrológica depende de la percepción que tiene la persona sobre la naturaleza de su identidad. Es cierto que todo ser humano, sin importar su fecha de nacimiento, trata de definirse a sí mismo en un momento u otro. Sin embargo, todo lo que hace la persona nacida con el Sol en Aries, gira en torno a su búsqueda de su yo verdadero.

El principio, el medio y el fin de la búsqueda del verdadero yo de la persona Aries depende de una sola cosa: su relación con Dios. Cuando un hombre llega a conocerse como es *en realidad*, entonces puede conocer a Dios. En el Génesis está escrito que el hombre no puede conocer a Dios y seguir viviendo, pero yo creo que esto significa que un hombre no puede conocer a Dios y seguir viviendo como lo hacía antes, porque está transformado. Entre mejor conozca su verdadera naturaleza, mejor entenderá sus relaciones con los demás. Los místicos de todas las grandes religiones creen esto, expresado en la poderosa oración Hebrea llamada el Shema: *Oye, Israel, Adonai es nuestro Dios, Adonai es Uno.*[8]

Seguramente Jesús era muy conocedor de los principios místicos judíos que siglos después llegaron a ser conocidos como la enseñanza de la Kabbalah. Cuando uno de los fariseos le preguntó cuándo se iba a manifestar el reino de Dios (la consciencia del cielo), Jesús le contestó: *El reino de Dios no vendrá con señales externas que se pueden observer. No dirán: "¡Mirad, aquí está!" o "¡Allí está!" Porque el reino de Dios está dentro y alrededor de vosotros...*[9]

Un solo espíritu, muchas manifestaciones: así como es arriba, es abajo.

JESÚS, EL HÉROE ARIES

Es probable que *Jesús el Cristo* haya nacido cerca de la hora del equinoccio primaveral, con el Sol en la cúspide de Piscis con Aries.[10] Aries está situado sobre la Cruz Cardinal del Poder. Ocupa la posición del Hijo, la fusión del Padre (Capricornio) y la Madre (Cáncer). Jesús saludaba a Dios como Abba, una palabra aramea cariñosa y reverencial. Durante todo su ministerio, Jesús habló continuamente de sí mismo en su relación con el padre a través de parábolas, enseñanzas y afirmaciones. Por ejemplo, Él dijo: *Mi Padre hasta ahora trabaja y yo trabajo.*[11] *No puedo yo hacer nada por mí mismo; según oigo, así juzgo, y mi juicio es justo; porque no busco mi voluntad, sino la voluntad del Padre, que me envió.*[12]

San Marcos describió el descenso del Espíritu Santo sobre Jesús que ocurrió en el preludio de su misión Palestina cuando Él vino de Galilea para ser bautizado por Juan el Bautista en el Rio Jordán:

> *En cuanto Jesús salió del agua, vio que los cielos se abrían y que el Espíritu descendía sobre él como una paloma. Y desde los cielos se oyó una voz que decía: "Tú eres mi Hijo amado, en quien me complazco".*[13]

El apelativo Hijo de Dios no tiene su origen en Jesús: se encuentra varias veces en la literatura judía. En el segundo salmo de David está escrito: *Mi hijo eres tú, yo te he engendrado hoy.*[14]

En la Era de Acuario, en la que ya nos hemos embarcado, no solo una, sino millones de almas recibirán la oportunidad de pisar la Tierra como seres crísticos. Por todo el mundo las personas están despertando al espíritu y al amor. Éste es el verdadero significado de la globalización, que podamos recibir la cultura de la Madre Divina con los brazos abiertos y trabajar juntos para establecer las bases de la Era de Acuario, una época de fraternidad, libertad universal y oportunidad,

---

[8] Deuteronomio 6:4–9 *Shemá Yisrael, Adonai Eloeinu, Adonai Ejad*. Muchos judíos consideran que el Shema es la más sagrada de todas las oraciones.

[9] Lucas 17:20 y 21 (La Biblia Moderna en Español).

[10] En *Marking Time*, escrito por el astrónomo e investigador Duncan Steele (2007), se puede leer un análisis detallado sobre el cumpleaños probable de Jesús y la creación del día de la Navidad, el 25 de diciembre, por el emperador romano Constantino. También recomiendo la sección *The Birth of Jesus*, escrito por el astrólogo Noel Tyl en su libro *Prediction in Astrology*.

[11] Juan 5:17 (RVR 1960)

[12] Juan 5:30 (RVR 1995)

[13] Marcos 1:10–11 (RVC)

[14] Salmo 2:7 (RVR 1977)

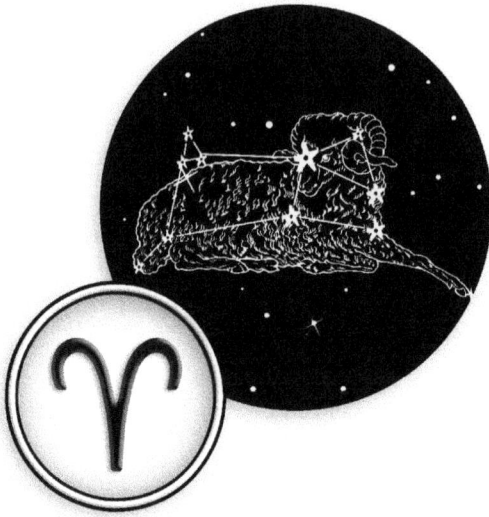

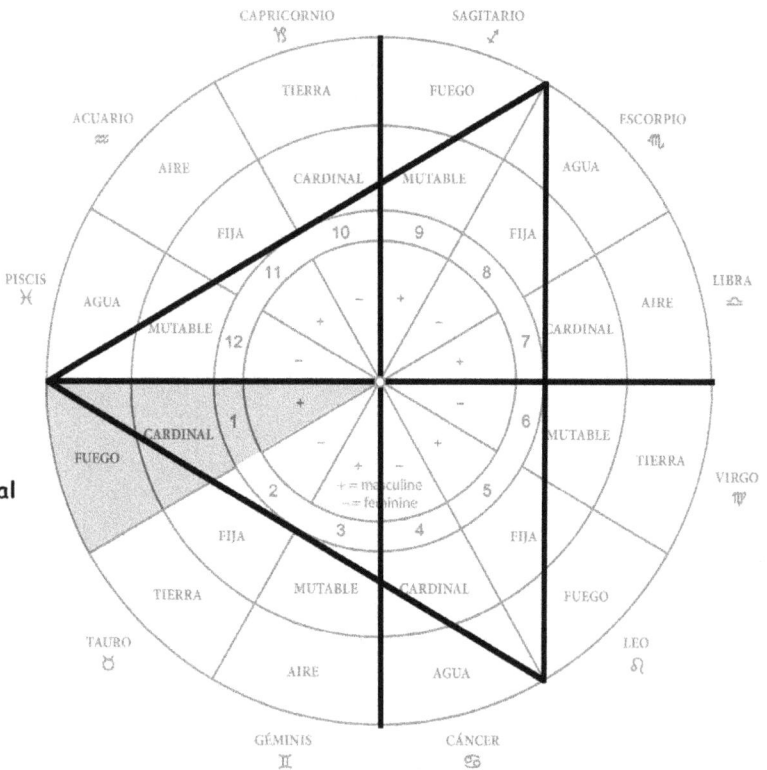

Aries:
Casa 1
Cruz Cardinal
del Poder
Fuego

caracterizada por las cualidades femeninas de hermosura, belleza, sabiduría, autodisciplina y abundancia.

AUTORREALIZACIÓN SOBRE LA CRUZ CARDINAL DEL PODER

El lenguaje, que se divide en unidades llamadas palabras, no puede describir con justicia lo que es infinito, eternamente transcendente y en expansión perpetua. Los hombres no pueden describir a Dios; no tienen cerebros capaces de comprender tal magnitud y eternidad. Sin embargo, no podemos guardar silencio porque aunque pisamos la Tierra vestidos de carne y hueso todos experimentamos en en uno u otro momentos de nuestras vidas, instantes sublimes cuando hacemos contacto con el inmenso poder de Dios; tal vez en una epifanía fugaz, una visión, en los ojos de un niño. El místico es aquel que desearía mantener el hilo de contacto y está dispuesto a soltar todo lo que interfiera o impida esta comunión que lo enaltece.

Cuando se entiende la astrología como ciencia sagrada, su simbología ofrece una herramienta de valor incalculable al buscador en el Sendero. El círculo de la carta representa la totalidad del cosmos; su circunferencia y sus divisiones indican los ciclos de lo que es infinito, sin límites, dentro del marco de un período definido en el tiempo que comprende las vidas de los hombres. Así, la astrología intenta proporcionar un mayor entendimiento de la acción del Espíritu individualizado en las vidas de los hombres a través de ciclos definidos de tiempo. Las primeras divisiones consisten en una línea vertical y una horizontal, las cuales dividen el círculo primero en dos mitades y luego en cuatro cuadrantes, formando así la *Cruz Cardinal del Poder*, los marcos principales de la carta y de nuestras vidas. En cada latido del corazón desciende la Luz del Espíritu (Capricornio/chakra de la coronilla y el Padre) *en una espiral de la figura del ocho* a la Madre (Cáncer/chakra de la base y la Madre), por donde sube una vez más a través del chakra del corazón (Aries y Libra, el Hijo y el Espíritu Santo), antes de regresar al Espíritu para iniciar el ciclo nuevamente. Este drama cósmico se despliega en las áreas básicas de la vida cotidiana.

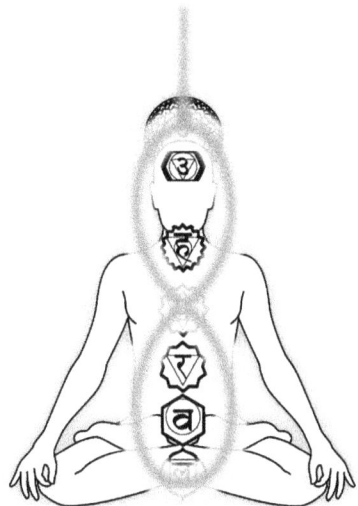

El Cordón Cristalino; el flujo de ocho a través del Chakra del Corazón

Capricornio tiene que ver con la entrada del alma a la reencarnación; su relación con Dios a través de sus interacciones con las figuras de autoridad y su contribución particular a la vida a través de su vocación y su carrera. Cáncer tiene que ver con el hogar y con la casa física, con la familia, la comunidad y la nación. Aries tiene que ver con el desarrollo progresivo del individuo en sí mismo y Libra se relaciona con la pareja, el matrimonio y otras asociaciones importantes.

¿QUÉ ES LA IDENTIDAD?

Aries es un signo de Fuego. El Fuego está relacionado con el Espíritu y con la identidad. ¿Qué es la identidad, sino una llama dotada de consciencia propia? El Sol está exaltado en Aries. Podría decirse que el individuo nacido a principios de la primavera tiene una dosis extra de energía solar a su disposición. Pero ¿es él, el Sol o el recipiente de sus rayos?

Como experimentan el elemento de Fuego dentro del cuerpo físico, los Aries son naturalmente enérgicos, activos e impulsivos. El niño Aries corre al otro lado de la calle en un abrir y cerrar de ojo. Es un reto para sus padres impartir a este niño el ejemplo de paciencia que tanto necesita cuando ellos están lidiando con su propia frustración para controlar a su hijo que todavía no ha aprendido a controlarse a sí mismo. Con la disciplina, el alma nacida en Aries aprende a controlar la energía vital que es accesible a todos nosotros día con día, y a ejercer diariamente el poder del resplandor solar que enciende su mecha y que despierta su ingenuidad interna y su creatividad innata.

Conforme gana más experiencia y madurez espiritual, el sentido de sí mismo cambia, a veces dramáticamente. La cadena de eventos en su vida le afectan a él y a la vez él afecta a esos eventos. Él encuentra diferentes partes de sí mismo en los distintos aspectos de su propio potencial que viene a ser aparente en su respuesta a eventos y acontecimientos personales que sale a relucir o del mundo en el que vive, los cuales lo desafían y lo motivan, otorgándole nuevas posibilidades. A veces, tales experiencias lo llevan a la confrontación en numerosos aspectos tumultuosos de su propia psicología o de su karma. A través de todo esto, será más y más consiente de quién realmente es él y quien no es, aunque debe despojarse de muchas máscaras antes de poder vislumbrar al hombre verdadero.

Aries es el signo del Ego, en todas sus diversas expresiones, para bien o para mal. El ego es a menudo más pronunciado en Aries que en cualquier otro signo. Un nativo de este signo típicamente muestra confianza en sí mismo y tiende a ser automotivado, entusiasta y directo en su manera de hablar y de actuar, un pionero abriendo brecha en su campo. El fuego y el poder de la Cruz Cardinal lo cargan con entusiasmo y con fuerza innata para crear, pensar y hacer. Sin embargo, mientras no se libere del orgullo y de la autoimportancia, puede adoptar una personalidad, es decir una máscara, muy convincente, en algunos casos llega a ejercer tremenda autoridad por algún tiempo, un ciclo o incluso durante varias vidas.

LA NATURALEZA DE LA ELECCIÓN

El factor decisivo para la persona nacida con el Sol en Aries— quien representa "el Yo" en cada uno de nosotros —es la elección. Aries pertenece a la Cruz Cardinal del Poder, en la cual las oportunidades para el crecimiento transformacional se presentan a través de cambios en nuestras circunstancias, a veces inesperados y muchas veces difíciles de navegar, los cuales requieren acción rápida y decisiva.

Josué, el sucesor de Moisés, retó a los Israelitas: *Escojan hoy a quién servirán*. En el corazón de cada elección se revela la naturaleza de la relación que mantiene el alma con su propia realidad divina y/o su irrealidad. ¿Servirá a la verdad o servirá al error?[15]

Cada vez que la persona con el Sol en Aries toma una decisión, alimenta a su ego o ejerce el poder innato de su ser verdadero. Un ejemplo sencillo sería una situación en la que tiene que decidir entre decir la verdad o mentir, especialmente cuando cree que recibirá alguna consecuencia penosa al decir la verdad. Si escoge mentir puede que nadie jamás lo sepa, pero invariablemente la identificación con la máscara de su ego crecerá. Mientras más fuerte se hace su moméntum de mentir, más aleja su alma de su ser real.

¿Cómo puede el individuo de Aries estar en el lugar correcto, en el momento correcto, para cumplir la Voluntad de Dios de la mejor forma posible de acuerdo a sus habilidades? Solo sintonizándose con la sabiduría del corazón puede estar seguro que está en el camino correcto. Él debe centrarse en el nexo de *La Cruz Cardinal del Poder*, el lugar donde las energías del Padre y la Madre se unen —¡en el punto del chakra del corazón! Pero como es tan ardiente por naturaleza, tiende a ser impulsivo, muchas veces actuando sin pensar.

Como el Carnero, símbolo de Aries, puede que sea una persona de cabeza dura. Cree tener la razón, en su mente cree sin la menor duda que tiene razón y por lo tanto pasará por alto, destruirá con argumentación, discutiendo. O simplemente no hará caso del buen consejo que recibe. En casi todos los casos, su mejor maestro resulta ser la experiencia.

Cuando el Carnero se ha golpeado la cabeza tantas veces que le duele, por fin aceptará que más le vale pensar antes de actuar. Aun así, para ninguna otra persona aplica mejor la expresión popular de *aprender a golpes* que para el nacido con el Sol en Aries.

Y ¿qué de aquellos Aries que reconocen sus puntos débiles, pero todavía no los han conquistado y tampoco han aprovechado sus fortalezas?

---

[15] Josué 24:15

Especialmente en los signos de Fuego *(Aries, Leo y Sagitario)*, no siempre es fácil discernir la línea que separa la iniciativa y la confianza del egoísmo y la arrogancia.

Mucho de lo que hacemos tiene su origen en una programación interna y en reacciones emocionales cuyas raíces se encuentran en la niñez o incluso en vidas pasadas. Por lo tanto, transformarse de manera permanente y positiva casi siempre requiere conectarse con el alma al nivel del niño interno. Aquí es donde la *Astrología Transformacional* puede ser de valor incalculable.

Vale más tener un ego sano que no tener ninguno. No sirve de nada exigir del niño Aries o de cualquier otro signo desapegarse de su ego cuando todavía está creando su sentido de identidad. Lo felicitamos por sus triunfos. Sin embargo, el niño Aries es capaz de entender desde muy pequeño que existe dentro de él un *yo grande* y un *yo pequeño*[16] y que él puede determinar cuál de los dos 'yo' quiere ser. El padre sabio dará a su hijo Aries bastante espacio para que tome las decisiones apropiadas para un niño de su edad; las consecuencias naturales de su libre albedrío le enseñarán cómo ejercer el poder con responsabilidad.

Desenmascarar al ego requiere corazón. La valentía, el aterrizar el fuego interno del corazón, es un rasgo positivo de Aries. Pero, ¿cómo ser valiente sin primero haber sentido miedo? El individuo verdadero de Aries no es nada tímido. Su coraje y fortaleza son aparentes, especialmente cuando surgen emergencias que requieren una presencia fuerte y tranquilizadora, una acción pronta y la clase de inteligencia capaz de tomar decisiones rápidas y correctas. Los Aries se las arreglan para encontrarse en plena acción en el lugar y en el momento precisos, listos para manejar cualquier crisis o emergencia grande o pequeña.

CLAVES DE LA MEDICINA Y DE LA MITOLOGÍA

Como está asociado con el principio del YO SOY, Aries representa el intento del individuo de realizar su máximo potencial. La constelación de estrellas llamada Aries, aparece en una formación que los antiguos egipcios asociaron con el dios Amon-Ra, a quien representaron con la cabeza de un carnero. Con el paso del tiempo, los egipcios llegaron a reconocer a Aries como "el Señor de la Cabeza".

Aun en la astrología moderna, Aries rige la cabeza. En especial si el Sol está impactado por aspectos difíciles al momento del nacimiento, incluso por un tránsito, los Aries son muchas veces susceptibles a heridas en la cabeza, a dolores de cabeza, etc. Los niños de Aries, siendo por naturaleza enérgicos y dados a actuar sin pensar, tienden a golpearse en la cabeza. Por lo tanto, la astróloga médica Eileen Naumann urge a los padres de los niños Aries a asegurarse de que su hijo lleve un casco deportivo cuando anda en su bicicleta o cuando monta a caballo.[17]

Aries rige las fiebres y las quemaduras. Naumaan hace constar que cuando un nativo de este signo tiene una fiebre, ésta tiende a ser aguda e imprevista. Aunque una fiebre repentina puede ser alarmante para los padres de estos pequeños, Naumann comenta que por lo general termina tan rápido como empezó.

LOS PIONEROS

La personalidad ariana se esfuerza por expresar la energía que experimenta a través de la acción concreta. Como está determinado a meter el gol, elimina sin más los obstáculos que encuentra en su camino, ya sean circunstancias o incluso estados psicológicos. No es propenso a holgazanear ni a demorar, sus expresiones predilectas bien podrían ser "¡Más acción y menos palabras!" y "¡Hazlo ya!" Mientras va conquistando su mundo, va desarrollando una autoestima fuerte. Otros respetan su espíritu positivo y su entusiasmo intrépido. A lo mejor es pionero de nuevas ideas. Como a él le gusta hacer las cosas a su propia manera, puede que decida ser empresario. Si trabaja para otra persona o forma parte de un equipo laboral, de alguna manera logrará tener una posición en la que goce de bastante libertad y creatividad personal y en la que legítimamente pueda tener la última palabra, por lo menos sobre la materia en la que es experto. No tiene miedo alguno de la competencia; más bien le da la bienvenida a la oportunidad de probar que él es el mejor de todos.

En el currículum o la biografía de la persona Aries por lo general abundan las frase: "el primero en" o "el fundador de". A las personas de este signo les gusta poner en marcha las cosas. Considera, por ejemplo, al brillante músico, poeta, artista, historiador, filósofo, autor, y astrólogo influyente, **Dane Rudhyar**. Él nació el 23 de marzo de 1895, en París. En 1917, el *Metropolitan Opera House* de la ciudad de Nueva York tocó algunas de las originales composiciones de música clásica de Rudhyar. Éstas fueron las primeras piezas politonales interpretadas en los Estados Unidos. Algunos años después, Algunos años después, Rudhyar inició la Astrología Humanística que introdujo al Occidente la interpretación de las influencias astrológicas según la persona particular y no primordialmente como un pronóstico de eventos futuros, como solía hacer la gran mayoría de astrólogos. Con las ideas desplegadas por Rudhyar, la astrología ganó profundidad y una nueva perspectiva. Él incorporó creencias metafísicas, conceptos psicológicos de Carl Jung, la influencia de matices culturales y el libre albedrío del individuo.

---

[16] Véase *The Little Me and the Great Me*, por Lou Austin (The Partnership Foundation, 1957).

[17] Véase MedicalAstrology.medicinegarden.com/2009/04/medical-astrology-sun-in- aries/.

Rudhyar enfatizó el potencial del individuo por encima del simple pronóstico de eventos predestinados. Fue el fundador del *Comité Internacional de Astrología Humanística*.[18]

En la *Astrología Transpersonal*, Rudhyar nos da una visión aún más profunda, dirigida a la transformación mundial y a "la visión de una transformación total de la persona entera". Él insistió que tal visión *transpersonal* requería una astrología *transpersonal*.[19]

Wilbur Wright, el mayor de los famosos hermanos Wright, nació con el Sol en Aries el 16 de abril de 1867. Se da crédito a él y a su hermano Orville de haber creado juntos el primer avión, siendo los primeros en llevar a cabo con éxito el primer vuelo tripulado. Su primer vuelo tuvo lugar el 17 de diciembre de 1903. En *Los hermanos Wright: la conquista de los cielos*, el autor e historiador James Tobin afirma que aunque los hermanos trabajaron juntos, fue Wilbur quien inició el proyecto en 1899. En aquel tiempo él escribió sobre: "mi máquina" y "mis planes".[20]

También declara James Tobin que "resulta impossible imaginar a Orville, brillante como era, proveyendo la fuerza impulsora que comenzó el trabajo de ambos y lo mantuvo en marcha desde los inicios en la habitaciòn trasera de un negocio en Ohio hasta las conferencias con capitalistas, presidentes y reyes. Eso lo hizo Will: el fue el líder desde el comienzo al fin".

Beethoven una vez escribió lo siguiente sobre el célebre organista, violinista, clavecinista y compositor, **Johann Sebastián Bach** (31 de marzo de 1685)[21]: "Mi corazón late sinceramente con el arte sublime y magnífico de aquel primer padre de la armonía".[22]

El compositor austriaco **Franz Joseph Hayden**, nació el 31 de marzo de

---

[18] Véase En.Wikipedia.org/wiki/Dane_Rudhyar.

[19] Véase Khaldea.com/rudhyar/fromhtot_3.shtml, Dane Rudhyar, *From Humanistic to Transpersonal Astrology*.

[20] James Tobin, *Los hermanos Wright: la conquista de los cielos* (El Ateneo (Argentina, 2004).

[21] Algunas fuentes de información citan el 21 de marzo de 1685, y otras mencionan el 31 de marzo como la fecha de nacimiento de Bach. La primera no toma en cuenta las modificaciones que ocurrieron cuando se cambió del calendario juliano al gregoriano. Como sea, Bach era Aries. El Papa Gregorio XIII introdujo el calendario gregoriano en 1752, y para efectuar el cambio tuvo que adelantar el calendario juliano once días. (Después del miércoles 2 de septiembre de 1752, siguió el 14 de septiembre del mismo año). En esta obra, se usa el calendario gregoriano para calcular las cartas astrológicas. A menos que se indique de otra manera, la fuente para las fechas de cumpleaños provienen del ASTRODATABANK (www.Astro.com) o de Astrotheme (www.Astrotheme.com). Todas las cartas astrológicas presentadas en este libro son geocéntricas; el sistema de casas es de Placidus o Plácido.

[22] En una carta al Kapelmeister Hofmeister.

El histórico primer vuelo propulsado a motor de Wilbur y Orville Wright: en Kitty Hawk, Carolina del Norte, el 17 de diciembre de 1903. Este vuelo fue el primero en el que una máquina más pesada que el aire pudo sostener un vuelo controlado con un piloto abordo. Avanzó en su curso sin perder velocidad y aterrizó en un punto tan alto como el de su despegue.

1732. Como Bach, Hayden fue pionero de nuevas fronteras musicales. Llegó a ser conocido como "El Padre de la Sinfonía" y "El Padre del Cuarteto de Cuerda". También está acreditado como "El Ingeniero de la Forma Clásica". Las obras de Hayden influyeron mucho en grandes compositores en los años por venir. Aunque el estilo musical de Bach y el de Haydn son muy distintos, uno puede percibir la viveza, dinamismo y la fuerza de Aries en las obras de ambos compositores. Sentimos que nuestro espíritu se eleva y nos cargamos de energía al escuchar la música de estos dos grandes genios musicales Aries.

Y luego tenemos a la actriz *Mary Pickford*, cuyo nombre de soltera fue Gladys Louise Smith y nació el 8 de abril de 1892 en Toronto Canadá. Con su Sol y Júpiter en el signo de Fuego, Aries (entusiasmo), Mary compensó su falta de altura (1.55 centímetros) con un espíritu enérgico y naturalmente vivaz. Llegó a ser conocida como "La Pequeña Mary", "La Novia de América" y "La Muchacha de los Rizos Dorados". Aunque actuó en algunas películas "sonoras", se hizo famosa en la era del cine mudo. Durante su vida apareció en 52 producciones de cine. Fue cofundadora del *United Aritsts Studio* y una de los 25 fundadores originales de *The Academy of Motion Pictures (la Academia Cinematográfica)*. Fue reconocida por el *American Film Institute (Instituto de Películas Estadunidenses)* como una de las mayores estrellas de todos los tiempos y como toda una Aries; como una de las pioneras principales del Hollywood de

39

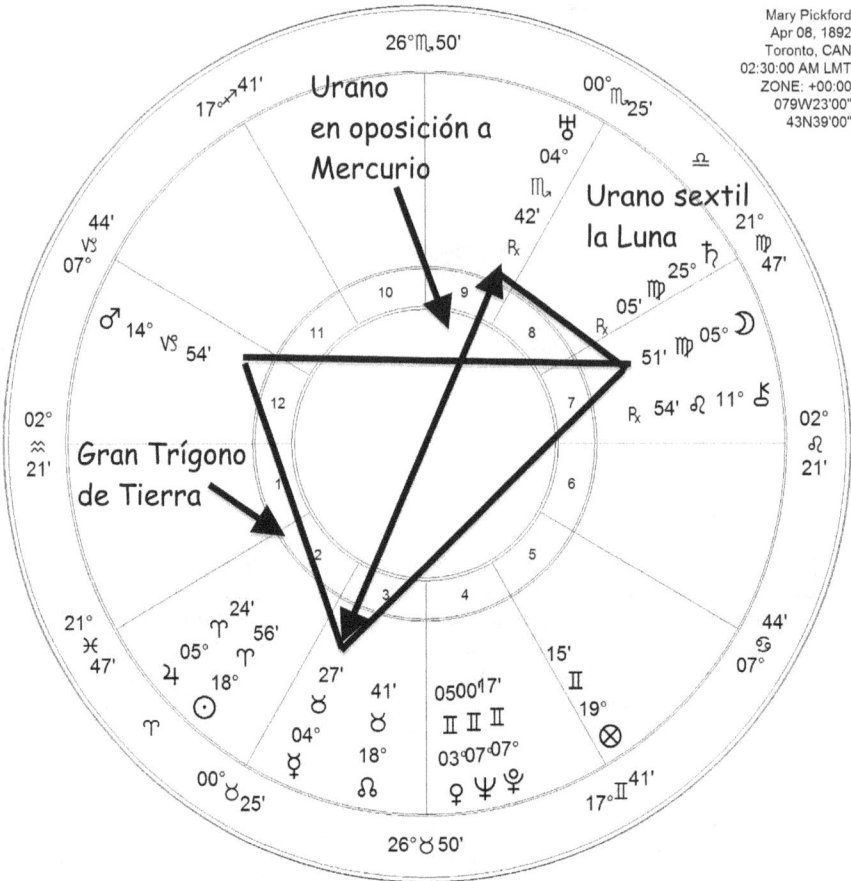

Mary Pickford
Apr 08, 1892
Toronto, CAN
02:30:00 AM LMT
ZONE: +00:00
079W23'00"
43N39'00"

aquellos tiempos.

En la carta natal de Pickford, Marte, el regente de Aries, está exaltado en el poderoso Capricornio. Forma parte de un Gran Trígono de Tierra en el cual la Luna está en Virgo y Mercurio en Tauro. Tener posiciones destacadas en signos de Tierra es particularmente útil en las cartas de los actores talentosos que llegan a ser empresarios exitosos. "La Pequeña Mary" fue ambas cosas. Además, Urano (innovación) en Escorpio —en sextil a la Luna en Virgo (ingenio)— pero cortando en dos el Gran Trígono por su oposición a Mercurio en Tauro es el enfoque de su visión (Escorpio) de invertir en el futuro de la filmografía.

ENERGÍA MARCIANA

Marte rige a Aries. Llamado *el planeta de la acción a través del deseo,* Marte dota a los que nacen bajo su influencia con un espíritu enérgico — ¡Muévete! ¡Hazlo! ¡Claro que lo puedo hacer! A menos que la influencia limitante de Saturno sea muy dominante en la carta astrológica, el individuo con el Sol en Aries tiende a ser comprensiblemente impaciente. Muchas personas nacidas en este signo tan energético asumen de manera natural la posición de líder, abriendo puertas y despejando el camino para otros. Están orientados a encontrar soluciones efectivas al momento. Son atrevidos, ambiciosos, fuertes de carácter y francos. En su mayoría son más propensos a iniciar proyectos que a mantenerlos en marcha. El niño Aries por lo general corre para estar a la cabeza de la fila. Puede que le cueste hacerse a un lado para dar la oportunidad a otros niños de tomar su turno como número uno. Mientras que muchos niños (y adultos) Aries hacen su mejor esfuerzo cuando compiten, otros simplemente dan por hecho que lo hacen mejor que cualquiera. Se preguntan a sí mismos: ¿Para qué gastar tiempo y esfuerzo con alguien menos capaz?" De verdad, puede que tenga razón, sin embargo, tal postura alimenta su orgullo. De una manera u otra, la vida lo moldea y lo suaviza, perfeccionando sus habilidades y templando su corazón a través de la paciencia.

En su manifestación negativa, la energía marciana es muy combativa. Podemos reconocer la expresión negativa de Marte cuando nos levantamos con el pie izquierdo: ¡Inquietos, gruñones y buscando bronca todo el tiempo! Ya sea que se trate de una influencia activa en la astrología personal o en la del mundo ¡Marte casi siempre sale en primera plana! Aunque es cierto que ninguna persona es inmune a la energía negativa marciana, los Aries tienen que tratar con las emanaciones del planeta rojo con mayor intensidad y todo el tiempo. La actividad de Marte, ya sea en la astrología natal o acaso en la carta progresada o producto de un tránsito, es a menudo el punto dinámico más importante en el pronóstico diario de la persona Aries.

Hasta que estos individuos enérgicos aprenden a amansar a la bestia interna, Marte puede llevarlos a dar una vuelta vertiginosa y emocionante pero también volátil y que podría quedar fuera de su control; en efecto, ellos pueden convertirse en su propio peor enemigo. Cuando hay aspectos difíciles entre Marte y los planetas externos (Urano, Neptuno y Plutón), especialmente en las cartas de los niños, adolescentes y jóvenes, o en la astrología de personas desequilibradas por un trauma o desequilibrios emocionales, un tránsito de Marte puede poner todo de cabeza, a menudo resultando en acciones imprudentes o impulsivas a menos que el individuo logre controlarse. Cuando Marte es en sextil o en trígono (aspectos armoniosos) con respecto a otras posiciones planetarias, la influencia marciana muchas veces resulta ser más positiva, impartiendo entusiasmo y energía para actuar con ingenio, confianza en sí mismo y firmeza. Sin embargo, incluso los aspectos armoniosos de Marte pueden causar problemas, actuando como cómplices y ayudando al ego a conservar sus máscaras.

La mayoría de los Aries viven en el presente, mirando hacia el futuro. ¡El pasado, pasado está! Tampoco tienden a demorarse ni a perder tiempo holgazaneando. Generalmente son físicamente activos. La persona Aries puede aprender a canalizar su abundante energía y así mantenerse feliz y en forma sin ser demasiado dominante. Un paseo rápido y vigorizante le puede servir para descargar energía excesiva y así evitar ser demasiado ruidoso, fuerte de carácter, agresivo y confrontar tanto a las personas. Sucedió que un exitoso empresario Aries que se había forjado a sí mismo, cierta vez consideró seriamente dejar su costumbre de correr temprano por la mañana como sacrificio personal durante la temporada de Cuaresma. Sospechando que al no canalizar su abundante energía podría ser insoportable, yo le aconsejé: "¡No hagas eso a tu mujer!"

Cuando alguien le exige adaptarse a una manera no suya de hacer las cosas, el Aries suele rehusarse a cooperar, poniéndose irascible, discutiendo cada punto. Aunque los Aries pueden ganar la admiración de otros por hacer las tareas sin que nadie se los ordene, la misma iniciativa resulta ser problemática cuando trabajan cerca de un socio o cuando son miembros de un equipo. Incluso el nativo de este signo más dispuesto a colaborar provoca el enojo cuando actúa sin consultar primero con las personas de su círculo. Él razona para sí: ¿Por qué perder tanto tiempo cuando hay tanto que hacer? Por lo general, los Aries se sienten más tranquilos cuando respetan la forma de ser de otras personas que por naturaleza son más contemplativas, precavidas o menos dinámicas. Después de todo, ¡no todo el mundo nació con el Sol en Aries!

Aprender cómo controlar sus reacciones fuertes típicamente requiere mucho esfuerzo para el alma nacida bajo la influencia de este poderoso signo solar. El individuo con el Sol en Aries inevitablemente atraerá a personas y situaciones que lo ponen a prueba, sacando a la luz su impaciencia, encendiendo su ira e indignación. Tales encuentros le otorgan la oportunidad de descubrir cómo controlarse con mayor maestría. Tiene la tendencia de tomar las cosas a pecho y demasiadas veces reacciona luchando, verbal o físicamente. Ponerse rojo de coraje o sentir que el corazón le palpita, en la gran mayoría de los casos sirven como advertencias físicas de la urgencia de calmarse; ¡Cuenta hasta tres, respira, camina, tranquilízate! Cuando requiere ser valiente para enfrentar un gran reto o adversidad, sin importar que el corazón le lata fuerte, siempre y cuando logre mantenerse centrado, estará fortalecido por la presencia poderosa del amor. Hasta que gane la maestría de usar la mente para controlar sus reacciones, la persona nacida en Aries es propensa a ser iracunda, peleonera y reaccionar fácilmente. Puede justificar un comportamiento tajante, defendiendo su sentido de justa indignación o aparentando ser indiferente. Las muchas y diversas manifestaciones de enojo son demasiadas para ser nombradas; algunas son obvias, mientras que otras como la apatía y la violencia pasiva son más difíciles de distinguir. La causa es casi siempre el orgullo. A veces consciente, pero más a menudo subconscientemente, el orgullo disfraza la inseguridad, el dolor y el temor.

Por lo general, los Aries se sienten impulsados a decir la última palabra. Jorge, un Aries muy extrovertido y un padre de familia, no tiene pelos en la lengua: "Me encanta discutir con mi esposa y con mis cuatro hijos. ¡Ponemos todo sobre la mesa! ¿Por qué no? Ya por la mañana nos llevamos todos bien de nuevo". Algunos nativos de este signo se sienten orgullosos de su manera de ser exageradamente francos y al grano. Una vez un célebre atleta Aries nacido durante los primeros días de abril me confesó: "¡Mi boca es mi peor enemigo!" Elena, una mujer dinámica de este signo, asumió una feminidad no típica para ella, y a lo mejor salvó su matrimonio cuando se dio cuenta de que preservar el nido del amor es a veces más importante que probar que uno tiene la razón.

Decir con aspereza a otros sus fallas, supuestamente para su propio bien sin tomar en cuenta sus sentimientos, rompe la paz casi sin excepción, creando división, heridas y provocando una pelea. A la persona Aries, con su típica arrogancia abrasiva, le puede ser difícil cambiar porque no cree ser demasiado brusca; ¡Cree que simplemente está diciendo la verdad! La vida de la persona con el Sol en Aries se transforma cuando reconoce que la felicidad resultará de templar su manera de hablar en vez de agredir o arremeter contra el mundo que lo rodea. No obstante, para aquellos nacidos bajo este signo gobernado por Marte, controlar su temperamento es mucho más fácil de decir que de hacer.

A veces sucede que la persona Aries, que es de por sí gentil y conscientemente amigable, enfrenta la ira de otra persona sin haberla provocado de forma directa. Aunque la circunstancia sea desagradable, tal vez le ofrezca un espejo de realidades que de otra manera no hubieran salido a la luz, acaso manifestando un karma que tenía que ser transmutado o creando un conflicto necesario para revelar la verdad y lograr resolver un problema. Todo es oportunidad. Nada ocurre por casualidad.

Cuando el ego de la persona de Aries y/o su misión declarada en esta vida son golpeados, puede ser que experimente un dolor profundo y un resentimiento punzante. Tal vez parezca que está derrotado y de hecho puede estarlo temporalmente, pero una vez que se reconecta con su fortaleza interna, acordándose de quien realmente es, se levanta listo para lo que sea, ¡armado con más y más amor!

EL NIÑO RESERVADO ARIES: ¡FUEGO LATENTE!

Aunque muchos niños Aries demuestran audacia y confianza en sí mismos, otros tienden a ser más calmados, calladamente amigables y a veces, hasta un poco tímidos. A pesar de tener una disposición más quieta, ellos también están propensos a actuar de modo independiente y a ser impulsivos. Hasta los niños más dóciles de este poderoso signo de Fuego suelen discutir bastante; un comportamiento tan arraigado en algunos jóvenes Aries que parece imposible de corregir. Los padres y los maestros del niño tímido de este signo le pueden ayudar a reforzar su autoestima proveyéndole con las herramientas que necesita para desarrollar sus habilidades y destrezas naturales. Las interacciones con sus compañeros le presentan el desafío de estar en paz siendo quien realmente es y haciendo lo que considera que es correcto hacer, aun cuando esto signifique salirse del molde. Sin embargo, la mecha interna del calmado niño con el Sol en Aries se enciende, por lo general durante los años de la adolescencia, prendida por un tránsito astrológico: ¡De repente el fuego antes quieto aparece!

ARIES Y LAS RELACIONES CERCANAS

A pesar de que nace alrededor del equinoccio primaveral, cuando la noche y el día tienen la misma duración, es difícil para la persona nacida con el Sol en Aries lograr un estado de equilibrio con los demás. Él insiste en forjar su camino por sí mismo. Un estilo de vida en que depende de sí mismo puede haber ocurrido como consecuencia de haber tenido que superar circunstancias difíciles. No es sorprendente que muchos Aries luchen contra la sensación de sentirse solos incluso cuando están rodeados por amigos o familiares. De hecho, llega el momento cuando la persona Aries, quien logró salir adelante por sus propios esfuerzos, descubre que su autosuficiencia interfiere con su felicidad. Él que se creía tan solo e independiente, llega a un punto en su vida en que debe aprender a amar y al hacerlo debe tomar en cuenta las necesidades de otra persona, no solamente las suyas. No solo tiene que aprender a dar de sí con mayor medida, sino también a recibir graciosamente. Debe dejarse querer. En esencia, para sentirse completamente sano, debe aprender algunas de las lecciones de su polaridad natural: Libra. Todos necesitamos unos de otros, y la única brújula que nos puede guiar bien es el corazón.

Lo que la persona Aries no puede o no quiere ver de sí misma, le es revelado a través de sus relaciones íntimas. Aunque el proceso resulte doloroso, si comprende bien la lección la experiencia resultará de valor inestimable para su comprensión de sí misma y de las consecuencias de sus actos. Diego es un Aries muy galán. Cuando tenía cerca de los treinta años, persiguió el objeto de su amor: la hermosa y vivaz Clara, y no le fue nada difícil conquistarla. Clara aceptó la propuesta de matrimonio de Diego, pero había un problema, pues el ministro de la iglesia de ella desaprobaba la fe de Diego. Entonces, Diego cortó los lazos con su iglesia y se hizo miembro de la de su mujer, asistiendo fielmente a todos los servicios y vigilias de oración con su amada. Lo raro e interesante de esta historia es que cuando Diego se recreó a sí mismo para complacer a Clara, ella ya no se sintió atraída hacia él. Diego entonces aprendió lo fútil que resultó fingir ser quien no era; una buena lección ariana sobre la autognosis.[23] Él recogió los pedacitos de su corazón roto con genuina resolución ariana: "No voy a comprometerme en otra relación íntima hasta no saber primero quien soy ". Por fortuna, la historia de Diego terminó, o más bien, empezó, felizmente cuando unos años después conoció y se casó con la mujer de sus sueños.

---

[23] La autognosis significa conocimiento de uno mismo, reflexión que resulta en una transformación espiritual.

Para que el amor florezca en sus vidas, los Aries necesitan frenar su tendencia innata a dictar a los demás lo que deben hacer. Algunos Aries son mandones. Otros alejan a las personas con su manera arrogante; muchos llegan a ser tediosos al hablar tanto de sí mismos. Es verdad que hay cierta clase de persona Aries, sincera y real, decidida y emprendedora, ingeniosa y a la vez considerada. Le gusta ayudar y servir a los demás y logra ejercer un grado de autoridad natural sin ser demasiado dominante. Está por demás decir que es importante que la pareja de la persona Aries pueda seguir su ritmo y su nivel de actividad, o mejor aún, que sea alguien que le inspire a hacer las cosas mejor. Sin embargo, como se siente esencialmente autosuficiente, puede que le cueste trabajo entrar en el dar y el recibir, el arte inevitable de alcanzar una solución intermedia (sin perjudicar su integridad), que es la pauta de cualquier relación sana. Aprender a entender más a otras personas, con más tolerancia para con sus defectos humanos, lo ayuda a no tomarse las cosas de manera personal y es más probable que mantenga su equilibrio en vez de empezar una batalla. En ocasiones, sería más sensato para los Aries callar a Marte cuando le toca a Venus el papel principal.

Todas estas cualidades de la persona con el Sol en Aries son modificadas, amplificadas, reveladas y redefinidas cuando se toma en cuenta la carta entera, la persona particular, la etapa de vida en la cual esté y su situación actual. Más aún, hay que considerar la naturaleza de ciclos astrológicos específicos que se pueden definir y que se reflejan sobre las circunstancias pasadas, actuales y futuras. Claro que todo depende de la madurez o falta de madurez espiritual de la persona: el Aries nacido con Marte en cuadratura con el Sol probablemente tenga mal genio, sea egoísta e impaciente. Otro individuo con la misma astrología, pero espiritualmente más consciente o incluso el mismo hombre años después cuando sea más humilde y sabio, podría experimentar la misma influencia como una carga de energía poderosa que ejerce de manera responsable y con mucho amor.

Una joven de veinte años nacida con un Gran Trígono en Agua y otro en Tierra (mucha compasión y genio práctico) se preocupó tanto por sus amigos y familiares cuando era adolescente, que su mayor reto era encontrarse y definirse a sí misma (en vez de tener que controlar un ego desatado que es más típico para los nativos de Aries). Después de madurar y llegar a adulta seguía cuidando a muchas personas pero dejó de preocuparse tanto. Se dio cuenta de que cuando se cuidaba a sí misma, encargándose de sus propias necesidades, podía servir mejor a otras personas. Llegó a ser un modelo de lo mejor de Aries: positiva, proactiva y dinámicamente productiva. A la vez, se dio cuenta de la importancia de dejar a los demás tomar sus propias decisiones y aprender de ellas.

Un factor fundamental en la formación de la autoestima del alma Aries es su percepción de la relación que tuvo con sus padres durante su niñez, en especial con el padre, y de su percepción de la relación que tuvieron sus padres, el uno con el otro. Cuando el individuo Aries se siente seguro con el padre y con la madre, demuestra una confianza en sí mismo y un gusto por la vida que inspiran a los demás. Ningún reto le parece demasiado grande (¡con excepción quizá de tener que aceptar la rutina!), es luchador por naturaleza y tirar la toalla simplemente no forma parte de su vocabulario. En especial al adolescente Aries puede afectarlo terriblemente la discordia doméstica, la muerte de uno de los padres o, más aún, cuando deciden separarse o divorciarse. Típicamente se siente desorientado. Incluso puede perder su sentido de dirección en la vida. A menudo sucede que la circunstancia externa revela un tema interno que ha sostenido el alma en sus vidas pasadas, que ya desea resolver —la punta de un iceberg indefinido. Con el tiempo, recoge los pedacitos de su vida y traza de nuevo el curso habiendo aprendido una lección básica de este signo; la única persona que uno puede realmente controlar es a uno mismo.

El padre o la madre Aries es a menudo autoritario, insiste en que hay que hacer las cosas de cierta manera. Sin embargo, tiende a ser muy positivo. Por lo general no toma decisiones que sus hijos puedan tomar por sí mismos. Quieren que ellos descubran las consecuencias de sus elecciones de libre albedrío. Una vez pregunté a un Leo a que se atribuía su éxito y me contestó: "¡Mi papá (Aries) se rehusó a ver en mí el fracaso!"

EL QUE DESEA SER EL HÉROE CON EL SOL EN ARIES

> *Toca, y Él abrirá la puerta.*
> *Desvanécete, y Él te hará brillar más fuerte que el sol.*
> *Cae, y Él te levantará a los mismos cielos.*
> *Vuélvete nada, y Él te convertirá en el Todo.*
> —J. Rumí, poeta sufista

Llega el momento en el camino del individuo Aries en el que está resuelto a seguir adelante en su camino, en busca de triunfos no necesariamente mundanos. Al principio, la iluminación de su corazón es emocionante. Se siente entusiasmado ante la posibilidad de iniciar una nueva aventura, pero a la vez algo perturbado. Sus emociones son turbulentas mientras va abriendo brecha en terrenos aparentemente desconocidos, pero en realidad conocidos a niveles internos. De nuevo, el alma nacida bajo el signo del Hijo se pregunta a sí misma: ¿quién soy yo? Una vez más el individuo encara con el hecho de que a través de sus elecciones ha creado la persona que piensa ser. Sabe que no es quien pensaba que era, pero todavía no sabe quién es en realidad, ni tampoco quién llegará a ser.

La persona Aries que quisiera abrazar el sendero místico comienza por confrontar y sortear las ilusiones que ha mantenido de lo que es real y lo que no es real dentro de sí mismo. No todos están preparados ni deseosos de tal encuentro, no todos han resuelto comprometerse con lo que les parece un empeño demasiado arriesgado y espantoso que requiere un sacrificio enorme. Algunos llegan al portal, se quedan por una temporada y luego regresan a su vida cotidiana. Otros entran, pero luego se desvían del camino en búsqueda de un fragmento perdido de su identidad, o acaso porque necesitan cumplir algún deber o pagar alguna deuda kármica, cumplir sus responsabilidades con sus familiares o con sus amigos, o incluso para satisfacer algún deseo personal no cumplido. No obstante, una vez que el Aspirante Aries resuelve caminar el Sendero, tiende a ser disciplinado, imperturbable en su determinación de hacer todo lo necesario para llegar a la meta.

LA PACIENCIA TODO LO ALCANZA

Teresa de Ávila, santa católica, mística y monja de la orden de las Carmelitas, nació el 28 de marzo de 1515 (según el calendario juliano; el 7 de abril según el gregoriano) en Gotarrendura, una municipalidad de la provincia de Ávila, España. Basándose sobre todo en su propia experiencia, Santa Teresa escribió extensivamente sobre las etapas sucesivas del desarrollo espiritual. Ella escribe que en especial durante las primeras etapas del sendero espiritual, el Aspirante a menudo descubre que aquellos que lo conocieron antes lo rechazan

Entre más maestría logren tener las almas Aries sobre el chakra del corazón, la acción y pensamiento se harán uno. La prominente mística española *Sta Teresa de Ávila* (28 de marzo de 1515 hasta el 04 de octubre de 1583) enseñó: "Lo importante no es pensar mucho, sino amar mucho".

ahora. Quizá no pueden entender o no quieren aceptar su elección. Por lo tanto, Santa Teresa recomienda que el principiante se rodee de amigos dedicados al sendero espiritual, igual que él. La comunidad espiritual apoya al Aspirante durante esta época en la que es tan vulnerable, cuando los demás señalan sus debilidades y sus problemas —que tienden a ser muchos— mientras él lucha por poder serenarse. Es vital al principio del Sendero, cuando es tan fácil desalentarse, distraerse, confundirse o desviar el camino, tener el mentor o Maestro correcto.

Conforme avanza, empieza a sentirse más seguro, pero la prueba de su alma y su resolución de perseverar se vuelven más y más desafiantes. Santa Teresa describe una época, la cual puede durar por muchos años, cuando los hábitos, patrones emocionales, deseos y moméntum del hombre instintivo y egoísta batallan contra la naturaleza e identidad del ser espiritual que va emergiendo.

San Pablo se refirió a esta confrontación entre la luz y la oscuridad dentro del Aspirante como una batalla interna. El ego falso no desaparece de la noche a la mañana. La persona de Aries se identifica tanto con la máscara del ego que si de pronto se la quitaran se sentiría perdido y en peligro de adoptar otra fachada

aún más insidiosa. Aunque el reconocimiento de que existen aspectos de uno mismo que obran contra su propio bien puede llegar en un relámpago de entendimiento, una epifanía o una revelación sorprendente, el desmantelamiento del hombre viejo y el asumir al hombre nuevo es un proceso paulatino de entrega espiritual al amor. Mientras que el devoto expande la llama del fuego del espíritu a través de la oración, meditación y decretos (afirmaciones enfocadas), el espíritu del fuego dentro de él acelera su entendimiento, pero su intensidad puede ser inquietante. Esto es porque la frecuencia de la luz que él ha invocado revuelve áreas de oscuridad o densidad dentro de su psique. No obstante, encuentra la paz a través de la oración. Teresa de Ávila aconseja al Aspirante sincero:

> *Nada te turbe, nada te espante, todo pasa. Dios no muda. La paciencia todo lo alcanza; quien a Dios tiene, nada le falta. Sólo Dios basta.*

LA PÁSION POR DEL SENDERO

Los místicos de Oriente y Occidente han comparado su anhelo de Dios con el ardor apasionado del novio que busca a su amada. Ella aparece y luego se pierde de vista, a veces por períodos que parecen eternos. El matrimonio que él desea es, en realidad, la unión de su alma con su Presencia Divina. Tal unión pocas veces ocurre de golpe. Casi nadie lo podría soportar. Más bien ocurre gradualmente; poco a poco se une con su amor perdido.

En el Zóhar, el texto principal de la Kabbalah, un sabio compara el Torah con una doncella hermosa atrayendo su amante (quien quisiera conocer sus secretos más íntimos). Retirada en una cámara del palacio, solo ella está enterada de la existencia de él. Leemos:

> *Ella sabe que aquel que es sabio de corazón ronda las rejas de su morada día tras día. ¿Y qué hace ella? Desde su palacio le muestra su rostro, le da una señal de su amor y luego se retira a su morada oculta... él se siente atraído hacia ella con toda su alma, su corazón y su ser. De esta manera, la Torá... se descubre por amor a los que la aman, para inspirarlos que renueven su amor.*

LA TRANSFORMACIÓN HACIA EL HOMBRE REAL EN ARIES

Las circunstancias en las cuales el Aspirante Aries se encuentra a sí mismo parecen ser orquestadas para revelar la serpiente del orgullo que se esconde en el jardín del ser. Es lo que los griegos llamaban *hubris*, una mala hierba capaz de destruir. El diccionario *Merriam-Webster* define a *hubris* como "un orgullo de exagerada confianza en uno mismo". Podemos reconocer esta cualidad en una persona que es muy egoísta en vez de ser genuinamente humilde. Merriam-Webster apoya su definición con esta frase: "Debe su fracaso a su hubris" y con una cita del libro *El profesor y el loco escrito* por Simon Winchester (1998): "Desde su concepción, fue un proyecto de una intrepidez casi inimaginable, que requería gran coraje y ponía en riesgo mucha hubris".

Este punto es importantísimo para el alma Aries que persigue la autorrealización hoy en día. Durante las primeras décadas de la Era de Acuario muy pocos Aspirantes se aislarán en monasterios y retiros escondidos. Al contrario, la mayoría de los buscadores espirituales que avanzan por el camino hacia la cúspide del ser, deben mantener integridad espiritual mientras cumplen a la vez sus deberes mundanos. La persona nacida con el Sol en Aries tiende a ser ambiciosa. ¿Debe soltar sus ambiciones una vez qué ha entrado en el sendero espiritual? ¡Sí y no! Su reto es desempeñar el trabajo al que se dedica con excelencia, mientras mantiene la visión de su meta mayor que es la unión con Dios. Debe esforzarse en no involucrarse demasiado tanto en ambiciones mundanas como tampoco espirituales.

Una situación tras otra le otorgan al Aspirante Aries la oportunidad de adquirir más control de sí mismo, es decir, de controlar con mayor maestría las energías poderosas que laten en su cuerpo físico y su mente. Aprende a dejar de reaccionar con enojo cuando alguien desaprueba sus acciones o su manera de hablar, cuando no recibe lo que quiere cuando lo quiere, e incluso cuando recibe lo que no quiere. Confrontaciones y eventos inesperados ponen a prueba su habilidad de mantenerse en su centro sin que lo afecten. Y así, logra ser paciente a pesar de su innata impaciencia. Desarrolla la costumbre de escuchar el punto de vista de otra persona a pesar de su tendencia a pensar que siempre tiene la razón. Decide ser honesto y a la vez comprensivo, listo para decir la verdad cuando sea imperativo, pero lo bastante compasivo como para mantener silencio; franco y sincero, pero jamás brutal ni innecesariamente cortante. Con la mansedumbre de la humildad, gana acceso a la fuente de poder que late dentro de su ser. Poniendo la otra mejilla y evitando entrar en batallas inútiles que le restarían luz, logra hacer contacto con la presencia poderosa de la paz. El buscador de la realidad en Aries comienza así a asumir el carácter del Hombre Real.

Le ayuda mucho en su transformación diaria de su ser inferior a su ser superior, es decir, la transformación de la identidad egoísta al Ego desinteresado, reconociendo que cuando permite que le molesten pequeñas cosas, cuando por error cree que es la ley, o cuando se involucra en discusiones acaloradas se encuentra en peligro de perder su alineación y equivocarse.

En la medida en que la intensidad de sus pruebas crece, así crece su fe. Mientras la oposición a su misión se acrecienta y más y más se requiere de él, más crece su determinación de dar su todo.

MAESTRÍA SOBRE EL CHAKRA DEL CORAZÓN

Conforme adquiere un mayor control consciente sobre la poderosa fuerza vital que late dentro de su ser, es menos susceptible de actuar de manera imprevista, ya que ha aprendido que no todas las situaciones necesitan ser resueltas de inmediato. Se da cuenta de que más le vale dejar algunos asuntos para otra ocasión o quizá dejar que otra persona los solucione. Incluso las tragedias y los conflictos que parecería mejor evitar, pueden formar parte de un drama mayor y resultar muy beneficiosos. Además, muchas cosas simplemente se resuelven solas con el paso del tiempo. Pero ser paciente no significa ser tímido. El Aries sabe por su propia naturaleza que el que duda pierde. Puntos de inflexión en su vida tienden a ocurrir de improviso, requiriendo que él actúe rápido y decisivamente ¡ya!

Para asegurarse de que no se equivoca, el Aspirante Aries debe desarrollar equilibrio y llegar a ser cada vez más sensible y afinado con la parte más íntima del corazón, su cámara secreta interna; debe ganar maestría sobre el chakra del corazón. Mientras medita sobre el corazón espiritual, el Aspirante de Aries se hace más consciente de los bloqueos y las barreras que él mismo ha construido para aislarse del amor. ¡Se da cuenta de que estas murallas necesitan ser disueltas por los fuegos consumidores del amor!

Una mujer Aries, una devota desde hace muchos años, cuenta lo que pasó cuando decidió obedecer "la orden interna" de tocar a la puerta de cierta mujer que apenas conocía. Lo único que comprendió intuitivamente fue que estaban destinadas a trabajar juntas de alguna manera que todavía les era desconocida. Armándose de aquel valor tan característico de la persona Aries, hizo el viaje, encontró la casa de la mujer indicada y tocó a la puerta. Nadie contestó. Tocó una y otra vez. Por fin apareció la mujer, todavía vestida en su ropa de dormir. Tomando una taza de té, las dos mujeres descubrieron cuál era la labor que se les reservaba. Aquel encuentro determinó la dirección de sus vidas desde ese momento en adelante. Cuando le pregunté: "¿Cómo pudiste estar segura de que era verídico el mensaje que escuchaste?", ella me contestó: "Mi corazón me habló muy claramente".

YO, POR MÍ MISMO, NADA PUEDO HACER

Amar a Dios significa ser odiado por el mundo. Aquel que ha determinado despojarse de todo lo que sea menos que el amor, desafía a quienes aún están metidos en las trampas y las ilusiones del ego. Aunque en épocas pasadas aquellos que buscaban autotranscenderse fueron la excepción al regla, Acuario es la era del retorno al Amor y a la Madre. Muchas almas que desean ser iniciadas en los misterios internos están pasando por los portales dorados de Acuario. Buscando

la sabiduría de la Madre, se sienten agradecidas cuando reciben de ella las disciplinas del amor, porque saben que así llegarán a ser hombres y mujeres
autodisciplinados, libres de las energías inferiores y del peso del karma negativo.
Solo así podrá la Era de Acuario evolucionar hacia una Era Dorada de Paz en
la cual el amor vincule a la mayoría de las personas de la Tierra con su propia
naturaleza divina y a los unos con los otros.

El ego no suelta al alma sin pelea. Las confrontaciones del Aspirante
Ariano con su propia sombra pueden ser particularmente intensas. Conforme logra
distinguir la luz de la oscuridad, el Cristo del anticristo, el amor del antiamor, el
devoto Aries invoca ardientemente la fuerza y la valentía para purgar la oscuridad
de su persona y de su mundo. Reza por humildad y paz porque le queda cada vez
más claro, como a David cuando enfrentaba a Goliat, que "de Dios es la batalla".[24]

Para poder ganar la batalla, el corazón del devoto, al igual que el de
David, tiene que ser uno con el corazón mismo de Dios. Entre más avance y más
cerca esté de su Presencia Divina, más feroz será el ataque a su persona y su
misión. No obstante, se esfuerza por ser el Adepto; aquél que se mantiene firme
en el sendero y que proclama como proclamó Jesús: *Toda potestad me es dada
en el Cielo y en la Tierra*.[25]

También sabe que: "no puedo yo hacer nada por mí mismo".[26] Despojada
de las falsas identidades del ego y las ambiciones efímeras, el alma Aries que
quiera cambiar el ser inferior por el ser superior declara: "Dios en mí es el hacedor
y para Él no hay imposibles".

Conforme madura espiritualmente, adquiriendo más y más fortaleza,
firmeza, amor y fe en el plan divino, el Aspirante Aries se convierte en una fuerza
de tremendo cambio positivo en el mundo. Considera al empresario Aries, astuto
pero incapaz de corromperse por dinero o por poder. Considera al político Aries
que representa la verdad sin intimidarse o impresionado ante personas poderosas.
Considera también al entusiasta educador Aries que mantiene un nivel elevado
de aprendizaje para la juventud. Y allí está el líder espiritual Aries que sirve como
ejemplo de valentía; que disciplina, guía e inspira pero permanece humilde en su
corazón inclinándose ante la Luz dentro de aquellos a los que conoce y sirve.

¡TÚ PUEDES ASCENDER!

Elizabeth Clare Prophet nació el 8 de abril de 1939 en Red Bank, New
Jersey. La líder espiritual del Summit Lighthouse y de la Iglesia Universal y Triunfante, Gurú Ma, como la llaman sus seguidores, realmente vivió la vida de un

---

[24] 1 Samuel 17:47
[25] Mateo 28:18
[26] Juan 5:30

alma nacida en Aries que sería el Héroe en el amanecer de la Era de Acuario.

Prophet predijo que la verdadera enseñanza fundamental tanto de Oriente como de Occidente había sido perdida, enterrada, distorsionada, incluso intencionalmente mal representada. En un mundo cada vez más materialista, pero al borde de un gran despertar espiritual, Prophet escribió los libros *Las enseñanzas perdidas de Jesús* y *Los años perdidos de Jesús*. Ella reveló el hilo de la verdad común, inherente en las tradiciones místicas mundiales. Incentivaba a las personas por todas partes del mundo para que cumplieran con los ciclos kármicos de la Era de Piscis que estaba por concluir. Así podrían entrar en la Era de Acuario y preparar al mundo para recibir la llegada de almas de gran luz que estaban por nacer.

Aunque Marte rige a Aries exotéricamente, Mercurio gobierna a Aries esotéricamente. Cuando el alma nacida en Aries se despoja del orgullo y de las máscaras del Ego y es ungida con la luz de su Ser Superior, el pensamiento (Mercurio) y la acción (Marte) se hacen uno —armonioso, instantáneo, directo y preciso.

Elizabeth Clare Prophet expresó con claridad las enseñanzas místicas, la nota exacta de los Maestros Ascendidos. Ella mostró esto en su estilo de enseñar, en sus interacciones cotidianas con los demás y en su papel como Mensajera de la Gran Hermandad Blanca.[27]

La vibración de los Maestros Ascendidos transmitida por Prophet elevaba a aquel que la escuchaba a dimensiones más elevadas de gnosis (conocimiento de cosas espirituales), pero el significado de su mensaje era fácil de poner en práctica. Esta valiente pionera Aries de la Nueva Era enseñó que sí, que Jesús fue el Hijo de Dios y que Él hizo muchos milagros. Él fue y siempre será el Salvador; su misión era recordar a aquellos que habían olvidado su verdadera identidad quiénes eran y cuál era su verdadero destino. Él dio su vida para que todos pudieran ser salvados. Jesús demostró la Transfiguración, la Resurrección y la Ascensión —la victoria del Amor sobre la muerte.

Elizabeth Clare Prophet puso al día el mensaje de Jesús, no como una vía dolorosa sino más bien como un sendero de júbilo. Después de todo, Jesús jamás dijo que él era el *único* hijo; Él enseñó que los que siguieran sus pasos podrían hacer todo que él había hecho y más. Por lo tanto, tú puedes conquistar tu astrología, transmutar tu karma negativo del pasado y cosechar los beneficios de tu karma positivo. Y, como Jesús y otros que le han seguido han demostrado, tú puedes cumplir tu plan divino y tu destino. ¡Tú puedes ascender!

Pero, explica Prophet, existe un intercambio, porque tú no puedes ganar tu victoria cuando tienes el peso de tu karma negativo encima de ti. Para poder transmutar nuestra carga kármica y entrar en la consciencia de la Nueva Era, necesitamos expandir nuestra comprensión del papel que juega el karma en nuestras vidas. Las tradiciones de Oriente proclaman que la deuda kármica ata al alma a la rueda de la reencarnacion vida tras vida sin fin. Sin embargo, Prophet enseñó que el karma es más que la simple ecuación de cosechar lo que has sembrado. Karma es la mera esencia de la vida; tú eres el resultado de todo lo que has sido. Se dice que aunque es posible cambiar el presente y así afectar el futuro, no es posible cambiar el pasado. Pero sí podemos cambiar el pasado como resultado de aprender a invocar la *Llama Violeta Transmutadora* (la acción del Espíritu Santo que actúa como un borrador cósmico, transmutando el peso kármico). No hay boletos gratis para entrar en el Cielo. El Sendero de Cristo es arduo. Como todas las cosas por las cuales vale la pena esforzarse, autotransformarse cuesta trabajo. No obstante, ¡la recompensa es grande![28]

LA LLAVE MAESTRA: EL SIGNIFICADO DE "YO SOY"

¿Cuál es el significado espiritual de la frase "YO SOY"? La cuestión en sí es de tipo ariano. En la Torah está escrito que Dios reveló su nombre a Moisés: YO SOY EL QUE SOY. Por lo tanto, cuando decimos "Yo Soy," estamos diciendo "Dios en mí es...".

Al decir la siguiente Meditación del Corazón por el Maestro Ascendido Saint Germain, dictada a la Mensajera Elizabeth Clare Prophet, recuerda que cuando dices YO SOY, estás diciendo "Dios en mí es...".

YO SOY la Luz del Corazón
Brillando en las tinieblas del ser
Y transformándolo todo en el dorado tesoro
De la Mente de Cristo.

YO SOY quien proyecta mi Amor
Hacia el mundo exterior
Para derribar toda barrera
Y borrar todo error.

¡YO SOY el poder del Amor Infinito
Que se amplifica a sí mismo
Hasta ser victorioso por los siglos de los siglos!

---

[27] El término "La Gran Hermandad Blanca" no es una referencia a la raza, sino al aura de luz blanca que rodea a los inmortales conocidos como los Maestros Ascendidos, quienes pertenecen a todas las razas y todos los ámbitos de la vida. Los Mensajeros están entrenados y ungidos por los Maestros Ascendidos para entregar las enseñanzas divinas, mensajes y profecías a la humanidad. Véase TheSummitLighthouse.org/Teachers/Mark-and-Elizabeth-Prophet/Messengers-Mark-and-Elizabeth-Clare-Prophet.html.

[28] Paráfrasis de extractos del DVD, The Path of Personal Christhood, Elizabeth Clare Prophet. Véase TheSummitLighthouse.org.

Qué maravilloso es contemplar al individuo Aries espiritualmente transformado, en el que el pensamiento y la acción son uno sin egoísmo alguno! Su corazón es uno con el corazón mismo de Dios. Su consciencia, ser y mundo están en alineación perfecta con el propósito divino. Ya no está gobernado por el volátil Marte, sino por Mercurio, "la mente brillante y diamantina de Dios".

El Héroe de Aries, no al final del camino sino liberado para empezar el siguiente, descubre y declara el misterio de su ser, que es concebido en el amor. Seguro de sí mismo y consciente de la fuerza vital que fluye dentro de él, la canaliza con maestría y declara: "¡Dios está en mí y yo estoy en Dios! ¡YO SOY EL QUE SOY!"

2. ♌ Leo

Símbolo ....**El León**

Nacido ......**23 de jul.~22 de agosto**

Arquetipo ....**El Caballero**

Frase clave ....**Yo Amo**

Elemento ....**Fuego**

Cruz ....**Fija del Amor**

Casa ....**La Quinta:**
Autoexpresión creativa, los niños, romance, drama y entretenimiento, recreo, deportes, y especulación financiera

Regente ....**El Sol**

Regente esotérico ....**El Sol**

Polaridad ....**Acuario**

Chakra ....La Sede del Alma

Anatomía ....Corazón, espalda, la espina vertebral y la vena cava

Cualidades espirituales ..**Liderazgo del corazón, magnanimidad, valentía, lealtad, gratitud y júbilo, autoexpresión creativa, amor por los niños y sacrificio**

Vulnerable al ....Orgullo y vanidad, densidad emocional, dureza de corazón, ingratitud, descuido e indignación

Debe adquirir ....**Amor verdadero, sensibilidad del alma, gratitud, un corazón humilde y paciencia**

Napoleón Bonaparte • La Reina Elizabeth • Cantinflas • Lucille Ball • Eduardo Garcia

EL SOL EN LEO

Tendrás una visión más clara solo cuando mires
dentro de tu corazón. El que mira afuera, sueña.
Quien mira en su interior, despierta.

—Carl Jung, 26 de julio de 1875

¡El RESPLANDOR DEL AMOR!

Leo es el signo de reyes cuyo símbolo es el León. Hasta las personas de este signo que nacen en circunstancias humildes caminan con dignidad. Un signo de Fuego sobre la Cruz Fija del Amor, ¡Leo imparte fuego de corazón! La mayoría de los Leo resplandecen de confianza en sí mismos, gusto por la vida y generosidad de espíritu. Poderosos pero a la vez juguetones, les gusta hacer felices a los demás. Es fácil señalar a la persona Leo dentro de la multitud por su aura grande, magnética y carismática. La gente percibe un resplandor que brilla desde el área de su pecho. ¡Su sonrisa alumbra el espacio en donde está!

Leo representa el alma, el recipiente de la consciencia solar. El alma se siente compelida a expresar aquel amor con el que fue concebida.[29]

Al hacer esto, el alma gana acceso y puede extraer el poderoso potencial de su fuente original en el espíritu. Leo está relacionado con el chakra de la sede del alma, el cual se ubica entre el ombligo y la base de la columna vertebral. Aquí mora el alma. Este chakra es el punto de equilibrio, el centro de la fuerza vital o *chi* que desde este punto es distribuido por todo el cuerpo. El alma percibe que está en su zona de confort, una clase de nido, cuando está acunada en la sede del alma. No obstante, este chakra es uno de los llamados chakras inferiores donde el karma negativo del alma y del planeta se acumulan en lo que esotéricamente se llama el cinturón electrónico.[30]

A la larga, el alma, como un caballero en su misión, tendrá que apartar los setos espinosos de su camino para poder avanzar al chakra del corazón y luego a los demás chakras superiores: el chakra de la garganta, del tercer ojo y de la

---

[29] El alma es el aspecto femenino de cada persona ya sea hombre o mujer, mientras que el espíritu es el aspecto masculino.

[30] El cinturón electrónico es el campo de fuerza o espiral de densidad que rodea la porción inferior del cuerpo físico del hombre, creada por el mal uso de la energía. Se extiende desde la cintura hasta por debajo de los pies. Tiene una forma semejante a la de un timbal. Contiene todos los registros de los pensamientos y sentimientos negativos de un individuo. Véase *El enemigo interno,* por Mark L. Prophet y Elizabeth Clare Prophet.

coronilla. El corazón es el punto de la distribución de la luz del Fuego Sagrado que desciende de la Presencia Divina (el Padre) a través del chakra de la coronilla, luego se eleva del chakra de la base (la Madre). Sin embargo, para poder llegar al corazón, el alma tendrá que dejar el confort de su hogar en la sede del alma para atravesar con éxito el vórtice de poderosas energías emocionales del plexo solar, enfrentando, resolviendo y transmutando heridas emocionales y psicológicas, sentimientos pertubadores no resueltos y por lo tanto, reactivos e impredecibles.

CARPE DIEM: ¡APROVECHA EL MOMENTO!

Como son generalmente de carácter fuerte, los Leo pueden trabajar y amar con fuerza y convicción únicas. Por lo general no trabajan ni esforzada ni lentamente. No obstante, a menudo parecen esperar hasta el último minuto mientras que otros signos más cautelosos, lentos e industriosos, se sienten frustrados por lo que les parece una falta de esmero por parte de los Leo. Pero luego, en un santiamén, como si fuera facilísimo, entran en acción y ¡zuaaah!, el trabajo está hecho, ¡y en excelencia! Muchos estudiantes de este signo aprenden de esa manera. En Leo, vemos una variación, acaso menos dinámica, pero sumamente creativa del lema ariano: *¡Hazlo ya!*

Una mujer ejecutiva Leo llevó un anillo de oro con la inscripción *carpe diem — ¡aprovecha el momento! (literalmente tómate el día).* Incluso cuando el alma todavía mora en el chakra de la sede del alma, de modo intuitivo comprende lo que la mente no capta. La mente analiza y deduce, buscando respuestas y significado, conocimiento e información pero el alma intuitivamente lo sabe. Por ejemplo, la primera impresión que recibimos de una persona o de una cosa viene del nivel del alma y es casi invariablemente precisa.

Por lo tanto, muchas personas Leo tienen corazonadas; esperan hasta sentirse inspiradas y luego pasan a la acción. *¡Ellos simplemente lo saben!* Cuando mi hijo Leo, Eugenio, tenía trece años, me dijo, como si nada: "Mamá, quiero conocer a tu primo que vive en Nueva York". Yo tenía una década de no haber visto a ese primo, pero sabía que era importante tomar en cuenta las corazonadas de Eugenio. Asentí, se hizo una cita y el encuentro ocurrió. Al final de cuentas, ese primo llegó a interesarse mucho en Eugenio y en su hermano mellizo Eduardo, y resultó ser una influencia importante en sus vidas, un mentor y guía para los dos. La mayoría de los Leo tienen gran confianza en el barómetro del alma y por esto, es sabido que corren riesgos en el amor, con el dinero y en la vida en general. La mayoría de las veces les sale bien, ¡pero no todo el tiempo! En cualquier caso, adquieren experiencia y maduran espiritualmente. A medida que los Leo se sintonizan con el corazón, a medida que ganan acceso a la luz de los chakras superiores, intuitivamente confirman sus impulsos emocionales con la sabiduría del corazón.

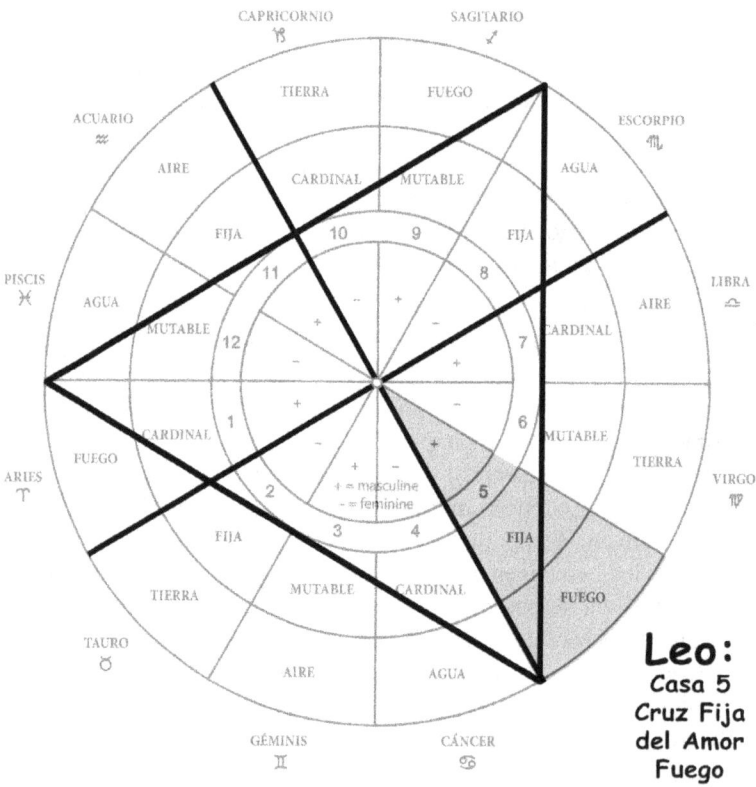

Leo:
Casa 5
Cruz Fija
del Amor
Fuego

LOS FUEGOS TRANSFORMADORES DEL AMOR

Los Leo expresan la añoranza del alma de amar y ser amada. Todos recibimos la oportunidad de amar, en algún lugar, de alguna manera. El amor es simple; el karma es complicado. Amar significa descubrir los tesoros escondidos del alma, llegar a alturas que parecen tocar al mismo cielo y experimentar una dicha inefable, pero amar también es arriesgarse a ser lastimado y humillado. La personalidad Leo instintivamente cubre con una máscara sus supuestas imperfecciones, porque después de todo, los leones del Zodíaco son líderes naturales, ¡valientes, dignos y temerarios! Pero para poder amar, el alma de la persona en Leo tiene que aceptar ser vulnerable y no temer que sus debilidades sean expuestas a la luz. Si elige bloquear el amor, ya no podrá aprovechar la poderosa cascada de energía creativa que fluye desde su Presencia Divina. Si quiere amar y ser amado, tendrá que hacer el esfuerzo de abrir su corazón y someterse a los fuegos transformadores del amor.

Si se atreve a aventurarse, el Leo está destinado a descubrir, llegar a ser y luego enseñar a los demás uno de los grandes misterios del amor. Solo cuando esté resuelto a amar con toda su alma y con todo su corazón le será revelado cómo descifrar este acertijo.

EL ANCLA PARA LA ERA DE ACUARIO

Leo, un signo de Fuego, es la polaridad ardiente de Acuario y por lo tanto es el ancla de la Era de Acuario. Cuando pensamos en Acuario, pensamos en el amor, el amor divino, el amor entre el alma y la Presencia Divina, entre el *tzadik*[31] o gurú y el discípulo y también entre buenos amigos. Pero Acuario es un signo de Aire y por lo tanto los Acuario pueden ser distantes e impersonales. Leo equilibra el desapego de Acuario con la calidez personal y la despreocupación que vemos en un niño pequeño.

De verdad, la consciencia del Héroe en Leo es como la del niño pequeño. Sin pretensiones, llena de asombro y maravilla, devoto al padre y a la madre, vive el momento, celebrando la vida con cada latido de su corazón.[32] El don de Leo (el segundo signo de *la Triplicidad del Fuego*), manifestado en el hombre autorrealizado en Aries (el primer signo de Fuego), es una magnífica autoexpresión creativa que denota el amor en el gran tapiz de colores, sonidos y texturas que llamamos Vida.

---

[31] Tzadik/Zadik/Sadiq *(tsa-dik)* Este es el título dado a personas que se consideran ser justas; figuras bíblicas y maestros espirituales. Véase Es.Wikipedia.org/wiki/Tzadikim.

[32] Mateo 18:3 (RVR 1960) *Y dijo: De cierto os digo, si no os volvéis y os hacéis como niños, no entraréis en el reino de los cielos.*

LEO RIGE EL ENTRETENIMIENTO

La mayoría de las personas Leo están bien conscientes de su efecto sobre su público, como si todo el mundo los estuviera viendo, ¡y prácticamente así es! La persona Leo lleva el corazón en su mano; uno se siente inspirado por su grandeza de corazón, su magnanimidad y su idealismo romántico. Bendecido por el Sol, pareciera que está dotado de una dosis extra de buena fortuna.

Él puede ser muchas cosas, pero nunca es aburrido. Los Leo traen un elemento de alegría a la vida. Saben divertirse. Pero ¡cuidado!, ¡el señor Leo es capaz de vender un refrigerador a un esquimal en invierno! Realmente no es su deseo estafarte, pero si está convencido de que es algo que necesitas, ¡de inmediato te convencerá de que así es! Los niños Leo se dan cuentan desde muy pequeños de que su sonrisa encantadora e irresistible es uno de sus activos de mayor valor. Les gusta ser el centro de atención. Aunque tienden a hacer berrinches cuando se sienten ignorados o cuando no se les permite hacer lo que quieren hacer cuando lo quieren hacer, no tienden a quedarse sentados en un charco de emoción; reconocen el valor de poner una cara feliz. Después de todo, ¡el espectáculo debe continuar!

El signo del León está profusamente presente en las cartas de muchas estrellas de cine. Lucille Ball, llamada "la Reina de la Comedia", nació el 6 de agosto de 1911; Robert De Niro (considerado por muchos el mejor actor de su generación) nació el 17 de agosto de 1943; el cantante y actor español Antonio Banderas nació el 10 de agosto de 1960; guapo, atrevido y encantador, parece haber nacido para el papel del legendario espadachín el Zorro en la película *La máscara del Zorro* y luego, *La leyenda del Zorro*. ¡La lista continúa!

CANTINFLAS Y EL PAPEL DEL HÉROE (INESPERADO)

El actor, guionista y productor mexicano **Mario Moreno Reyes**, célebre por el nombre de su personaje *Cantinflas*, nació el 12 de agosto de 1911. Cantinflas protagonizó cincuenta películas, llegando a ser amado por generaciones de mexicanos y mexicano-estadunidenses. Mario Moreno afirmó que su mayor deseo era ver un mundo con mayor paz y tranquilidad. Su meta artística siempre fue la de hacer reír a la gente y llevar una buena porción de felicidad a sus vidas. Muchas personas Leo tienen esa cualidad especial de hacerle reír, incluso con bromas que realmente no tienen nada de gracia —no es el contendido en sí, sino la chispa. De alguna manera, cuando reímos nos relajamos y descubrimos la alegría dentro de nosotros mismos que el gran trajín de la vida cotidiana nos había hecho olvidar. Un lenguaje intuitivo, variado, aderezado por expresiones, muecas y gestos corporales, muchas veces sutiles pero visibles en el lenguaje de la gente común, forma una parte importante en la tradición cultural mexicana. Es una forma de arte cultural popular muy matizado, tan particular entre los mexicanos que los extranjeros muy pocas veces comprenden. Cantinflas ensalzó esta tradición con gran humor e ingenio.

Mario Moreno creció en el barrio bravo de Tepito, en la Ciudad de México. Poseía la astucia necesaria para sobrevivir en un medio urbano peligroso. Empezó a trabajar en un circo ambulante donde tenía la oportunidad de desarrollar sus gracias que llegaron a ser característica de su estilo artístico posterior. En una variedad de papeles —el de bombero, peluquero, cura, albañil, bolero, barrendero, campesino pobre, salvavidas (que apenas sabía nadar), vendedor callejero o torero bufón— Cantinflas solía adoptar el papel de hombre humilde, de poca o ninguna educación formal, que es bendecido con una naturaleza ingeniosa, una imaginación vivaz y, más que nada, una combinación singular de inocencia y astucia. Él depende de su inteligencia innata y su astucia con las palabras para salir adelante en cualquier situación y para ser más

Mario Moreno "Cantinflas" representaba el alma de México y tocó los corazones de su gente. Él utilizó el cine y el carisma Leonino para hacer reír a las personas mientras actuaba como catalizador de cambios políticos y sociales.

listo que aquellos que ponen obstáculos en su camino. Los tipos originalmente pintorescos que él representa captan el alma y el corazón de su gente en toda su complejidad.

Cantinflas se sale con la suya con actos absurdos y planes pobremente pensados en virtud de su gran y tierno corazón Leonino. Tiene algo del espíritu del niño y los niños lo adoran. En varias de sus películas, toma el papel del padrino cariñoso. A pesar de sus acciones absurdas y tontas, asume la dignidad de la persona Leo y de alguna manera casi inexplicable termina siendo el héroe. ¿Y qué Leo no lo hace? Aparte de ser perdonado por los incontables y desventurados resultados de su comportamiento, ¡acaba dignificado y amado! Mario Moreno ha sido comparado muchas veces con Groucho Marx y también con Charlie Chaplin, quien lo señaló como el mejor actor vivo.

Mario Moreno echó mano en la creación de muchos de sus propios guiones. Casi siempre tenía un mensaje social dirigido al mundo que él imaginaba, en el cual había más amor y humanidad. Empleó el humor para sacar a la luz la

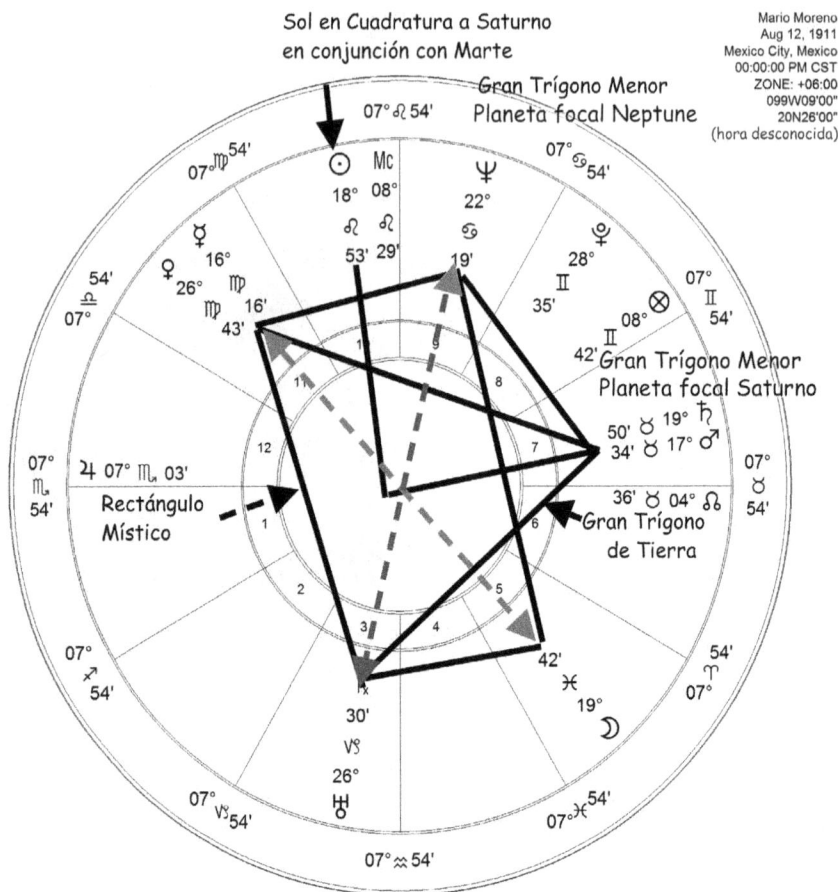

Sol en Cuadratura a Saturno
en conjunción con Marte

Gran Trígono Menor
Planeta focal Neptune

Mario Moreno
Aug 12, 1911
Mexico City, Mexico
00:00:00 PM CST
ZONE: +06:00
099W09'00"
20N26'00"
(hora desconocida)

Gran Trígono Menor
Planeta focal Saturno

Rectángulo Místico

Gran Trígono de Tierra

[33] El Sol natal en Leo en la carta de Mario Moreno alumbra su espíritu positivo, su liderazgo natural y su personalidad juguetona. El Sol forma una cuadratura precisa con Marte en conjunción a Saturno en Tauro: Moreno nació bajo circunstancias humildes y tuvo una juventud dura. Pero este difícil emparejamiento de planetas forma parte de un Gran Trígono en Tierra (fortaleza, persistencia, productividad) que involucra a Mercurio en Virgo, el signo que gobierna (destreza con la palabra), haciendo una conjunción amplia con Venus (el arte), y todo el trígono Urano (novedad) en Capricornio. La Luna (la energía de la madre, las emociones y el pueblo) tiene aspectos con casi cada posición planetaria en su carta natal. Como su personaje Cantinflas, Mario Moreno fue amigable y campechano. Su Luna en el compasivo Piscis está en trígono con Neptuno; ambos hacen un sextil con Marte y Saturno. Neptuno, el planeta que gobierna a Piscis, está en Cáncer, el vértice de un Gran Trígono Menor. Todos estos sextiles y trígonos denotan la imaginación rica y la naturaleza caritativa de Mario Moreno, así como su habilidad para utilizar ingeniosa y creativamente sus dones a fin de realizar su sueño (Neptuno) de un mundo en el que hubiera más amor. Véase el rectángulo místico, la tensión de las líneas opuestas que se cruzan una con otra despertando en él la consciencia del conflicto y la necesidad del cambio, mientras que los sextiles inspiran la búsqueda de soluciones inteligentes e innovadoras.

corrupción y la injustica, pero de alguna manera logró los aplausos de todos. Por ejemplo, dio voz a un disgusto colectivo contra los policías, quienes frecuentemente abusaban de su poder y sus privilegios, en papeles en los que los ridiculiza y confunde. Luego adoptó el papel del patrullero 777, vestido de uniforme y del Tocho Morocho, quien resuelve los crímenes; en este papel da valor a la valentía del buen policía.

Su manera característica de utilizar su facilidad de palabra —para confundir, frustrar, dejar perplejo, desconcertado, decir la verdad y revelar injusticias sociales aun cuando sea peligroso hacerlo, de manera indirecta pero siempre precisa— ganó el amor de las personas, dejándolas pensando: "¿Qué fue lo que dijo?" Cantinflas ganó tanta popularidad que *La Real Academia Española* decidió incluir en su diccionario el verbo *cantinflear* (hablar como Cantinflas) y *cantinfleado* (el estado de haber sido confundido por alguien que habla como Cantinflas). Véase el análisis de la carta natal de Cantinflas en la página anterior.

El del héroe es un papel que a los Leo les encanta tomar, especialmente a los hombres nacidos bajo este signo. Ellos, como Cantinflas, se enredan en dramas peligrosos en los cuales se aventuran a rescatar a una mujer o a un niño indefenso. Hay una lección clave de vida que la persona Leo puede aprender de los papeles heroicos de Cantinflas. Los hombres Leo en particular deben tener cuidado de no caer en la trampa de jugar el papel del héroe que rescata a la doncella en apuros, quien a menudo está relacionada con un esposo o un amante (aun si es un ex-amante) celoso. Esto no solo lo enreda en dramas sin fin, sino a causa de su orgullo y vanidad, también puede hacerlo enamorarse de mujeres que lo idolatran y suspiran: ¡Mi héroe!

Es interesante notar que en varios de sus papeles, como el del bolero en *El bolero de Raquel* o como bombero en *El bombero atómico*, sucede que después de que sus faenas heroicas terminan triunfando y todo termina con un final feliz, Cantinflas seca una lágrima, sonríe y luego vuelve a su vida mientras que aquellos a quienes rescató siguen con las suyas. (Cuando gana el amor de la mujer bonita, es probable que a ella lo que la atraiga sea su inherente naturaleza bondadosa).

Los Leo son líderes naturales. Mario Moreno empezó como pionero de la cinematografía mexicana y luego emergió como empresario, tomando un papel atrevido y peligroso en la complicada política laboral de su país. Muchas veces actuó como la voz de los oprimidos, un personaje clave en la lucha de aquellos tiempos contra el control excesivo del partido político dominante, el PRI. Mario Moreno fue una fuerza política que ayudó a moldear el futuro de México.[33]

PERSONAJES PROTAGÓNICOS LEO

Los Leo famosos dejan una impresión inolvidable, como si estuvieran destinados a tomar un papel vital y hacerlo en excelencia, cualquiera que sea su campo de acción. Consideremos los siguientes ejemplos: Davy Crockett, héroe folclórico, conocido como *King of the Wild Frontier* (el Rey de la Frontera Silvestre), nació el 17 de agosto de 1786; Annie Oakley, la estrella adepta con pistolas del *Buffalo Bill's Wild West Show* (El Espectáculo de la Frontera Silvestre de Búfalo Bill) nació el 13 de agosto de 1860; Helena Blavatsky, la enigmática y fascinante fundadora de La Sociedad Teosófica, nació el 12 de agosto de 1831; Guy Ballard, el ingeniero de minas y fundador de El Movimiento Yo Soy, nació el 28 de julio de 1878; la vida y la carrera de Amelia Earhart, la primera mujer que cruzó el Atlántico en avión, se transformó en leyenda cuando desapareció en 1937 mientras volaba sobre el Océano Pacífico y jamás fue encontrada, nació el 24 de julio de 1897; la chef Julia Child, quien trajo la cocina francesa a los Estados Unidos, nació el 12 de agosto de 1912; y la estimada, admirada, altiva e icónica Jacqueline Kennedy Onassis (más conocida como Jackie) nació el 28 de julio de 1929.

Leo es el signo de regentes, lideres, déspotas, dictadores y personalidades del espectáculo. Las personalidades políticas nacidas en Leo tienen una presencia carismática, a veces se les trata casi como si fueran estrellas de cine: el libertador venezolano Simón Bolívar nació el 24 de julio de 1783; el dictador y revolucionario cubano Fidel Castro nació el 13 de agosto de 1926; el jefe de estado venezolano Hugo Chávez nació el 28 de julio de 1954; el político y presidente norteamericano Bill Clinton nació el 19 de agosto de 1946; el presidente norteamericano Barack Obama nació el 4 de agosto de 1961, y el presidente mexicano Felipe Calderón nació el 18 de agosto de 1962.

¡MÍRENME!

Los Leo son simplemente muy atractivos! Te gusten o no, va a hacer difícil que los ignores. Incluso los Leo de carácter más callado y privado, muestran un magnetismo notable. A la mayoría de los Leo les gusta recibir atención y también les agrada ser atentos y galantes con todos.[34]

Con gestos dramáticos mezclados con muecas cómicas o con mucha pompa y elegante majestad, o simplemente debido a una naturaleza magnéticamente atractiva, la personalidad Leo ordena: "¡Mírame!"

O a veces hace que las personas hablen de él al decir: "¡No me mires!" Más allá de la lástima resultante del abandono y de la negligencia, nada hiere más el alma Leo que sentir que se le niega la oportunidad de expresar su amor. Cuando

---

[34] En especial cuando el Sol se encuentra en la Cuarta, Octava o Duodécima Casa, las casas naturales de Cáncer, Escorpió y Piscis, o cuando la Luna o el Ascendente (cualquiera de los dos) están en Virgo (que tiende a ser modesto), la persona con el Sol en Leo puede ser tímido o demasiado cohibido. A veces, cuando esas personas maduran y obtienen un grado de éxito material o social, entonces su luz irradia con más brillo. Muchas veces, la alegría y el buen sentido del humor indican que este Leo está entrando en lo suyo.

los leones pequeños se sienten ignorados, es probable que intenten atraer atención aunque sea de manera negativa, razonando que esto es mejor a no recibir atención alguna.

Una vez sucedió que seis hermanos de entre catorce y veintisiete años de edad, representaron a su comunidad en la Feria del Estado. El de diecisiete años, que era un Leo (inconfundible por sus ojos brillantes, porte real y su sonrisa encantadora) decidió que no quería participar, diciendo que a él no le gustaban los eventos públicos en donde todo el mundo lo veía:

—Pues bien —comentó un amigo dirigiéndose a él—, pero la gente va a estar buscando al hermano perdido en la muchedumbre.

—Bueno, ¡en ese caso cuentan conmigo! —contestó con la expresión de quien ha sido sorprendido con las manos en la masa.

EL RETO DE MANTENERSE FIEL A UNO MISMO

A veces ocurre que la persona Leo se ensimisma, no necesariamente de la manera narcisista de Escorpio y tampoco con la tendencia de *yo primero* de Aries, sino simplemente porque todavía no se ha dado cuenta de que él es el beneficiario y el instrumento y no la fuente de la gloriosa energía solar que vierte a través de él cada día de la gloriosa presencia divina Yo Soy.

El Sol rige a Leo. Así como los planetas giran alrededor del Sol, el se reconoce a sí mismo como el centro de su universo —una suposición confirmada por el hecho que la gente suele gravitar alrededor de él.

Aunque puede que los demás se retiren, él brilla cuando es el foco de atención o cuando se le otorga una posición de liderazgo y autoridad. Con algunas excepciones, el Leo hace su mejor esfuerzo cuando se le encarga el papel de líder o de gerente; se las arregla con planes ingeniosos cuyos resultados hablan por sí mismos. Poseedor de una voluntad inquebrantable, otros creen en él y siguen su liderazgo. De una manera u otra, halla soluciones factibles que otros no pudieron encontrar. Otras personas creen en él y siguen el camino que les indica porque él cree en sí mismo.

En el modelo de negocios acuariano, en el que las personas trabajan en equipo en lugar de conservar el anticuado sistema centrado en la relación entre el jefe y sus subordinados, el líder Leo debe guiar con el corazón. Debe ser amigable y afable para evitar que su posición despierte sentimientos de celos, o minimice a otros miembros del equipo limitando sus derechos y oportunidades.

Los Leo están agudamente conscientes de las impresiones que ellos dan. A menudo crean personalidades convincentes para ocultarse o para apoyar sus ambiciones. Un joven Leo de dieciocho años de edad una me vez confesó, con un suspiro de asombro y conocimiento de sí mismo: "Cuando pretendo ser quien no soy en realidad, mis amigos aplauden a mi máscara".

Por lo general a los Leo les gusta ser admirados por los demás. La adulación es su talón de Aquiles. En especial el Leo más joven y menos maduro espiritualmente es vulnerable a esta forma sutil de orgullo. Le encanta ser elogiado, pero a veces también paga con la misma moneda expresando su gusto con palabras elocuentes y flores. No obstante, en lo más profundo de su corazón está consciente de que cualquier acción no sincera no es de mucho valor. Un Leo de veintisiete años describió la clase de hombre que tendría que ser para atraer a la mujer con la que él se imaginaba casarse un día: "Quiero ser un hombre sincero".

EL CHEF BIÓNICO: UN HOMBRE HONESTO

Eduardo García, mi hijo, tenía treinta años de edad (nació el 4 de agosto de 1981), y estaba a punto de realizar sus ambiciones de carrera, ¡todo en su vida estaba al punto! Él es aficionado a las actividades al aire libre. Caminaba por un bosque de Montana en una perfecta y hermosa mañana de octubre cuando invadido por la curiosidad tocó con su cuchillo lo que parecía ser el cuerpo de un osito muerto. De repente, ¡se electrocutó! Lo que no vio es que había cables de alta tensión que probablemente habían causado la muerte del osito y produjeron una descarga de 2400 voltios de electricidad sobre él. Con nueve lesiones graves (quemaduras eléctricas) que indicaban las áreas por donde la corriente había salido de su cuerpo, Eduardo reunió la fuerza de voluntad para pararse y caminar tres millas hasta encontrar ayuda. Fue llevado por avión de Livingston hasta el hospital de la universidad de Utah. Cuando llegó a la unidad de cuidado intensivo, una de las enfermeras pensó, "Parece la muerte con un corazón que late".

Milagrosamente, Eduardo sobrevivió a este encuentro que por

La receta del *Chef Eduardo García* para vivir la vida con alegría y positividad: "Nunca se te olvide que mientras siga latiendo tu corazón podrás escribir la historia de tu vida. Decide ser positivo y mantente así. Aprovecha cada segundo de cada día de tu vida y ¡pon tu mejor esfuerzo en todo lo que haces!"

poco le cuesta la vida y le provocó la pérdida de su mano izquierda, que hubo que amputar. Tuvo que pasar por veintitrés cirugías para poderse aferrar a la vida. Sobreponiéndose las circunstancias, Eduardo resolvió que viviría y superaría todos los obstáculos para poder motivar a los demás. La mañana siguiente yo volé a Salt Lake City para estar a su lado después del accidente. Su hermana Indra entró en escena cuando llegó a la sala de emergencias en Livingston y no se apartó de él desde ese momento. Desde su cama en el hospital, Eduardo me dijo con voz suave pero resuelta: "Dejé en aquel bosque al hombre que fui, y asumí la forma del que realmente soy y del que llegaré a ser; ¡yo soy un hombre honesto!"

Tales declaraciones expresan la intención del corazón, libre de todo lo que lo podría desviar, retrasar o corromper el poder inefable del amor que posee el Leo para transformar el alma y cambiar al mundo.

Eduardo siempre había sido una persona activa; como el clásico chef que trabaja en yates de lujo, había viajado por muchas partes del mundo y su calidez, su bondad y su espíritu positivo habían tocado muchas almas. Pero de alguna manera, este evento que cambió su vida desde aquel momento en adelante intensificó en él *la voluntad de vivir*, de aprovechar cada momento al máximo —y, a través de su ejemplo, de motivar a los demás a hacer lo mismo.

Humilde y simpático, su mayor placer es ver que otras personas resuelven sus problemas y triunfan con una sonrisa. Una vez, cuando apareció en un programa de televisión nacional en los Estados Unidos, el locutor le preguntó sobre los retos de cocinar con una prótesis. Con alegría, Eduardo respondió que ahora es capaz de tomar las cosas directamente del horno sin peligro de quemarse los dedos: "Ya tampoco me corto los dedos cuando pico los alimentos, ¡me estoy poniendo las pilas!" Entendió que aunque tenía que hacer las cosas de manera distinta, eso era posible, simplemente era cosa de aprender a hacerlo. Explicó que pensar positivamente evita sentir lástima por uno mismo reemplazándolo con la celebración de lo que uno es capaz de hacer.

Eduardo representa las cualidades de la actitud positiva de Leo; la voluntad indómita y el genio creativo de quien vive la vida como una forma de arte —atributos esenciales para los nativos de este signo que quieren vivir la vida al máximo ¡logrando de esta manera cumplir sus metas mientras brincan vallas en la carrera de obstáculos!

SENSIBILIDAD DEL ALMA Y UN CORAZÓN HUMILDE

El corazón ama; el alma elige. El nativo Leo debe adquirir sensibilidad del alma y un corazón humilde si quiere llegar a ser el Héroe en Leo. Los Leo se protegen a sí mismos del dolor endureciendo su corazón. Su lógica es: "Si a mí me da igual, no me causará daño el resultado". Esta táctica funciona hasta cierto grado e incluso en algunas situaciones traumáticas puede que sirva como una protección para sobrevivir al insufrible dolor del corazón destrozado. No obstante, la consecuencia kármica de tal decisión es que a menudo, con el tiempo, el corazón pierde sentimiento y el alma se vuelve cada vez más insensible. Cuando los Leo eligen endurecer su corazón, dejan de ser sensibles a los demás y a su presencia divina. En tal estado, el Leo puede ir en contra de su temperamento natural mostrándose cruel, indiferente e inconsiderado.

Cuando deciden cerrar el corazón para no sentir el dolor, los Leo no pueden recibir la gran solución: la paz que nace de la fe, el ungüento curativo que resulta de abrazar y valientemente aguantat el dolor de amar. Cuando el alma en Leo elige cerrar la puerta de su corazón, la energía negativa amasa en su corazón cargas sobre su alma, cuyo resultado es una clase de densidad emocional. Por el momento, los sentidos del alma están acallados y el sol se ha oscurecido.

LA REINA MADRE, LA REINA VALIENTE

La dama, *Elizabeth Angela Bowes-Lyon* nació el 4 de agosto de 1900. Toda su vida brilló con dignidad leonina. Era venerada por su encanto, valentía y su presencia cautivadora. Aunque nació en el signo de la realeza, no codiciaba el trono. Cuando el príncipe Alberto, flechado por el amor, la cortejó y más tarde le propuso matrimonio ella lo rechazó no una sino dos veces. Ella creía que formar parte de la realeza le quitaría libertad para pensar, hablar y actuar como sentía que realmente debería hacerlo.

Los Leo son muy firmes en cuanto a lo que están dispuestos a hacer y lo que no desean hacer, una característica especialmente evidente en los jóvenes de este signo. Sin embargo, la gente nacida bajo la influencia del Sol en Leo muchas veces responde a un llamado de obediencia interna que los lleva a cumplir un deber en particular. Una vez resueltos —casi siempre deciden por sí mismos— los Leo actúan con firmeza como si así lo hubieran pensado desde un principio. Por lo tanto, cuando la dama Elizabeth aceptó casarse con el Príncipe Alberto, convirtiéndose así en Duquesa de York, se dedicó completa y amorosamente a su oficio. Cuando el duque de Windsor, el rey Eduardo VIII, abdicó el trono en 1936, su hermano Alberto tomó su lugar como el rey Jorge VI y Elizabeth llegó a ser la reina.

La Reina Madre Elizabeth (como la llamaron más adelante para distinguirla de su hija, la reina Elizabeth II), apoyó al rey y elevó el ánimo del pueblo de Inglaterra durante los peligrosos tiempos de la Segunda Guerra Mundial; cuando el gabinete le aconsejó dejar Inglaterra o mandar a sus niños a Canadá donde estarían a salvo, ella rehusó hacerlo, aun durante el bombardeo alemán, cuando Londres estaba bajo el ataque de los nazis. La reina declaró con la firmeza, lealtad y resolución característica de los Leo: "Los niños no irán sin mí, yo no iré sin el rey y el rey jamás se irá". Aunque ganó el título de la Duquesa Sonriente por su manera alegre de ser, también fue reconocida por su espíritu indomable. Detrás de su sonrisa encantadora y su personalidad cautivadora, los Leo pueden ser muy firmes una vez que deciden qué acción quieren tomar. La Reina Elizabeth era tan popular que Hitler una vez la llamó "la mujer más peligrosa de toda Europa".[35]

Cuando la Reina Madre visitó Irán en 1975, invitada por el Shah Mohammed Reza Pahlavi, a los iraníes les pareció extraño que se dirigiera a ellos de la misma manera sin importar el nivel o el rango social. Es un hecho que a la personalidad Leo le atraen la grandeza y el glamour, puede que trate de impresionar a los demás y a través de esta debilidad se puede dirigir erróneamente a otros, incluso puede ser deeslumbrada por el brillo superficial. Sin embargo, algunos Leo como la reina, gozan de la riqueza y son aficionados al arte y la belleza, pero no les importan mucho la apariencia externa ni el rango social de las personas. Tienen la cualidad especial de la universalidad al nivel del alma y se relacionan fácilmente con mucha gente de diversos orígenes culturales.

CEGADO POR EL SOL

Aunque puede ser bastante mandón, incluso condescendiente en su actitud innata de superioridad, el nativo de Leo puede ser curiosamente ciego a sus propias debilidades. Un dicho astrológico explica por qué los Leo tienden a tener puntos ciegos: "El Sol es tan brillante que al mirarlo hay que taparse los ojos". Algunas cosas no ven; algunas cosas no quieren ver. Y algunas otras no pueden verlas hasta que reconocen y disuelven la substancia creada por esa arrogancia que los protege del dolor pero no les permite amar de verdad.

Los Leo pueden ser increíblemente tercos, para bien o para mal. No les gusta que otra persona les diga lo que tienen que hacer. Los niños Leo y algunos adultos que rehúsan madurar hacen berrinches cuando no se salen con la suya. Lo que pareciera no ser nada más que una emoción infantil, emite una vibración sorprendentemente pesada, incómoda y casi insoportable para las personas cercanas a ellos cuando entran en este humor. Esto es porque la energía del alma es profunda, poderosa y está cargada de emoción. Cuando está cargada de negatividad, esta energía se siente terriblemente pesada. Cuando los adultos Leo se expresan así, causan mucho daño en sus relaciones cercanas.

Normalmente cariñoso y atento, cuando el Leo se siente ofendido, puede rugir con furia aparentar apatía, estar malhumorado o incluso mostrarse cruelmente frío. (Los Leo que pretenden ser indiferentes y aburridos muchas veces están realmente sentidos y así tratan de no mostrar sus sentimientos verdaderos.) La dignidad y el honor no son cosas de antaño para los nativos del Sol. Su porte de por sí exige respeto.

---

[35] Para una sinopsis de la vida de la reina Elizabeth y de su contribución a su país, véase TheGuardian.com/uk/2002/mar/30/queenmother.monarchy12.

La mayoría de los Leo saben mejor dar órdenes que recibirlas. Aristocráticos y orgullosos, defienden su trono. El niño Leo tipicamente se opone a la autoridad insistiendo: "¡No me empujes!" No obstante, cuando ama y respeta a sus padres, puede ser de todos los niños el más devoto. A pesar de su actitud imperial, la persona nacida cuando el Sol está en Leo, tiene un corazón tierno y cariñoso. Debajo de la armadura de la que pareciera una personalidad perfecta, es sentimental y aun ingenuo. Se mete en problemas una y otra vez por su generosidad y su grandeza de corazón.

Cuando son madres, las Leo defienden a sus pequeños como la leona feroz protege a sus cachorros. El papá Leo puede tener altos estándares y grandes expectativas para sus hijos, pero estos lo adoran por su naturaleza juguetona. Los padres Leo deben tener cuidado de no mimar a sus hijos. A menudo los Leo no están conscientes de su tendencia a dominar a los demás, como si fueran los reyes a quienes los simples mortales debieran someterse. Como niños, tienen que aprender a obedecer, como miembros de un equipo, a trabajar cooperando con el grupo y como esposos y padres, evitando ser demasiado dominantes.

¿QUIÉN ESCRBIÓ EL LIBRO DEL AMOR?

Leo gobierna el corazón. Los Leo ganan la simpatía de los demás por su buen corazón y bondadosa forma de ser. Por lo general, no se fijan tanto en la cabeza como en el corazón.

Leo es el signo del romance, la expresión de la alegría al descubrir uno de los tesoros más grandiosos de la vida: ¡el amor! Amantes de las flores, la buena comida, las excursiones divertidas, espectáculos de teatro, eventos deportivos y las declaraciones amorosas de un corazón apasionado; y más, como es bien evidente en el actor, productor y hombre de negocios Leo, Robert Redford, con esa melena de León, y esa sonrisa carismática y encantadora que muestra su incuestionable confianza en sí mismo. ¿Quién podría resistirse al Leo enamorado? Ellos bien pueden ser galanes, logrando que el objeto de su afecto se enamore perdidamente. Cierto Leo de veinticuatro años, una vez aconsejó a su madre cómo podría mantener fresca la relación con su padre: "Mamá, cuando te veas en el espejo, dite a ti misma: ¡Ésta es mi primera cita con el hombre que amo!"

Cierto tipo de Leo personifica al caballero galante o a la dama elegante de la corte. Románticos e idealistas, mantienen estándares morales elevados y altas expectativas. Por lo general deciden no casarse si la pareja no llega al estándar esperado. Puede ser que actúen de manera sabia pero muy a menudo su actitud resulta desafortunada, porque las personas perfectas simplemente no existen. Otra clase de Leo se identifica más con el conquistador que con el caballero; en vez de irradiar la brillantez del amor, emite un potente magnetismo sexual. Le encanta la adulación que provoca su personalidad, pero está sujeto a unas de las ilusiones más peligrosas del orgullo: el glamour. Le importan más la riqueza, la ropa cara, la hermosura superficial, coches de lujo y joyas costosas que la sinceridad del corazón. ¡Qué todo nativo de este signo se cuide de las drogas y el alcohol que entorpecen la sensibilidad del alma mientras magnifican comportamientos egoístas y narcisistas!

Los Leo jóvenes son especialmente vulnerables a tales desviaciones amorosas. La mayoría de ellos maduran dejando atrás una fase de su vida tipo Don Juan, pero muchas veces después de haber destrozado un corazón (o muchos), en el camino. Luego, tienen que luchar con el tortuoso sentimiento de culpa que experimentan en sus almas cuando se despiertan, al darse cuenta de cómo han lastimado a otras personas, y cómo se han lastimado a sí mismos. Cuando por fin, ya mayores de edad y más sabios se esfuerzan por ser dignos de un amor duradero, buscan una relación íntima estable y muchas veces resultan ser compañeros muy devotos.

El astrólogo Alan Leo nació el 7 de agosto de 1860.[36] Él declaró que en el signo de Leo uno puede encontrar a los individuos más fuertes y a los más débiles. Explicó que algunos nativos de este signo adquieren la capacidad de controlar sus sentimientos ardientes. Pueden influir en mucha gente por su habilidad de "combinar lo práctico con lo filosófico y lo ideal con lo verdadero". Sin embargo, aquellos Leo controlados por pasiones fuertes y una naturaleza indulgente "dirigen sus fuerzas hacia abajo" y resultan "caracteres libertinos".[37]

Las observaciones de Alan Leo sirven aún hoy en día. La energía sexual, que esotéricamente se conoce como el Kundalini o el fuego sagrado, es muy potente en este signo, porque Leo es el signo de la creación. Ardientes en el amor, románticos y optimistas, los Leo necesitan aprender a controlar su temperamento intenso y su naturaleza apasionada. Tienen que disciplinar la fuerza vital o terminan esclavizados por ella. Cuando llevamos la máscara de irrealidad en Aries, ponemos en peligro la capacidad de nuestra alma para amar sinceramente en Leo; hasta el grado de que se encuentra egoístamente absorto en sus propias necesidades. Incluso el más amoroso y galante de los Leo, consciente o quizá inconscientemente, corteja pensando casi siempre en su propio beneficio. Para él, el fin justifica los medios. Puede ser que esté maquinando consciente o inconscientemente enfrentándose con su propia incertidumbre, pero muchas veces cree que sus convicciones justifican sus acciones. Los Leo enamorados son a veces excesivamente leales. Se sienten heridos cuando experimentan la pérdida del amor, sin importar si en realidad era la mejor decisión posible para ellos. Aunque pueden apegarse demasiado a su pareja, una vez resueltos a terminar con la relación no

---

[36] Alan Leo nació como William Frederick Allan pero decidió tomar el apellido de su signo solar como seudónimo.

[37] Véase *Astrología para todos* por Alan Leo (Visión Libros).

miran atrás. Como sea el caso, aprenderán por la experiencia que las actitudes egoístas resultan contraproducentes. Como tienden a ser obstinados, a menudo los Leo reciben muchos golpes antes de hacer caso a la sabiduría del corazón.

EL CONQUISTADOR ORGULLOSO

El militar y gobernante francés *Napoleón Bonaparte* nació el 15 de agosto de 1769: es un ejemplo clásico de lo que pasa cuando el orgullo desvía la grandeza del signo Leo. Napoleón es considerado por muchos uno de los comandantes mi-litares más grandes de toda la historia. Aunque nació en circunstancias humildes, llegó a ser el emperador (autoproclamado) de toda Europa. Sus hechos fueron tan increíbles que se convirtieron en leyenda. No era muy alto, medía solamente 170 cm., pero sus retratos revelan una fuerza de león, su aura de majestad y su creencia de ser invencible. Estaba rodeado de admiradores y era muy popular entre la gente; se celebraron sus victorias militares con la pompa y ceremonia que merece un héroe. Los biógrafos han escrito que el ascenso al poder de Napoleón fue meteórico. Su ambición no tenía límites.[38]

Más grave que las fallas que ocurrieron en sus últimas campañas militares, Napoleón cometió un error fatal para el Leo: su orgullo le hizo creer que él era el origen de su poder y por consecuencia encontró su Waterloo, su derrota final. Cualesquiera que sean las hazañas que presenta el destino al Leo, ninguna conquista es mayor que la de ganar la maestría sobre su ser inferior. Por lo tanto, el Leo puede aprender del ejemplo de Napoleón: *¡Sé humilde o serás humillado!*

Napoleón Bonaparte es considerado uno de los líderes militares más grandes en la historia occidental. Napoleón dijo una vez al político Pierre-Louis Roederer: "El poder es mi amante. Me ha costado demasiado conquistarla, como para dejar que otro la secuestre o incluso la codicie". Pero esta soberbia lo llevó a la derrota. (Jacques-Louis David, 1803, óleo sobre lienzo)

CÓMO DISOLVER LA DUREZA DE CORAZÓN

Aunque pueden ser muy sensibles y verdaderamente compasivos, por lo general los Leo tienen que lidiar con la dureza de corazón

Saturno y la Luna en Recepción Mutua

Napoleon Bonaparte
Aug 15, 1769
Ajaccio, FR
11:00:00 AM LMT
ZONE: +00:00
008E44'00"
41N55'00"

Rectángulo Místico

T Cuadrada ápex el Sol

Gran Trígono Menor planeta focal Venus

Gran Trígono de Agua

Gran Trígono de Tierra

Plutón y Venus en Oposición

38 La carta natal de Napoleón es fascinante. Está dominada por una T Cuadrada, una configuración astrológica de alta tensión, con el Sol en su base (atención exagerada sobre uno mismo); Júpiter está en Escorpio (visión intensamente apasionada) en oposición a Urano en Tauro y ambos planetas en cuadratura al Sol (ego) en la Décima Casa de mando (siempre y cuando sea correcta la hora de su nacimiento, a las 11 de la mañana). He aquí a Napoleón el visionario, el estratega, el líder osado, dominante, autoritario y muy enfocado en sí mismo. Como ocurre muy a menudo en las cartas de las personas lanzadas por el destino a escenarios extraordinarios, los puntos principales de esta configuración también forman parte de trígonos afortunados: Urano en Tauro, Marte en Virgo (la posición del general) junto a Neptuno (el mito) y Plutón poderosamente ubicado en Capricornio forman un Gran Trígono de Tierra. Saturno en Cáncer, Júpiter en Escorpión y Quirón en Piscis, forman un Gran Trígono de Agua. Los dos Grandes Trígonos entrelazados casi llegan a formar un Gran Sextil, una configuración inusual que puede indicar gran genio. El cruce de las oposiciones entre Júpiter y Urano, y entre Venus y Plutón forman un Rectángulo Místico que intensifica la tensión, el conflicto, la osadía y la visión. Nótese que aunque Saturno en Cáncer está en oposición a la Luna en Capricornio es una influencia pesada, los planetas indicados están estimulados por estar en recepción mutua (cada uno se ubica en el signo que gobierna al planeta opuesto). He aquí la reacción de Napoleón a las circunstancias desafiantes presentes en Córcega cuando nació. Hacía poco que los franceses habían tomado posesión de Córcega... *(cont.)*

en menor o mayor grado. Algunos nativos de este signo simplemente no agarran la onda. Otros, tomando en cuenta los comentarios que hacen sus amigos cercanos y sus allegados deciden en el transcurso de sus vidas adquirir mayor sensibilidad del alma.

Un diálogo que tuvo lugar entre una empática Piscis y su amigo Leo ilustra el punto. Ella simplemente no pudo comprender porque él pareció ser incapaz de entender sus sentimientos. Entonces, un día le preguntó:

—¿Eres capaz de sentir lo que la otra persona está sintiendo?

—¡No! —respondió su amigo Leo—. Siento mis propias emociones.

—¡Se acabó la plática! —exlamó la mujer de Piscis.

¿Cuáles son los síntomas que indican que la persona Leo ha cerrado su corazón? Es fácil notar cuando su expresión es fría y despiadada; cuando descuida las posesiones o el dinero, ya sea suyo o de otra persona y cuando la vanidad se inmiscuye en su conciencia. Sin importar las circunstancias, las siguientes son señales de la presencia del orgullo: mejillas calientes, la columna vertebral erizada y caliente, la explosión de ira que proviene de la indignación o incluso una intensa sensación ardiente en el corazón físico (diferente de la calidez del corazón que ama). El comportamiento promiscuo a menudo es un reflejo de estar sentido o de guardar rencor. Un corazón frío puede convertirse en un corazón cruel, como si estuviera castigando a la vida misma por haberle hecho sufrir el dolor de la pérdida del amor. Es entonces precisamente cuando el nativo en Leo debe sorprenderse a sí mismo soltando su miedo de parecer vulnerable y abriendo su corazón. El temor al dolor tiene que ser vencido por el deseo de amar sin egoísmo.

Para abrir su corazón al amor, la persona Leo debe preguntarse a sí misma cuándo fue que decidió endurecer su corazón por primera vez para no sentir el dolor. Acaso actúa así por hábito o quizá empezó a reaccionar de tal manera durante una crisis que pueda recordar. Sin embargo, más a menudo la causa se encuentra en algún punto olvidado del tiempo, tal vez durante la niñez o incluso durante una vida pasada. Dependiendo de la severidad, la dureza de corazón le provoca no percibir la respuesta cuando ésta es evidente.

Solo la misericordia del amor divino puede disolver la sustancia incrustada que se ha calcificado a través de los años en sus emociones. El Leo tiene que

---

[38] *(cont.)* Además, la configuración describe su relación con su madre (Luna), quien ejercía gran influencia en su vida, pero quien también tenía un carácter muy severo; cierta dureza en su personalidad; una falta de misericordia hacia los demás y una cantidad de pruebas de poder que recibió durante su vida. Este complejo cuadro astrológico nos ayuda a entender la meteórica llegada al poder de Napoleón, derrota al final y su consiguiente destierro, no necesariamente inevitables, sino consecuencia natural de su ceguera psicológica, su falta de humildad y sus ambiciones desbordadas.

[39] Mateo 19:14 (RVR 1977) *Pero Jesús dijo: Dejad a los niños y no los impidáis que vengan a mí, porque de los tales es el reino del cielo.*

desear vehemente efectuar este cambio y tendrá que trabajar conscientemente con su alma, es decir con su niño interno, dándole consuelo y seguridad a cada paso para no perder el camino. El proceso de purificar la intención del alma y de liberar el potencial interno es doloroso, pero no hay otra manera. Si la persona elige pasar por alto tal labor, corre el peligro de no solo atrofiar la belleza del alma sino también sufrir problemas físicos en el corazón. Purificar el corazón espiritual a tiempo ayuda a prevenir o hacer menos probables las enfermedades cardiacas, tan típicas de los nativos de este signo.

DEJAD A LOS NIÑOS Y NO SE LO IMPIDÁIS[39]

Leo rige a los niños. Aspectos astrológicos del Sol en la carta natal del nativo de Leo, más la naturaleza de cualquier planeta que se encuentre en la Quinta Casa y en menor grado los asuntos de la casa astrológica sobre cuya cúspide se encuentre el signo de Leo, revelan mucho sobre sus propios hijos y sobre los niños de su vida en general. De verdad no hay una expresión de creatividad mayor que la co-creación de la vida con Dios. Un día, la gente se dará cuenta de que el alma del niño coopera activamente en este proceso.

El Leo tiene algo de la naturaleza de un niño. De hecho, su dharma, el empeño al cual dedica su vida, muchas veces tiene que ver con los niños y sus actividades. Tiene que aprender a reconocer la diferencia entre ser espontáneo, viendo el mundo con el asombro de un niño —aquella calidad de alegría que uno siente cuando está en comunión con los mundos espirituales— y ser infantil, mimado y sentido. Cuando se es madre o padre de familia o incluso si se trabaja como mentor de jóvenes, se aprende lo que significa la abnegación, una calidad espiritual del amor que se manifiesta en Leo. El padre Leo abre su corazón, permitiendo que sea purgado del egoísmo. Da alegremente, sin esperar recompensa. Sacrifica su propio placer, limitando su libertad cuando es necesario para amar al niño bajo su cuidado.

Los pequeños Leo suelen dar por sentadas las cosas buenas de la vida, una característica de la realeza. Por lo tanto, les beneficia aprender desde pequeños a ser corteses y bien educados. Cultivar los buenos modales y la gratitud durante la niñez es esencial para la felicidad futura. Hay que enseñar a estos niños la importancia de dar las gracias por los dones de la vida y por los sacrificios que otros hacen por su bienestar. *Por favor,* es, de verdad, la palabra mágica, porque así el pequeño Leo se da cuenta de que lo que recibe se le da por amor y no por obligación. Aprender a dar las gracias le enseña a controlar su sentido de merecer privilegios especiales adquiriendo así aprecio y respeto no solo por sus mayores, sino también por sí mismo.

El joven Leo puede sentirse muy lastimado por la criítica. Le encanta recibir reconocimiento bien merecido. Cuando se le trata con respeto y cortesía, recibe el ejemplo que necesita.

Leo rige el romance. ¡Hasta los pequeños Leo pueden ser muy galantes! Un joven Leo que asistía a la secundaria tenía la cuenta más grande de su pueblo en la florería local. Cuando estaba en sexto grado, emprendió su primer trabajo como empresario (los Leo típicamente prefieren ser su propio jefe). Ganó diez pesos por cada carta de amor que escribió para sus amigos. He aquí un ejemplo:

Querida Sarita,

Pienso en ti día y noche. Me es imposible poner atención en la clase de matemáticas porque me distraigo imaginando que por fin te voy a ver durante la hora de recreo. Me desespero por oír el timbre que anuncia el recreo.

Hasta entonces, se despide tu amigo cariñosamente de ti,

El Chaparro

El cuadro del niño Krisna metiendo las manos en el tarro de mantequilla y sirviéndose a sí mismo, puede ayudar a recordar al padre del niño Leo (e incluso de cualquier niño) no ser demasiado severo con él, sino dejarlo florecer con alegría.

Los vecinos del niño Krisna solían reaccionar con ira al descubrir que el pequeño había metido la mano otra vez en sus jarros de mantequilla. Pero muy pronto se dieron cuenta de que la presencia del muchacho les traía tantas bendiciones que decidieron poner las jarrones de mantequilla más a la vista, esperando que el pequeño Krisna fuera más a menudo a sus hogares y tomara toda la mantequilla que quisiera. El amor y la risa de un niño o de una niña son como Krisna; hacen nacer la alegría, la felicidad, el amor con muchas bendiciones.

La mayoría de los niños Leo son simpáticos, comunicativos y generosos por naturaleza. Chistosos y juguetones, tienden a ser el centro de atención del grupo. Hasta el niño Leo más tímido expresará emociones fuertemente cargadas.

Las reacciones emocionales del joven de este signo tienden a ser agudas, expresan indignación; a veces el leoncito sorprende y perturba a los demás cuando adopta un semblante frío e insensible. Es de carácter fuerte y una vez que se propone una meta, decide cumplirla. A la vez, puede ser terco y obstinado al rehusarse a hacer caso a los consejos de otra persona.

La mayoría de los jóvenes Leo disfrutan y aprenden liderazgo y cooperación cuando juegan deportes y cuando participan en actividades tales como los Scouts, que les permiten ganar méritos. Con frecuencia gozan cuidando y jugando con niños menores. Leo es el signo del recreo y de la diversión. A la mayoría de los niños de este signo les gustan las fiestas y las reuniones sociales. Responden bien cuando sus lecciones escolares los hacen aprender de forma divertida. Claro que no todo puede ser divertido. Puede que el niño Leo necesite aprender a hacer sus tareas o a terminar su trabajo simplemente porque hay que hacerlo.

Muchos Leo sienten una conexión especial con los animales y con las mascotas domésticas. La responsabilidad de cuidar una mascota puede resultar una actividad vital en la educación y la felicidad del niño Leo. Además del lazo del amor que establece su alma con los animales y con la naturaleza, él madura cuidando y siendo responsable de su amiguito elemental.

Aunque el niño Leo tiende a ser fuerte, a la vez tiene un aspecto vulnerable de su carácter. Por lo general, no guarda rencores. Sin embargo, una vez destrozada la confianza con él, es difícil ganarla de nuevo.

LEO Y EL LEÓN DE JUDÁ

Desde la antigüedad se ha asociado el signo de Leo con el León de Judá. En el Génesis, se relata la historia de Judá, el cuarto hijo del patriarca Jacobo. Judá fue el fundador de la tribu de Israel conocida por su nombre. El símbolo de la tribu de Judá ha sido el León desde que Judá recibió la bendición de su padre Jacobo cuando éste estaba muriendo.[40]

Judá significa "alabanza de Dios". Aunque Judá no fue libre del pecado— vendió a su hermano José causando que se convirtiera en esclavo[41] —pero al final aprendió la lección y se arrepintió. Sucedió que veinte años después de haber traicionado a José, los hermanos viajaron a Egipto para comprar grano durante la hambruna de siete años. Cuando se encararon con el poderoso gobernante de Egipto, responsable de distribuir las reservas de grano egipcio, no se dieron cuenta de que éste era su hermano José. Cuando José les avisó que el hermano menor, Benjamín, se quedaría en Egipto con él, Judá confesó de haber participado en la venta de José y rogó al gobernador tomarlo a él como esclavo, en lugar de a Benjamín. Entonces, José reveló su identidad verdadera a Judá y a todos sus hermanos y celebraron estar juntos.[42]

Jacobo transfirió la herencia de Rubén, el primogénito, a Judá. Rubén la había perdido a causa de sus pecados (cometió adulterio con Bilha, la concubina de su padre). He aquí la profecía de Jacobo sobre Judá:

> *Judá, te alabarán tus hermanos: tu mano estará sobre el cuello de tus enemigos: los hijos de tu padre se inclinarán a ti. Cachorro de león, Judá: de la presa, subiste, hijo mío. Se encorvó, se echó como león, como león viejo: ¿Quién lo despertará? No será quitado el cetro de Judá ni el bastón de mando de entre sus pies, hasta que llegue Siloh;[43] a él se congregarán los pueblos.*

---

[40] La bendición de Jacobo sobre sus doce hijos se encuentra en Génesis 49:1-47.
[41] Génesis 37:26
[42] Génesis 44:18-34

Así pues, el León es un símbolo de poderío, majestad y dominio. Jacobo profetizó que los reyes de Israel descenderían a través del linaje de Judá y que eventualmente, esto incluiría a *Shiloh*, un nombre asociado con la llegada del Mesías.

A través de los siglos, los astrólogos han descrito a las estrellas de la constelación de Leo como profecías del Salvador Prometido. Régulo es una estrella blanca de primera magnitud entre las muchas estrellas de la constelación Leo: es una de las más brillantes que se pueden ver desde la Tierra.[44]

La palabra Régulo se deriva de la palabra latina que significa rey. La estrella también es conocida como *Cor Leonis* que significa "el Corazón del León", porque se encuentra en el pecho del León. Luego, el nombre de la estrella Denebola, sobre la cola de León, significa: "el Juez" o "el Señor que está por venir". La estrella *Al Giebba* (Árabe) está sobre la melena y significa: "la exaltación". Otra estrella, *Michir al Ahad* (Árabe), significa: "el Severo" o la destrucción del león. Zosma, una estrella sobre la espalda del león, significa: "Destellar".[45]

David, el que mató a Goliat, escribió los salmos y llegó a ser el rey más grande que Israel haya jamás conocido, descendió de la tribu de Judá. Jesús descendió del linaje de David y la tribu de Judá. El Nuevo Testamento se refiere a Jesús diecisiete veces como "el hijo de David". En Hebreos está escrito: *Porque evidente es que nuestro SEÑOR vino de la tribu de Judá.*[46]

---

[43] Génesis 49:10. El significado de la palabra hebrea "Shiloh" deriva de una palabra hebrea raíz que significa *tener paz*. Algo que el mundo jamás ha conocido de verdad y que no conocerán "hasta que venga Shiloh, *y a él sea dado* la obediencia de los pueblos".

[44] En realidad, Regulus es un sistema estelar que consiste en cuatro estrellas organizadas en dos pares. Nota: hoy en día las estrellas de las constelaciones no están por fuerza dentro del signo zodiacal, pues los signos zodiacales son diferentes que las constelaciones. Sin embargo, he incluido una discusión de algunas de las estrellas fijas en varias constelaciones porque describen facetas particulares de cada signo.

[45] *La gloria de las estrellas*, E. Raymond Capt.

[46] Hebreos 7:14

[47] *Hasta que venga Shiloh:* esta profecía de liderazgo tardó unos 640 años para cumplirse en parte con la llegada del rey David, el primero de la dinastía de reyes de Judá. La profecía tardó unos 1600 años para *cumplirse totalmente* con Jesús. Se refiere a Jesús como *Shiloh*, el nombre que significa *Aquél cuyo derecho es*, un título entendido antiguamente que significa el Mesías. Véase Enduringword.com/commentary/genesis-49/.

[48] Véase Génesis 44:31-34.

[49] Génesis 4:9 (RVR 1995)

[50] 1 Pedro 5:8

[51] Véase Theoi.com/Ther/LeonNemeios.html.

Y en Apocalipsis llaman a Jesús "El León de la tribu de Judá". Jesús representa así la profecía de Jacobo ya cumplida.[47]

La hermandad universal es un tema principal de la Era de Acuario. Se asocia a Judá con el signo de Leo, la polaridad de Acuario. Judá estaba verdaderamente arrepentido cuando confirmó: *Yo soy el guardián de mi hermano.*[48] La primera vez que se menciona a hermanos en la Biblia ocurre en la historia de Caín que mató a su hermano Abel. Está escrito en el Génesis que el SEÑOR preguntó a Caín: *¿Dónde está tu hermano Abel? Y Caín contestó: No sé; ¿Soy yo acaso el guardián de mi hermano?*[49]

Hoy, más que nunca se ha visto que es menester que las personas en el mundo hagan a un lado sus antagonismos y aprendan a vivir en paz como hermanos.

EL LEÓN QUE RUGE

El Léon es feroz, calladamente acecha su presa antes de matarla y devorarla. Cuando la persona nacida en Leo se vuelve cruel, feroz y despiadada, muestra los instintos inferiores del león como una personificación de la sombra individual a veces llamada el Morador en el Umbral; el impostor egoísta del yo verdadero. El apóstol Pedro exhortó: *¡Estén alertas! Cuídense de su gran enemigo, el diablo, porque anda al acecho como un león rugiente, buscando a quién devorar.*[50]

Los antiguos griegos asociaron la constelación de Leo con el León de Nemea derrotado por Heracles, (conocido como *Hércules* por los romanos) como *la primera de sus doce misiones.*[51]

El temible león era enorme; su piel, fuerte e impenetrable para las armas. Andaba al acecho por todas partes causando estragos y destrucción. Cuando Heracles tenía dieciocho años lo mató, estrangulándolo con sus propias manos. Significativamente, Heracles, después de haber matado a la bestia, le quitó la piel con las propias garras del león, ya que no existía ningún instrumento hecho por el hombre que la pudiera penetrar. Luego, el joven héroe hizo una capa tomando la piel, utilizando la cabeza del león como casco y la piel como manto.

Hércules y el León de Nemea

La capa del león llegó a ser uno de los rasgos más famosos de Heracles. Luego, la diosa griega Hera lanzó al león entre las estrellas, creando así la constelación de Leo.

Esta primera misión de Hércules se puede interpretar como una confrontación de vida o muerte en la que quien desee ser el Héroe en Leo debe luchar y destruir a la espantosa bestia creada por el ego humano. Aquel debe invocar todo su poder, astucia y valentía para derrotar a la monstruosa bestia del orgullo, simbolizada por un león come hombres.

EL MOMENTO DE LA VERDAD PARA EL ALMA LEO

Llega el momento, un ciclo en el destino, una oportunidad merecida, cuando los eventos obran para despertar el alma del Leo. Sucede algo y de repente el alma se da cuenta que está atrapada. *¡Basta!* Lo superfluo del ego, el glamour, el aplauso y las señales externas del poder y prestigio pierden su brillo y su atracción. Quizá reaccione el alma Leo con entusiasmo: "Éste es el momento que tanto había esperado", o acaso se niegue a moverse, pensando: "Qué calientito y a gusto estoy dentro de mi pequeño capullo". A veces, la mamá solo tiene que dar un pequeño jaloncito a las sábanas para despertar a su hijo: "¡Buenos días! ¡Ya amaneció y es hora de ir al colegio!", pero a menudo hay que persuadir al alma Leo, porque prefiere quedarse soñando o quizá no se mueve por temor a lo que le espera.

El león puede ser perezoso, estar cómodo en su trono o en su cueva. Ruge o tal vez bosteza: "¡Deja que otro haga el trabajo!" Entra en un estado de negación psicológica. La densidad emocional le hace difícil ver lo obvio. La dureza de corazón le hace ignorar los consejos. A veces solo un evento traumático es capaz de llevarlo al punto donde el camino se divide en dos y tiene que escoger entre la vida o la muerte. Los grupos de autoayuda lo llaman "tocar fondo". En los círculos místicos hay un dicho: "¡La única salida es hacia arriba!"

El astrólogo Alan Leo tenía altas esperanzas para los Leo, aun para aquellos que habían despilfarrado su luz y perdido el camino. Escribió:

> Pero el verdadero fuego espiritual arde dentro de ellos
> y, como el ave Fénix, resucitan de las cenizas mortales de sí mismos para elevarse a las alturas de las cosas más grandes y más nobles para realizar cosas más grandes y nobles. Porque este signo es reconocido por los astrólogos como la casa del Sol, y a través de este signo los rayos del Sol se cargan poderosamente de vida y de energía espiritual.[52]

---

[52] Alan Leo, *Astrología para todos* (Barcelona, Vision Libros, 1970).
[53] Perle Epstein, *Kábala, el camino del místico judío* (Shambhala, 1988).

MINAS TERRESTRES EN LA CUEVA DEL LEÓN

La persona Leo que desea la autotransformación necesita estar cada vez más alerta, porque tendrá que confrontar como jamás lo había hecho, lo que existe dentro de él mismo que se opone a su victoria. Una vez en el sendero espiritual, el camino de la automaestría, el individuo Leo (y cualquier nativo de un signo de Fuego) descubrirá que su enemigo es el orgullo, cuyo compañero se llama temor. Es particularmente vulnerable a la adulación —una forma muy peligrosa del orgullo— a causa de su gusto por recibir atención.

Al final, la ley universal de la misericordia hace añicos la ilusión de fastuosidad para que el Leo pueda volver a la realidad. Aunque la lección parece algo severa, vale más para el alma que ser burlado por su propio ego. Es peligrosísimo acelerar la consciencia cuando está todavía manchada por el orgullo. Los gurúes y los maestros de la antigüedad solían poner a prueba el nivel de orgullo dentro del buscador espiritual para determinar si estaba listo para avanzar más.

Un cuento kabalístico del siglo XIII, relatado por Perle Epstein, describe a un maestro de este tipo:

—¿Estás en estado de perfecto equilibrio? —preguntó el maestro.
—Así lo creo —dijo el discípulo, que había orado con fervor y observado una conducta intachable.
—Cuando alguien te insulta, ¿aún te sientes herido? ¿Cuando recibes alabanzas, se te expande el corazón y se te llena de placer?
El aspirante a discípulo pensó por un momento y respondió dócilmente:
—Sí, supongo que me siento herido cuando alguien me insulta y orgulloso cuando me alaban.
—Bien, entonces vete y practica el desapego del dolor y del placer mundano algunos años más. Después, vuelve y te enseñaré a meditar.[53]

No es fácil para cualquier persona cumplir el requisito del desapego espiritual pero, como explica Alan Leo, cuando los Leo buscan la iluminación, siendo naturalmente sensibles a las influencias espirituales, progresan rápidamente. Escribe: "Su fe llega a ser maravillosa y se dedican por completo a ayudar a los demás".

El objetivo del Aspirante que busca la unión con Dios es que su alma se haga Una con su Ser Superior. Sin embargo, como comenta el kabalista Halevi, a causa de las exigencias del mundo externo y las mismas fuerzas dentro del hombre, es casi inevitable que tenga momentos en los que se deslice fuera de la conciencia del Yo Real *(Gadlut)*, entrando así, casi sin querer, a las limitaciones del ego *(Katnut)*. En *El Camino de la Kabbalah*, Halevi escribe: "Por lo mismo, los kabbalistas no censuran a la persona que olvida quién es, dónde está y por qué está ahí, sino que establecen la meta de estar en el presente tanto como sea posible".

Aunque hay ocasiones en que es correcto y apropiado dar y recibir alabanzas —por ejemplo para animar a un niño o cuando uno quiere expresar su gratitud por un trabajo bien hecho—, llega el momento en el que o el Aspirante Leo ya no necesita elogios ni felicitaciones. Es más probable que se quede firme en su sendero cuando da gloria a Dios por cada uno de sus logros. Al hacer esto no minimiza en absoluto su valor ni su júbilo. Como respondió el Maestro Jesús al hombre que acudió a él saludándole como "Buen Maestro": *¿Por qué me llamas bueno? Ninguno es bueno, sino solo uno: Dios.*[54]

¿ORO DE LOS TONTOS O RESPLANDOR SOLAR?

El Aspirante Leo, aun después de muchos años de haberse dedicado al sendero espiritual, puede verse tentado a participar en intrigas y encaprichamientos románticos. Debe cuidarse de ser cegado por la atracción titilante del glamour, del deseo (aun subconsciente) de adoptar el papel del héroe y de su necesitad de recibir aplausos y aprobación de los demás. La vida puede complicársele si permite que esas tentaciones lo desvíen de su meta.

Mientras avanza en su sendero, aumenta su capacidad de sacrificio personal y del servicio. También aumenta su júbilo. Pero las las máscaras del orgullo llegan a ser más difíciles de discernir, a veces disfrazadas de supuestas virtudes, como la del celo espiritual. Cuando sus dragones personales levantan sus monstruosas cabezas, *el candidato para Héroe en Leo* debe detenerse y destruirlos, un empeño osado que por su naturaleza valiente está bien dispuesto a hacer. Que el Leo recuerde la lección tan evidente en el caso de Napoleón, quien fue en muchos de sus aspectos un ejemplo de lo mejor de Leo pero por su orgullo perdió todo; el orgullo precede a la caída.

El prerrequisito para entrar en los reinos más elevados de iluminación es tener un corazón equilibrado y desapegarse de toda preocupación mundana, por más ocupado que se esté dando servicio a una humanidad aún imperfecta.

LA ENTREGA ESPIRITUAL AL AMOR

Al Aspirante Leo le cuesta trabajo llegar al punto en que puede ejercer la fuerza de su voluntad para soltar los apegos y los temores del ego. Solo aumentando los fuegos del corazón podrá ganar la victoria en esta prueba de la voluntad versus el deseo. Pero una vez que esté resuelto a soltar amorosamente sus apegos mundanos, se llenará con la luz de su Presencia Divina. Entonces, descubrirá que ya no quiere lo que antes anhelaba tanto tener y creía que era tan esencial para su felicidad.

---

[54] Marcos 10:18 (RVR 1995)

En este acto de entrega espiritual, el Aspirante no sacrifica nada de su realidad, sino solo los aspectos de su no realidad que erróneamente había llegado a creer que era parte de sí mismo. Ahora puede despojarse de los fragmentos de alma dentro de su persona que no son suyos. A la vez, le son restaurados fragmentos perdidos de su propia alma —aspectos de sí mismo arrojados a los lugares más remotos del universo— enterrados en su inconsciente e incluso en algún momento del pasado lejano, otorgados tontamente a otra persona, quizá sin darse cuenta de lo que estaba haciendo.

A medida que avanza el Aspirante Leo por el sendero espiritual, los sentidos de su alma llegan a refinarse más y su voluntad a afinarse más con el Espíritu. Dedicado y resuelto, no lo mueve de su lugar la más mínima tentación, ya no tiene temor y a la vez es dulcemente humilde. Se mantiene tan centrado en el corazón, que su presencia amorosa inspira a las demás almas a transcender sus limitaciones, a elevarse en la Luz y así ser todo lo que realmente son y que pueden llegar a ser. Él empieza a experimentar aquella conexión constante de la cual hablan los santos cuando describen su comunión directa con Dios. Cuando alcanza un grado mayor de logro espiritual, su propio corazón lo dirige hacia las pruebas, iniciaciones, maravillas y misterios de la Cámara Secreta del Corazón en donde habita la Llama Trina de la Vida Inmortal. Tal es el trayecto del buscador espiritual Leo cuyo destino es manifestarse a sí mismo como el León de la Tribu de Judá.

GRATITUD: EL ANTÍDOTO LEO

El antídoto para muchos de los pesares de Leo, y por lo tanto del alma, es tan simple que cuesta creerlo. En los signos sobre la Cruz Fija del Amor, debemos transformar nuestras actitudes y motivaciones. ¿Y cuál es la actitud mayor de todas, si no la gratitud? La gratitud y la humildad dependen una de la otra. El que está agradecido celebra la vida bajo cualquier circunstancia. El Aspirante Leo capta que en cada adversidad existe la semilla de alguna bendición, y por esto elige ver el vaso medio lleno en vez de medio vacío. Su atención está siempre en el Sol de su Origen espiritual, cuyas bendiciones exalta por su expresión graciosa y positiva de los muchos regalos de la vida.

Cuando pasamos por la adversidad, tal como un desastre natural, y salimos intactos, nos sentimos sumamente agradecidos de estar vivos. En ese momento experimentamos un estado de consciencia exaltada. Más allá de provocar una descarga de adrenalina, la energía estática dentro del alma es estimulada y por ello sentimos júbilo y asombro.

En sus esfuerzos por encontrar el balance fino entre mantener firmemente su conciencia de sí mismo en Dios y su tierna preocupación para con los demás, el Aspirante Leo puede lograr gradualmente una increíble sincronización interna. Una vez que el camino ya está despejado, el alma al fin vuelve a conectar con

"El Hombre Oculto del Corazón" y la luz del Sol, su derecho de nacimiento, se vierte sobre él como una fuente. Por fin se le puede confiar la fuerza más poderosa del Universo: la del amor divino.

Al guiar a los demás con su ejemplo y vivir para servir, el alma llega a ser el Héroe que en Aries afirmó: "Yo Soy El que Soy" y en Leo añade: "¡Y estoy agradecido!"

3.

Sagitario

Símbolo ....**El Centauro**

Nacido ....22 de nov.~20 de dic.

Arquetipo ....*El Arquero*

Frase clave ....**Yo Creo**

Elemento ....**Fuego**

Cruz ....**Mutable de la Sabiduría**

Casa ....**Novena:**

Viajes, extranjeros y relaciones exteriores, educación superior, filosofía y la búsqueda de la verdad, los juzgados, tíos y tías, parientes políticos, y trabajos relacionados con editoriales

Regentes ....**Júpiter y Neptuno**

Regente esotérico ....**Tierra**

Polaridad ....**Géminis**

Chakra ....La Garganta

Anatomía ...El hígado, los muslos y las caderas

Cualidades espirituales **..La búsqueda de la verdad, la iluminación, la profecía y la oración**

Vulnerable a ....*Resentimiento, revancha y venganza, fanatismo, exageración, no terminar proyectos, impaciencia con detalles, hipocresía, ser demasiado franco, orgullo mental e inquietud*

Debe adquirir .....**Paciencia, constancia y firmeza, atención a los detalles, sabiduría, humildad, saber escuchar y perdonar, ¡Virya!**

El Papa Juan XXIII • Judi Dench • Walt Disney • Rita Moreno • Mark Twain

EL SOL EN SAGITARIO

¡Si lo puedes soñar, lo puedes hacer!

—Walt Disney, 5 de diciembre de 1901

LA LUZ DE LA ILUMINACIÓN

Sagitario, el tercer signo de la *Triplicidad de Fuego*, imparte la luz de la iluminación. En Aries, el fuego impele al alma a actuar (Fuego sobre la Cruz Cardinal del Poder); en Leo a amar (Fuego sobre la Cruz Fija del Amor) y en Sagitario, a saber (Fuego sobre la Cruz Mutable de la Sabiduría). Un impulso interno hacia la autotranscendencia pone a prueba la habilidad del Sagitario de mantenerse anclado en el aquí y el ahora. Sus pensamientos parecen ilimitados. No obstante, tiene que enfrentarse con la realidad que es de carne y hueso, viviendo en el tiempo y el espacio, cargando el peso no solo de su karma personal, sino también de los tiempos en que ha nacido. Aun así, es precisamente esta tensión entre la inmensa magnitud del ideal que él se imagina y la constricción de su propia condición imperfecta lo que lo motiva a explorar y descubrir más. Por lo tanto expande su mente, libera su imaginación y llega más allá de lo que parece posible, para poder desvanecer la desgracia de la ignorancia en su alma. De hecho, en las almas de toda la humanidad.

Por lo general la personalidad Sagitario no es posesiva ni demasiado apegada, ni a las cosas materiales ni al conocimiento. Internamente, sabe que cuando la copa está llena hay que vaciarla para poder llenarla de nuevo. Saber todo significa no tener una razón para buscar más. Puede que busque con entusiasmo a maestros y experiencias para expandir sus horizontes. Luego, tal vez enseñará, predicará, publicará o ardientemente proclamará la verdad que ha descubierto; solo para darse cuenta, como admitió Sócrates, que con todo lo que sabe, ¡no sabe nada! En verdad, el escalón más alto de la escalera en este mundo es el más bajo de la siguiente ¡*Ad infinitum!*

EL HÉROE DE SAGITARIO: HERALDO DE LA NUEVA ERA

Encendido con la Palabra y alumbrado por la sabiduría de la Madre Divina, el Héroe en Sagitario, en el amanecer de la Era de Acuario, se adelanta para proclamar la oportunidad para las almas de luz de tomar la Antorcha de la Libertad. El fervor de su dedicación y su rostro lleno de júbilo, la fortaleza inquebrantable de sus convicciones y la presencia reconfortante de su bondadoso y amoroso corazón suscitan la pregunta antigua y su respuesta: *¿Crees?*[55]

Él sabe que las almas de la Tierra han esperado durante mucho tiempo la convergencia de los ciclos cósmicos para recibir las claves para la iluminación espiritual, tales como "La ciencia acuariana de la invocación" y la milagrosa llama violeta transmutadora, para que por fin sus almas se liberen de la rueda del karma y la reencarnación.[56]

Porque en la Era Acuariana del Amor, no solo unos pocos buscadores intrépidos —aquellos que en siglos pasados se apartaron de la mayoría de los hombres—, sino muchas personas caminarán por el antiguo Sendero de la Iniciación, ¡hasta lograr la Ascensión en la Luz!

LA BÚSQUEDA ESPIRITUAL

El símbolo de Sagitario es el Centauro, quien tiene cabeza, pecho y brazos de hombre y cuerpo de caballo. El Centauro está por lanzar su flecha, que simboliza la búsqueda de la consciencia del supraconsciente, la consciencia transcendental, mientras que el caballo representa la naturaleza animal del hombre. El alma que nace bajo este signo debe ganar acceso a la mente superior para amansar y dominar su naturaleza inferior. Muchos Sagitarios, especialmente los jóvenes de este signo, quienes todavía están en las etapas primarias del camino de la existencia, experimentan la vida como una montaña rusa de subidas y bajadas. En un momento se sienten que casi alcanzan el cielo; en otro se encuentran de nuevo dentro de los límites del cuerpo físico. No obstante, los Sagitario tienden a ser francos, directos y honestos. Apuntando muy alto sus flechas, liberados del pasado, abrazan el futuro con optimismo y fe.

Los Sagitario se identifican con su misión, aun cuando no saben todavía claramente cuál es. El alma Sagitario percibe que nació para cumplir un propósito específico. Experimenta la vida como una aventura sagrada, una verdadera cruzada. Como trata de alcanzar las estrellas, casi no conoce el significado de la limitación. ¿De qué otra manera podría tener aventuras que las otras personas considerarían imprudentes e imposibles, los meandros de un soñador? Hacer caso a su consciencia a menudo significa ignorar las muchas voces que lo desviarían de su meta.

Como son por naturaleza enérgicos, a la mayoría de los Sagitario no les gustan las rutinas, a menos que consideren las rutinas cotidianas como rituales dotados de algún sentido especial, como medios necesarios para lograr un fin

---

[55] Un ejemplo de las muchas citas bíblicas que ilustran la importancia de creer (tener fe) y de no creer se refiere a lo que pasó cuando Jesús acababa de exorcizar a un muchacho. Los discípulos preguntaron a Jesús por qué ellos no habían sido capaces de hacerlo y y Él les dijo: *Por vuestra falta de fe; porque de cierto os digo, que si tenéis fe como un grano de mostaza, diréis a este monte: Pásate de aquí allá y se pasará; y nada os será imposible.* Mateo 17:20 (RVR 1977)

[56] Véase el capítulo final de este libro: "La ciencia acuariana de la invocación". La acción de la llama violeta es la aplicación de la frecuencia del Espíritu Santo.

Sagitario:
Casa 9
Cruz Mutable
de la Sabiduría
Fuego

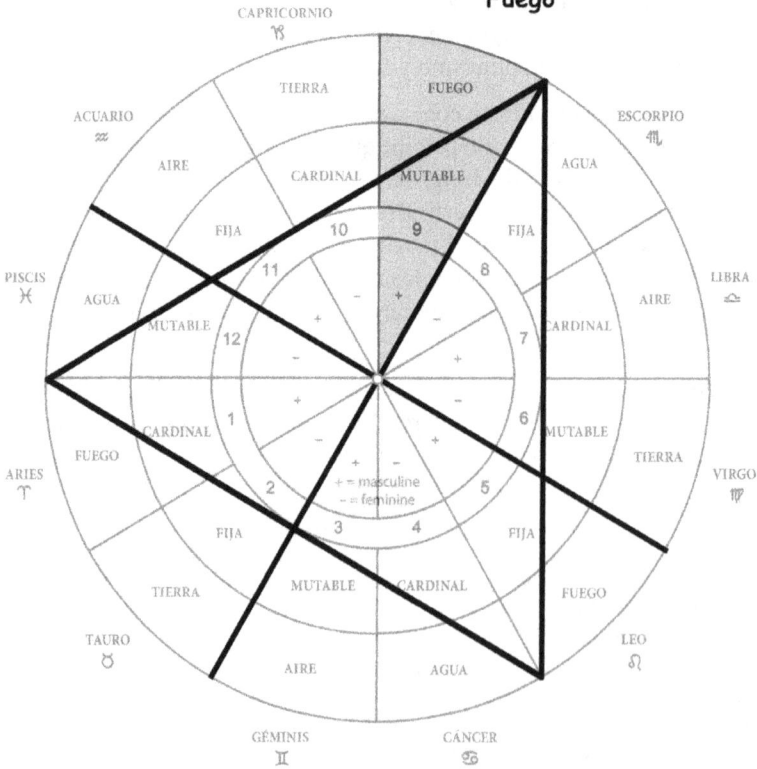

deseable. Una cualidad particular de la fe actúa como un agente activo en la vida de la mayoría de las personas nacidas bajo signos de fuego. Por complicadas que sean las circunstancias, muy pocas veces silencian el impulso ariano de ¡actuar ya! La personalidad Leo aprovecha el momento haciendo caso a sus corazonadas, a menudo dando un paso intrépido en el último momento. La positividad del Sagitario muchas veces es sustentada por cierta buena fortuna en su vida que él da por sentada. De alguna manera sabe que recibirá la ayuda que necesita a tiempo y que todo saldrá bien.

Regido por Júpiter (planeta de la expansión) y por Neptuno (planeta de sueños y soñadores), el Arquero viajará muy lejos buscando la verdad. Muchos Sagitario cumplen su destino adoptando algún papel relacionado con teología y religión, filosofía, estudios universitarios, historia, psicología, leyes, escribir y publicar, o las bellas artes; con algunos de los campos que marcan las civilizaciones. Muchas veces están directa o indirectamente involucrados con universidades, grupos religiosos, bufetes de abogados o editoriales. Algunos son deportistas; los deportes para ellos son como metáforas del esfuerzo espiritual. Sagitario y Júpiter rigen los extranjeros, los países extranjeros, comercio internacional y otros asuntos relacionados con el extranjero; temas que suelen entrar en la vida o en la profesión del individuo de este signo.

Los Sagitario trabajan también como locutores, jinetes, agentes de propaganda y vendedores. Cualquiera que sea su campo de empeño, buscan transmitir y compartir efectivamente el conocimiento con la esperanza de inspirar, enseñar, persuadir y/o influenciar a otras personas. Creen con tanto fervor en lo que dicen, en el producto que venden o en la verdad que sustentan, que quien los escucha tiende a creerlo también.

Los nativos de este signo son más felices cuando están ocupados en una labor que les sirve como medio para expresar de manera creativa sus valores y creencias personales, o quizá para buscar el significado de la historia o los presagios del mañana. Por lo general eligen ser independientes, en vez de trabajar exclusivamente para ganar dinero. Muchos Sagitario, consciente o subconscientemente, eligen un estilo de vida que les permite seguir siendo gitanos, siempre en marcha y viviendo la vida al máximo.

Durante aquellos períodos inevitablemente ordinarios y monótonos entre escapadas y proyectos creativos, el individuo Sagitario por lo general muestra una gran inquietud; puede que parezca distraído, casi aburrido. Puede que su mente viaje muy lejos del aquí y el ahora. En las andanzas de su rica imaginación, como el caballero detenido en el castillo, que se imagina luchando con dragones, puede que su mente esté a mil kilómetros de distancia. Por otra parte, fue el Sagitario Walt Disney quien dijo: "Todos nuestros sueños se pueden realizar si tenemos la valentía de seguirlos", y: "¡Es bastante divertido intentar lo imposible!"

La *Astrología Transformacional* reconoce que solo una línea delgada separa lo que percibimos como la fuerza de carácter de un individuo según su signo solar, de lo que podríamos percibir como una debilidad. Si bien al Sagitario le ayudan la convicción de sus creencias en sus propias habilidades, su sed de conocimiento y el hecho de que posee una mente ingeniosa y positiva, también puede creer que sabe más de lo que verdaderamente sabe. De hecho, tiende a ser inquieto e impaciente. Puede que sea muy brillante mentalmente pero aun así, en la gran mayoría de los casos, la meta a la que aspira no vale tanto como la humildad que debe adquirir en el camino. A veces, las lecciones del fracaso que lo retan a mirar dentro de sí para reevaluar la manera en la que hace las cosas, revelan que el núcleo de su pérdida no tenía que ver con una falta de creatividad ni de esfuerzo, sino con su orgullo y su tendencia a distraerse o no terminar lo que había empezado.

KESHET: EL ARCOÍRIS DE LA PROMESA

En la Astrología Kabalística, Sagitario se asocia con el mes llamado *Kislev*, también llamado *Keshet*, que en el Hebreo significa arco iris. La tradición judía enseña que el primer arco iris visto después del Diluvio, el cual simboliza el sello de la promesa que Dios hizo al hombre de no volver a destruir al mundo con agua, ocurrió en *Kislev*. Como está escrito en Génesis, Dios se refiere al arco iris como "mi arco".[57]

Como Piscis (el mes de *Adar*), se considera a Sagitario un signo de dicha, un tiempo en el que ocurren milagros. Januká, llamado *El Festival de Luces*, un tiempo feliz, se celebra durante el ciclo de Sagitario.[58]

Júpiter y Neptuno rigen a Piscis y a Sagitario. Los nativos de ambos signos por lo general son muy idealistas, a veces extraordinaria o tontamente optimistas y llenos de esperanza. De ordinario, los Piscis se resisten a poner límites a su fe y los Sagitario se resisten a limitar sus esperanzas e ideales.

El arcoíris de la promesa representa el júbilo de Sagitario y se refleja en las disposiciones positivas de tantas personas que nacen bajo este signo.

FUEGO SOBRE LA CRUZ DE LA SABIDURÍA

Los Sagitario tienden a aprender con rapidez. Para ellos el mejor salón de clases es la vida. Algunas cosas se pueden relatar, otras se pueden estudiar, pero solo a través de las experiencias de la vida se puede realmente conocer. La calidad del Aire asociada con la Cruz Mutable de la Sabiduría alimenta las llamas de su mente, la cual suele estar llena de ideas. Son pensadores entusiastas y grandes narradores de cuentos coloridos. Uno de los cuenta-cuentos más populares de Norteamérica, **Mark Twain**, nació con el nombre de Samuel Langhorne Clemens, el 30 de noviembre de 1835. En la carta natal de Twain, el Sol está en Sagitario en la Primera Casa ("Yo") junto con Marte (acción), también en Sagitario, en la segunda Casa, que es la de los ingresos económicos.

A pesar de que los Sagitario suelen tener un buen sentido del humor, son filosóficos por naturaleza. Muchos de ellos contemplan los asuntos actuales con seriedad y declaran sus opiniones a viva voz. Los personajes más clásicos y coloridos de Mark Twain, los protagonistas de novelas tituladas con sus nombres: *Las aventuras de Huckleberry Finn, Tom Sawyer, El príncipe y el mendigo* y *Juana de Arco*, fueron jóvenes que buscaban su libertad y trataban de ser instrumentos para la liberación de otros. Twain era un maestro de lo que él mismo llamaba el cuento humorístico. Sabía hacernos reír de la osadía y la locura de sus jóvenes héroes y de las aventuras en las que se enredaban.[59]

Los protagonistas de Twain, sacan a la luz realidades sorprendentes sobre los prejuicios y tensiones de la sociedad de sus días. Poseen un sentido moral profundo y una fe natural que Twain contrasta con la rigidez e hipocrecía del mundo en el que se encontraban. De hecho, los Sagitario poseen un fuerte sentido de lo que está bien y lo que está mal. No solo están conscientes de la importancia de las reglas y el orden, sino además suelen ocupar posiciones en las que pueden actuar como instrumentos para su aplicación como, por ejemplo, jueces, psicólogos o maestros. El impulso de ser libre les es innato. Pueden llegar a sentirse muy restringidos por los límites convencionales de la sociedad. Twain dotaba a sus héroes de una bondad natural a pesar de sus circunstancias y travesuras.

En el primer capítulo de *Las aventuras de Huckleberry Finn*, Huck nos hace saber que aunque fue adoptado por la buena viuda Douglas, se resistía a los esfuerzos de ella para civilizarlo:

> *La Viuda Douglas me adoptó como su hijo y se había propuesto civilizarme, pero me resultaba difícil permanecer en la casa todo el tiempo porque la viuda era horriblemente normal y respetable en todo lo que hacía, así que cuando ya no pude aguantar más, volví a ponerme mi vieja ropa, me llevé mi azúcar-tonel y me sentí libre y contento.*

(Nota: El azúcar-tonel era un gran barril que se utilizaban para almacenar azúcar; Huck convirtió uno en una cama que solía usar cuando quería ocultarse).

---

[57] Génesis 9:13 (RVA) *Mi arco pondré en las nubes, el cual será por señal de convenio entre mí y la tierra.*

[58] Januká conmemora la victoria militar de los macabeos en el año 65 A.E.C. sobre el ejército persa que era considerablemente más grande que el suyo. Después, dedicaron y purificaron de nuevo el templo que había sido profanado para poder seguirlo utilizando como un lugar de adoración. Pero luego pasó otro milagro: Solo había el suficiente aceite para que la luz eterna pudiera arder un día más. Milagrosamente el aceite se volvió a llenar para arder por ocho días más, el tiempo que hacía falta para conseguir más aceite.

[59] Véase *How to Tell a Story: and Other Essays*, Mark Twain (New York and London, Harper & Brothers Publishers, 1898). Archive.org/details/howtotellastory00twairich.

¿MEDIO LLENO O MEDIO VACÍO?

Puesto que son por naturaleza mutables (cambian de opinión fácilmente), la mayoría de los Sagitario no se dan cuenta de lo impresionables que son. Como su polaridad Géminis, suelen adoptar ideas ajenas confundiéndolas con las suyas. Su naturaleza receptiva y ardiente los hacen vulnerables a proclamar impresiones falsas que han aceptado como verdaderas sin haberlo pensado mucho. Cuando los nativos de este signo asumen creencias equivocadas en cuanto a otras personas y circunstancias, ya sea resultado de una proyección mental, un prejuicio que no quieren soltar o su tendencia a sacar conclusiones precipitadas, pueden reaccionar con furia.

Una mujer llamada Zoë, tuvo varias confrontaciones y perdió algunas buenas amistades antes de darse cuenta de que su tendencia a sacar a flote sus resentimientos, en efecto la había alejado de personas con las que había entablado relaciones cercanas; esto fue producto de su hábito de reaccionar a partir de sus pensamientos negativos. Las creencias de Zoë eran erróneas, pero aunque hubieran sido atinadas, su resentimiento, aunque comprensible, no era justificable. El peligro de la Cruz Mutable de la Sabiduría es la tendencia a justificar la ignorancia. El resentimiento y su reacción correspondiente de buscar venganza, son malos usos de la luz de Sagitario y por tanto manifestaciones de ignorancia. Como Zoë, las almas Sagitario deseosas de obtener paz, tendrán que combatir cualquier tendencia que pudieran tener a prestar oído a chismes, a permitir que los fuegos destructivos del resentimiento ocupen sus mentes y a actuar precipitadamente.

El resentimiento basado en la soberbia del ego es la causa número uno de la mala aplicación de la energía espiritual en Sagitario. No solo hace daño a la persona a la que está dirigida, sino que también la mente del Sagitario se queda agitada y llena de cólera. Para no dejar que tales energías la afecten, el alma Sagitario debe aprender a deshacerse de los pensamientos negativos y acusatorios en el momento que aparecen en el radar de su mente, reemplazándolos con afirmaciones positivas y compasivas. Además, debe desarrollar y sostener un moméntum de perdón.

EL CHAKRA DE LA GARGANTA: EL PODER DE LA PALABRA

Géminis y Sagitario están asociados con el chakra de la garganta. Los nativos de ambos signos se sienten compelidos a buscar y comunicar la verdad. Como los filósofos naturales que son, la mayoría de los Sagitario captan bien los conceptos profundos y abstractos del aquí y el hora que traducen en términos comprensibles y prácticos. Muy pocas veces se quedan sin palabras. ¿Pero como pueden las palabras dar forma a lo que es infinito e ilimitado, haciéndolo accesible a las mentes de los hombres? ¿Cómo se puede garantizar que la construcción del lenguaje no se confunda con el significado asombroso que trata de transmitir? Como lo expresó con tanta belleza el poeta Khalil Gibran: *Pues el pensamiento es un ave del espacio, que en una jaula de palabras puede abrir sus alas pero no puede volar.*

El autor de libros de autoayuda **Dale Carnegie**, nació el 24 de noviembre de 1888. Él creía que el hablar en público ayuda a desarrollar una autoestima sana. Su libro, *El arte de hablar en público*, parece un manual Sagitario para obtener el éxito:

> *Viva una vida activa entre personas que hacen cosas que valen la pena; mantenga los ojos, oídos, mente y corazón abiertos a absorber la verdad y luego, platique de lo que sabe como si lo supiera. El mundo lo escuchará, porque no hay nada que las personas amen más que la vida real.*

Los Sagitario tienen fama de no tener pelos en la lengua. Aunque por lo general se sienten orgullosos de ser tan francos, a veces pueden ser muy rudos, al expresar sus opiniones con arrogancia. Como creen que su franqueza está justificada, no están nada dispuestos a cambiar. En su opinión, ellos simplemente están diciendo la verdad. Existe un reflejo entre los chakras del plexo solar y la garganta. (Nótese que el chakra del plexo solar se asocia con Virgo y Piscis, la otra polaridad de la Cruz Mutable de la Sabiduría.)

El chakra de la garganta es el centro de poder del cuerpo. La Palabra es el mandato para la manifestación. En Génesis leemos: *¡Hágase la Luz! Y la Luz se hizo.* El uso descuidado de las palabras, en conversaciones ociosas, declaraciones acusatorias, palabras groseras y otros malos usos del chakra de la garganta, tienen consecuencias kármicas que efectivamente malgastan la habilidad del locutor de ejercer de manera correcta el poder de crear. En especial el nativo de Sagitario necesita tener cuidado de reaccionar visceral y agresivamente al decirle sus verdades a alguien. Si quiere ser el instrumento de la iluminación y la verdad, más le vale cuidar su mente, sus sentimientos y, por extensión, su lengua.

Andrés había cumplido dieciséis años cuando vino a verme para una consulta astrológica. Le preocupaba su relación con su padre. Éste había sido un pariente responsable, que trabajaba duro y proveía a su familia de todo lo que requería. Andrés se quejó de que su padre no se había dado cuenta de que su hijito había crecido y ya no era un niño pequeño. Según Andrés, su padre siempre le estaba diciendo lo que debía hacer. Su queja no era nada fuera de lo normal para un adolescente estadunidense de hoy en día. ¿Qué hizo para mejorar la situación? Obviamente, a Andrés le faltaba un cambio de perspectiva.

—Bueno —le comenté, aprovechando mi papel de su astróloga— haz de cuenta de que tu padre es un Capricornio que trabaja mucho. Al parecer, maneja a la familia como a sus empleados de la oficina. Ésa es su prueba, pero Andrés, tú tienes una boca muy grande. No hay nada que justifique tu falta de respeto al hablar con tu padre.

Andrés se quedó estupefacto.

—¿Cómo lo sabe usted? —me preguntó medio incrédulo—, ¿se lo dijo mi madre?

—Tú eres Sagitario — le respondí hablándole con calma—. Necesitas ganar maestría sobre el chakra de la garganta. Tu padre tiene sus pruebas y tú las tuyas.

Andrés entendió y sintió que tenía menos justificación para expresar su enojo contra su padre. De hecho, el haber entendido esta perspectiva les ayudó a enmendar sus diferencias.

SAGITARIO Y EL HÍGADO

Desde tiempos antiguos, se ha asociado a Sagitario con el hígado. La tendencia a reaccionar agresivamente se incrementa más cuando el hígado está enfermo, y a la vez el enojo produce toxicidad dentro del hígado. El típico punto débil del Arquero es el hígado, pero puede modificar esto y hacerlo su punto fuerte. Todo el mundo y en especial los Sagitario, pueden ganar más maestría sobre sus estrellas, manteniendo un estilo de vida sano, nutrición adecuada y bastante ejercicio. Al estar siempre en movimiento, viajando y viviendo aventuras, gozando los frutos y los placeres de la vida, a veces ignoran los detalles de una buena dieta. Un hígado intoxicado puede resultar una poderosa llamada de alerta. Realmente, aun con los años los Sagitario muy pocas veces quieren dejar de ser activos, así que un cuerpo sano les es totalmente necesario. Ésta es la regla básica para el Sagitario: aprende a controlar la tendencia jupiteriana de hacer demasiadas cosas, pensar demasiado, trabajar demasiado, comer demasiado, gastar demasiado, festejar demasiado, hablar demasiado, entre otras tendencias exageradas.

EL RETO DE COMPLETAR LO QUE SE HA EMPEZADO

El Arquero dirige su flecha. ¿Adónde? ¡A cualquier lugar! Los signos de Fuego (Aries, Leo y Sagitario) tienen fama de tomar riesgos. Prefieren salir a una excursión sin conocer el destino, a seguir una ruta en el mapa. Les encanta explorar. Desean conocer las tierras y culturas extranjeras, optando las más de las veces por tomar caminos desconocidos; muchos Sagitario buscan empleos que les den la oportunidad de viajar o expandir de alguna manera sus horizontes. Una de sus características es crear un estilo de vida que les permita ganar el éxito mientras transcienden la banalidad de la vida cotidiana; de una manera u otra logran tener las cabezas en el aire y los pies en el suelo.

Que la flecha tiene que dar en el blanco no es difícil de entender; los Sagitario tienden a ser directos, confían en sí mismos y se dirigen a la meta. Sin embargo, el reto de terminar lo que han empezado les resulta difícil, tanto que muchos de ellos pasan la vida aspirando a hacerlo.Tantas cosas captan su interés que están propensos a dejar una cosa inconclusa para empezar otra. Otra razón por la que les cuesta tanto trabajo completar los ciclos, es que tienden a pensar de manera idealista, grandiosa y a menudo, exagerada. Descubren una y otra vez que se han obligado a hacer mucho más de lo que son capaces de hacer. Su signo es el del Visionario. Aunque pueden captar toda la imagen y percibir el futuro ahora, con frecuencia omiten planear los pasos necesarios para ejecutar sus proyectos.

Por lo general, los Sagitario se sienten como peces en el agua en la universidad. La búsqueda enérgica del conocimiento dentro de un ambiente lleno de diversidad les va bien. Después de todo, Sagitario es el signo de la educación superior. No obstante, concluir aquellos cursos fundamentales, requisitos para todo principiante, les puede resultar terriblemente laborioso. Muchas veces se arrepienten de las consecuencias de haber hecho caso a un estado mental de superioridad intelectual: "Yo sé más que este profesor. ¿Por qué debo perder mi tiempo sentado en este salón de clase?" Puede que a algunos les sale bien renunciar a los estudios antes de terminarlos, como le pasó al famoso director cinematográfico, productor de cine y guionista *Steven Spielberg* (nacido el 18 de diciembre de 1946), quien abandonó sus estudios en la universidad California State en Long Beach para hacer películas. Sin embargo, ocurre con demasiada frecuencia que el aventurero Sagitario un día busque empleo con la "tortuga" de Tauro, quien quizá tenía menos talento que él pero era más constante en sus es fuerzos, cumpliendo los pasos necesarios para graduarse y obtener el trabajo que anhelaba. Hasta los Sagitario exitosos y orgullosos de sus doctorados (hay muchos de ellos) luchan contra la impaciencia en algún área de su vida.

Steven Spielberg se matriculó de nuevo en Cal State en 2001. ¡Después de haber ganado tres Oscares! Cumplió los requisitos para conseguir su diploma en Filmación y Artes Electrónicas y se graduó en 2002. Completar un ciclo abortado, aun cuando su éxito no se lo hacía necesario,

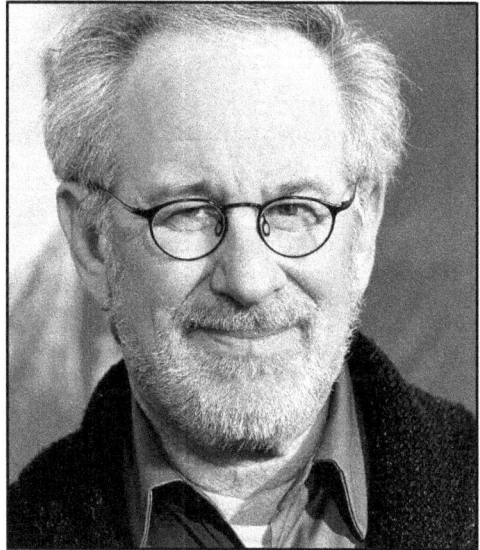

Steven Spielberg estimula nuestra imaginación y nuestras mentes; nos lleva a galaxias lejanas y a tiempos prehistóricos, nos entretiene con aventuras increíbles, nos ilumina con historias que describen el heroísmo y los horrores de las guerras, y nos ayuda conocer más a fondo personajes inolvidables, como Abraham Lincoln.

puede ser importantísimo para el sentido de logro del alma Sagitario. Spielberg lo explica de esta manera:

> *Desde hace muchos años, quería lograr esto para agradecer a mis padres por haberme dado la oportunidad de tener una educación y una carrera, y como una nota personal para mi propia familia y los jóvenes de todas partes, sobre la importancia de cumplir las metas relacionadas con la educación superior. Solo espero que lo hagan más rápido que yo. El hecho de cumplir con los requisitos para mi bachillerato treinta y tres años después de haber terminado mi educación principal, fue el "calendario postproducción" más largo de mi carrera. Ahora espero con entusiasmo unirme a los otros graduados en la ceremonia de graduación de este año.*[60]

La reputación de la persona con el Sol en Sagitario sufre cuando no cumple con sus promesas. Dividir su objetivo en distintas etapas manejables le da una mayor oportunidad de cumplir sus ciclos y evitar involucrarse en proyectos que resultan irrealizables.

Se puede comparar el reto Sagitario con el empuje necesario para lograr el gol de la victoria en un partido de fútbol. Quien desee ser el Héroe en Sagitario deberá aprender a desechar rápidamente pensamientos vagos y negativos que lo invadan en esos momentos inevitables cuando se siente tan descorazonado o agotado como para tirar la toalla. Necesita saber movilizar su voluntad, enfocar su energía y revolucionar su espíritu.

¿Cómo se puede realizar los sueños? Walt Disney aconsejó: "Ten una buena idea y no la sueltes. Empiézala y trabájala hasta que esté perfecta".

CUANDO EL ARQUERO TOMA LAS RIENDAS DEL CABALLO

Los Sagitario tienden a ser físicamente activos y enérgicos. En contraste con los Géminis, su polaridad opuesta, no les gusta hacer muchas cosas a la vez. Prefieren un curso directo de acción, poniendo su atención en un proyecto o sueño a la vez. Para ellos, vivir en el mundo físico no es una limitación sino un reto que aceptan. Cuando entrenan sus mentes para transcender las limitaciones del cuerpo, se sienten empoderados.

Muchos nativos de este signo llegan a ser incansables atletas o bailarines, aventureros y amantes de la naturaleza. Una característica de los Sagitario es que sienten una conexión a nivel del alma con los caballos. Al aprender no solo a montar a caballo, sino a relacionarse afectiva y compasivamente con el caballo, llegan a ser más sensibles y pacientes. Al aprender a hacer las cosas con menos prisa y poniendo su atención en detalles que de otra manera no hubieran visto, descubren que pueden lograr sus metas con mayor rapidez. Aunque pareciera que están controlando al animal, en realidad están descubriendo cómo controlarse a sí mismos. El Arquero dentro de ellos toma las riendas del caballo. Entonces, se da cierta integración entre sus mundos espirituales, físicos, emocionales y mentales, ayudándoles a madurar con un mayor grado de competencia, balance y confianza en sí mismos. Aprender a montar y cuidar a los caballos beneficia a los niños Sagitario.[61] Aprender equitación les ayuda a adquirir grados de automaestría y sensibilidad de alma que son esenciales para lograr el éxito material y espiritual.

¡NO ME ENCIERRES![62]

A menudo, los nativos de este ardiente signo expresan su reticencia a comprometerse, al negarse a perder su libertad. Cierto tipo de Sagitario no hace caso a las autoridades ni a las restricciones dictadas por normas sociales, rehusándose de plano a dejarse encerrar. Un niño Sagitario con semejante actitud puede ser difícil de criar. Le hace falta aprender que al cooperar gana la libertad de extender sus alas y hacer cosas maravillosas.

Muchos Sagitarios, entonces, sienten que las relaciones los limitan. Sin embargo, la mayoría, incluso los más independientes, concederán que las relaciones cercanas importantes aportan más ventajas que desventajas. No obstante, para este aventurero la posibilidad de establecerse en casa (dulce confort para una persona Cáncer), le puede parecer una carga demasiado pesada. ¡Ojalá que su pareja esté lista para lanzarse al ruedo! Dos Sagitarios, ambos nacidos el 13 de diciembre pero con quince años de diferencia, vivieron juntos y tuvieron un hijo antes de formalizar legalmente su relación. Se casaron en la cima de una montaña y su primera casa era un tipi al lado de un riachuelo. De verdad un arreglo sagitario hecho en el cielo.

Como sucede en el caso de todos los signos de Fuego, las relaciones íntimas proporcionan al Sagitario el reto de desarrollar una mayor capacidad de amar: de complementar su entusiasmo y alegría de vivir con paciencia y constancia, su espíritu aventurero con servicio humanitario y su franqueza con bondad, sensibilidad y diplomacia.

---

[60] Véase Calstate.edu/newline/Archive/01-02/0204514-LB.shtml. Spielberg utilizó la opción de "estudios independientes" para cumplir los requisitos de la universidad.

[61] Recomiendo la película *Black Stallion (El corcel negro)* protagonizada por los actores Mickey Rooney y Kelly Reno. La película ilustra este principio con la relación que el joven Alec forja con un caballo árabe después de haber naufragado y al encontrarse solos en una isla remota.

[62] El cantante Bing Crosby cantaba la canción "Don't Fence Me In" ("No Me Encierres").

Andrew Carnegie (1835–1919).
Este magnate del acero pensaba en términos grandes, trabajó duro, llegó a ser el hombre más rico de sus días y luego, lo obsequió todo.

EL EVANGELIO DE LA RIQUEZA

El industrial y magnate de acero norteamericano, *Andrew Carnegie*, nacido el 25 de noviembre de 1835, es un arquetipo del éxito sagitariano. Un hombre que se hizo a sí mismo, ganó el éxito por sus propios esfuerzos, pensó en grande, cumplió sus sueños y fue fiel a sus principios. Cuando Carnegie se jubiló en 1901, tenía sesenta y seis años de edad y era el hombre más rico del mundo. Se hizo filántropo (Sagitario gobierna a la filantropía) y dedicó su vida a lo que él llamaba "El Evangelio de la Riqueza". Carnegie expresó su gran amor por la humanidad. Él creía que los que habían sido bendecidos con riqueza, estaban obligados moralmente a devolver a la sociedad en igual medida. Por lo tanto, donó noventa por ciento de su riqueza a buenas causas; más de 2500 bibliotecas, en ciudades grandes y pueblos pequeños, llevan su nombre. Criado en circunstancias humildes, ¿cómo es que logró hacer sus millones? El Sagitario más evolucionado percibe no solo el pasado, sino también el futuro. Sabe que el único factor permanente en este mundo es el cambio. El historiador John Ingram dijo lo siguiente acerca de Carnegie: "Yo creo que el genio de Carnegie fue, en primer lugar, su habilidad de prever cómo iban a cambiar las cosas. Una vez convencido que algo potencialmente le convenía, estaba dispuesto a invertir a lo grande en ello".[63]

¡UN CICLO TERMINADO ES UN CICLO GANADO!

Aunque los Sagitario tienden a ser sociables y amigables por naturaleza, son a la vez algo introspectivos. Mayormente optimistas, a veces sienten que el peso del mundo es más de lo que pueden soportar. Naturalmente optimistas, las noticias del día o quizá la creencia de haber fracasado en algo, amenaza derrumbar sus espíritus por lo general elevados. No obstante, con la experiencia se dan cuenta de que cuando sienten lo más pesado, cuando están tentados a tirar la toalla, es cuando la victoria está a la vuelta de la esquina. En estos momentos, el Sagitario se vuelve consciente de que la positividad es una elección. Como escribió Dale Carnegie en *Cómo suprimir las preocupaciones y disfrutar de la vida*: "Dos hombres miraron hacia afuera desde las barras de la prisión. Uno vio el fango, pero el otro vio las estrellas". Sagitario es el noveno signo del Zodíaco, que precede la cristalización del poder en el signo de Tierra: Capricornio. Así que cuando se siente tentado a permitir que el descorazonamiento invada su espíritu, es precisamente cuando más debe redoblar sus fuerzas para cumplir el ciclo, sin importar si la tarea ante él es grande o pequeña. ¡Un ciclo terminado es un ciclo ganado!

Sagitario representa las cortes y el sistema judicial. Los verdaderos Sagitario son apasionados defensores de la justicia. Expresan opiniones fuertes y a menudo atrevidas sobre lo que consideran que es correcto y lo que no. Muchos de ellos se sienten obligados a defender la verdad con valentía, de manera personal o, si es necesario, en las cortes o bien para promover una legislación pertinente. Una vez dedicados a una causa, no son propensos a rendirse ni abandonar la batalla. A veces se hace honor a la verdadera justicia aquí en la Tierra, pero a veces no es así. Sin importar en que dirección sople el viento, el alma Sagitario tendrá que encontrar la paz.

¡ARRIBA Y ADELANTE!

Sagitario es el signo de la victoria. ¡La palabra "limitación" simplemente no existe en el diccionario del Arquero! El que quiere ser el Héroe en Sagitario logra ver lo bueno hasta en la adversidad, aun cuando cree que ha fracasado. Rehúsa permitir que los obstáculos en su camino lo detengan. Beethoven, nacido el 16 de diciembre de 1770, escribió lo que muchos consideran sus sinfonías más brillantes cuando ya era sordo.

La patriota estadunidense *Abigail Adams* nació el 11 de noviembre de 1744 (calendario juliano; 22 de noviembre según el calendario gregoriano). Ese día el sol estaba a 30 grados de Escorpio, que es lo mismo que 0 grados de Sagitario. Los historiadores consideran que Abigail Adams, junto con los padres fundadores de los Estados Unidos de América, tuvo un papel primordial en la lucha de su país para ganar la Independencia de Inglaterra. Ella encarnó el espíritu luchador de Escorpio y la sabiduría y amor por la libertad de Sagitario. Una vez escribió a John Adams, su esposo y segundo presidente de la nueva nación (él nació el 10 de noviembre según el calendario gregoriano):

> *A un pueblo encendido por el amor por su país y la libertad, por el celo por el bien común y una noble emulación de la gloria, no lo descorazonará ni desanimará una sucesión de eventos desafortunados. Al igual que a ellos, que la derrota también nos enseñe a ser invencibles.*[64]

---

[63] Véase Gutenberg.org.

[64] Extracto de una carta escrita por Abigail Adams a John Adams el 6 de septiembre de 1776.

El estadista británico **Winston Churchill**, nacido el 30 de noviembre de 1874, habló con el tono apasionado pero a la vez franco y directo de los Sagitario. Su fórmula para ganar la victoria era: "Nunca te rindas. Nunca, nunca, nunca te rindas, ni en las cosas grandes ni en las pequeñas, las importantes o las insignificantes". Añadió con la nobleza y sentido de juego limpio característico del espíritu sagitario: excepto por convicciones de honor y de buen sentido.

El historiador Joseph Ellis ha llamado a la patriota y madre fundadora **Abigail Adams**, una de las mujeres más extraordinarias en la historia de América.

LA QUINTAESENCIA DE LA MUJER SAGITARIO

Actriz renombrada del teatro, cine y televisión británica, *Judi Dench* (9 de diciembre de 1934), es conocida como la mejor actriz de Gran Bretaña y "la actriz shakesperiana más grande de su generación". Se requieren seis páginas para nombrar todos los premios que ha ganado y los honores que ha recibido.[65]

Es ganadora de premios Óscar, Globos de Oro, Tony (relacionados con los teatros de Broadway en Nueva York) y BAFTA (Premios de La Academia Británica de Cine y Televisión) y Laurence Olivier.[66]

Además, ha sido nombrada "Oficial de la Orden del Imperio Británico", "Dama Comandante de la Orden del Imperio Británico" y "Compañera de la Orden de Honor".[67]

Ha recibido diplomas honorarios de varias universidades, incluyendo un doctorado de la Universidad Sterling como reconocimiento por su contribución a las artes.

Aunque Dench ha sido muy convincente en el papel de la poderosa reina (ganó un Óscar por su actuación de la reina Elizabeth en *Shakespeare enamorado*), en la vida real es conocida por su vivacidad, positivismo, franqueza y por su naturaleza compasiva y juguetona. Un entrevistador comentó: "Ella te podría convencer de cualquier cosa". Personifica tan bien el personaje que interpreta que te convence".

Cada signo es como la reacción del que lo precede. Los Escorpio tienden a ser son muy serios y les importa mucho alcanzar la perfección, pero a los Arqueros de Sagitario no les importa tanto. Su visión es más amplia en el sentido de que lo que más les interesa es la experiencia en sí. En su autobiografía, *And Furthermore (Y además)*, Dench relata muchos acontecimientos graciosos e inesperados que ocurrieron entre bastidores o sobre el escenario y que la hicieron reír con ganas mientras otras personas reaccionaban con ira o con lágrimas. Después de todo, ¡el espectáculo debe continuar!

Una vez en 1960, a princi-pios de su carrera, sus padres asis-tieron al famoso teatro británico "The Old Vic" para ver a su hija actuar en la producción de Shakespeare *Romeo y Julieta*, dirigida por Franco Zeferelli:

Judi Dench tenía veinticinco años de edad cuando protagonizó a Julieta, en la producción teatral del director Franco Zeffirelli, *Romeo y Julieta*. (John Stride protagonizó a Romeo).

Es sabido que mi padre se dejó llevar tanto durante la función, que cuando yo, como Julieta, dije a Peggy Mount:

—Nana, ¿en dónde están mi padre y mi madre?

Él gritó desde su asiento:

—¡Aquí estamos, cariño!, ¡en la fila H!

Los Sagitario tienen fama de hacer mucho más de lo que se espera de ellos. Dench sigue probando que la edad no tiene por qué ser un factor limitante para un consumado actor. En una entrevista publicada en el periódico *The Observer*, el reportero Tim Adam preguntó a Dench, quien tenía setenta y siete años en aquel entonces, si alguna vez se había permitido sentir la satisfacción de haber

---

[65] Véase IMDB.com. (IMDb es un acrónimo por Internet Movie Data Base).

[66] *El Premio Olivier* toma su nombre del actor británico Laurence Olivier y es reconocido internacionalmente como el galardón más prestigioso del teatro británico.

[67] *La Orden de los Compañeros de Honor* fue fundada en junio de 1917 para reconocer los logros sobresalientes en las artes, la literatura, la música, las ciencias, la política, la industria o la religión. *La Excelentísima Orden del Imperio Británico* se estableció el 4 de junio de 1917. Es una orden de caballería.

hecho lo suficiente. "Espero que no", contestó con una sonrisa. "Puede ser que para otra persona sea bastante pero yo nunca siento que haya hecho lo suficiente".[68]

Mientras escribo este libro, Dench tiene ochenta y dos años y está enfrentando la degeneración macular de sus ojos, un malestar causado por el envejecimiento. Tras declarar: "¡Jamás pararé!", se ha adaptado a que le lean su guión. En 2014, ganó su séptima nominación para un Óscar por su papel en la película *Filomena*.

La carta astrológica de Dench la describe como una mujer muy determinada, una pionera en su campo de acción que sentó nuevos precedentes al rehusar sentirse satisfecha con menos.

EL NIÑO SAGITARIO

La tecnología de las comunicaciones y la información que avanza con rapidez en la Era de Acuario, es un regalo de la Madre Divina para hacer posible nuestra unidad y para que la verdad sea accesible a personas de todo el mundo.

Simultáneamente, los temas acuarianos de libertad y liberación del alma avanzan en el globo, sacando a la luz la ignorancia, agitando enemistades antiguas y despertando temores que deben ser superados. En medio de esta explosión creativa llega el niño Sagitario, cuya mente quizá sea mucho más avanzada que la de la generación de sus padres. No obstante, como para cualquier niño, requiere disciplina, educación, orientación ¡y mucho amor!

Al niño Sagitario le encanta viajar, tanto literal como figurativamente. Historias coloridas con temas religiosos, hechos heroicos en tierras lejanas captan su atención y encienden su sentido de misión. Con mucha facilidad puede quedar absorto en un libro o una película o como hizo Walt Disney cuando era joven, puede experimentar vívidas aventuras en el mundo de su imaginación. Uno entre cinco hermanos, Walt creció en una familia que conocía bien lo que significa vivir la dureza de la pobreza. Su padre era severo, y Walt tenía que trabajar para ayudar a su familia. Solía soñar con un lugar más feliz en donde los niños pudieran ser niños. Desde pequeño le encantaba dibujar. De adolescente comenzó a vender sus dibujos de los animales de la granja de su padre a sus vecinos y amigos

Al joven Walt le fascinaban los trenes. Al cumplir los catorce años, consiguió un trabajo vendiendo refrigerios y periódicos a los pasajeros que viajaban en el ferrocarril Missouri Pacific. En verdad, su empleo parecía más una escapada sagitariana que cualquier otra cosa. Dicen que Walt se comió muchos de los dulces

---

[68] Véase TheGuardian.com para la entrevista *Skyfall* con Judi Dench.

y que perdió los refrescos cuando desconectaron del tren el vagón en donde los había guardado. Solía tomar recesos en los cuales ofrecía fruta de la granja de su padre a cambio de aprender a operar el tren. Años después, en Disneylandia, este soñador industrioso trató de revivir la experiencia de libertad que sentía a bordo del tren.

Existe un Sagitario más tranquilo, a quien, como lo describió el astrólogo Alan Leo, "le gusta permitir que otra persona lance flechas mentales por él". De niños, estas almas necesitan ayuda para empezar y para mantener su atención concentrada, así como para terminar sus tareas y estudios a tiempo. Pero muchos niños Sagitario aprenderían mejor montados a caballo o andando en bicicleta que sentados todo el día en un pupitre. Especialmente a los Arqueros pequeños les gustan los juegos vigorosos que les ayuden a experimentar el movimiento y el espacio. No es inusual ver a uno de estos niños inquietos y soñadores caer de su asiento; otros expresan su impaciencia golpeando la mesa con los dedos. Los jóvenes Sagitario son exploradores naturales. Suelen disfrutar las excursiones y muchos muestran su amor por la naturaleza y el aire libre. Son los *Indiana Jones* del Zodíaco y cuando la aventura los llama, responden con entusiasmo. Por lo general, salen mejor en sus estudios cuando sus lecciones están equilibradas con aire fresco, ejercicio y movimiento.

Los jóvenes Sagitario no aceptan fácilmente restricciones ni limitaciones. Incluso, a los bebés de este signo no les gusta estar encerrados en el corralito. Las actividades extracurriculares tales como los deportes, las obras dramáticas, los rodeos, las celebraciones y el gobierno estudiantil, son ejemplos de actividades que les ayudan a aprender a cooperar en grupo, jugar en forma justa y seguir las reglas.

Es vital que el joven Sagitario aumente el aprendizaje teórico con actividades prácticas y experiencias de primera mano: viajando y conociendo diversas culturas, asistiendo a los eventos sociales, ganando maestría en la naturaleza: excursiones al parque, a las montañas y a los mares.

Tirar con arco es una destreza que beneficia a muchos jóvenes de este signo. La flecha en manos del Arquero debe dar en el blanco. Quizá habrá que recordar al entusiasta arquero que una vez que ha empezado algo lo debe acabar, así se trate de terminar las tareas domésticas, las escolares o bien guardar sus juguetes. Necesita tener la experiencia de llevar sus proyectos a cabo, meter el balón en la red. En especial si Mercurio está en Sagitario (menos cuando está en Escorpio o Capricornio) el niño puede pasar por alto los detalles de su trabajo o distraerse con facilidad. Disney tenía fama de poner su atención hasta en el último detalle; pero en su carta, Mercurio está en Escorpio.

Los jóvenes Sagitario son, por lo general, sociables y bien recibidos. Muchos son joviales y chistosos. Sin embargo, llaman la atención por ser demasiado francos. A los niños de este signo les beneficia mucho crecer en un ambiente de cortesía, respeto mutuo y consideración.

La niñez de Judi Dench parece hecha a la medida para una niña Sagitario destinada a las artes teatrales. Su padre, Reginald Dench, era médico de actores. La joven Judi tuvo la oportunidad de viajar con sus padres totalmente inmersa en el mundo maravilloso del teatro. Le encantaban los escenarios y los vestuarios y solía cantar mientras su madre tocaba el piano. Su padre tenía fama de ser un gran cuenta-cuentos y era solicitado por los niños. Dench escribe que cuando era niña, ella tenía un temperamento acalorado y locuaz. Una de sus maestras la regañaba diciéndole que necesitaba aprender a guardar silencio.

Los Sagitario son conocidos por su sentido innato de lo justo; defenderán a un amigo o una causa en la que creen. Cuando sienten que alguien lo ha tratado injustamente (disciplinándolos, maltratándolos o limitándolos), es probable que expresen abiertamente su resentimiento o incluso podrían querer vengarse. Cuando el alma Sagitario experimenta la victoria durante la juventud, aprendiendo a la vez la necesidad de perdonar y de ser compasivo, entonces ya no habrá lugar para el resentimiento dentro de él.

En su autobiografía, Andrew Carnegie reflexiona sobre los días cuando era un muchacho joven que crecía en Dunfermline, Escocia. Notando que había heredado de su abuelo (¡y de las estrellas!) la habilidad de deshacerse de los problemas, Carnegie ofreció el siguiente consejo a los jóvenes:

> *Un temperamento positivo vale más que una fortuna. Los jóvenes deben saber que lo pueden cultivar y que es posible trasladar la mente de la sombra a la luz del sol. ¡Trasladémosla, pues! Ríanse de los problemas deshaciéndose de ellos si les es posible, usualmente uno lo puede hacer si tiene algo de filosofo en su carácter; siempre y cuando el reproche así mismo no sea resultado de sus propios actos indebidos. Siempre hay eso. No hay una manera fácil de quitar esas "malditas manchas". El juez interno está sentado en la Corte Suprema y no es posible estafarlo. Entonces, la gran regla de la vida que nos dio (el poeta) Burns: "Teme solamente tu propio reproche".*[69]

ENCUENTROS CON EL ADVERSARIO EN SAGITARIO

En su autobiografía *Memorias*, la actriz **Rita Moreno** (nacida el 11 de diciembre de 1931) reflexiona sobre la buena fortuna de haber conocido un gran amor —no una, sino dos veces en su vida. El primer amor lo tuvo con el actor Marlon Brando y casi le costó la vida. El segundo con el doctor Lenny Gordon, con quien disfrutó un matrimonio de cincuenta años (hasta que él falleció en el 2010). Quien desee ser el Héroe en Sagitario puede esperar el encuentro inevitable

---

[69] Véase Gutenberg.org/files/17976/17976-h/17976-h.htm#CHAPTER_I.

con lo que esotéricamente se llama "el Adversario", la persona o situación que amenaza desviar el curso de la flecha, socavando su determinación de ser victorioso, ¡desafiándolo hasta la médula de su ser! Este encuentro ocurrió para Rita Moreno en su relación con Marlon Brando.

Brando y Moreno se conocieron cuando ella tenía veintidós años, era solo una joven estrella que apenas empezaba su carrera en Hollywood. Cuenta que Brando era "un fanfarrón irresistible" y que desde el momento en que se conocieron se quedaron "atrapados en una folie a deux, una loca pasión que duró años". Brando no solo era un amante fabuloso, sino su "afectuoso mentor". No obstante, relata Moreno

Rita Moreno, como Anita, en la película *West Side Story* *(Amor sin barreras)* (1961)

que a pesar de su encanto, su gran intelecto y sensibilidad, Brando tenía dos caras: también era "ajeno e hiriente".

Moreno se preguntó a sí misma por qué corría a sus brazos una y otra vez sin importar lo que le hubiera hecho, solo para esperar algo peor la siguiente vez. Se sintió tan abrumada y perdida en este amorío y sufrió tanto por su obsesión con Brando que un día intentó cometer suicidio. Lo único que quería era escapar del dolor. Por fortuna, la encontraron a tiempo y la llevaron al hospital para salvar su vida. Le pareció irónico que su terapeuta —recomendado por Brando— le dijera tajantemente que no podría volverlo a ver nunca más, pues hacerlo sin duda la mataría.

Como casi siempre ocurre con las parejas, Moreno tenía sus propios retos en la vida y Brando los suyos. Él nació con un Gran Trígono de Fuego en su carta natal que le otorgaba una abundancia de energía y una creatividad extraordinaria. Hay un Gran Trígono de Fuego en la carta de Moreno también. Brando tenía el Sol en Aries, muy compatible con el Sol de Moreno en Sagitario. Sin embargo, la Gran Cruz extendida (conflictos en las relaciones) en la carta de Brando forma aspectos precisos con la T Cuadrada sobre la Cruz Cardinal del Poder de Moreno (obstáculos que necesitaba superar en su búsqueda de conocimiento de sí misma). Cuando se conocieron, Saturno y Urano transitando en Cáncer activaron las cartas de ambos. El escenario estaba puesto, ¡fue una cita con el destino!

El amorío con Brando agitaba el dilema interno sobre su identidad verdadera que Moreno no había podido resolver. ¿Quién era realmente? ¿Era Rosa Alverío, de Juncos, Puerto Rico o Rita Moreno, una personalidad que había in-

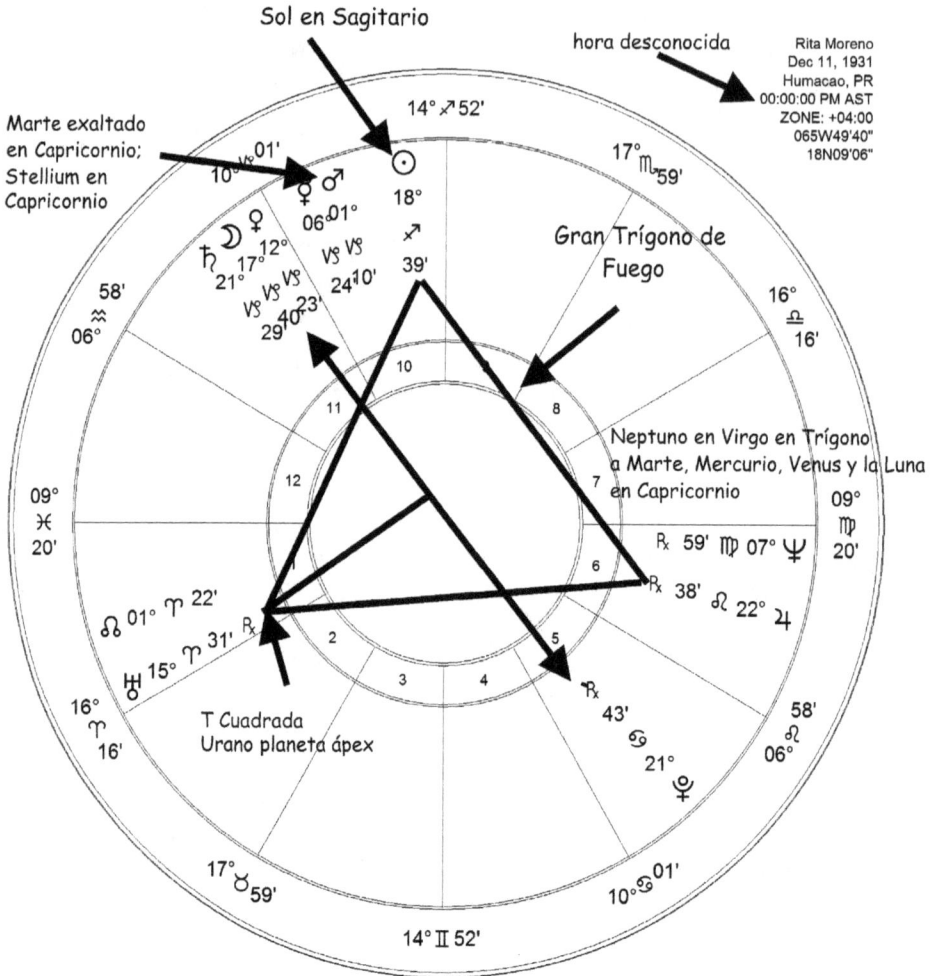

Sol en Sagitario

hora desconocida

Rita Moreno
Dec 11, 1931
Humacao, PR
00:00:00 PM AST
ZONE: +04:00
065W49'40"
18N09'06"

Marte exaltado
en Capricornio;
Stellium en
Capricornio

14° ♐ 52'

17° ♏ 59'

Gran Trígono de
Fuego

Neptuno en Virgo en Trígono
a Marte, Mercurio, Venus y la Luna
en Capricornio

T Cuadrada
Urano planeta ápex

14° ♊ 52'

ventado con la ayuda de su madre para abrirse las puertas de Hollywood? Rita era "una candente bomba latina"; Rosita, en cambio, luchaba contra su baja autoestima después de haber perdido país, padre y hermano a la edad de cinco años, cuando se mudó con su madre a la ciudad de Nueva York. Moreno no logró obtener un sentido de totalidad sino hasta terminar su relación con Brando y luego, gracias a su interpretación de Anita en la película musical *West Side Story*, mejor conocida como *Amor sin barreras* en Hispanoamérica, dirigida por Tony Wise y Jerome Robbins en 1961. Véase la explosiva escena de Anita bailando y cantando sobre la azotea de un edificio en Nueva York: "¡Quiero vivir en Amér-i-ca!" Se ve en su rostro que ya había llegado a casa. ¡Estar en América fue su destino! Reflexiona en Memorias que si logró ganar el Oscar para la Mejor Actriz de Reparto por su actuación como Anita fue porque se identificó tanto con el papel:

*¡Anita era real! Era puertorriqueña y luchaba por sus derechos... su sufrimiento y su ira era **mi** sufrimiento y **mi** ira... Convertirme en Anita se volvió una misión personal para mí. Yo había corrido por esas mismas calles huyendo, aterrada, perseguida por las pandillas y obsesionada por ese despiadado insulto: ¡spic! Cuando me tocó hacer la escena del ataque en la confitería, perdí el control y me eché a llorar, allí mismo en el set. Fue ese clímax increíble, maravilloso, mágico, que ocurre a veces cuando estás actuando y tienes la oportunidad de interpretar un papel tan cercano a tu corazón; cuando traspasas la membrana que separa tu ser en las tablas de tu ser real. Por un tiempo al menos, eres una sola persona.*

Gandhi dijo una vez que nadie nos puede hacer daño sin nuestro consentimiento. ¿Hubiera sido mejor para Moreno haber evitado por completo el amorío con Brando? A Moreno le hacía falta aquel laboratorio de sus emociones que sacó a la superficie su miedo al abandono y su profundo deseo de ser amada. En los días cuando se estaba recuperando de su intento de suicidio, se dio cuenta de lo mucho que habían sufrido sus seres queridos —su madre y su medio-hermano— por sus actos. Evocó su fuego interno Sagitario y resolvió abrazar la vida y jamás volver a ser tan egoísta. Requería mucha valentía dejar por completo a Brando. Esto resultó ser un parteaguas en su vida del cual emergió con una carrera exitosa y al poco tiempo conoció y se casó con Lenny. Ya liberada de las tensiones inherentes de la T Cuadrada de su carta natal, empezó a aprovechar su poder y potencial creativo. En sus propias palabras, se reinventó a sí misma. Lo demás es historia.

SAGITARIO Y EL SENDERO

¿Qué ocurre cuando el Sagitario llega a una encrucijada? Ha estado buscando y preguntándose por algún tiempo *¿por qué?* Puede que ocurra un cambio importante en la dirección que está tomando su vida como resultado de haber descubierto un sistema de creencias a partir del cual piensa que encontrará la iluminación y la libertad. El Aventurero se convierte en el Aspirante en camino a ser el Héroe Sagitario. A pesar de que logra mantener su entusiasmo y buen humor, sus elecciones en la vida pueden cambiar dramáticamente. Conforme su entendimiento se acelera, el Aspirante de Sagitario tratará con entusiasmo de convertir a su propia gente, tal como lo deseaba Saulo de Tarso, pero las personas cercanas a él más bien se sentirán confundidas y alarmadas.[70]

---

[70] Saulo iba camino a Damasco persiguiendo a los cristianos cuando fue convertido por una experiencia mística que tuvo con Jesús ya ascendido, cuando Jesús se le apareció en *su cuerpo de luz*. Saulo, ahora Pablo, decidió cumplir su misión y empezó a predicar a los judíos en el templo lo que le había sido revelado de manera tan dramática. Pero fue apedreado, ridiculizado y lo echaron fuera de sus templos y cuidades. Véase *El Libro de Hechos*.

Si se trata de una relación íntima, ya sea con un amigo o con su posible pareja, puede que ellos culpen a su nueva manera de pensar de haberlo cambiado y por lo tanto no quieran tener nada que ver ni con la persona ni con su mensaje. Claro que no siempre es así, pero para los Sagitario la bifurcación en el camino casi siempre resulta en confrontaciones de este tipo.

El que quiere ganar su victoria en Sagitario debe estar dispuesto a que no le afecten las burlas de los demás. A la vez tiene que obedecer al Maestro que le está guiando y más que nada, a Dios dentro de sí mismo. Sagitario ha sido llamado El Signo de la Voz de la Conciencia. Él tiene que ser disciplinado, ferozmente apasionado en su resolución deque las dudas no penetren en su mente, como tampoco el polvo del descorazonamiento se asiente en su alma. Una vez comprometido con el Sendero que asciende, la muerte y el infierno conspirarán para impedir su misión, desviarlo, abrumarlo y descorazonarlo.

ORACIÓN, PROFETAS Y PROFECÍA

Sagitario es el signo de la profecía y de los profetas, los mensajeros del Verbo. Los nativos de este signo son naturalmente receptivos a la dirección divina en sus vidas, quizá reconociendo su conexión con el espíritu, la verdad, una intuición o un impulso ardiente desde adentro. Sagitario gobierna a la oración. Este diálogo permite al alma conectarse con la Presencia Divina y su supraconsciente. Conforme el devoto Sagitario desarrolla su momentum de oración e invocación, la luz se eleva y aumenta dentro de él. Descubre que lo milagroso es la forma en que funcionan las cosas por sí solas una vez que el estudiante en el camino remueve los obstáculos de una filosofía limitada, deseos desbordados y manifestaciones distorsionadas.

MAESTRÍA SOBRE EL CHAKRA DE LA GARGANTA

El Sagitario que busca la autorrealización en la Era de Acuario tiene que aprender a tener una excelente destreza con la palabra hablada. Debe obtenermaestría sobre el chakra de la garganta. Este chakra es el centro de mando del alma y mantiene una relación directa con la Voluntad Divina. El Aspirante Sagitario responde al llamado: *Y él me dijo: Es necesario que profetices otra vez sobre muchos pueblos, naciones, lenguas y reyes.*[71]

Sin embargo, mientras el orgullo permanezca en él, está en peligro de ser el portavoz de espíritus inferiores promulgando así el error y quizá, de manera no intencional, de diseminar enseñanzas falsas. Lo que más avanza sobre la Cruz Mutable de la Sabiduría, lo más esencial, llega a ser la facultad espiritual del discernimiento. Llega a comprender que el enojo, la ansiedad, la tristeza y otros estados emocionales desequilibrantes le provocan perder su conexión con su Ser Superior. Uno de los primeros requisitos en el Sendero Espiritual es actuar en lugar de reaccionar, un reto para los Sagitario con temperamentos apasionados.

El Aspirante Sagitario gana maestría usando su mente para controlar sus emociones. La necesidad de mantener una disciplinada conciencia de sí mismo se convierte en algo vital en su proceso, porqueno puede bajar la guardia arriesgándose a perder su momentum de paz. Cuando aprendea gobernar sus emociones, se vuelve menos propenso adecir cosas que hieren a otros. Aprende a escoger bien sus pensamientos y palabras, intencionalmente y con compasión. Se niega a prestar oído al chisme; como escribió el salmista: *Sean gratos los dichos de mi boca y la meditación de mi corazón delante de ti, Oh Jehová, roca mía y redentor mío.*[72]

EL SILENCIO: *ENTRA EN EL CASTILLO INTERIOR DE TU ALMA*

Como es por naturaleza inquieto e impaciente, puede ser un reto para el Aspirante Sagitario aprender a meditar. No obstante, el adoptar una posición erguida y atenta con el ojo interno enfocado en su corazón y la presencia de Dios dentro de él, lo ayuda a mantenerse mentalmente alerta y a la vez quieto. Con paciencia puede dominar la meditación aunque estéen movimiento.

La sanadora intuitiva, conferencista internacional, mística moderna y autora de cinco libros *bestseller* en la lista del *New York Times* **Caroline Myss**, nació el 2 de diciembre de 1952. Myss representa el empuje emprendedor de la Sagitario con un mensaje, que está resuelta a compartir. La producción de libros, CDs y conferencias de Myss es prolífica, pero aún así y en medio de tanto que decir y compartir, enseña la importancia del silencio. Lo siguientees de su libro: *Entrar en el castillo —Encontrar el camino interior a Dios y el propósito de tu alma:*

> *Mantén tu experiencia dentro de lo divino para que no se te escape sino se moldee. Guarda silencio. El silencio ayuda a enfocar la mente ocupada; la mente que tiene que estar siempre ocupada para que no se vuelva introspectiva, permitiendo así que la voz del alma sea más fuerte que la tuya. El silencio que estoy describiendo es el silencio que usas para contener la gracia cuando entras en el castillo de tu alma. Esta cualidad de silencio te ayuda con el discernimiento. Llevas este silencio contigo aunque estés con otras personas. Te ayuda a mantener el enfoque en medio del caos de tu vida. Te ayuda a mantenerte claro para que no hagas ni digas cosas de las cuales te arrepientas después y para que no tomes decisiones basadas en el miedo.*

---

[71] Apocalipsis 10:11 (RVR 1960)
[72] Salmos 19:14

LOS TRES DRAGONES SAGITARIANOS

En el camino hacia el entendimiento iluminado, el polvo de la ignorancia se revuelve antes de que la verdad que ha estado oculta por tanto tiempo pueda ser vista y entendida claramente. Todos los signos sobre la Cruz Mutable de la Sabiduría (Géminis, Sagitario, Virgo y Piscis) son vulnerables a la dualidad (simbolizada en Sagitario por el centauro, mitad-hombre y mitad-animal), pero el Aspirante Sagitario no puede progresar con un pie en este mundo y otro en el próximo. Si quisiera estar en el mundo pero no ser del mundo, tendría que deshacerse de los tres dragones que obstaculizan su progreso: uno adopta la forma del descorazonamiento, el otro del resentimiento y el tercero del fanatismo. Los tres tienen su origen en la soberbia.

Los buscadores Sagitario en el Sendero deben anticipar que su fe será puesta a prueba y no solo una, sino muchas veces. El arquero se enfrenta con frecuencia y cuando menos lo espera al síndrome de tirar la toalla. El agotamiento le pesa y eclipsa su psique; su mente es asaltada por cien razones que le dicen por qué debe darse por vencido. Esta crisis de fe lo arroja cuesta abajo en un abismo momentáneo de incertidumbre. Con el fuego y el vigor de una fe invencible, debe convocar su valentía y rescatar las partes de su mente que ha dejado descender alos terrenos miserables de la inseguridad y las dudas. El guerrero espiritual Sagitario se da cuenta y acepta, como lo expresó una Sagitario, madre de cuatro hijos: "¡Darse por vencido simplemente no es una opción!"

El Aspirante Sagitario sin duda experimentará momentos en los que los fuegos del resentimiento agiten e inciten su mente. Situación tras situación parecen creadas para provocar en él una reacción de furia. Debe decidir que su psique y su mente queden libres de toda vibración, por más sutil leve y aparentemente inocua que sea, de resentimiento. Si no se lo extingue, el fuego del resentimiento puede acabar en depresión, sentirse indefenso o pensamientos de venganza. Si elige tomar represalias contra una injusticia percibida, efectivamente envenenará su mente manteniendo abierta la herida original. En efecto, llega a ser un prisionero del recuerdo. Pero si quiere que su mente vuele con libertad, tendrá que liberarse del martilleo constante que acompaña los pensamientos y deseos de revancha. Tratar de justificar el deseo de venganza es una locura, porque está escrito: *Mía es la venganza; yo pagaré, dice el SEÑOR.*[73]

Perdonar no significa que una acción mala se convierta en una buena. Simplemente se entrega el poder de juzgar a un Poder Superior. El hecho de perdonar es un proceso de curación, requiere esfuerzo y, en la mayoría de los casos, tiempo. Cuando el Aspirante Sagitario perdona con sinceridad a otra persona, por ende la libera de ser responsable de su felicidad y, al hacerlo, toma de nuevo las riendas para determinar el curso de su propia vida. Se da cuenta de que cuando hay perdón hay paz, sin la cual la vida es una tormenta. Entonces, se dedicará a aconsejar, escribir o ayudar a otros comunicándose compasivamente y encontrará la paz porque se ha dado cuenta deque cuando liberamos a otra persona, como consecuencia nos liberamos a nosotros mismos.

A menos que la soberbia sea arrancada de raíz de la conciencia del Aspirante Sagitario, lo que al principio parece celo, demasiado a menudo se convierte en fanatismo. No es el espíritu del amor y la verdad lo que enciende el estado mental del fanatismo, sino la arrogancia y el odio. Ni siquiera el devoto Sagitario más sincero está inmune al peligro del fanatismo de tomarse la justicia por cuenta propia. Por lo tanto, debe arrancar diligentemente las malas hierbas del orgullo y del perjuicio cuando las encuentra, reemplazándolas con la humildad y la paciencia. Los tibetanos llaman a este proceso de observarse con desapego emocional a uno mismo: *dran pa*, en inglés: *"mindfulness"*.[74] Practicar "Mindfulness" ayuda al buscador Sagitario a aprender a aquietar su agitación y excitación mentales, emocionales y físicas. Con la mente equilibrada yel corazón en paz, puede fortalecer su campo áurico y así protegerse de la influencia negativa de los pensamientos agresivos que impregnan la atmósfera y están dirigidos a él.

¡VIRYA!

Los budistas tienen un término para el *perfeccionismo* del celo: ¡*Virya!* Los budistas mahayanas enseñan que sin *virya* no puede haber iluminación, y que sin *virya* no puede haber perdón. *Virya* es esencial para él en el camino del Héroe de Sagitario pero, ¿qué es virya? Las escrituras búdicas llamadas *Dhammasangani* la definen como:

> *El tremendo esfuerzo de seguir adelante con determinación, el empuje y la constancia, el celo y el ardor, el vigor y la fortaleza, el estado de esfuerzo inquebrantable, el estado de un deseo*

---

[73] Deuteronomio 32:35 (Cántico de Moisés, RVA 1960) *Mía es la venganza y la retribución; a su tiempo su pie vacilará; Porque el día de su aflicción está cercano, Y lo que les está preparado se apresura.* También, en Romanos 12:19 (RVA 1960) *No os venguéis vosotros mismos, amados míos, sino dejad lugar a la ira de Dios; porque escrito está: Mía es la venganza, yo pagaré, dice el SEÑOR.* Nota: He elegido escribir referencias bíblicas a Dios Todo Poderoso (la Divina Presencia Yo Soy) como SEÑOR (en vez de Señor), dando así más gloria y honor al Nombre Sagrado.

[74] Algunos estudiantes del budismo han optado por no traducir la palabra *mindfulness* (del inglés) debido al profundo significado que tiene. Véase Institutomindfulness. cl/que-es-mindfulness/:

> *Mindfulness es una cualidad de la mente o más bien la capacidad intrínseca de la mente de estar presente y consciente en un momento determinado, en un momento en el que cuerpo y mente se sincronizan totalmente en un instante de realidad presente. Presencia plena y conciencia abierta se conjugan en un momento en nuestra mente/cuerpo/espíritu. Es esa cualidad propia de cualquier ser humano pero que ha sido motivo de estudio principalmente en el paradigma oriental.*

sostenido, el estado de no deshacerse del yugo ni la carga, el asirse firmemente del yugo y de la carga, la energía y el empeño correctos. ¡Todo eso es virya!

Cuando el Aspirante Sagitario se sienta tentado a aceptar insinuaciones de que ha trabajado por demasiado tiempo y que todos sus esfuerzos han sido en vano, que ya no tiene más recursos o que es una carga para sus seres queridos; cualquiera que sea el razonamiento que lo tiente a abandonar su sueño, en ese momento deberá decidir que lo único que lo guiará será el espíritu de la victoria. Luego, respirando profundamente y elevando la vista al cielo, deberá exclamar con poder y convicción: *¡Virya!* hasta alcanzar la victoria.

EL HÉROE SAGITARIO

El Papa Juan XXIII, nacido con el nombre de Angelo Roncalli el 25 de noviembre de 1881, fue un precursor de la Era de Acuario. Como Papa y en sus muchos años de servicio antes de asumir tal oficio, hizo mucho para abrir el camino a fin de que las personas hicieran a un lado sus prejuicios antiguos, sus venganzas y odios para unirse en el amor. En el espíritu verdadero del Sagitario y del buen cristiano, recibió a todos con los brazos abiertos, sin importarle su religión o falta de fe. Cariñosamente llamado *il Papa Buono*, fue conocido por su candor, alegre personalidad, devoción profunda, valentía sin egoísmo, y su habilidad de utilizar el sentido del humor para decir las cosas como son.

Antes de llegar a ser Papa a los setenta y seis años de edad, el Cardinal Roncalli pasó veinticinco años como diplomático papal del Vaticano, sirviendo en Bulgaria, Turquía y Francia y pasando seis años en Venecia. Motivado por su gran amor a la humanidad y una determinada valentía, y siendo tan astuto como compasivo, Roncalli fue pieza clave para la salvación de docenas de miles de judíos durante el Holocausto. Juan XXIII dio un golpe de timón a la mentalidad condenatoria de la Iglesia Católica enseñando que los judíos no habían sido responsables como raza de la muerte de Cristo, y llamándolos: "La gente del Convenio con quien Dios habló primero". El gran cambio efectuado por el Papa Juan XXIII y el Concilio Vaticano II, cuyo propósito era buscar la verdad y erradicar de la iglesia las prácticas y las doctrinas dañinas, fue considerado por muchos como una revolución dentro de la iglesia con implicaciones a nivel mundial.

Vemos en el Papa Juan XXIII un ejemplo de tiempos recientes de un Héroe en Sagitario cercano a nuestros corazones. El conquistar a la bestia de la soberbia, libera al Héroe Sagitario del magnetismo de la naturaleza inferior. El perdón es su escudo; asegura que el veneno del resentimiento jamás manche sus vestiduras. Percibe el futuro y comprende el significado del pasado. Un profeta verdadero nunca pierde la esperanza; sabe que una profecía negativa no es más que una advertencia que puede ser evitada si se hace caso y se cambia a tiempo. ¡Él es victorioso! Y aunque logra imágenes de mayor gloria, está consciente de que para transcender el tiempo y el espacio hay que cumplir sus requisitos: hay que terminar lo que se ha comenzado en el *Maya* (el espejismo) de la existencia en *Mater* (el plano físico). Así, el Héroe de Sagitario, el Ser Iluminado, llega a ser el Maestro en quien la compasión se manifiesta como la impartición de las claves a la humanidad para liberar su sabiduría interna; para que las almas sobre la Tierra puedan ser libres.

4. ♊ Géminis

Símbolo ....**Los Gemelos**

Nacido ......21 de mayo~20 de jun.

Arquetipo ....*El Sabio*

Frase clave ....**Yo Pienso**

Elemento ....**Aire**

Cruz ....**Mutable de la Sabiduría**

Casa ....**La Tercera:**
Viajes de corta distancia, excursiones, parientes y vecinos, la educación temprana, el transporte, la literatura y los autores

Regente ....**Mercurio**

Regente esotérico ....**Venus**

Polaridad ....**Sagitario**

Chakra ....La Garganta

Anatomía ....Los pulmones, el aliento, la oxigenación de la sangre, las costillas, el sistema nervioso y el sistema respiratorio

Cualidades espirituales ......**Sabiduría, la búsqueda para encontrar la Voluntad de Dios, maestría del Verbo y la unión de llamas gemelas**

Vulnerable a ...La envidia, los celos, división interna y externa, chismes y mentiras, ser exageradamente analítico

Debe adquirir ..... **Discernimiento, sintonía espiritual, afinación con la Voluntad Divina, maestría con la palabra hablada y escrita, integridad, claridad y enfoque mental**

John Fitzgerald Kennedy • Ana Frank • Padre Pío • Jacques Cousteau • Marylin Monroe

El SOL EN GÉMINIS

¡Sabiduría ante todo! ¡Adquiere sabiduría!
Y antes que toda posesión, adquiere entendimiento.

—Proverbios 4:7 (RVA 2015)

EL ACERTIJO DE GÉMINIS

El viejo refrán: "El hombre propone, pero Dios dispone", describe en pocas palabras el significado del acertijo de Géminis. Buscar, discernir, saber y manifestar la voluntad divina es el camino del Héroe en Géminis.

Claro, en el esquema de las, cosas, todos eventualmente llegamos a la "Y" en el camino que separa el intento divino del razonamiento humano. No obstante, la elección de abrazar plenamente la Ley escrita sobre su corazón (o de ignorarla) llega a ser el tema central de la vida del alma en Géminis. El curso de su vida depende de su reconocimiento (o no reconocimiento) de que debe responder a esta elección, de una manera u otra.

Géminis representa nuestro uso de la Palabra, el Logos Divino, y está asociado con el chakra de la garganta. Está escrito en las escrituras antiguas de Oriente y Occidente: "En el Principio era el Verbo, y el Verbo era con Dios, y el Verbo era Dios".[75]

El hombre, hecho a imagen de Dios, libera el sonido que puede crear o destruir mundos.

Pero no lo sabe; no es consciente de lo que es capaz. No medita sobre la magnitud de su aliento, como tampoco sobre el número de sus días ni considera el Sol que alumbra su camino cada uno de sus días. El hombre es más de lo que cree que es, ¡y ahí está el detalle! El hombre piensa demasiado, pero a la vez no piensa nada. ¿Para qué propósito está dotado con el Aliento de la Vida? La respuesta es tan fácil de comprender, pero es elusiva. La respuesta se le escapa porque se encuentra en una dimensión fuera del rango del pensamiento normal.

LOS GEMELOS GÉMINIS

La constelación de Géminis contiene 85 estrellas visibles a simple vista. El símbolo de Géminis, con sus dos pilares fácilmente identificados en el cielo nocturno, indica los dos en uno; un tema que se manifiesta repetidamente y de diversas maneras en la personalidad y vida de la persona nacida en Géminis.

---

[75] Juan 1:1

El Zodíaco describe la relación del microcosmos con el macrocosmos y la relación de un individuo con otro. Géminis representa la relación entre hermanos. Los romanos llamaron a Géminis *Los Hermanos Gemelos*. Nombraron a sus dos estrellas más brillantes *Cástor y Pólux* y las asociaron con el principio del amor fraternal y la fundación de su ciudad. Los griegos llamaron a los gemelos de Géminis *Dioscuri*, los hijos de Zeus. El nombre Hebreo para Géminis es *Thaumin* que significa "unidos".

En el análisis astrológico, Géminis revela mucho no solo de nuestra relación con nuestros hermanos, sino también con los primos, parientes cercanos y hasta con los vecinos. Los hermanos o parientes cercanos a menudo afectan mucho las vidas de las personas nacidas con el Sol en este signo, o con otras posiciones o planetas importantes en Géminis, o incluso con planetas ubicados en la Tercera Casa, regido por Géminis. Especialmente cuando un tránsito planetario o una progresión hace contacto con el Sol (o con Mercurio que rige a Géminis o con cualquier planeta en la Tercera Casa), se pueden presentar situaciones con primos, parientes o vecinos. Estas relaciones a menudo orbitan alrededor de alguna circunstancia kármica, ya sea que parezca una bendición o todo lo contrario.

Géminis representa no solo a los hermanos, sino también a las Llamas Gemelas, dos almas distintas creadas masculino y femenino a partir del diseño cósmico original, ambas dotadas de individualidad, complementarias la una con la otra, pero separadas y únicas. De hecho, la palabra sanscrita para Géminis en la astrología hindú es *Mithuna*, representada por un hombre y una mujer. En el *Zodíaco Dendera*, Géminis está representado por un hombre que va de la mano con una mujer.[76]

El principio de la dicotomía y la unión entre hermanos así como entre el hombre y la mujer se refleja en la astrología. Aunque Géminis está *exotéricamente* gobernado por Mercurio, el planeta asociado con los hermanos, también está *esotéricamente* gobernado por Venus, el planeta que representa el amor entre Llamas Gemelas.

Los Gemelos de Géminis representan la naturaleza dual del hombre, que por un lado es espiritual en su origen, pero está revestido de carne humana; está dotado con la chispa eterna dentro de su corazón, pero a la vez es mortal. Los hermanos, como Caín y Abel, uno un egoísta asesino y el otro justo, dramatizan el encuentro entre los hijos y las hijas de Dios con los ángeles caídos y los Nephilim,[77] y la batalla dentro del hombre para separarse de todo lo que no es de

---

[76] *El Zodíaco Dendera* es un bajo relieve egipcio sobre el techo de una capilla dediicada a Osiris en el lado occidental del rio Nilo.

[77] En Génesis 6:1-4 y en el Libro de Enoc se puede leer acerca de la mezcla que ocurrió entre la semilla de la luz con la de la oscuridad. La palabra *Néfilim* está mencionada dos veces en la Torah, en Génesis justo antes de la historia del arca de Noé y en Números 3:33. Aunque se ha traducido muchas veces como "gigantes" Néfilim literalmente quiere decir "seres caídos".

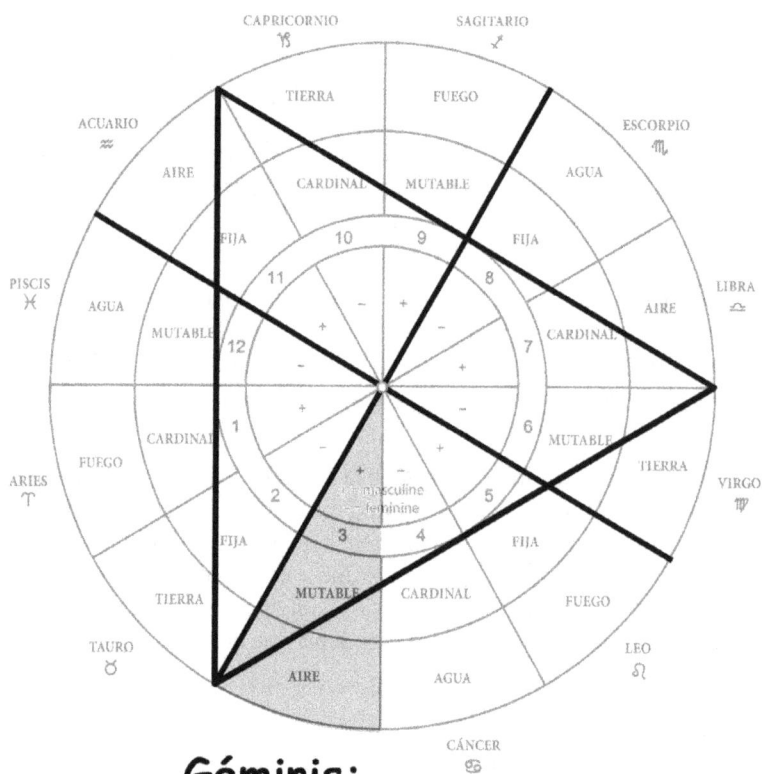

Géminis:
Casa 3
Cruz Mutable
de la Sabiduría
Aire

la luz a fin de volver a su estado de pureza y consciencia elevada y así cumplir su destino de ocupar algún día su lugar entre las estrellas.

Algunas de las estrellas en la constelación de Géminis tienen nombres de hermandad y unidad, algunas representan la paz y otras, el dolor. La estrella "Hércules", por ejemplo, significa: "El que ha venido a sufrir", *Propus* (Hebreo) significa: "La rama que se extiende ", *Al Gizura* (Árabe): "Ramo de Palma" y *Dira* (Árabe): "La Rama", nombres que simbolizan una era de paz.

Se puede, entonces, interpretar a Géminis como la profecía de una era de paz, precedida por una de juicio y tribulaciones; el sufrimiento que precede la victoria del hombre dramatizado por Jesús el Cristo, Gautama el Buda y todos los grandes luceros de Occidente y Oriente —los héroes, algunos proclamados y otros desconocidos u olvidados— que han caminado por el sendero de la Ascensión.

GÉMINIS Y *SIVAN*

Sivan es el tercer mes en el calendario hebreo, por lo tanto corresponde a Géminis. Moisés recibió los Diez Mandamientos durante el mes de *Sivan*. Las dos tabletas de piedra sobre las cuales estaban escritos, están representadas en el Árbol de la Vida kabalístico por los dos pilares o columnas externas; el pilar colocado al lado derecho del árbol es masculino y positivo (la misericordia) y el otro, al lado izquierdo, es femenino, enérgicamente negativo y receptivo (el juicio). Lo masculino da, lo femenino recibe. La mano derecha del cuerpo humano está asociada con la sefirah de *Hesed* (el amor y la misericordia), en la columna de la derecha del Árbol de la Vida, y la mano izquierda con la sefirah de *Gevurah*, en la columna de la izquierda.

La columna del medio representa la integración de las fuerzas masculinas y femeninas. Es conocida como el Camino de la Compasión (semejante al "sendero medio" del budismo). Esta tercera columna y la sephirah de *Tiferet*, representan el equilibrio perfecto, el fluir armonioso de la mente y el alma por los circuitos y la salud corporal, que ayuda al amor a fluir con libertad. Así que se reconoce a *Sivan* como un tiempo de dualidad con el potencial de unidad en que las dos mitades llegan a ser uno.

Los kabalistas, al meditar sobre el Árbol de la Vida en *Sivan*, solían recordar las palabras del Rabino Akiva[78], quién explicó que se puede resumir la esencia total de la Torah en las palabras: "Amarás a tu prójimo como a ti mismo".[79] (El mismo Jesús retomó estas palabras en Marcos 12:29–31).

---

[78] Akiva ben Joseph, mejor conocido como el Rabino Akiva era un *tanna (maestro)* durante la última parte del primer siglo y la primera parte del siglo segundo. En el Talmud se refiere a él como *Rosh-la-Chachamim (el mayor de todos los sabios)*.

Géminis es el primer signo de la *Triplicidad de Aire* (Géminis, Libra y Acuario). A menos que haya armonía entre hermanos, ¿cómo podrá la Era de Acuario llegar a ser la Era de la Hermandad?

POR AQUÍ

En la avenida sinuosa de un jardín japonés tradicional hay una señal con dos flechas que apuntan en direcciones opuestas, sobre ella está escrito un mensaje simple: "¡Por aquí!" Los Géminis no son los únicos que conocen momentos de crisis cuando no es fácil escoger entre múltiples oportunidades, todas atractivas y ninguna obviamente mejor que la otra. Pero esta necesidad de escoger el camino que uno debe tomar, es tema constante en la vida del alma nacida en Géminis. La vida le pone enfrente el reto de desarrollar la facultad discriminatoria de la mente —esto sí, esto no— en las decisiones más grandes de su vida, pero también diariamente en las cosas cotidianas.

Muchos Géminis solo pueden decidir con certidumbre cual camino es el correcto después de un periodo de meditación y profundo trabajo interior, una exploración espiritual de la mente y de la psique. Paulina tenía veintiocho años, había sufrido por semanas del fuerte y palpitante dolor de cabeza que suele aquejar a aquellas personas atrapadas en el dilema clásico de Géminis: devanarse inútilmente los sesos para resolver qué opción tomar. La pregunta ante ella era de gran importancia. Además, la felicidad de otras dos personas estaba en juego. Esta vez lo tenía que resolver cuanto antes. Vino a verme anticipando que las estrellas revelarían el paso que debería dar. Así, me preguntó:

—¿Con quién me debo casar? ¿Con Juan o con José?

Mi respuesta fue sencilla y al grano:

—Si no lo sabes, no te cases con ninguno de los dos. Después de todo, el matrimonio es un compromiso muy serio.

Los Géminis se sienten confundidos cuando no saben y no pueden discernir cual acción es la mejor elección. Es interesante notar que esto pasa a muchas personas cuando el Sol transita por Géminis cada año. En el caso de Paulina, estudiar su psicología por medio de su astrología, la ayudó a entender cuál era el núcleo de su problema. Sus padres se habían divorciado y poco después

---

[79] Levítico 19:18

falleció su padre. Juan, considerado e intelectual, le recordaba a su madre, mientras que José, rebelde y muy sensible, le hacía recordar a su difunto padre. En efecto, Paulina había interiorizado y tratado de resolver a través de sus relaciones con Juan y con José, las diferencias tan marcadas entre sus padres y los sentimientos conflictivos de amor/odio, atracción/rechazo entre ellos. Le aconsejé perdonar a su madre y permitirse pasar por el proceso de luto por la pérdida de su padre. Yo sospechaba que una vez curada de esta división interna le sería más fácil atraer al hombre con quien podría pasar felizmente el resto de su vida. Aquel día fue un parteaguas importante en el camino de Paulina.

Los nativos de este signo han sido acusados de ser superficiales, coquetos, infieles, inconstantes y frívolos. Desde luego esto no es la generalidad, y algunos Géminis se ofenden al escuchar tales insinuaciones. Sin embargo, hay algo de verdad en la advertencia popular de tener cuidado antes de salir con un(a) Géminis para evitar ser lastimado. Pero como sucedió con Paulina, quien de verdad no quería lastimar a ninguno de sus dos pretendientes, pero no podía acertar en cómo solucionar su problema, la verdad es que muchos Géminis simplemente no saben qué deben hacer aunque quisieran saberlo.

El Géminis atrapado en un dilema como el de Paulina, desde luego pregunta a su astrólogo cuál de sus amores, trabajos potenciales, inversiones posibles, compras, escuelas, cursos escolares, etcétera, será la mejor opción. He descubierto que la mejor manera de responder a esa pregunta es con otra: ¿Por qué no lo sabes? Cuando no le es posible resolver su indecisión, el alma en Géminis tiene que explorar debajo de la superficie. Como pasó con Paulina, quizá se dará cuenta de que su inhabilidad para determinar la dirección que debería tomar es causada por una condición psicología subyacente. Cuando descubre cual es la condición que le está provocando vacilar tanto, aparece la solución. Aunque el análisis astrológico debe poder diagnosticar la falla, el Géminis necesita tener paciencia, haciendo el esfuerzo necesario para subsanar la brecha que se abre dentro de su consciencia.

En la mayoría de los casos, las circunstancias externas son simplemente la punta del iceberg, que sirve para motivar al alma a indagar más. No obstante, por arraigada que sea la condición (puede que el alma haya tenido este problema por muchas vidas), con comprensión verdadera todo puede cambiar en un abrir y cerrar de ojos.

¿QUIÉN PUEDE ATRAPAR AL VIENTO?

Géminis es un signo de Aire sobre la Cruz Mutable de la Sabiduría. Por lo tanto, es el más receptivo mentalmente de todos. Los individuos nacidos con el Sol aquí son "mercuriales" en su naturaleza; tienden a ser inquisitivos, intelectualmente alertas, inquietos y algo nerviosos. Una curiosidad siempre presente los motiva a saber más. La maleabilidad de esta influencia les causa ser muy impresionables. Aunque aprenden con velocidad, pueden cambiar de opinión tan rápido como cambia el viento de dirección. Es fácil despertar su interés, pero igual de fácil lo es perderlo. Tienen tantos pensamientos a la vez, tantas opciones diversas que escoger, tantas cosas atraen su atención al mismo tiempo. Tarde o temprano descubren que es necesario apagar algunas de las estaciones de su radio mental interna para poder escuchar una por una.

Una objetividad e imparcialidad innatas ayudan al nativo de Géminis a discernir entre múltiples posibilidades. Cuando aprenden bien a priorizar sus metas y a manejar la cantidad de detalles de sus múltiples intereses, son más capaces de hacer varias cosas a la vez bien y tienden a lograr muchas cosas y a realizar sus metas. Les es beneficioso aprender como aquietar su mente. Sin estas herramientas, no solamente sus escritorios pero también sus mentes llegan a ser desordenados e inmanejables.

LIBERTAD DE ELEGIR

El astrólogo Alan Leo llamó a los Géminis, *las personas no conformistas del Zodíaco*. El astrólogo **Grant Lewi**, nacido el 8 de junio de 1902, cuyo trabajo ha influido mucho en la dirección que ha tomado la astrología moderna, introdujo un enfoque para leer el futuro que toma en cuenta el libre albedrío de la persona. En su libro *Astrología para millones,* publicado en 1940, Lewi escribe sobre las personas nacidas con el Sol en Géminis:

> *El deseo del Géminis de ser él mismo, de hacer las cosas por su propia iniciativa y al final, en su forma más elevada, de convertirse en su mejor "yo" posible, le llevará por sendas extrañas. Le costará mucho tiempo aprender que no puede ser otra cosa excepto él mismo. Si la vida le da suficiente espacio para ser quien es, estará tranquilo.*

> *Mientras su entendimiento diferencie mejor lo que significa ser él mismo de las creencias escandalosas, aventureras y rebeldes de su edad temprana, dedicándose a la excelencia intelectual y a la responsabilidad social en su vida, llegará muy lejos en el mundo, porque su sentido de lo que constituye ser su mejor yo ya no estará limitado.*

¡APÚRATE LENTAMENTE!

Por lo general los Géminis están muy ocupados haciendo esto y aquello. Puede que tengan mucho conocimiento sobre muchas cosas, pero mientras no se detengan a considerar quienes son y por qué hacen lo que hacen, tenderán a quedarse en la superficie de las cosas. Mientras no enfoquen de manera consciente su atención, sus mentes tenderán a revolotear de una idea a otra. Aún a los nativos más centrados de este signo les conviene escuchar los consejos de un adepto de

Oriente: "¡Apúrate lentamente"! y "¡Medita en movimiento"![80]

Géminis rige a los pulmones y a los sistemas respiratorio y nervioso. El aire está infundido de *prana*, un término en sánscrito que significa *fuerza vital*. El aire y su energía lo permean todo. Cuando los Géminis se distraen o dispersan su energía en demasiadas direcciones a la vez, se fatigan. El yoga y otras disciplinas que enseñan a respirar profunda y conscientemente, ayudan con frecuencia a los nativos de este signo a tranquilizarse, elevar su conciencia y deshacerse de temores inconscientes. Géminis también rige a las manos y a los dedos. Los nativos de este signo suelen ser ágiles y manualmente diestros. Su plática está salpicada de gestos de las manos. Más cuando Mercurio está en Géminis y menos cuando está en Tauro o Cáncer, tienden a hablar, escribir a mano y escribir a máquina con rapidez. Los niños Géminis pueden ser inquietos y nerviosos. Trabajar con plastilina, barro u otros materiales maleables les ayuda a tranquilizarse.

En Géminis, uno experimenta la relación entre el mundo material y el espiritual a través del manejo exitoso de los detalles de la vida cotidiana y del tiempo. Géminis rige todo tipo de documentos, archivos, contratos y los horarios, el organizar su agenda y honrar o incluso ignorar las citas, reuniones, juntas y acuerdos verbales. El manejo exitoso de las tareas cotidianas es un ejercicio multitareas típico de Géminis, es decir, hacer muchas cosas al mismo tiempo. ¡Es más difícil de lo que parece! A veces, los nativos de este signo mercurial necesitan ir más lento para cumplir todo lo que tienen que hacer. Las tareas cotidianas de la vida moderna parecen no tener fin, así como las incontables citas y la comunicación constante. Una vez que adquiere algo de maestría en estas áreas, los Géminis sobresalen en el arte de calcular horarios, hacer citas, arreglar transportes y organizar lo que sea.

En esencia, el Géminis se manifiesta como quien cree que es —es decir su conexión o su falta de conexión con su origen divino— a través de las decisiones que toma cada día.

SIEMPRE EN MOVIMIENTO

El místico y sacerdote capuchino **Padre Pío**, nació con el nombre de Francesco Forgione el 25 de mayo de 1887, en Pietrelcina, Italia. Cuando era joven sufría de problemas respiratorios bastante severos (a los cuales están expuestos en diferentes grados los Géminis). Padre Pío se mudó al monasterio San Giovanni Rotondo en 1916 esperando que el aire fresco de las montañas

---

[80] El Morya, en *Supramundo: la vida interna,* presentado por Nicholas Roerich (Agni Yoga, 1938); "Apúrate lentamente" (*Festina Lente*) es un dicho latino antiguo, y es un oxímoron (figura que consiste en usar dos conceptos de significado opuesto en una sola expresión, generando un tercer concepto).

mejorara su malestar crónico. Con excepción de un período breve de servicio militar, se quedaría allá por el resto de su vida.

Ahora bien, los Géminis siempre están moviéndose de un lado a otro. Entonces ¿cómo pudo el Padre Pío quedarse plantado en un solo lugar por tanto tiempo? Según testimonios bien documentados de personas que vivían en diferentes lugares del mundo, ¡se bilocaba! (habilidad de estar en dos lugares a la vez; un don del Espíritu Santo). Se aparecería en su cuerpo espiritual en algún lugar lejano, mientras su cuerpo físico dormía como un tronco en su celda de fraile en el monasterio. De esta manera podía extender su ministerio a muchas personas necesitadas de su ayuda, muchas de las cuales experimentaron curaciones milagrosas. Los que después contaron que habían recibido una visita del Padre Pío en su cuerpo sutil, dieron testimonio de un fuerte olor a flores que llenaba el espacio durante e inmediatamente después de sus apariciones.

MAESTRÍA SOBRE LA CONECTIVIDAD

Solucionar los problemas que aparecen, tejer el tapiz de la historia de la vida personal y obtener la maestría en el tiempo, son ejercicios de conectividad. Ganar maestría en la conectividad significa estar en el lugar debido en el momento preciso por la razón correcta. La sincronía (cuando las cosas casi mágicamente coinciden en el tiempo y el espacio, como toparse con un viejo amigo querido de París en el edificio del Empire State en Nueva York) sería como una prima cercana de la conectividad. Ahora bien, aunque la sincronía *parece* ser más bien el resultado del destino y no de una elección propia, la afinación del alma o su falta de conexión con los mensajes internos son claves para llegar, o no, a aquellos cruces de caminos importantes en la vida.

Un Géminis de edad avanzada una vez relató que su vida había evolucionado a través de una serie de conexiones, de una cosa que llevó a la otra. Muchas veces perder el paso simplemente es inconveniente, como tener que esperar la llegada del próximo tren, pero para los Géminis la consecuencia de no llegar a tiempo o de moverse demasiado rápido a veces es perder la oportunidad de llegar a su destino o de terminar lejos de donde quería ir. Los Géminis de todas las edades, a menudo practican y sobresalen en el tomar decisiones en fracciones de segundos cuando participan en ciertas actividades o deportes, tales como el ping-pong, el tenis y hasta los juegos de baraja en los que todo puede ganarse o perderse dependiendo de la velocidad de reacción.

Mientras Sagitario es el signo del panorama general, Géminis, su polaridad, representa los pasos pequeños, las conexiones que, como las páginas de un libro, forman juntas la historia de una vida. Los Sagitario descubren que necesitan enfocarse en los detalles para realizar sus sueños. En cambio, los Géminis se enredan tanto en los detalles que pierden de vista la meta mayor; como poner demasiada atención en las palabras y olvidar que forman parte de una frase que es parte de toda la historia. Cuando se enredan en los detalles, los Géminis suelen caer en la ceguera de taller, la microgestión. De hecho, la historia de vida del alma nacida con el Sol en Géminis se despliega a través de su manejo efectivo de los muchos detalles de su vida cotidiana, y su capacidad de llegar al lugar debido en el momento preciso para hacer una conexión quizá imprevista.

La sincronización de las conexiones —en reuniones y despedidas, dentro del laberinto de las oportunidades y circunstancias kármicas, en la comunicación y los malos entendidos, así como las elecciones resultado del libre albedrío— es factor clave en la historia del Géminis enamorado.

Laura, una fotógrafa independiente de Buenos Aires, se mudó a San Francisco cuando tenía veinticuatro años. Allí se enamoró y se comprometió con Armando, un joyero exitoso veinte años mayor que ella. Para Laura, siendo una "doble Géminis", viajar era un modo de vida, pero como Armando era un Tauro, estaba contento de quedarse en San Francisco. Laura rompió con tristeza su compromiso matrimonial con Armando cuando descubrió que estaba saliendo con otra mujer. Dos años después, cuando Laura estaba visitando a unos parientes en Europa, Armando hizo contacto con ella y le rogó que lo reconsiderara. Laura se puso de acuerdo con él, pero no estaba convencida que hubiera cambiado. Entonces decidió poner a prueba su sinceridad pidiéndole encontrarse con ella tres semanas después en Argentina. Haciendo alarde de coquetería, lo hizo esperarla llegando una semana tarde solo para descubrir que Armando se había marchado a San Francisco el día anterior, después de haberla esperado por días.[81]

Así terminó definitivamente el compromiso. Laura se quedó en Buenos Aires, se casó y dio a luz tres hijos. Pasó siete años antes de que regresara con su familia a San Francisco. Consiguieron un departamento en un barrio elegante y tres meses después ¡se topó con Armando! Sucedió que él también se había mudado ¡al edificio de al lado! Armando y Laura reconocieron que la misma chispa de amor ardía entre ellos pero las cosas habían cambiado, pues ella era ya una mujer casada. Hablaban de vez en cuando. Pasaron los años y Laura terminó sintiéndose distanciada de su marido, del cual se divorció. Al fin era libre, pero ahora Armando estaba casado. Laura sentía mucho amor por Armando pero superó su pasión; decidió escuchar la voz de su conciencia que le mandaba no caer en la tentación de enredarse en un amorío ilícito con él. Para ese entonces Laura había cumplido cincuenta años y Armando, setenta. Ella regresó a Argentina. Poco después, Armando sufrió una embolia que le dificultaba moverse, pero aun así logró escribir en su cuaderno de notas: "L" para Laura.

---

[81] Esta historia verdadera entre Laura y Armando comenzó en los años setenta, antes de la era de las computadoras, telefónicos celulares y por supuesto, los correos electrónicos.

No siempre es fácil saber cuál es la Voluntad de Dios y aun sabiéndola no siempre es fácil actuar en concordancia con ese conocimiento. ¿Será que Armando y Laura perdieron la oportunidad de pasar sus vidas juntos a causa de su orgullo y deshonestidad? ¿O será que no les tocaba estar juntos esta vez? Solo ellos lo saben porque la lección fue solo suya. Sin embargo, si hacemos un esfuerzo consciente de sintonizarnos con la Voluntad de Dios, la posibilidad de conectarse en el tiempo y en el espacio es mucho más probable.

LA COMUNICACIÓN, LA EDUCACIÓN, EL TRANSPORTE Y GÉMINIS

Géminis y su opuesto polar, Sagitario, representan la comunicación y la educación, la necesidad que siente el hombre de entender y de enseñar, de adquirir y de impartir y conocimiento y/o información. El destino, de hecho el karma, de muchas almas Géminis, está relacionado con la palabra hablada o escrita; locutores, guías de turistas, reporteros, maestros de escuela, propagandistas, redactores y conferencistas trabajan en ocupaciones tipo Géminis-Sagitario. La transportación, regida por Géminis, es otra área que afecta la naturaleza y rapidez de la vida cotidiana y de nuestras interacciones de unos con otros. Otros trabajos Géminis incluyen el oficio de taxista, chofer, conductor de camiones; el mensajero, el personal de correos y el maletero.[82] El mandar textos con el móvil y enviar tweets con la computadora son regidos por Géminis, así como los teléfonos y otros dispositivos designados para facilitar la comunicación.

Los nativos de este signo mercurial tienden a ser elocuentes. Muchas veces son expertos en lenguas extranjeras y en sus propias lenguas natales, y como vendedores pueden ser muy entretenidos. Muchos de ellos son expertos en investigación. Se distinguen por sus argumentos lógicos y analíticos, su inteligencia, su picardía y su sabiduría.

A menos que la Luna, Mercurio o Venus estén en un signo de Agua (Cáncer, Escorpio y Piscis), los nativos de Géminis por lo general dan la impresión de ser algo impersonales. Esto se debe a la influencia doble-Aire del signo. Su razonamiento es que no es necesario justificar la vedad, sin embargo, la crítica carente de amor no es verdadera, sino una forma de ignorancia. En tales casos, es mucho mejor mantener en silencio las observaciones y conclusiones propias. Los Géminis pueden aprender maneras de modular el tono de su voz y hablar con diplomacia, escogiendo bien sus palabras, para comunicarse de manera más compasiva.

Como el antiguo dios romano Mercurio, los Géminis pueden ser traviesos y no siempre fiables en su papel de mensajeros de la palabra, ya sea que el mensaje sea propio o de otra persona. Mercurio, también conocido por los griegos como Hermes, fue considerado ágil mentalmente. Según la leyenda, en sus esfuerzos para ayudar a la humanidad, a veces logró ser más listo que los dioses. Y como el dios Mercurio, los Géminis tienen el don de la palabra. Claro que las palabras nos unen, pero también nos dividen; a través de chismes, mentiras, propaganda engañosa y comentarios negativos que invaden la mente. Aunque son articulados y elocuentes, los Géminis deben asegurarse de que su comunicación sea honesta y sincera, jamás deshonesta o manipuladora.

Desde que Géminis rige la comunicación, a la mayoría de las personas nacidas con su Sol aquí, les encanta hablar. Es raro, pero de vez en cuando el Géminis se siente inhibido verbalmente. Podría canalizar el movimiento interminable de su mente de una manera menos obvia: continuando su *blog, chateando en el ciberespacio*, escribiendo prolíficamente o, si es músico, dejando que el instrumento musical cuente la historia; incluso podría expresarse por medio de alguna actividad física que requiera movimiento continuo, tal como andar en bicicleta. Aun así, su timidez al hablar podría estar relacionada con focos de temor en los pliegues de su psicología, y si éste es el caso, puede ser sanado. Cualquier persona que ha conocido el pánico escénico o que se ha quedado muda, incluso quien deja escapar de su boca palabras que se arrepiente de haber dicho, conoce de primera mano la relación que existe entre el plexo solar y la boca, entre la emoción y el habla, entre los chakras de la garganta y el plexo solar.

CADA PALABRA LLAMA LA ATENCIÓN

La literatura, la política y el entretenimiento pueden ser medios ideales para los Géminis deseosos de transmitir sus mensajes. Consideremos al cómico Bob Hope (29 de mayo de 1903), los discursos inspiradores de John Kennedy (29 de mayo de 1917) y el acento tipo "cowboy" tan popular de John Wayne (26 de mayo de 1907), el legado de poesía y filosofía del poeta Ralph Emerson (25 de mayo de 1803), y los casos intrigantes y sumamente interesantes de Sherlock Holmes y su ayudante, Watson, presentados por el prolífico autor inglés, Sir Arthur Conan Doyle (22 de mayo de 1859).

El revolucionario estadunidense *Patrick Henry*, nacido el 29 de mayo de 1736 (según el calendario gregoriano; según el juliano, el 18 de mayo), es un ejemplo buenísimo del orador en Géminis que incitó con sus oraciones apasionadas y persuasivas a sus paisanos a levantarse en armas contra Inglaterra en nombre de la Libertad. Su famosa declaración, pronunciada en la Segunda Convención de Virginia en 1775, llegó a ser un lema para aquellos patriotas dispuestos a arriesgar sus vidas por la causa: "¡Dame la libertad, o dame la muerte!" Thomas Jefferson dio testimonio del tremendo impacto de los discursos de Henry. Otro luchador por la libertad, George Mason, dijo de él: "Cada palabra que dice, no

---

[82] Los pilotos y mecánicos de aviones y otros trabajos relacionados con la aviación son regidos por Acuario.

Patrick Henry (1736–1799)

solo te adentra en la plática, sino también exige toda tu atención; tus pasiones y tus creencias dejan de ser tuyas cuando él habla de ellas". Patrick Henry había experimentado la vida de granjero (la dote de su primera esposa incluyó 10 000 acres de terreno), luego intentó ser tendero, pero ninguno de estos dos trabajos le dio resultado. Estaba destinado para la política, la cual le dio una buena plataforma para su don para la elocuencia y el drama. Las revoluciones son tiempos propicios para los pensadores radicales en Géminis que desean dejar su sello en el mundo.

Las primeras líneas de la Declaración de Independencia redactadas en su mayoría por Thomas Jefferson en junio de 1776, cuando el Sol transitaba por Géminis, reclaman los derechos inalienables del hombre a *la vida, la libertad y la búsqueda de la felicidad*. (En el documento original, escrito por Jefferson, en vez de *la búsqueda de la felicidad*, está escrito *la búsqueda de la propiedad privada*. Es decir, todo hombre tiene derecho a buscar la prosperidad, incluyendo ser dueño de su propia tierra, sin importar la condición social de su nacimiento).

EL PADRE DE LA ECONOMÍA MODERNA

Mientras los revolucionarios estadunidenses luchaban para ganar su independencia de Inglaterra, los escritos del escocés ***Adam Smith***, que recomendaban que los colonos fueran soberanos encendían una revolución al otro lado del Atlántico.[83]

Adam Smith nació alrededor del 16 de junio de 1723 (día de su bautismo/calendario gregoriano), en Kirkcaldy, al norte de Edimburgo.[84] Cualquiera que sea la fecha precisa de su nacimiento, el destino de Smith, como una de las

---

[83] Smith argumentaba que Inglaterra debería abandonar las colonias por causas económicas.

[84] El bautismo de Adam Smith fue registrado en la iglesia en Kirkcaldy, Escocia el 16 de junio de 1723; entonces, es probable que haya nacido unos días antes.

figuras claves de la ilustración escocesa y en cuanto a su búsqueda de la verdad durante aquel período revolucionario, se puede ver en su carta astrológica.[85]

Smith no fue agitador por naturaleza; era un filósofo e inconformista que se mantuvo dentro del sistema para poder cambiarlo, pues lo consideraba inade-

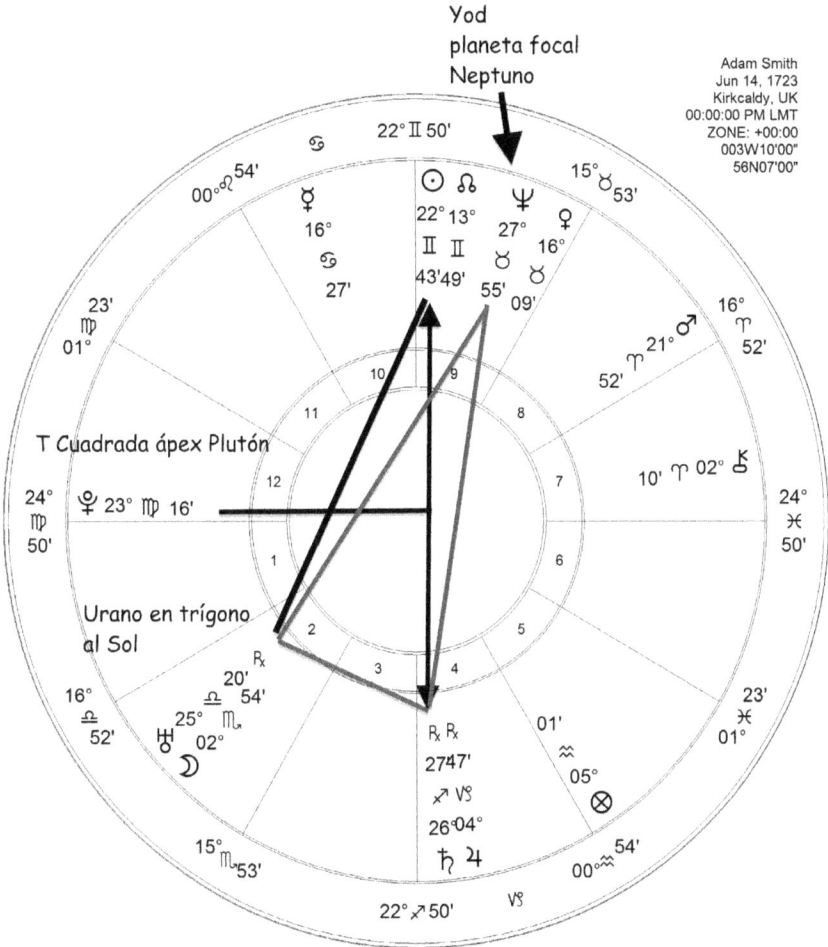

[85] El sol de Smith estaba en Géminis en trígono a Urano (revolución) en Libra, mientras que formaba parte de una T Cuadrada en la Cruz Mutable de la Sabiduría con Plutón en la base. Saturno en Sagitario estaba en oposición a su Sol en Géminis y ambos estaban en cuadratura a Plutón en Virgo. Géminis y Sagitario, en el dialogo y en la escritura, encapsularon la discusión intensa y apasionada de la oratoria de aquellos tiempos, sacando a la luz (Plutón) la injusticia (Virgo) y proclamando la verdad (Geminis y Sagitario). Neptuno en Tauro (economía y valores) fue el planeta catalizador del Yod que puso el énfasis en la necesidad de responder a la cuestión de cómo podrían los hombres libres participar en intercambios económicos honorables.

cuado y limitado. En 1751, él llegó a ser profesor de lógica en la Universidad de Glasgow, y en 1759 ocupó la cátedra de filosofía moral. Smith creía que la libertad personal era la llave maestra para la prosperidad. También en 1759, publicó su libro *La teoría de los sentimientos morales*, en el que sentó las bases de su obra futura sobre el capitalismo. Smith sostenía que la libertad individual tiene sus raíces en la naturaleza del hombre de ser autosuficiente y gobernarse a sí mismo.

Smith muchas veces es llamado el padre de la economía moderna. En 1776, el año en que Estados Unidos declaró su independencia de Gran Bretaña, publicó *Una investigación sobre la naturaleza y la causas de la riqueza de las naciones*. Conocido hoy en día por su título abreviado *La riqueza de las naciones*, es lectura obligatoria para los estudiantes de la mayoría de los cursos de economía moderna hasta la fecha. Muchos economistas consideran que *La riqueza de las naciones* es la obra más pionera y fundamental jamás escrita sobre el capitalismo de mercado libre.

EL PODER DE LA PALABRA ESCRITA: *LA CABAÑA DEL TÍO TOM* Y *EL DIARIO DE ANA FRANK*

Harriet Beecher Stowe (14 de junio de 1811) y *Ana Frank* (12 de junio de 1929) son ejemplos de escritoras Géminis cuyas obras influyeron en el pensamiento social a gran escala. Stowe tenía fuertes opiniones abolicionistas, pero en la época en la que vivió el poder de la mujer era limitado y estaba tras bastidores. Ana Frank era todavía una jovencita cuando su vida y su educación fueron amenazadas por ser judía durante la ocupación nazi en los Países Bajos, donde ella vivía.

Abraham Lincoln con Harriet Beecher Stowe: "Así que es usted la pequeña mujer que inició esta gran guerra". La cabaña del Tío Tom fue la novela más popular del siglo XIX en los Estados Unidos. Solo la Biblia vendió más copias. En su primer año de publicación se vendieron trescientas mil copias en los Estados Unidos y un millón en Gran Bretaña.

Stowe escribió el libro *La cabaña del Tío Tom*, publicado en 1852, para persuadir a sus lectores de tomar una postura fuerte contra la esclavitud.

Stowe transmitió de una manera familiar su mensaje sobre los horrores de la esclavitud racial en la dramática historia de la vida de sus personajes y sus familias retratada en su libro. La influencia de su escrito sobre los sentimientos y las creencias de la gente fue tan vasta y poderosa que según cuenta la leyenda popular, cuando ella fue a la Casa Blanca en 1861, Lincoln la saludó diciendo: "Así que es usted la pequeña mujer que inició esta gran guerra".

El diario de Frank, publicado después de la muerte de la joven autora como *El diario de Ana Frank*, dio al mundo un testimonio personal de cómo era la vida para una joven judía y su familia mientras se escondían del terror nazi durante la Segunda Guerra Mundial. Aunque murió en un campo de concentración, su ambición de convertirse en autora sí se realizó. Escribió lo siguiente el 5 de abril de 1944:

> *Yo sé que puedo escribir... quiero ser útil, traer alegría a todo el mundo, incluso a quienes no conozco. Quiero vivir aún después de mi muerte y por eso estoy sumamente agradecida de que Dios me haya dado este don, que puedo usar para desarrollarme a mí misma y para expresar todo lo que está dentro de mí.*

EL NIÑO GÉMINIS

El niño Géminis nació para aprender. De todos los niños, él será el más inquisitivo, siempre haciendo preguntas, lleno de curiosidad de esto y de aquello. A menos que sus maestros comprendan que nació con el Sol en un signo de Aire sobre la Cruz Mutable de la Sabiduría, pueden sentirse exasperados por él. A la mayoría de los niños Géminis les gusta anotar sus observaciones y luego compartirlas —muchos periodistas, reporteros y maestros tienen fuertes posiciones planetarias en Géminis en sus cartas natales—, ¿por qué no ayudar a este niño a escribir sus preguntas en un pequeño libro y luego investigar juntos las respuestas a sus preguntas? Cuando crezca, tal vez le interesará trabajar en el periódico de la escuela.

Sagitario rige a la educación superior, la secundaria, la universidad y los títulos ganados en esas instituciones. Géminis, la polaridad de Sagitario, rige a la educación temprana y la primaria. Hay un adagio astrológico que dice que no hay cosa más triste que un niño Géminis al que se le niegue la oportunidad de obtener una buena educación. Los niños Géminis por lo general disfrutan aprendiendo a detalle una amplia gama de temas escolares. Un buen libro puede ser como un amigo atesorado para los niños de este signo de doble Aire (la mente).

Inquisitivo y alerta, el niño Géminis es un candidato clásico para el método de aprendizaje atribuido al filósofo clásico griego, Sócrates.[86] Con el

---

[86] Sócrates vivió aproximadamente entre 470 y 399 a.C.

propósito de vigorizar la mente y estimular la sorpresa en vez de exigir que el estudiante simplemente acepte lo que el maestro le dice, en este estilo de aprendizaje el maestro hace preguntas que ayudan al estudiante a analizar en vez de memorizar, a deducir lógicamente en vez de aceptar las conclusiones de otra persona. También toma en cuenta el significado y la verdad desde un punto de vista moral y filosófico, no solo literal. Sócrates solía hacer preguntas difíciles de contestar para revelar errores en el pensamiento, con el fin de ayudar al estudiante a acceder a una verdad ya conocida a nivel del alma.

El enfoque educativo de María Montessori también fue diseñado para estimular el potencial interno e innato del niño. En el salón de clase Montessori, la maestra es solo una ayudante del guía interno del niño. Todas las lecciones y los métodos de presentación están diseñados para ayudar al pequeño a descubrirse a sí mismo. Utilizando los métodos de la educación clásica y de Montessori, se puede enseñar al niño a pensar en vez de dictarle *lo que* debe pensar.

Es esencial para el éxito del Géminis joven la habilidad de enfocarse y terminar la tarea asignada. Mientras madura puede practicar haciendo listas que den prioridad a sus diversas actividades y clasifique sus cosas para ayudarle a mantener su mente y su mundo en orden. Los niños Géminis buscan variedad en todo: en la ropa, la comida, los libros y las experiencias. Algunos niños de este signo están tan en el aire que parecen inconscientes de su medio ambiente. A muchos les es difícil quedarse quietos. La mayoría aprenden a un ritmo bastante rápido. Trabajar con las manos les ayuda a calmar su energía nerviosa y su mente inquieta. Una dieta nutritiva y balanceada (menos dulces) ayuda a estos niños a sentirse centrados y evita que desperdicien su energía.

Algunos niños Géminis no cesan de hablar. Son excepcionalmente ingeniosos. El niño Géminis que aprende a ser honesto en palabras y en hechos se está preparando para el resto de su vida. Mímicos por naturaleza, los jóvenes Géminis son muy impresionables y por ello necesitan buenos modelos que emular. Es recomendable que sus padres examinen la selección de libros, películas y los sitios de Internet que visitan sus hijos Géminis, en especial los más pequeños, quienes tienden a copiar (a veces palabra por palabra) lo que ven y oyen.

Algunos jóvenes Géminis son más callados que otros; tienden a ser estudiantes serios. Otros nos recuerdan a *Jorge el Curioso*, aquel mono travieso pero adorable creado por Margaret y Hans Rey, que se enreda en un lío tras otro a causa de su curiosidad. Aunque Margaret nació con el Sol en Virgo y Hans con su Sol en Tauro, las cartas de ambos estaban repletas de posiciones planetarias en Géminis, y experimentaron aventuras tipo geminianas durante sus vidas. Llevando consigo el manuscrito (Géminis) de *Jorge el Curioso*, escaparon en bicicleta (Géminis) unas horas antes de que París cayera bajo el dominio Nazi.

Llama la atención la variedad de los medios de transporte de los muchachos Géminis: motonetas, bicicletas, patines y patinetas. Muchos adolescentes Géminis pasan bastante tiempo trabajando con sus bicicletas, cuatrimotos o coches, cualquier medio de transporte que los ayude a moverse rápidamente de un lugar a otro.

¡LO QUE UN HOMBRE HA HECHO, TODOS PUEDEN APRENDER A HACERLO!

Aunque consideramos que la relación entre hermanos es como un lazo de unión, una lealtad especial determinada por líneas de sangre y tradiciones familiares, también reconocemos que el conflicto entre hermanos es muy común. Según el análisis de Freud, casi todos estamos sujetos a la rivalidad entre hermanos simplemente por el hecho de tener que compartir la atención de nuestra madre.

La primera mención del derramamiento de sangre en la Biblia ocurre entre hermanos, cuando Caín enfurecido mata a su hermano Abel. Caín estaba locamente celoso de que Dios viera "con más agrado" a la ofrenda de Abel que a la suya. Caín podía haber aprendido de su hermano, quien era más justo, pero la envidia es tan insidiosa que la han llamado "el monstruo de ojos verdes".

El alma Géminis puede enfrentar y al final transmutar cualquier propensión que tuviese a la envidia al darse cuenta de que aunque todos fuimos creados iguales, hemos llegado a diferentes niveles en la Escalera de la Vida a causa de nuestros hechos y de circunstancias kármicas desconocidas. No obstante, aunque *una estrella es diferente a otra en gloria*, lo que un hombre ha hecho, todos los demás pueden aprender a hacerlo.[87]

LA DUALIDAD: LA MADEJA GÉMINIS

El hombre de doble ánimo es inconstante en todos sus caminos.[88]

Cuando el Sol transita por Géminis en junio, muchas parejas se casan. Sin embargo, a la vez se dan muchos divorcios durante el mismo período; después de separarse de Dios y de su llama gemela por haber comido gracias a su libre albedrío del árbol del conocimiento del bien y del mal, el hombre se volvió propenso a la división, de uno con otro, pero además dentro de su propia mente y psique. Ganar maestría en esas contradicciones aparentes requiere *estar en el mundo sin ser del mundo*. Cuando todas las distintas partes laboran juntas en armonía, cuando la naturaleza dual Géminis es unificada, entonces ejemplifica la integridad.

---

[87] 1 Corintios:15:41
[88] Santiago 1:8 (RVA 1960)

Las diferentes manifestaciones de la dualidad están representadas por los signos sobre la Cruz Mutable de la Sabiduría: los gemelos de Géminis; el centauro de Sagitario, mitad hombre y mitad caballo; los peces de Piscis que nadan en direcciones opuestas mientras el entendimiento innato que tiene el Virgo de la perfección divina, lucha contra su percepción de la imperfección del hombre.

Los Géminis son particularmente susceptibles a la dualidad. Los ancianos se referían a esta condición como "la división entre los miembros". Disfunciones psicológicas tales como la compulsión de mentir, la esquizofrenia, el síndrome de escuchar voces dentro de la cabeza, los desórdenes bipolares y la depresión, a menudo son sintomáticos de una inhabilidad para resolver estados internos contra dictorios o conflictivos. En ocasiones, la falta de solución se manifiesta en eventos externos en vez de en estados mentales. Toma, por ejemplo, el caso del Géminis serial-dater, una persona que sale con una persona tras otra y tiende a dejar una relación cuando se vuelve seria, o el Géminis que no puede encontrar a la persona correcta, como pasó en el caso que ya mencionamos de Paulina.

Los Géminis nacieron sobre la Cruz Mutable de la Sabiduría. Lo que puede progresar hasta convertirse en una dicotomía de identidad, el síndrome bipolar conocido como "el Dr. Jekyll y el Sr. Hyde", a menudo empieza con una justificación pequeña, es decir, encontrando alguna excusa para hacer que lo malo parezca bueno, alguna racionalización que permita al individuo ignorar la advertencia de la voz interna. Se dice a sí mismo: "Hacerlo solo una vez no me hará daño". Los Géminis deben tener mucho cuidado de protegerse contra las proyecciones mentales. Acaso oigan los ecos internos de la voz del astuto ángel caído que logró incitar a Eva a tomar el fruto del Árbol del Conocimiento (del bien y del mal) mediante un argumento intelectual y sutil: *Entonces la serpiente dijo a la mujer: —Ciertamente no morirán* (Génesis 3:4). Aunque Eva fue engañada, pudo haber pasado la prueba. Nunca, antes ni después, se dictó un juicio tan severo: ¡El destierro del Paraíso y la pérdida de la inmortalidad!

Marilyn Monroe, nacida el primero de junio de 1926, aspiraba a ser una actriz verdadera, pero no pudo quitarse de encima la imagen que con tanto éxito había creado de la rubia sexy y despistada. Expresó bien la dualidad de Géminis cuando dijo: "De verdad soy como dos personas [diferentes]".

El alma nacida en Géminis recibe una oportunidad muy especial para restaurar y reparar aspectos fragmentados de su ser. La solución para la cantidad de expresiones diferentes de escisión común en los Géminis, es volver a la totalidad e integridad (un estado de armonía entre los diferentes aspectos del ser). Las circunstancias externas representan solo la punta del iceberg. Pero no importa qué tan arraigada sea su condición (quizá el alma haya sufrido el problema por muchas vidas), con el entendimiento verdadero todo puede cambiar en un abrir y cerrar de ojos.

DEFINIR Y CUMPLIR LA MISIÓN

Llega el momento en que el alma Géminis deja de bailar en la superficie de las cosas. Percibe que nació para cumplir una meta más elevada y tratará de conformar su vida para tal fin. Puede que se dedique a alguna causa noble como hizo el explorador del mar, cinematógrafo, científico, inventor y ecólogo francés, *Jacques Cousteau* (nacido el 11 de junio de 1910).

Entre sus muchos méritos, Cousteau desarrolló el tanque de buceo llamado pulmón acuático, precursor del equipo moderno de buceo profundo en el mar. El destino dictó que trabajaría con el elemento del aliento y con los pulmones, representados por su signo solar de manera única y significativa. Era conocido por muchos como *Le Commandant* por su servicio durante la Segunda Guerra Mundial. El pulmón acuático se usó después de la guerra para quitar minas colocadas por el enemigo bajo el agua. Sin embargo, su mayor misión era la de aumentar la consciencia de la humanidad sobre el mundo que habita bajo la superficie de los mares para que la vida marina pudiera ser mejor apreciada y preservada.

CUANDO EL ALMA GÉMINIS SE DESPIERTA

"En medio del camino de la vida, errante me encontré por la selva oscura, en que la recta vía estaba perdida". Así comienza *El Infierno* de ***Dante Aligheri***, la primera parte de la famosa trilogía *La Divina Comedia* escrita por el poeta, escritor, filósofo moral y pensador político, Dante Aligheri.[89]

Perspicazmente construida, *La Divina Comedia* es extraordinaria en la complejidad de su significado, su estilo, códigos ocultos y su entretenida representación del sendero de la redención. La historia de Dante trata de la experiencia de un alma que despierta y se da cuenta de que el mal uso de su libre albedrío la ha alejado de su origen. Anhela retornar pero se encuentra perdida, atemorizada y necesita quien la guíe y le muestre el camino. Por cierto, despertarse de la ignorancia puede ser espantoso, pero es el primer paso para regresar a casa.

Llega el momento en que el alma Géminis se da cuenta de que un poder superior la está guiando y de que ella, por su libre albedrío se ha alejado del camino verdadero.

La consciencia de que un poder superior guía su vida, pero que por las decisiones que tomó por su libre albedrío se ha ido por su propio camino y ahora

---

[89] Dante nació en Florencia, Italia. El día preciso de su nacimiento no se conoce aunque se cree que ocurrió el 31 de mayo de 1265 (calendario gregoriano) o tal vez unos días antes o después. Dante hizo alusión de haber nacido como Géminis en *La Divina Comedia*.

tiene que descubrir cómo regresar a casa, es el principio del proceso en que el Aspirante Géminis logra liberarse de un sentido de lucha. A partir de este momento, empieza a escuchar lo que antes ignoraba. El deseo de restaurar una antigua armonía en su persona, se hace cada vez más fuerte. Gradual, o quizá repentinamente, trata de alinear las diferentes facetas de su vida con el nuevo entendimiento que emerge de sí mismo. Ahora hace el *compromiso* de mantenerse firme en el sendero espiritual, con sus disciplinas y sus requisitos. Forja su compromiso con su maestro y valora lo que el maestro ha hecho con él. Fortalecido por la corriente del amor que fluye entre los dos, con humildad reconoce que el compromiso del maestro —cuyo poder lo levanta temporalmente por encima del laberinto de su condición kármica mientras guía, instruye, disciplina y trabaja a su lado— es mucho mayor que el suyo. Así, en esta relación que los une estrechamente y que se refleja en todos los aspectos de su vida, el Aspirante llega a conocer el significado del amor en un nuevo nivel. Sigue teniendo una multiplicidad de intereses y una intensa sed de aprender, pero todo lo demás queda subordinado a su voto sagrado.

DECRETARÁS UNA COSA Y ÉSTA SE MANIFESTARÁ[90]

Desde el principio, el alma Géminis en el sendero de la superación aprende a utilizar el poder del Verbo para crear y para destruir. Llega a ser cada vez más adepto del uso del chakra de la garganta en sus oraciones devocionales

Padre Pío (1887–1968) representado aquí con los estigmas de Cristo que sostuvo por cincuenta años.

y sus poderosas afirmaciones espirituales y en su esfuerzo de compartir la Sabiduría de las Edades. Entre más poder ejerce a través de la palabra hablada, más imperativo se vuelve el evitar el chisme y las pláticas ociosas. En especial si existen dentro de él divisiones o rupturas psicológicas no resueltas, debe aprender a vigilar y proteger su mente contra "las voces nocturnas" esos pensamientos negativos que se inmiscuyen y perturban la mente consciente. Aunque su habilidad para razonar objetiva y analíticamente lo ayuda a discernir y co-

---

[90] Job 22:28 *Decretarás una cosa y ésto será establecido para ti: y en tus caminos resplandecerá la Luz.* (Traducción directa del inglés por la autora, de la *Biblia King James*).

municar la verdad, es vulnerable a aceptar esas acusaciones mentales proyectadas en contra de él, debido a su tendencia a ser demasiado crítico. Necesita resguardarse de su propensión a expresar verbalmente la crítica que destroza y divide en lugar de curar o exponer con justicia la verdad.

En lo que logra obtener más maestría en el sonido, el Aspirante a Héroe en Géminis aprenderá a entonar las claves foháticas, que consisten en combinaciones precisas de palabras y tonos que generan energía y frecuencias que liberan y aceleran la luz dentro de los chakras. Estas invocaciones son semejantes a los *kias*, palabra japonesa que significa "gritos del espíritu"; los kias son utilizados en las artes marciales para enfocar y proyectar poder.

El *Padre Pío* solía hablar de la importancia de la oración: "La oración es la mejor arma que poseemos. Es la llave que nos da acceso al corazón de Dios". Una de las expresiones predilectas del Padre Pío era: "Orar, esperar y no preocuparse". Explicó: "Preocuparse es inútil. Dios es misericordioso y escuchará tu oración".

LAS PRUEBAS DE GÉMINIS EN EL CAMINO

Los Géminis son particularmente susceptibles a una de las estratagemas más frecuentes en las comunidades espirituales, conocida como *el dividir y conquistar*, una prueba de solidaridad y amor que enfrenta a un hermano contra otro. El dividir y conquistar puede ser fatal, al destruir la relación entre personas destinadas a trabajar juntas. El buscador espiritual que ha nacido bajo el más mutable de todos los signos, evita prestar atención al chisme, que tantas veces actúa como una semilla de división y conflicto.

Hasta el devoto Géminis más dedicado y sincero, que puede haber andado fielmente por el sendero espiritual por muchos años, descubre que si no ha conseguido la paz consigo mismo y con los demás, es decir si existe una ausencia del perdón dentro de su ser, no podrá avanzar más después de cierto punto.

Mientras va avanzando a niveles más elevados de iniciación, las pruebas que lo confrontan se vuelven más difíciles y la elección correcta menos obvia. La batalla interna puede ser intensa e incesante. Cuando se rompe el velo, gana acceso a los mundos elevados, pero percibe la oscuridad como jamás lo había hecho antes. Padre Pío llevó los estigmas, las heridas de Cristo. Él estaba en continua comunión con el Amor Absoluto, pero su batalla contra las fuerzas demoniacas era real. El Aspirante descubre que constantemente tiene que poner a prueba a los espíritus.[91]

---

[91] 1 Juan 4:1 (RVR 1977) *Amados, no creáis a todo espíritu, sino probad si los espíritus proceden de Dios; porque muchos falsos profetas han salido por el mundo.*

¿Cómo se puede discernir si se escucha la voz de Dios o las de demonios disfrazados de seres sagrados? Padre Pío ofrece la siguiente regla general: los espíritus impostores tienden a provocar un sentimiento de regocijo y atracción seguido por uno de gran tristeza, porque cuando se marchan se llevan consigo algo que nos es precioso y de gran valor: nuestra luz. Por el contrario, cuando se está en presencia de ángeles, maestros ascendidos y otros seres celestiales, se experimenta una sensación de humildad y paz.

A pesar de la gran devoción del Aspirante Géminis, conocer y luego aceptar la Voluntad de Dios no siempre le es fácil; puede que lo que él perciba como el camino correcto esté en conflicto con sus deseos personales. Él es capaz de justificar casi cualquier cosa con argumentos astutos. A veces está tentado a romper su relación con el maestro, cuyas exigencias parecen ir en contra de sus propias inclinaciones.

No obstante, mantiene sus promesas; obedece el llamado superior. Comprende cada vez más que cuando entrega su propia voluntad a la Voluntad Divina, experimenta una libertad y creatividad nuevas. En efecto, entra en la consciencia supraconsciente; busca y llega a conocer al Espíritu Santo, la Presencia Divina descrita en la Biblia como un poderoso viento y el aliento del fuego espiritual que empoderó a los discípulos en Pentecostés. El rabino erudito y kabalista italiano Moisés Hayyim Luzzato, describió el Espíritu Santo como "iluminación conferida". El judío filósofo y erudito de la Torah, Maimónides, enseñó que el Espíritu Santo transforma a una persona, que como consecuencia logra percibir cosas generalmente no accesibles a la mente.[92]

Mientras el Aspirante Géminis se aferre más a esta ley básica de la vida, más probabilidad tendrá de convertirse en maestro de este sendero para otros. Aparte de cualquier triunfo externo, se da cuenta en su interior de que su destino es el de ser el instrumento de un plan divinamente concebido y guiado que podría exigirle cambiar la dirección de su vida inesperadamente. En el punto de la transformación, podría abandonar aspiraciones anteriores (a menudo a costa del enojo de otras personas) para perseguir lo que le parece un camino más significativo, que en verdad es el sendero de su salvación.

EL HÉROE GÉMINIS: *EL SABIO*

El Héroe en Géminis ha ganado una amplia experiencia en el mundo al manejar ágilmente una multiplicidad de detalles, funcionando en varios niveles de consciencia a la vez sin sentirse abrumado. Quizá le tomó algunos años, si no es que vidas enteras, aprender esto y a la vez recordar siempre quién es, por qué

---

[92] Moshe Ben Maimon, conocido como Maimónides, vivió de 1135 hasta 1204.

es, en dónde está y a dónde va. Ya no pregunta como antes: "Debo hacer esto o lo otro?" Ahora cuando tiene que escoger entre varias opciones pregunta: "¿SEÑOR, qué querrías que yo hiciera?" Su corazón esta sintonizado con la Voluntad de Dios, la cual reconoce como su propia razón de ser. Ha aprendido a escuchar la voz interna y a no confundirla con tantos ruidos y consejos externos. Camina con sencillez y confianza en sí mismo. Es como una fuente de sabiduría de la cual muchas personas pueden sacar provecho y orientación. Se ha convertido en el Sabio en Géminis.

5. ♎

Libra

Símbolo ....**La Balanza**

Nacido ....**23 de sept.~22 de oct.**

Arquetipo ....*El Defensor*

Frase clave ....**Yo Razono**

Elemento ....**Aire**

Cruz ....**Cardinal del Poder**

Casa ....**La Séptima:**
El matrimonio y otras asociaciones, el divorcio, la ley, acuerdos y enemigos declarados

Regente ....**Venus**

Regente esotérico ....**Urano**

Polaridad ....**Aries**

Chakra ....El Corazón

Anatomía ......Los riñones, glándulas adrenales, la piel, vétebras lumbares y los glúteos

Cualidades espirituales ....**El Espíritu Santo a través de un corazón equilibrado, integridad, intuición elevada, la defensa de la verdad, la belleza, comprensión de los demás y el perdurar**

Vulnerable a ....*Idolatría, deshonestidad, intriga y traición, relaciones no aconsejables, miedo del conflicto, comprar la paz a cualquier precio, incertidumbre mental y pasar de una relación a otra*

Debe adquirir ....**Paz en ojo del huracán, equilibrio en todas las cosas, comprensión superior, honestidad deslumbrante, resolución, conocerse a sí mismo tal como realmente es**

Gandhi • Margaret Thatcher • Nicholas Roerich • Catherine Zeta-Jones • Luciano Pavarotti

EL SOL EN LIBRA

Cuando me desespero, recuerdo que a través de la historia los caminos de la verdad y del amor siempre han triunfado. Ha habido tiranos y asesinos, y por un tiempo parecen invencibles pero, al final, siempre caen. Piénsalo. —¡Siempre!

—Mahatma Gandhi, 2 de octubre de 1869

EL CORAZÓN: LA LÍNEA DE LA PLOMADA DE LA VERDAD[93]

¿Cómo puede el alma nacida en el signo de la balanza lograr equilibrio y ecuanimidad en un mundo caracterizado más por la turbulencia que por la paz? ¿Cómo puede separar la verdad de la mentira cuando la cultura en la que nació cultiva la ilusión? ¿Y por qué son los Libra tan vulnerables a la traición? El que desea ser el Héroe en Libra tiene que alinearse con la plomada de la verdad en lo más profundo de su corazón; firme y constante, no dejando que nada lo distraiga ni lo perturbe, ni la tormenta ni el vendaval, ni la riqueza ni la pobreza, ni el amor que siente por el amigo ni el miedo que le tiene al enemigo.

Libra es el segundo signo de la *Triplicidad de Aire* (Géminis, Libra y Acuario) y uno de los cuatro signos sobre la Cruz Cardinal de Poder (Aries y Libra, Cáncer y Capricornio). En Libra se libera el poder de la Sabiduría (Aire) para ejercer un juicio correcto. Las almas Libra tienen el reto de ganar acceso y desarrollar la sabiduría del corazón para distinguir la realidad de la irrealidad, la verdad del error.

En la rueda astrológica, Libra se ubica a 180 grados sobre la cúspide de la Séptima Casa, en mitad del círculo y opuesto a Aries, a su vez a cero grados sobre la cúspide de la Primera Casa. La línea horizontal entre Aries y Libra corta la rueda astrológica en dos mitades llamadas hemisferios. Aries representa "yo" y Libra representa "tú y yo". Cualquier planeta que aparezca en la Primera Casa coloreará la personalidad. La naturaleza de los planetas situados en la Séptima Casa indican mucho sobre el matrimonio, los socios y las relaciones en general. El Sol (el principio del "Yo Soy") está exaltado en Aries, pero está debilitado cuando está en Libra. Mientras que los Aries tienden a ver las cosas desde su propio punto de vista y necesitan aprender a ser más conscientes de las percepciones y sensibilidades de otras personas, los Libra por naturaleza buscan la pareja; tienden a ver el "yo" en términos de "nosotros".

En Aries, elegimos ser quienes somos de verdad, hombres y mujeres creados a imagen y semejanza de Dios, o encarar la mentira de la Serpiente; en Libra, tenemos que enfrentarnos con las consecuencias de tal elección.[94]

Cuando nos identificamos con quien no somos en Aries, creando un personaje que ha sido llamado por poetas y místicos de varias maneras: *la máscara, el ego falso o el impostor*; en Libra seremos desenmascarados de la irrealidad que hemos adoptado. Los Libra encuentran espejos en las relaciones cercanas, que usan, consciente o inconscientemente, para ayudarse a separar lo real de lo irreal dentro de sí mismos.

El alma nacida con el Sol en Libra puede involucrarse tanto con otras personas que pierde su sentido de quién es. Cuando esto le pasa, experimenta un desequilibrio emocional o mental —como sentirse abrumado o incluso momentáneamente confundido— que lo motiva a retirarse a su centro espiritual y psicológico. O quizá algún evento lo hace reconsiderar sus prioridades para restablecer el orden dentro de su mundo. Algunas personas nacidas bajo el signo de la balanza cumplen su deseo de conocer bien a la gente sin involucrarse en sus vidas indebidamente gracias a trabajos y carreras que les dan oportunidad de conocerlas. Cuando termina el día de trabajo, les conviene pasar la hoja y comenzar el siguiente capítulo; por ejemplo pasar de gerente a esposo cariñoso.

LA PERSONALIDAD DE LIBRA

De los doce signos zodiacales, Libra es el único cuyo símbolo es un objeto en vez de un animal o un hombre. La balanza ha sido utilizada desde los tiempos antiguos como un instrumento para determinar el valor del oro y otras gemas preciosas por su peso. Se hace referencia simbólicamente a la balanza como una expresión de justicia, tal como la frase: *Has sido pesado en la balanza y fuiste hallado falto de peso*. (Daniel 5:27)

Entramos en Libra en el momento del equinoccio otoñal, cuando el día y la noche son de igual duración. La balanza de Libra simboliza este equilibrio perfecto, muchas veces aparente en el físico y en la personalidad de aquellos nacidos con el Sol en este signo. Tanto los hombres como las mujeres Libra muestran por lo general características de ambos sexos. Hasta la mujer Libra sumamente femenina tendrá algún rasgo masculino definitorio, tal como una mente masculina y una voz franca, mientras que el hombre Libra a menudo habla con voz suave y se expresa de una manera refinada y graciosa.

---

[93] La linea de la plomada: Un cordón con un peso en su extremo inferior que se usa en la construcción para determinar la vertical. *Simbólicamente se refiere al estándar divino de la verdad y la acción correcta.*

[94] En Génesis, la Serpiente, es decir el Ángel Caído, tienta a Eva de comer el fruto del Árbol del Conocimiento del Bien y del Mal, y ella se deja seducir debido a su deseo de aparentar ser sabia. Al hacerlo, ella entra en la consciencia de la dualidad y por lo tanto ya no puede quedarse más en el reino donde todo es Uno. A Adán no lo engaña la Serpiente, pero elige ser arrojado del paraíso con Eva para no quedarse solo.

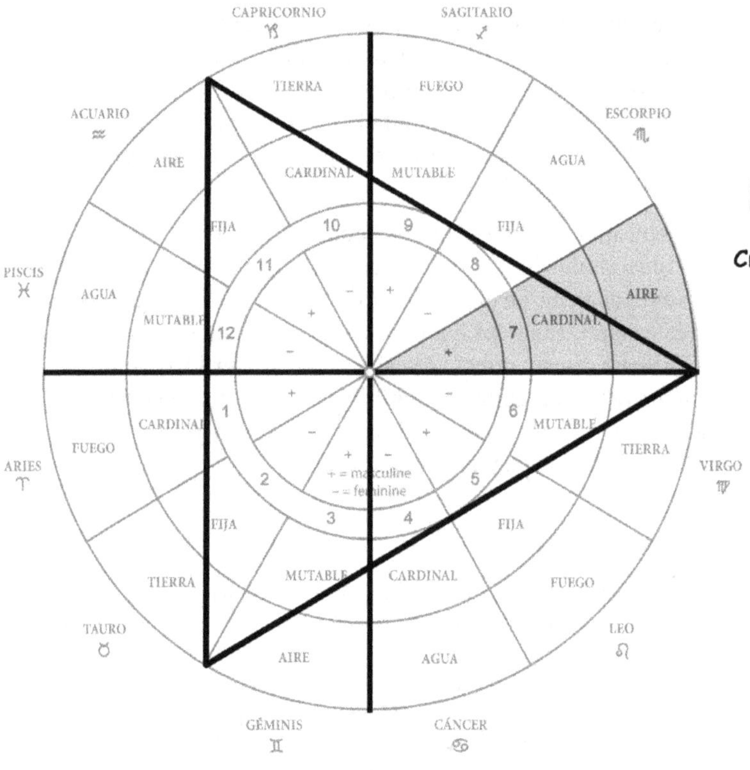

Libra:
Casa 7
Cruz Cardinal
del Poder
Aire

Venus rige a Libra. Nacidos bajo la influencia del planeta del amor y de la belleza, los Libra tienden a ser geniales y sociables. No obstante, hay algo impersonal (Aire) evidente en la personalidad Libra. Por lo general son muy agradables y cálidos en sus interacciones con otras personas, pero a la vez son objetivos, independientes y algo

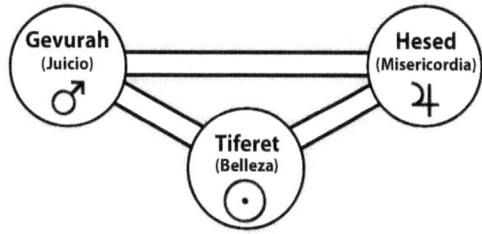

Tríada Kabalística—Tiferet (Belleza) armoniza las energías de Hesed (Misericordia) y Gevurah (Juicio).

desprendidos. Más aún, Saturno, que representa la responsabilidad y el deber de cumplir el dharma (la misión) es fuerte en este signo y tiñe la apariencia y el estilo de vida de la mayoría de las personalidades Libra.

La armonía y el balance forman el corazón y núcleo del Árbol de la Vida kabalístico. Por ejemplo, se reconoce que el amor manifestado en forma de generosidad por *Hesed*, un sefirah colocado sobre la columna derecha del amor, es una virtud positiva; pero demasiada generosidad potencialmente puede debilitar a otras personas, tal como sucede cuando un niño es mimado. El juicio, asociado con la sefirah de *Gevurah* (opuesto a *Hesed*), ubicada en la columna izquierda, ajusta los excesos de Hesed y tiene que ver con la necesidad de tener resolución y discernimiento en los asuntos del hombre. Pero si no está balanceado ni armonizado con el amor y la misericordia, el juicio puede ser demasiado severo. *Tiferet*, la sefirah ubicada en la columna central mezcla y armoniza las energías de *Gevurah y Hesed*. La compasión *(Tiferet)* nos urge a tomar en cuenta factores que podríamos haber ignorado cuando juzgamos a otras personas incluyendo a nosotros mismos. Asimismo, a veces quisiéramos perdonar y olvidar lo que ocurrió, por ejemplo en el caso de un niño que se ha portado mal, pero puede ser más apropiado y misericordioso enmendarlo por medio de un correctivo moderado.

En su libro, *Practical Kabbalah*, el rabino Laibl Wolf ilustra un ejercicio en *Tiferet*:

> *Piensa en alguien que has amonestado hace poco. Puede haber sido un miembro de la familia o alguien con quien trabajas, o quizá un amigo. Al recordarlo sentirás por un momento los fuegos de Gevurah. Pero inmediatamente después vuelve a tu centro, a la calidez agradable de Tiferet. Busca una razón verosímil del mal comportamiento o mala administración de tal persona. Permite que esta razón se asiente en tu corazón. Mientras enfocas tu atención en esa persona, imagínate a ti mismo proyectando tu amor como olas de compasión. Deja que la calidez de la compasión calme el dolor egocéntrico que*

sientes. Visualiza a la persona experimentando la calidez de tu compasión. Deja aparecer sobre su rostro una sonrisa. Permítete también a ti mismo esbozar una sonrisa interna.

El rabino Wolf nos pide ver la presencia consoladora pero poderosa del ángel Miguel *(Hesed)* y del ángel Gabriel *(Gevurah)* durante nuestras meditaciones.

El mismo principio de encontrar el equilibrio y mantener la armonía entre distintas energías es aplicable en la interpretación astrológica. Por ejemplo, se considera al Trígono un aspecto de buena fortuna, el retorno del buen karma, la presencia de dones y talentos que el individuo puede desarrollar con facilidad. No obstante, los trígonos debilitan al individuo cuando da por sentado lo bueno que representan. Asimismo, la astrología más difícil puede limitar y sentirse pesada; pero cuando uno la toma con determinación puede convertirse en el punto de mayor fortaleza y logro en su carta. Pocas veces pasa que personas a las que admiramos nacen con una astrología "fácil"; su carta natal usualmente tiene una combinación de configuraciones muy difíciles balanceadas por posiciones positivas. Como sea, la clave se encuentra en la determinación de ganar la victoria sobre la astrología, la cual muestra el karma de uno, es decir, ganar la victoria sobre uno mismo.

LIBRA Y LOS RIÑONES

Libra rige los riñones y el sistema renal. En palabras simples, los riñones son los mayores filtros del cuerpo. Los riñones mantienen el equilibrio dentro del cuerpo físico eliminando desechos tóxicos y exceso de agua a través de la orina.

Obstrucciones dentro de los riñones resultan en desequilibrios, así como los estados y registros kármicos pueden causar problemas con los riñones. En especial cuando un planeta en tránsito forma un aspecto con el Sol en Libra, pueden ocurrir problemas renales agudos o crónicos. Entonces, los nativos de este signo pueden aprovechar la oportunidad para curar no solo la manifestación externa sino también la causa interna.

Una vez, un psiquiatra en Los Ángeles relató la siguiente historia. Aunque no conozco la fecha de nacimiento de este cliente, su caso ilustra cómo se registran los estados kármicos y psicológicos dentro del cuerpo físico. Safira tenía veinticuatro años de edad, era inteligente, bien educada y guapa. Provenía de una familia judía adinerada y como había terminado sus cursos como diseñadora de modas, se estaba preparando para establecer su propio negocio. En mitad de este escenario conveniente, le diagnosticaron insuficiencia renal. Luego tuvo que enfrentarse con la realidad alarmante de que era necesario que le extirparan los riñones y que tendría que someterse al tratamiento de diálisis por el resto de su vida. Comprensiblemente, Safira estaba angustiada y enojada. Se preguntó por qué había hecho para merecer tan mala fortuna. Se puso de acuerdo con un psiquiatra, quien sugirió ayudarla a encontrar la paz por medio de la meditación guiada.

Entrando en meditación profunda, Safira se relajó. Una luz suave brilló sobre su rostro. Empezó a relatar al psiquiatra la visión que estaba teniendo de sí misma en algún lugar antiguo, como una mujer joven que sacaba agua de un pozo. Un hombre sediento y casi de la misma edad que ella, se le acercó pidiéndole agua. Ella lo miró con enojo y dejó caer sus dos jarras de cerámica al suelo, rompiéndolas en mil pedazos. Mientras se derramaba el agua de las jarras, Safira puso su atención en la cara del hombre. Irradiaba amor y compasión. Entonces, ella se dio cuenta que el hombre era Jesús y sus riñones representaban las jarras de agua. Aunque Safira reconoció que el camino frente a ella era largo, sintió paz y gratitud, amor y dicha por haber recibido la oportunidad de saldar su cuenta. Ahora estaba lista para dar el próximo paso. Todo salió bien y pudo emprender su carrera. Cada año Safira viaja a diferentes ciudades dando pláticas motivadoras a personas de todas las edades sometidas a diálisis. Con su historia ha inspirado a muchos, infundiéndoles esperanza.

En la Era de Acuario, el alma Libra puede mantener sanos sus riñones estableciendo un patrón saludable de alimentación y ejercicio y a través de "La ciencia acuariana de la invocación", con la que puede transmutar los registros kármicos y así abrir paso a nuevas oportunidades.

EL RITMO DEL JUEGO Y EL RITMO DE LA VIDA

El artículo de la revista Time sobre el actor estadunidense *Will Smith,* nacido el 25 de septiembre de 1968, parece la descripción del hombre Libra amistoso a la vez que sensato: "Lo que siempre percibimos de este sabelotodo, es que realmente es muy simpático, desea agradar y ayudar de manera heroica y amorosa".[95]

A continuación, el artículo describe a Smith como un actor trabajador que emplea una estrategia definitiva para lograr el éxito anteponiendo sus principios morales y su familia. Asimismo, vemos en el actor Libra *Matt Damon* (8 de octubre de 1970), aquella sonrisa *poderosamente* encantadora, la apariencia atractiva (Venus) y su espontaneidad inteligente acompañada por aquel rasgo característico de los Libra que anuncia de manera concluyente: "Así quiero que se haga". Damon está apasionadamente dedicado a sus obras filantrópicas, en espe-

---

[95] Véase Content.time.com/time/specials/packages/article/0,28804,1975813_197 5838_.

Matt Damon y Will Smith:
Actores nacidos en Libra

cial a sus esfuerzos para atraer la atención hacia la crisis mundial del agua.[96]

En la película *The Legend of Bagger Vance (La leyenda de Bagger Vance)*, protagonizada por Will Smith y Matt Damon podemos notar las cualidades de Libra en estas dos estrellas, bien aparejadas en sus papeles respectivos. Smith tenía el papel del protagonista, Bagger Vance, una figura crística o un ángel disfrazado de un negro humilde y misteriosamente sagaz. Damon, también protagonista, desempeña el papel del capitán Rannulph Junuh, antiguo campeón que cruzaba por una mala racha desde hacía diez años, traumatizado por los horrores de los que fue testigo durante la Primera Guerra Mundial. Bagger entra en escena pidiendo a Junuh si podía ser su caddie en el próximo torneo de golf. Durante este encuentro inicial entre los dos, Bagger dice a Junuh:

"La manera en que un hombre maneja su palo de golf dice mucho de cómo vive su vida".

En una entrevista publicada en línea,[97] Smith hizo el siguiente comentario sobre el juego de golf:

Lo estupendo del juego de golf es que es la cosa más difícil que harás en tu vida. Es el golpe maestro que persigues toda tu vida tratando de lograr ese momento de grandeza, perfección y excelencia. No hay deporte igual.

La Leyenda de Bagger Vance es una gran película para los Libra, que los ilustra sobre cómo enfocarse en sus metas y lograr su victoria. He aquí el consejo de Bagger para Junuh (reemplaza la palabra *swing* por *balance* y descubrirás la fórmula Libra para entrar de nuevo en el juego): "...el chiste es encontrar tu swing... tú lo has perdido, entonces necesitamos ir a buscarlo".

---

[96] Damon fundó *El H2O Africa Foundation* la cual se asoció con WaterPartners para crear www.Waters.org en 2009.

[97] Véase NYrock.com/interviews/2000/willsmith.asp.

¿Dónde está el *swing* perfecto? Bagger explica: " En la armonía de todo lo que había, de todo lo que hay y de todo lo que habrá" y luego apunta: "hay un golpe perfecto por allí para cada uno de nosotros; lo que tenemos que hacer es quitarnos de su camino...". Durante un momento decisivo del juego, instruye a Junuh sobre "buscar ese lugar donde todo es uno". ¿Cómo encontrarlo? Bagger le dice: "Tienes que buscarlo con el alma, Junuh".

LA DAMA DE HIERRO CON GUANTE DE TERCIOPELO

Margaret Thatcher, nacida el 13 de octubre de 1925, ejemplifica la mujer Libra elegantemente cordial e influyente pero a la vez inequívocamente poderosa. Una de los personajes políticos principales del siglo XX, Thatcher llegó a ser la primera mujer que ocupó el puesto de Primer Ministro del Reino Unido. Vestida con elegancia y sobriedad, circunspecta y femenina, afirmó de sí misma: "Lo que necesita Gran Bretaña es una dama de hierro". Una vez dijo a los miembros del parlamento "Nací bajo el signo de Libra. Por consecuencia, soy bien equilibrada".

Las lecciones sobre el equilibrio se repiten a menudo en la vida del alma Libra, mientras sigue practicando y sintonizando su habilidad de ser, como enseñó el bien conocido yogui Paramahansa Yogananda: " tranquilamente activo y activamente tranquilo". Cuando experimenta una emoción, pensamiento, postura o reacción desequilibrada, el Libra sensible tiene una sensación incómoda en el corazón, una advertencia que no debe ignorar. Con el tiempo y la experiencia, llegará a darse cuenta que mantener el equilibrio es la llave maestra para su victoria.

GENTILEZA INTENSA

Si bien los Aries son obviamente discutidores, los Libra en su mayoría dan la impresión de ser agradables y conformes, cuando en realidad están formulando un caso que, según ellos, será irrefutable. Se ha dicho: si pisas a un Libra, éste te informará (claro, con mucha cortesía) todo lo que has hecho mal desde que se conocieron por primera vez. Viéndolo de manera positiva, si no estás de acuerdo con tu amigo Libra y tienes en tu propia naturaleza algo de Aire, pueden ponerse de acuerdo de estar en desacuerdo en la búsqueda del entendimiento. La persona con el Sol en Libra por lo general disfruta de conversaciones intelectuales siempre y cuando sean animadas y civilizadas. Cuando tu amigo Libra exclama: "¡Ajá, ahora entiendo!", no solo han logrado ponerse de acuerdo sino, por lo menos a los ojos del Libra, han pasado un rato bien agradable juntos. Por otra parte, los Libra tienden a pensar que la verdad que ellos perciben es evidente, a veces se ven claramente ofendidos cuando los desafían personas con opiniones contrarias. Claro que no tienen que aceptar otros puntos de vista, pero les va mejor cuando aprenden de verdad a escuchar lo que la otra persona le está tratando de comunicar. Cuando el intercambio es mutuamente respetuoso, los Libra logran mantenerse más equilibrados y calmados y su mensaje es mejor recibido.

A pesar de su genial espíritu de cooperación, no te dejes engañar, a los Libra les gusta tomar el control. Deben cuidarse de no crear resistencia en sus relaciones cercanas diciendo a otras personas cómo deben portarse y qué deben hacer. La mayoría de los Libra son socialmente activos, fuertes de carácter y autodisciplinados, pero a veces vacilan y pierden de momento su confianza a causa de una preocupación exagerada por la felicidad de otras personas, y también por un deseo de recibir aprobación.

EL DESENMASCARAMIENTO

Los Libra tratan de evitar los conflictos a toda costa. No obstante, deben reunir el valor para decir la verdad, aun cuando al hacerlo corran el riesgo de bambolear la barca, de ser regañados y de perder popularidad. Para sorpresa de muchos, en este signo que representa la realidad, el mentiroso ha encontrado su campo de imprudencias. En Libra, la mentira se manifiesta en diversas formas de deshonestidad, desde las mentiras por omisión y las llamadas mentiras piadosas hasta el engaño plenamente consciente, intrigas calculadas y traiciones malévolas.[98]

Lo que es real es verdadero. Por tanto, aprendemos durante los ciclos de Libra el peligro de pretender ser lo que no somos. El Libra que se siente tan dolido, o quizás tan cegado por el egoísmo como para mentir de manera crónica, puede llegar a creer que las mentiras que ha tejido son verdaderas, a pesar de la evidencia más obvia de que no es así y de los consejos oportunos de sus seres queridos. Una persona así está en un estado de negación. Inevitablemente llegará el día en que reciba la iniciación llamada *El desenmascaramiento*. Durante esta experiencia humillante la luz de la verdad revela la mentira. Al perder su máscara, el que ha sido tan misericordiosamente liberado de la ilusión, experimenta una sensación de estar desnudo, de vulnerabilidad y a menudo de vergüenza. Más aún, la experiencia muchas veces ocurre en público. Por severo que pueda ser el desenmascaramiento, la humillación y un vaso de agua fría pueden salvar al alma. En realidad, la luz de la verdad y la del amor son una y la misma.

LECCIONES DE LIBRA DURANTE LA JUVENTUD

En su autobiografía, *La historia de mis experimentos con la verdad*, **Mohandas K. Gandhi**, conocido mundialmente como *el Mahatma*, relata una lec-

---

[98] Mentir por omisión ocurre cuando uno calla algunos hechos pertinentes o cuando a propósito no corrige alguna falsedad.

ción aprendida durante su juventud que le serviría por el resto de su vida. Gandhi nació el 2 de octubre de 1869 en Porbandar, India. Su relato de un evento que tuvo lugar cuando asistía a la secundaria, ilustra cómo el joven Libra que se siente lastimado por haber sido falsamente acusado puede beneficiarse con esa experiencia.

Mohandas fue tímido en exceso, pero también muy concienzudo durante su juventud. Sabía que cualquier deshonestidad de su parte lastimaría a las personas que más amaba. Un sábado por la tarde sucedió que llegó retrasado a las actividades de educación física planeadas aquel día. Cuando el maestro le pidió el justificante por haber llegado tarde (por lo regular era muy puntual), con honestidad explicó que había salido de su casa a tiempo y que se había encaminado hacia la escuela, pero no tenía reloj y simplemente se le había ido el tiempo. El maestro no le creyó y lo castigó con una pequeña multa. Gandhi escribió: "¡Fui condenado por haber mentido! Eso me causó mucho dolor. ¿Cómo podría probar mi inocencia? Lloré por la gran angustia que sentí". Mohandas aprendió una lección importante que jamás olvidaría; se dio cuenta de que "un hombre honesto debe ser meticuloso en todo lo que hace". Añadió: "Ésta fue la primera y la última instancia de descuido por mi parte en la escuela".

Es de gran beneficio para los niños Libra aprender desde una edad temprana que la verdad trae su propia recompensa. Como son personas de mucho corazón y hacedores de la palabra, necesitan muchas oportunidades para expresar sus dones naturales de diplomacia y bondad. Muchos de estos niños, como el joven Mohandas Gandhi, tienen conceptos muy definidos de lo que es correcto y de lo que no es. A la vez, hay que motivarlos a atreverse a decir ¡no! cuando sea necesario y a no distorsionar la verdad para evitar meterse en líos, como tampoco para comprar la paz por un momento ni para ganar la amistad de un compañero. Algunos niños Libra mienten, no tanto por deshonestidad como para satisfacer su deseo de hacer felices a los demás.

LA BALANZA DE LA JUSTICIA

Como Capricornio, Libra es un signo de juicio. Mientras que Saturno rige a Capricornio, el planeta de "hay que pagar las cuentas", está exaltado en el signo de la balanza. Estatuas e imágenes de "la dama Justicia" o "la Diosa de la Justicia" por lo común la representan sosteniendo la balanza de la justicia en una de sus manos y una espada en la otra, simbolizando la división de la luz y la oscuridad. Muy a menudo tiene los ojos vendados, lo cual simboliza que la justicia no debe basarse en la visión exterior, pues las cosas no siempre son como aparentan. La justicia tampoco debe ser influenciada por prejuicios personales que trastornen la razón.

La mayoría de los Libra tienen un sentido de lo justo y lo imparcial, una sintonización con la ley, no solo la que está escrita sobre placas de arcilla y las páginas de los libros, sino la que confirma el propio corazón. Defenderán al desamparado, se apoyarán en los principios y casi siempre se levantarán en contra de una injusticia percibida. De hecho, algunos Libra deciden ser abogados. Sin embargo, para la gran mayoría de las personas que nacen bajo esta influencia, deliberar con sensatez para elegir bien y tomar decisiones justas, simplemente es su manera de ser.

CUANDO EL CONFLICTO PERTURBA A LA BALANZA

Según la astrología tradicional, Libra es el signo de los "enemigos declarados", aquellos que sin tapujos se oponen a nosotros, tal como ocurre en una confrontación directa o en una demanda legal. Es común que los nativos de la balanza se estremezcan cuando hay conflicto y si les es posible lo tratan de evitar, aunque signifique tocar la retirada para hacerlo. Las discordias frecuentes molestan su sistema nervioso y amenazan su equilibrio mental. La discordia es física y psíquicamente incómoda para muchos nativos de este signo.

No obstante, el conflicto puede servir para un buen propósito. Por más incómodo que sea, el conflicto pone a prueba la durabilidad de cualquier relación e indica la necesidad de cambio, siendo a veces el medio para dar pasos positivos en la búsqueda de una solución. Cuando se los enfrenta, los Libra a menudo se hacen fuertes, aprovechando la oportunidad para poner en práctica su fe. No solo los abogados y los mediadores, sino también los pacificadores, estrategas, defensores legales, médicos y las personas que trabajan en relaciones públicas, a menudo tienen pronunciadas posiciones planetarias en Libra en sus cartas astrológicas.

Los Libra tienden a poner su atención sobre los demás y no tanto sobre sí mismos, por lo general buscan la manera de ayudar a otras personas a resolver sus problemas. Como Libra es un signo de Aire, los nativos de este signo no *sienten* tanto como *perciben*, a menos que el elemento de Agua (Cáncer, Piscis y Escorpio) esté muy presente en la carta. Intelectuales por naturaleza, perspicaces y capaces de ser comprensivos y a la vez imparciales, muchas veces resultan ser excelentes consejeros.

Los Libra se dan cuenta instintivamente de que toda historia tiene por lo menos dos perspectivas. A través de la experiencia aprenden a escuchar y examinar de manera equitativa ambas partes de cualquier suceso. Como consecuencia, muchas veces se los llama para actuar como mediadores entre bandos opuestos. Su habilidad para entender diferentes puntos de vista les ayuda a encontrar un término medio. Así llegan a una tregua, la paz queda restaurada y el corazón agitado se tranquiliza. ¡Balance!

Si el término medio implica violar un principio moral, el alma Libra enfrenta el desafío de armarse del valor necesario para mantenerse firme en su posición original aun cuando esto signifique tener que aguantar el caos y la consiguiente turbulencia. Cuando sacrifica lo que sabe que es correcto para comprar la paz, la tranquilidad que experimenta no durará mucho tiempo. Puede sentirse terriblemente culpable o puede que el problema que eligió ignorar luego estalle causando una discordia mayor que la que hubiera pasado si lo hubiera enfrentado antes. Aunque algunos Libra toman más tiempo que otros para asimilar la lección, la experiencia les enseña que nunca deben traicionar a otra persona ni a su verdad interior.

Sin embargo, cuando el nativo de la balanza resuelve hacer siempre lo correcto, su sentido de lo bueno y lo malo puede ser tan severo que, casi sin darse cuenta, se vuelve intolerante y crítico, sus acciones inapropiadas y condenatorias. ¿Cuándo deben corregir los padres Libra a su hijo, ayudándole a forjar un carácter fuerte y cuándo deben ser amorosamente pacientes? ¿Cuándo deben dejar a sus hijos encontrar su propio camino aun si los errores que cometen en el proceso les causan dolor? Puede ser difícil discernir cual es la mejor elección en estos casos y en escenarios semejantes con seres queridos. No obstante, aún antes de que le quede claro el por qué de las cosas, puede intuir la solución que busca sintonizándose con la sabiduría del corazón.

LIBRA EN LAS BELLAS ARTES

La mentalidad Libra está marcada por la cortesía, los buenos modales y la elegancia. La mayoría de los Libra se sienten en casa cuando están en ambientes encantadores; la vulgaridad les repulsa. Aun los nenes Libra responden a las flores, los colores y otras expresiones de belleza y armonía. Nacidos bajo los rayos de Venus, muchos son aficionados o participan en las bellas artes, en especial cuando reciben la oportunidad de desarrollar sus talentos desde una edad temprana.

Junto con la observación del individuo, un estudio de Venus y del Sol en la carta natal del alma nacida en Libra revela la naturaleza de sus talentos y habilidades. Por ejemplo, en la carta de la cantante y actriz galesa *Catherine Zeta-Jones*, Venus está en trígono con Marte; esta hermosa (Venus bien situado) actriz Libra ha actuado en muchos papeles físicamente arriesgados (Marte). En la carta natal del famoso cantante de ópera *Luciano Pavarotti*, el Sol está en Libra (12 de octubre de 1935) y Leo (entretenimiento) está en el Ascendente mientras que Venus, enfatizado por ubicarse en la Primera Casa, forma un aspecto trígono (positivo, indicando talento potencial) con Urano en Tauro (la voz).

El famoso autor, dramaturgo y humorista *Oscar Wilde* nació en Dublín (16 de octubre de 1854). En la carta de Wilde, Venus está bien situado en Libra y forma un trígono (positivo) con Saturno (a menudo un indicador de carrera) en Géminis (literatura). Su famosa comedia *La importancia de llamarse Ernesto* (en inglés Ernesto es un nombre que significa honesto), sigue siendo popular hasta la fecha, ya sea en el escenario o en el cine; bien podría ser un recuerdo para los Libra de lo inútil que es ser deshonesto. (Véase su carta astrológica y notas en la

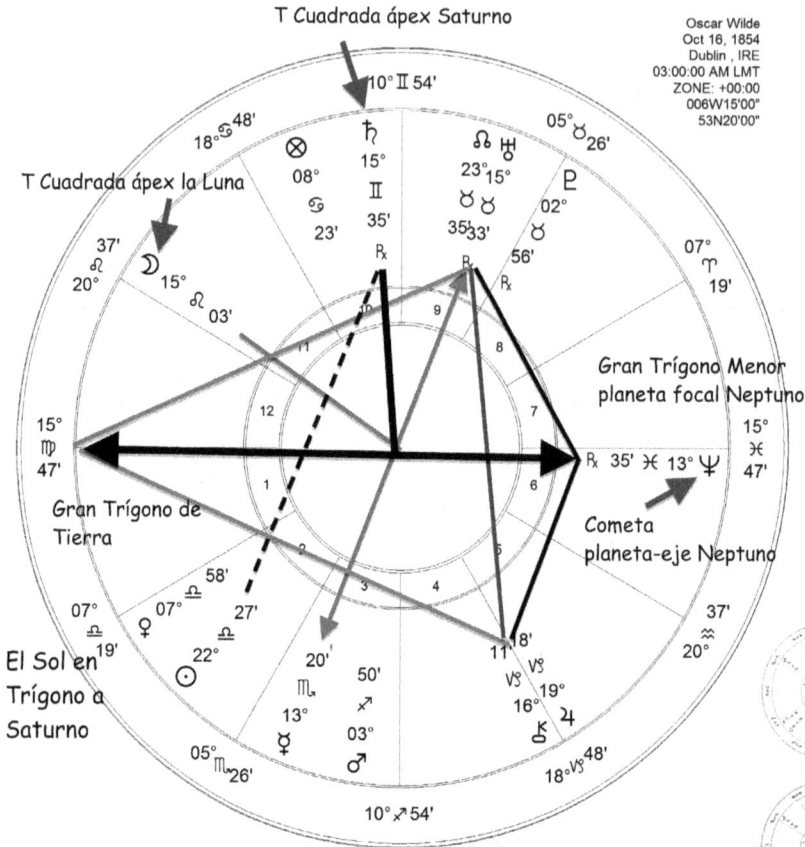

T Cuadrada ápex Saturno

Oscar Wilde
Oct 16, 1854
Dublin , IRE
03:00:00 AM LMT
ZONE: +00:00
006W15'00"
53N20'00"

10° ♊ 54'

T Cuadrada ápex la Luna

Gran Trígono Menor planeta focal Neptuno

Gran Trígono de Tierra

Cometa planeta-eje Neptuno

El Sol en Trígono a Saturno

10° ♐ 54'

---

⁹⁹ Mercurio (en Escorpio) rige el Ascendente de Wilde, en Virgo. También estimula los aspectos múltiples que forman un Gran Trígono de Tierra; el Ascendente en Virgo está en trígono con Quirón y Júpiter en Capricornio; todos en trígono con Urano en conjunción al Nodo Lunar Norte, en Tauro. Saturno está bien situado en la Décima Casa (carrera) formando un trígono con Venus y el Sol (ambos en Libra) sextil con la Luna, formando así un Gran Trígono Menor. En estas configuraciones vemos el gran talento de Wilde, su inteligencia y excelencia académica, su agudo ingenio como autor, la prosperidad y popularidad que ganaba, los aspectos más positivos de su relación con sus padres y con la sociedad inglesa. Neptuno en Piscis es el planeta en medio de otro Gran Trígono Menor. También entona con los cuatro Yods que se activaron en el momento de su nacimiento. Él se sintió incómodo con los valores victorianos de la época y expuso con ingenio su hipocresía. Era un líder del nuevo Movimiento Estético que enfatizaba la representación del amor en las obras de arte y de literatura, libre de las costumbres y creencias limitantes de la sociedad. Quizá no evaluó de manera realista hasta qué grado podría salirse con la suya, alarmando y desafiando a los demás mientras seguía ignorando las reglas y expectativas de la sociedad (se ve en la T Cuadrada sobre la Cruz Fija del Amor que involucra una oposición entre Urano y Mercurio, ambos en cuadratura con la Luna). Además, Saturno en Géminis (divisiones psicológicas) forma una cuadratura con Neptuno (confusión) en Piscis.

página siguiente).[99]

Aunque Wilde estaba casado y tenía dos hijos, llevaba una vida doble (era gay). Se involucró en una escandalosa intriga (Libra) que lo llevó a la la pobreza, el encarcelamiento y el destierro. En 1895, fue acusado de "ultraje a la moral pública" y sentenciado a dos años de prisión con trabajos forzados. Oscar Wilde murió el 30 de noviembre de 1900, despreciado por la sociedad. Hoy día es reconocido como uno de los mejores autores ingleses.

Sin embargo, la vida de Wilde era victoriosa. Los Libra deben separar la verdad del error, la realidad de la irrealidad en de sus corazones. Una de las primeras cosas que pidió Wilde cuando estaba en la cárcel fueron libros, entre ellos la Biblia, una biografía de San Fran-

Oscar Wilde (1854–1900)

cisco y toda la literatura de Dante. Durante los dos años que pasó en la cárcel, Wilde descubrió la verdad (como ocurrió con San Francisco) y la salvación en Cristo. En "De Profundis", una carta casi en forma de epístola que escribió desde la cárcel a aquél con quién había "avanzado ciegamente como buey al matadero", percibimos una madurez espiritual que no había en sus obras anteriores:

> *El momento del arrepentimiento es el momento de la iniciación. Más que eso: es el medio por el cual uno altera su pasado. Los griegos lo tuvieron por imposible. A menudo dicen en sus aforismos gnómicos: "Ni los dioses pueden cambiar el pasado". Cristo mostró que hasta el pecador más vulgar podía hacerlo. Que era la única cosa que podía hacer. Si se le hubiera preguntado, Cristo habría dicho —tengo la certeza absoluta– que en el momento en que el hijo pródigo cayó de rodillas y lloró, convirtió el hecho de haber gastado su sustancia en rameras, y luego criado puercos y pasado hambre por las cáscaras que comían, en incidentes sagrados y bellos de su vida. A la mayoría de las personas les cuesta trabajo captar la idea. Me atrevo a afirmar que hay que ir a la cárcel para comprenderlo. Si se logra, bien vale la pena ir a la cárcel.*

EL SIGNO DEL MATRIMONIO

Libra rige al matrimonio, una unión de sexos opuestos, y también a los socios. Por lo tanto, una característica de los Libra es que se sienten compelidos a encontrar a su otra mitad. O tal vez su otra mitad los encuentra a ellos. El matrimonio, de hecho, es el campo de pruebas del corazón Libra. Pocas veces se queda soltero un nativo de este signo. El propósito del matrimonio es que a través del amor, la fuerza más poderosa en el universo, los esposos se ayuden uno al otro a llevar su carga kármica, dar luz a los niños, apoyarse en el dharma, la labor sagrada de su vida, e idealmente a hacer más juntos para Dios y la humanidad de lo que les sería posible hacer solos. Ninguna otra relación social es tan crucial para la felicidad y el éxito, pero a menudo el matrimonio y las relaciones cercanas purgan el corazón mediante la tristeza y el dolor. La familiaridad revela partes de nosotros mismos que de otra manera jamás nos sería posible reconocer o cuya existencia podríamos negar. El amor sacará a la luz todo lo que no es de la luz. Ninguna otra fuerza es más transformadora.

LA BÚSQUEDA PARA NUESTRA MEDIA NARANJA

Un análisis astrológico del Sol y de Venus, particularmente en la carta natal, revela muchos detalles en cuanto a los cómos y los por qués, la sincronicidad y las lecciones que hay que aprender en la vida del Libra a través de las relaciones íntimas. El actor de cine estadunidense, *Mickey Rooney*, nacido el 23 de septiembre de 1920, se separó de su octava esposa en 2012. Su carta natal describe su temperamento impulsivo, la intensidad de su búsqueda, las pruebas de su corazón y las muchas lecciones del amor que tuvo durante su vida. En sus últimos años, felizmente soltero, pudo meditar sobre los cambios transformadores que experimentó en su búsqueda de la mujer correcta para él.[100]

El dicho "Dios es un dios celoso", que tiene su origen en el Éxodo, es en realidad un recordatorio de que dondequiera que pongamos nuestra atención, allí va nuestra energía. Involucrarse tanto con otra persona hasta volverse distraído significa que se ha entrado en un estado de idolatría, de haber convertido a una persona en Dios. Cuando el Libra pierde aspectos de sí mismo o incluso cuando se pierde por completo a sí mismo por haberse involucrado demasiado en la vida de otra persona, entra en una mentalidad idólatra. Entonces sucede algo que sacude la relación, tal vez quitando a esta persona de su lado, ayudándolo así, misericordiosamente, a volver a la realidad de su primer amor, que es Dios.

Mickey Rooney dijo de Judy Garland: "Ella era mi hermana desde el principio —la hermana que nunca tuve".

En cambio, a veces sucede que las personas nacidas en Libra esquivan la formación de relaciones cercanas con el objetivo de evitar la apertura de viejas heridas; optan por estar solos en vez de correr el riesgo de sentir el dolor causado por la traición y la pérdida del amor. Como escribió el poeta sufí Libra Rumí (30 de septiembre de 1205, calendario gregoriano) de modo tan conmovedor: "Tu

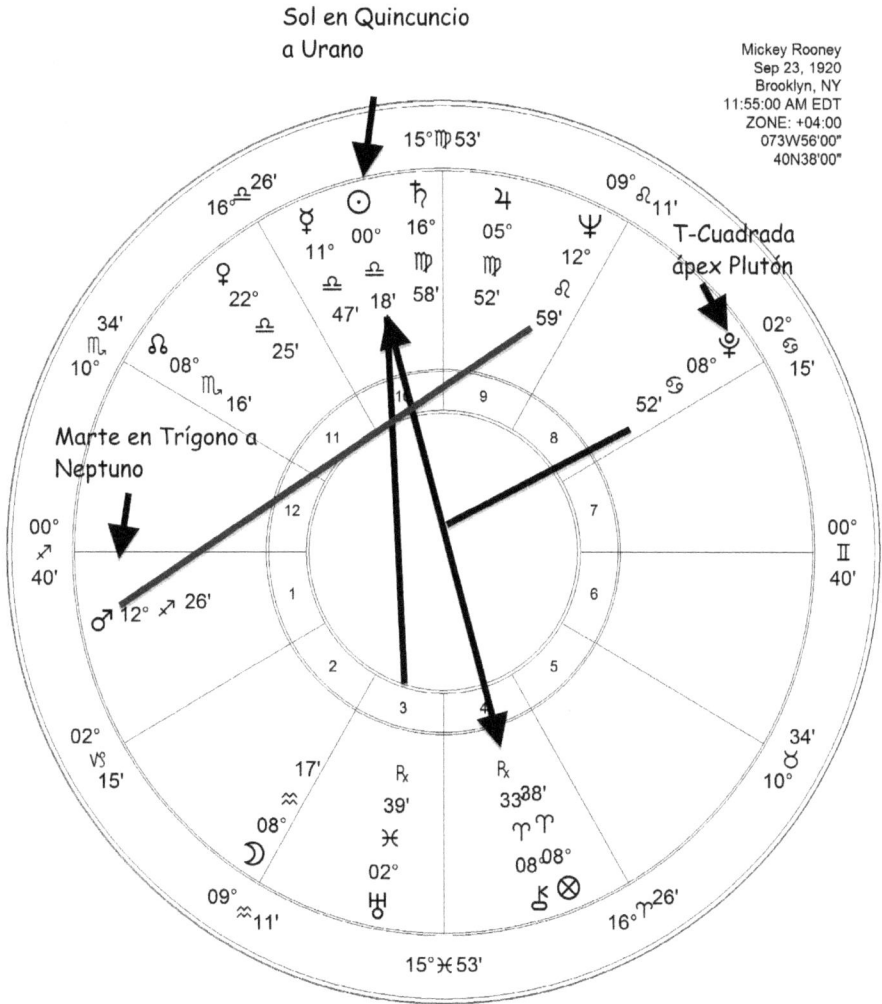

[100] En la carta natal de Mickey Rooney, su Sol en Libra está en quincuncio (ajustes) con Urano (impulsividad) en Piscis en oposición a Quirón en Aries en la Cuarta Casa de la familia, y está en cuadratura con Plutón (pruebas intensas del alma) en la Octava Casa (sexo, dinero, muerte y regeneración), formando así una T Cuadrada tensa, pero potencialmente transformadora, sobre la Cruz Cardinal del Poder. Se nota que Marte, el regente de Quirón en Aries, está en Sagitario (en la Primera Casa) en trígono con Neptuno en Leo, una configuración fabulosa para el teatro, pero que a la vez confiere ilusión, impaciencia e inquietud en el amor.

dolor se convertirá en tu cura". Cuando el Libra se siente herido tiene que pasar por el proceso de perdonarse a sí mismo y a aquél cuyo amor ha perdido. Debe buscar muy dentro de sí mismo hasta descubrir cuál es la verdadera naturaleza del amor en su corazón y su alma para que pueda, cuando llegue el ciclo, abrirlos y amar de nuevo. Al abrazar su dolor y perdonar la vida conoce un amor más profundo de lo que creyó ser posible.

VIAJEMOS JUNTOS[101]

El mundo ha sido bendecido por el matrimonio inusualmente armonioso del artista, autor, teósofo y pacificador Libra, *Nicholas Roerich*, con la autora y teósofa Helena Roerich. Nicholas Roerich, nació en San Petersburgo, Rusia, el 8 de octubre de 1874. Aunque no pasaron tiempo juntos durante su juventud, Helena, una Acuario, nació en el mismo pueblo cuatro meses después. A pesar de que los padres de Helena se oponían a su matrimonio, se casaron en 1901. Muy enamorados el uno del otro, y viviendo todos los aspectos de sus vidas según los principios ocultos elevados, criaron con éxito a dos hijos, viajaron a lo largo y ancho en búsqueda de la Verdad apoyándose mutuamente de muchas maneras y juntos fundaron La Sociedad Agni Yoga.[102]

"Juntos superamos muchos obstáculos", escribió Nicholas Roerich de su matrimonio en los últimos años de su vida. "Y los obstáculos se convirtieron en oportunidades. Dediqué mis libros *"A Helena, mi esposa, mi druginya, mi compañera de viaje, mi inspiradora"*. En San Petersburgo, en Escandinavia, en Inglaterra, en América y por toda Asia, trabajamos, estudiamos y ampliamos nuestra consciencia.[103]

En un artículo dedicado a su esposa, Nicholas Roerich escribió:

> *La justicia, el amor y la búsqueda constante de la verdad, transforman la vida entera alrededor de un espíritu joven y fuerte. Y todo el hogar, toda la familia, todo se construye conforme a estos benditos principios. Se superan todas las dificultades y los peligros utilizando los mismos principios benditos.*[104]

El hijo de los Roerich, Svetoslav, escribió acerca de cómo impactó en su vida el ambiente de amor y entendimiento mutuo entre sus padres:

> *Tanto en mi padre como en mi madre había el balance y la armonía única de dos seres perfectamente sincronizados que realizaron el gran ideal de la vida y vivieron según un sendero elegido como ejemplo perfecto de la dedicación y el cumplimiento de sus metas. Su imagen radiante sigue siendo mi mayor inspiración, la gran fuente de mi felicidad.*

Nicholas y Helena Roerich nos dieron el ejemplo de dos almas unidas en el amor, que se comprendieron uno a la otra, unidos en el sendero espiritual y en su servicio a la humanidad. Cuanto más recuerda y se da cuenta el alma nacida en Libra de quién realmente es, más probable será que atraiga el complemento divino con quien cumplirá su destino cósmico, siendo juntos un ejemplo para la humanidad de lo que es el matrimonio en la Era de Acuario.

PAZ EN EL OJO DEL HURACÁN

¡Traición! La mera palabra hace estremecer al corazón. Libra es el signo de la realidad y en un sentido relativo, de la irrealidad. En términos prácticos, los nativos de este signo hacen bien en no confiar en ningún hombre, ni en sí mismos, porque todos estamos en el estado kármico de la imperfección, pero al mismo tiempo deben hacer un esfuerzo por ver lo mejor en cada quien. Claro que el hecho de fracturar la confianza no es inevitable en este signo pero, quizá debido al karma personal o incluso planetario, los Libra parecen ser particularmente susceptibles a la infidelidad, tanto como el traidor como el que ha sido traicionado.

Quién puede decir si una traición duele más que otra, pero la herida causada por la violación de la confianza entre dos personas que han hecho un voto de fidelidad no sana con facilidad. Un Libra, al descubrir que su amada esposa le fue infiel después de veinte años de matrimonio, llamó a su experiencia "una crucifixión del corazón". A veces sucede que los secretos oscuros y callados están tan enterrados en el corazón, que uno deja de darse cuenta del peso que ha cargado por tanto tiempo. Un corazón roto es, por un tiempo, un corazón abierto cuyos secretos ya revelados pueden ser sanados. ¿Acaso no son los amores humanos la preparación del jardín del corazón para el amante de nuestra alma?

---

[101] Del libro *Comunidad de la Nueva Era* (1926): "Peregrino, amigo, viajemos juntos. La noche está cayendo, los animales salvajes acechan y nuestro fuego pronto puede apagarse. Pero si nos ponemos de acuerdo de compartir la guardia nocturna, podremos conservar nuestras fuerzas. Mañana nuestro camino será largo y posiblemente nos agotaremos. Caminemos juntos. Tendremos alegría y haremos de ello una celebración, Yo cantaré para ti la canción que cantaban tu madre, tu esposa y tu hermana. Tú me contarás la historia de tu padre acerca del héroe y sus logros. Deja que nuestro camino sea uno. Ten cuidado de no pisar un escorpión y adviérteme de las serpientes. Recuerda, debemos arribar a una cierta aldea montañosa. Viajero, sé mi amigo". Véase Agniyoga.org/ay_sp/ay_sp_community.html.

[102] El Agni Yoga Afirma la existencia de la Jerarquía de Luz y el centro del corazón como el vínculo con la Jerarquía y los mundos distantes. Aunque no está sistematizado en el sentido ordinario de lo que estamos acostumbrados, el Agni Yoga es una enseñanza espiritual que ayuda al estudiante con discernimiento a descubrir las directrices para aprender a gobernar su vida y contribuir al bien común. Por esta razón, el Agni Yoga se conoce como una Enseñanza de ética de vida. Véase Agniyoga.org/aysp/ay_sp_info.html.

[103] *Druginya* es una palabra rusa que significa "amiga".

[104] Estas notas vienen de un articulo llamado "She who inspires" (Aquella que inspira) sobre Helena Roerich. Véase Found-HelenaRoerich.ru/eng/inspir/.

Sonia, una Libra nacida en los primeros días de octubre, estaba experimentando el dolor casi insoportable de un corazón roto, pues su esposo de muchos años de casados la abandonó de pronto y ella se sintió por completo desolada. Su hija, que en aquel entonces tenía veinte años de edad, se le acercó y le habló con candor: "Madre, no aguanto verte tan triste pensando en mi padre. El amor no ha desaparecido de tu vida. Simplemente ha sido reestructurado. Nosotros te necesitamos. Por favor, sal de tu cuarto. Además, ¿no me has dicho siempre que los Libra deben mantenerse en el ojo del huracán?" Consolada por el amor de su hija y fortalecida por su sabiduría, Sonia tomó un momento para reflexionar, como suelen hacer los Libra, y concluyó: "esto tiene mucho sentido". No solo resolvió perdonar a su esposo, sino que también se prometió a sí misma que rezaría por él por cierto período de tiempo. Al hacerlo, descubrió una paz interna que no había conocido antes. Cuando el alma Libra ancla su resolución con firmeza en el corazón, emana una fuerza tranquilizadora muy particular; ya no la arrastran olas de emoción y agitación mental y puede ocupar de nuevo el puesto de capitán de la nave.

En Aries, el alma debe controlar el fuego del Sol, su energía poderosamente exuberante y, al hacerlo, aprender a tener paciencia. En Libra, la paciencia significa ser constante y poder perdurar. El verdadero Libra aguantará el dolor transformador del amor. Es una elección, una prueba del alma que exige, de una manera u otra, la resolución profunda que casi todos los que nacen en este signo llegan a conocer.

La energía no desaparece; tiene que ir a alguna parte. El dolor ignorado por demasiado tiempo puede calcificarse, manifestándose en forma de algún malestar físico. Así pues, aunque la pérdida del amor puede ser traumática para el Libra enamorado, también puede liberarlo. Una vez que la pena ha purificado el corazón, el dolor se convierte en regocijo. Después de todo, el que ha amado y ha perdido, a pesar de todo su sufrimiento ha tomado de la copa de la vida más que aquél que no se ha atrevido a amar. A través de las muchas pruebas y la gran dicha del amor, el corazón Libra va madurando.

LA ELECCIÓN DE DEFENDER UNA CAUSA JUSTA

De ser necesario o si la convicción sacude su alma, la persona valiente con el Sol en Libra decidirá dar la batalla final dentro o fuera del tribunal, aunque nadie lo apoye. Defender lo justo es una prueba de carácter, una oportunidad para que el amor salga victorioso en la vida del alma Libra. Durante esta cita con el destino, el alma Libra a menudo tiene que enfrentarse con su propio Goliat. Aunque todavía lo espera la última batalla, puede que tal momento resulte decisivo y un importante parteaguas en su vida.

Mohandas Gandhi llegó a ser el líder espiritual y político del Movimiento de Independencia de la India. Cuando nació, la India llevaba casi 200 años de dominio británico. Nada durante su juventud parecía indicar el futuro que lo esperaba. De hecho, Gandhi, quien había ido a Londres para estudiar derecho (una carrera Libra) fracasaba miserablemente en su profesión; fue entonces cuando aprovechó la oportunidad de participar en una demanda de un indio que vivía en el Transvaal, Sudáfrica. Gandhi tenía veinticuatro años de edad. Dejando atrás a su esposa e hijos en la India, prometió enviar por ellos cuando estuviera establecido.

No todos los Libra nacen con el destino de ser un símbolo para su generación o la clave para la salvación de su país, pero casi todos conocen momentos de crisis cuando las circunstancias los retan a tomar una elección vital. Los Libra suelen enfrentar en numerosas ocasiones la necesidad de decidir si aguantarán hasta que pase la tormenta o si se someterán a la tentación de comprar la paz a cualquier precio. Estas experiencias ponen al alma Libra a prueba, enseñándole lecciones que le servirán para toda la vida, la prepara para la gran prueba —tal vez totalmente inesperada— que cambiará su vida por completo.

Puede que en el cruce de caminos de la vida, el Libra todavía no se dé cuenta de qué tan seria es la situación en la cual se encuentra, pero de ese momento en adelante, la dirección de su vida dependerá de su elección. Una semana después de que Gandhi llegara a Sudáfrica, un evento único despertó dentro de este hombre tan tímido, el fuego de la justicia que lo propulsaría al papel que tenía designado de *Mahatma, el Alma Grande*. Era una cita con el destino, porque Gandhi estaba llamado a ayudar a la India no por medio de las armas, sino por *Satyagraha*, una palabra en sánscrito que el mundo occidental traduce como "no cooperación", pero que en realidad significa "verdad y firmeza".

En una noche fría de invierno el escenario del destino estaba preparado. A pesar de haber comprado un boleto de primera clase, un policía sudafricano echó a Gandhi del tren en el que viajaba. En aquel tiempo se consideraba a los indios como criados despreciables. He aquí la descripción de Gandhi con sus propias palabras de cómo aquella noche cambió el curso de su vida:

> *El tren partió y me dejó temblando de frío. Entré a la oscura sala de espera. Había un hombre blanco en el cuarto. Le tuve miedo. Me pregunté cuál era mi deber. ¿Debía volver a la India? ¿O debía seguir adelante con la ayuda de Dios y enfrentarme a lo que me esperaba? Decidí quedarme y sufrir. Mi postura de no-violencia activa empezó en aquella fecha.*

LECCIONES DE LIBRA EN EL SENDERO

El Aspirante Libra en el camino de la autorrealización empieza, como hacen todos los nuevos estudiantes, separando lo real de lo irreal. Estudia *la Ley*; el estándar espiritual mediante el cual se mide *la acción correcta*. Reflexiona con seriedad y empieza a ver qué tan ilusorio y falso es mucho de lo que ha aprendido y aceptado como realidad. Aprende muchas cosas nuevas, pero no es propenso a creer ciegamente. Suele hacer a lado sus dudas por un tiempo mientras confirma la veracidad de las nuevas ideas a través de su propia experiencia. Una vez que acepta un principio espiritual como verdad, lo utilizará como brújula para ayudarse a determinar el curso guiado por él. Y así, el Aspirante Libra gradualmente se desviste del hombre viejo convirtiéndose en el Hombre Real. Como Nicholas Roerich, cuya enseñanza espiritual era la de un camino práctico, decide estar en el mundo y cumplir con sus responsabilidades mundanas siendo a la vez fiel a los principios espirituales. Se ejercita como hombre íntegro y de buen juicio.

EL CORAZÓN EQUILIBRADO

Una y otra vez la vida pondrá a prueba de diversas maneras a aquél que quiera ser el Héroe en Libra, dándole la oportunidad de ganar maestría sobre el chakra del corazón. A través de la oración, la meditación y los decretos dinámicos (afirmaciones enfocadas), logra transmutar los bloqueos y corregir desequilibrios en el corazón espiritual y físico. La representación de las tres cruces astrológicas (Cardinal del Poder, Fija del Amor y Mutable de la Sabiduría) representadas en la carta natal, muestra el balance o falta de balance de estas cualidades en la Llama Trina que arde en el chakra del corazón.[105]

Puede que una cruz predomine más que otra o a la inversa; el Aspirante podría tener una expresión bien desarrollada en un área y deficiente en otra. Por ejemplo, si es poderoso y fuerte pero carece de amor y sabiduría, es probable que actúe como tirano. No basta con que el Aspirante Libra esté en su corazón; si quiere lograr un sentido de equilibrio en su vida material y dentro de su ser espiritual, la llama en su corazón tiene que estar balanceada.

Ahora bien, saber razonar es uno de los mejores dones del Aspirante Libra, pero la razón también puede ser su enemiga. *Él depende de su habilidad para razonar, encontrar, entender y determinar* soluciones viables y justas. Pero luego sucede que hasta el nativo más inteligente de la Balanza se encuentra en un dilema: su mente razona de una manera y su corazón le dicta otro curso de acción sin ofrecerle ninguna explicación lógica. Se siente perplejo y por no saber qué debe hacer; demora, no como la tortuga de Tauro perdida en la contemplación, tampoco como el Géminis atrapado en la dualidad; sino porque entiende los dos puntos de vista contrarios como legítimos y no puede escoger entre ellos. Quizá percibe que en todo esto le espera una trampa, pero no la puede identificar. Está consciente de que su juicio está a prueba; desde luego quiere hacer la mejor elección posible pero, como siempre, no puede liberarse de la exasperante costumbre de comparar una cosa con otra. Es capaz de gastar toda su energía, hasta el agotamiento mental y, aún así, sigue sopesando una posibilidad contra otra sin resolver nada.

---

[105] Véase Tsl.org/maestrosascendidos/equilibra-la-llama-trina-del-corazon/.

Aunque Venus rige a Libra *exotéricamente*, Urano (planeta de revelación a través de la mente superior), rige a Libra *esotéricamente*. Cuando quiere resolver un problema, el Libra investiga el asunto hasta aprender todo lo que puede al respecto. Pero al final, el buscador espiritual Libra no encontrará respuestas por medio de la razón, sino por medio de la intuición, en la cual la mente superior se sintoniza con el corazón equilibrado. Debe estar dispuesto a aceptar que 2 y 2 no siempre equivale a 4. Después de todo, el paso correcto para una persona en cierta circunstancia durante una etapa dada de su vida, no necesariamente es correcto para otra persona que funciona en otro nivel de consciencia. A veces sucede que el Aspirante Libra intuye la verdad sin poder explicársela a sí mismo, mucho menos a otro. El abogado dentro de él busca el argumento. Sabiamente resiste actuar sobre sus presentimientos porque bien sabe que las emociones nos pueden engañar. Se pregunta: ¿Qué querría Dios que yo hiciera? Y así descubre una confirmación intuitiva. ¡Simplemente lo sabe! Después de haber hecho caso a su intuición cierto número de veces, empieza a confiar en los consejos del hombre interno dentro del corazón con cuya sabiduría ya se puede sintonizar a voluntad. Cuando su corazón está equilibrado, cuando nada le hace reaccionar emocionalmente, descubre que de manera intuitiva reconoce el camino correcto, no por medio de la razón sino de la vibración.

EL ENFRENTAMIENTO CON EL ENEMIGO

Libra es el signo de los enemigos declarados; a menudo pasa que el buscador espiritual Libra se enreda lamentablemente en conflictos y discusiones una y otra vez. Nicholas Roerich escribió lo siguiente sobre los enemigos: "Al empujarnos a estar alerta sin descanso, nos ayudan a forjar la armadura del logro heroico". El enemigo (o el mismo conflicto que reaparece con diferentes personas en diversos escenarios) puede servirle al Aspirante para dejar en claro que el único enemigo que le debe importar es el que lleva adentro. Cuando decide enfrentar sus propias debilidades y su propia obscuridad, estudia su psicología y su astrología, ora y decreta fielmente y aplicándose con diligencia al sendero, no se dejará atrapar con tanta facilidad ni se le olvidará quién es. Cuando es sincero consigo mismo, nadie lo puede engañar.

Gandhi asumió una táctica que sabía que no le podía fallar. Él sabía que el adversario no eran los ingleses sino lo erróneo en su manera de pensar. A pesar de la oposición que había en su contra y de las repetidas ocasiones en que le habían encarcelado incluso por años, no guardó ningún resentimiento. Sagazmente liderando a su nación, guiando a su gente hacia un futuro todavía no conocido, Gandhi deseaba que los ingleses fueran aliados de la India después de obtener su independencia. El Mahatma se encontró a sí mismo muy a menudo en situaciones volátiles. Así pues, la regla para cualquier Libra en especial cuando está sopesando sus opciones es: "No escuches a los amigos cuando el amigo interno te dice qué es lo que debes hacer".

Más que nunca, el Aspirante de la Balanza descubrirá que no puede hacer feliz a todo el mundo y a la vez mantenerse fiel a su propia consciencia. Permanecer firme en el ojo de huracán, no permitiendo que nada lo saque de su curso, se vuelve cada vez más crucial, requiriendo de él la valentía de decir que no, e incluso adiós, adiós cuando sea necesario. Requiere práctica, fe y un corazón fortalecido por el amor. Cuando deja atrás lo que ya no puede o no debe cargar, muy pocas veces se arrepiente de haberlo hecho.

LA NOCHE OSCURA DEL ALMA

Aunque el sendero del Amor es uno de regocijo y de dicha, está marcado por dolor purgativo y transmutador, porque el amor expone y consume todos los momentums negativos y los deseos inferiores al anhelo de unirse con Dios. Según los ciclos de su astrología en conjunción con su propio progreso en el Sendero, tendrá que enfrentarse al despertar, a veces intenso, de tales deseos. No se debe condenar por sentirse tentado; más bien debe estar agradecido por la oportunidad de transmutar tales deseos. A lo mejor son momentums de un pasado con el cual ya no se identifica, pero cuyos efectos —patrones, hábitos mentales y emocionales e incluso situaciones que a menudo involucran a otras personas— tiene que enfrentar. En efecto, debe reprogramar su mente, sus deseos y alinearse cada vez más con la consciencia crística que emerge de su ser. San Juan de la Cruz, un monje del siglo XVI que perteneció a la orden de los carmelitas, llamó a este período *la noche oscura del alma*, describiéndola en sus escritos de manera detallada y exquisita:[106]

> *De donde, para mayor claridad de lo dicho y de lo que ha de decir, conviene aquí notar que esta purgativa y amorosa noticia o luz divina que aquí decimos, de la misma manera se ha en el alma, purgándola y disponiéndola para unirla consigo perfectamente, que se ha el fuego en el madero para transformarle en sí.*

> *Porque el fuego material, en aplicándose al madero, lo primero que hace es comenzarle a secar, echándole la humedad fuera y haciéndole llorar el agua que en sí tiene; luego le va poniendo negro, oscuro y feo, y aun de mal olor, y yéndole secando poco a poco, le va sacando a luz y echando afuera todos los accidentes feos y oscuros que tiene contrarios a fuego; y finalmente, comenzándole a inflamar por de fuera y calentarle, viene a transformarle en sí y ponerle tan hermoso como el mismo fuego.*

> *En el cuál término ya de parte del madero ninguna pasión hay ni acción propia, salva la gravedad y cantidad más espesa que la del fuego, porque las propiedades del fuego y*

acciones tiene en sí; porque está seco, y seca; está caliente y calienta; está claro y esclarece; está ligero mucho más que antes, obrando el fuego en él estas propiedades y efectos.

La etapa de la Noche Oscura es difícilmente comprensible para quien todavía no la ha experimentado. Se puede aprender de ella en el Libro de Job, a través de las vidas y palabras de los santos y poetas. Es la oscuridad antes del alba. En esencia podemos entender la Noche Oscura como una iniciación de Libra; en la Cruz Cardinal del Poder, Libra representa la acción del Espíritu Santo.[107]

Este Espíritu Santo, descrito en Isaías[108] como el Espíritu del SEÑOR y equivalente a Shiva en la trinidad hindú, es conocido como El Destructor, *el poder del amor divino*, una frecuencia desconocida en este mundo capaz de transmutar imperfecciones y así liberar a los hombres de los efectos del karma negativo elevándolos a su estado divino.[109]

También vemos en Libra a la negación del Espíritu Santo cuando el alma deja entrar al *mentiroso y a la mentira*. Cuando la acción del fuego del amor se intensifica en su corazón, el Aspirante comienza a sentir una sensación ardiente. Los místicos describen la experiencia como una pasión profunda y candente que purifica, purga y expone y consume todos los vestigios de la irrealidad. El buscador de la iluminación pasa por una etapa en la cual se siente inmerso en la oscuridad, y debe tener suficiente luz en su corazón y sus chakras para soportar la dura e intensa prueba de someterse a los fuegos del amor. Solo tras pasar por la Prueba de Fuego podrá emerger purificado, listo para recibir y unirse al Amado.

DEFENSOR DE LA ERA DEL AMOR

Cuando Nicholas Roerich tenía veinticinco años, le preguntaron cuál era su lema favorito y él respondió: "¡Adelante y jamás volver a mirar atrás!" A pesar de haber vivido durante el último siglo de la Era de Piscis, era un adelantado para su tiempo. Roerich tomó muy en serio su papel de heraldo de la Nueva Era (la Era de Acuario), una época en la que la humanidad iluminada trabajaría junto

---

[106] *La noche oscura del alma* 11 Capitulo X Estrofa 1 por San Juan de la Cruz.

[107] Véase *Predice tu futuro* por Elizabeth Clare Prophet (Porcia Ediciones, 2005).

[108] Isaías 11:2 (TLA) *Y el espíritu de Dios estará sobre él y le dará sabiduría, inteligencia y prudencia. Será un rey poderoso, y conocerá y obedecerá a Dios.*

[109] Shiva, la tercera representación de la trinidad Hinduista, es el destructor del ego y de la ignorancia; en el final de los casos, Shiva es el destructor del propio cosmos. Shiva también es el Restaurador. Destruye lo viejo, disolviendo todo lo que nos mantiene en una consciencia de estar separados de nuestra realidad divina inherente.

con la Jerarquía de Luz para dar inicio a una cultura de Belleza y Hermandad Universal.[110]

Por fin, el Héroe Libra ha peleado la buena pelea y ha ganado la victoria. Con el corazón purificado y la mente del todo alineada con su Presencia Divina, se convierte en el Mensajerode la Belleza, la Justicia y el Amor. A Roerich se le llamó el abanderado de una cultura de amor tan sublime como el mundo jamás había conocido, ni siguiera en eras doradas pasadas.

Él es el defensor, el mensajero y el puente, que despierta a los demás a su naturaleza divina en su papel de defensor de la Verdad y la Realidad Suprema.

---

[110] Los Roerichs fueron Teósofos; estudiaron en profundidad las enseñanzas místicas del Oriente y del Occidente y trabajaron con los grandes Maestros espirituales conocidos como "La Jerarquía de Luz". Véase *Belleza, la visión de Nicolás Roerich para el futuro,* RuthDrayer.com/pdf_publications/Libro_de_Ruth_Drayer-Belleza.pdf.

6.

Acuario

Símbolo . **El Portador de Agua**

Nacido ......20 de enero~18 de feb.

Arquetipo ....*El Alquimista*

Frase clave ....**Yo Sé**

Elemento ....**Aire**

Cruz ....**Fija del Amor**

Casa ....**La Undécima:**
Las amistades, asociaciones de grupos, diplomacia, metas y aspiraciones, los inventos y la tecnología

Regentes ....**Urano y Saturno**

Regente esotérico ....**Júpiter**

Polaridad ....**Leo**

Chakra ....La Sede del Alma

Anatomía . Las espinillas, pantorrillas, tobillos, el talón de Aquiles y el sistema circulatorio

Cualidades espirituales ....**La libertad, el amor fraternal, tolerancia, los inventos y la tecnología, la consciencia utópica, una mente abierta, reforma social y política y la entrega espiritual**

Vulnerable a ....*Engreimiento mental, libertinaje, terquedad, odio y desagrado, irritación, distanciamiento, inaccesibilidad emocional, rebeldía y anarquía*

Debe adquirir ....**Compasión, sensibilidad del alma, confianza en el amor, poder reconocer la diferencia entre la libertad y el libertinaje y entre la revolución verdadera y el caos**

Abraham Lincoln • Francis Bacon • Oprah Winfrey • Tomás Edison • Tomás Moro

EL SOL EN ACUARIO

¿Acaso no destruyo a mis enemigos
cuando los convierto en mis amigos?

—Abraham Lincoln, 12 de febrero de 1809

ARQUETIPO DEL HOMBRE Y LA MUJER DE LA ERA DE ACUARIO

La Era de Acuario está destinada a ser una era de libertad universal y de buena voluntad entre hermanos, una época en la cual las diferencias externas ya no cortan sino mejoran la cuerda del Amor que ata a un alma a otra y cada alma a su propia Realidad Superior. Durante el presente ciclo de Acuario que durará más de 2000 años, la humanidad recibirá la oportunidad de evolucionar de una consciencia egocéntrica a una supra consciencia galáctica. Este planeta disonante en guerra tiene que evolucionar a ser un mundo de gran diversidad, vibrando como un acorde armonioso de muchas cuerdas, cada una con un sonido muy particular, pero todas armoniosamente afinadas con el OM.

El Héroe Acuario es el arquetipo del hombre verdadero de la Nueva Era. Es un alquimista de primera que ama la libertad; es brillante, inventivo y universalmente compasivo. Muchos lo conocen como un amigo y un hermano espiritual que muestra el Camino a personas de todos los signos que buscan liberarse de las doctrinas separatistas de eras pasadas.

Acuario es el signo de la alquimia, la ciencia de la precipitación. En tiempos pasados, los legendarios alquimistas solían utilizar formulas secretas para transformar los metales comunes en oro. Aunque es cierto que aquellos que nacen en este signo a menudo tienen una inclinación natural para extraer y manipular la energía y vibración de las cosas materiales, la mayor alquimia que el alma Acuario individual puede alcanzar es la transformación espiritual de su propio ser, su destino y el mundo en el que vive, transformando los instintos comunes y corrientes en preceptos dorados.

EL PORTADOR DE AGUA

El símbolo de Acuario representa a un hombre con un cántaro en la mano del cual fluye un chorro de agua inagotable. El hombre representa a la humanidad. Las aguas de la vida, el flujo constante de la energía espiritual hacia la humanidad, representan la purificación y el despertar al amor por el planeta y sus habitantes. Las olas dibujadas en el glifo de Acuario simbolizan la libertad y la multiplicación de oportunidades creativas resultado de saber usar la energía de maneras innovadoras. Esto ha sido posible gracias a los nuevos inventos y avances tecnológicos; una marca tan característica en la personalidad y la Era de Acuario.

En la Astrología Kabalística, Acuario está relacionado con el mes de *Shevat*, que significa La Unificación. Cuando hablamos de la Hermandad Universal en Acuario, visualizamos una comunión de almas para quienes el amor ya no está bloqueado por aquellas discordias que enfrentan a un hombre con otro. Cuando vislumbremos las corrientes de Acuario que fluyen con fuerza como una cascada de amor y luz, podremos percibir la consciencia del hombre liberado del sentido de estar separado de Dios.

EL SENTIDO DE LA CONTRADICCIÓN ACUARIANA

A pesar de que por lo general y por naturaleza son amistosos, hay algo peculiarmente individualista, hasta un poco raro, en los Acuario. Parecen marchar a un ritmo diferente que las demás personas; sus ideas extrañamente futuristas parecen extravagantes y fuera de lugar. Los nativos de este signo han sido llamados excéntricos, idiosincráticos y a veces simplemente rarísimos. Aquellos que quisieron impresionar a los demás con una imagen más conservadora, revelan la naturaleza acuariana que insiste en un: *soy libre para ser quien soy* y queda clara cuando llega uno a conocerlos mejor. Visiones utópicas llegan con tanta facilidad a la mente de tantas personas nacidas bajo el Sol en Acuario, que se perciben a sí mismos como si vivieran la vida en una dimensión distinta a la de la mayoría. Ahora que los vientos de Acuario están soplando sobre el planeta, los Acuario parecen ser más el ejemplo y menos la excepción de la regla, haciendo que el estar con ellos sea más fascinante y menos incómodo.

Hay cierta contradicción en el temperamento acuariano que tiene sentido. De todos los signos, los Acuario son los más individualistas y, a la vez, los más humanitarios. Sus mentes están abiertas a nuevas posibilidades (signo de Aire), pero son famosos por su tendencia a negarse a cambiar su manera de ver las cosas. Dan la impresión de ser muy calmados, pero pueden ser nerviosos y tensos. Son los más amigables y a la vez los más impersonales y distantes del Zodíaco. Gravitan hacia los grupos, pero luego desaparecen buscando su propio espacio.

Una consideración de los regentes planetarios de Acuario nos ayuda a entender la naturaleza paradójica de aquellos que nacen bajo su influencia. Ambos, Urano y Saturno, rigen a Acuario. Las corrientes de Saturno provocan un ritmo lento y constante. En cambio, la energía de Urano se siente como relámpagos que nos sacuden y aceleran en un instante. La energía saturnina consolida y preserva, por lo tanto está relacionada con la estabilidad de la Ley. La energía de Urano destella y perturba; está asociada con innovación, revolución y cambios inesperados. La comprensión y la razón pertenecen al campo de Saturno, maduran con el tiempo; mientras que la alta frecuencia de la epifanía tiene que ver con Urano. Saturno amonesta: "Sé paciente". Urano exclama: "¡Adiós a lo viejo y bienvenido lo nuevo!"

Acuario:
Casa 11
Cruz Fija
del Amor
Aire

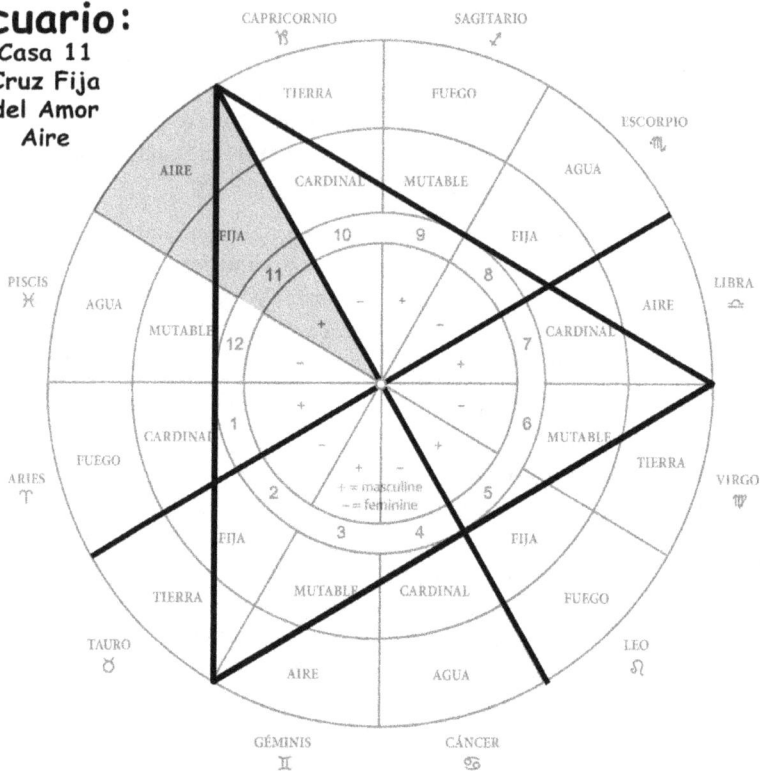

Algunas personas nacidas bajo la influencia de Acuario encarnan el espíritu de Urano: típicamente atípicos, pueden ser lo que sea menos normales. En especial cuando están en las etapas inmaduras de su desarrollo, les encanta derribar el statu quo. Son políticos naturales, poseedores de un talento especial para echar fuera el viejo orden. Suelen encabezar movimientos sociopolíticos que intentan efectuar cambios sociales, a menudo de una naturaleza radical. La clase de persona Acuario tipo saturnino también se siente atraída a participar en el proceso político de la comunidad, pero es más callada, reservada y quizá un poco tímida. Algo retraída, incluso taciturna, suele vivir dentro de sus pensamientos en un mundo de ideas y conceptos abstractos.

Guillermo es un Acuario tipo saturnino. Proyecta una muralla protectora a su alrededor que hace difícil acercarse a él; pero si le da entrada a uno a su mundo, descubrirá que es mucho más de lo que aparenta ser. Como su contraparte, el tipo Urano, está muy metido en la astrología, el trabajo audiovisual y los dispositivos tecnológicos. Es inventor, alquimista y entusiasta de las obras de Shakespeare (todas, actividades de Acuario); le encanta aplicar sistemas de energía alternativa en su hogar. Aunque insiste en que prefiere trabajar tras bastidores, su fuerte consciencia social y su habilidad para formular y presentar propuestas ingeniosas le han impulsado en repetidas ocasiones a posiciones de poder y autoridad dentro de la comunidad.

En la mayoría de los casos, las personalidades acuarianas manifiestan una mezcla de los rasgos de Saturno y Urano, los cuales describen su temperamento; pero la integración de ambas influencias va cambiando con la madurez, dependiendo en algún grado de otras variables que actúan en sus vidas, así como de la naturaleza del ciclo en el cual se encuentran.

DISCIPLINA, LA PUERTA HACIA LA LIBERTAD

Acuario es el signo de la libertad. A veces, los Acuario confunden la libertad con el libertinaje. Aunque Saturno y Urano son contrarios por naturaleza, el aparejamiento de los dos planetas, en la medida y la relación correcta, resulta en la ecuación perfecta. Al final de cuentas, *no hay libertad (Urano) sin responsabilidad (Saturno)*. Cuando alguien ejerce su libre albedrío con imprudencia, está encarcelando su alma en una ecuación kármica; mientras más actúe de manera indebida, más probable será que se equivoque; por lo tanto, el destino (el regreso de su karma), como un guardia, lo controla para disminuir el caos en su mundo.

Una comprensión experiencial de la relación entre la libertad (Urano) y la disciplina (Saturno) empieza durante la niñez. El niño Acuario necesita bastante espacio para moverse con libertad y para fomentar su sentido innato de independencia, pero también necesita aprender a cooperar con los demás, lo cual no siempre le resulta fácil. Le es especialmente provechoso aprender de niño que si elige romper las reglas, cosechará las consecuencias (Saturno) de sus acciones, las cuales estarán relacionadas con la acción particular. Las reglas deben ser justas y las consecuencias por haberlas roto deben ser proporcionales. El punto no es no castigar, sino ofrecerle oportunidades para hacer uso correcto y responsable de la libertad. Mientras va creciendo y recibiendo mayores privilegios y mientras más capaz sea de asumir mayores responsabilidades, el joven Acuario entenderá que para ser libre (Urano), una persona necesita ser capaz de disciplinarse (Saturno) para que ninguna fuerza externa le caiga encima. Saturno, conocido astrológicamente como "El Maestro", puede aparecer en la persona de uno de los padres del niño, el gurú o maestro del Aspirante, el gobierno en relación con los ciudadanos o simplemente la fuerza del karma que regresa al individuo.

Cierta intolerancia innata hacia formas limitadas de pensar, caracteriza la personalidad acuariana. Si cree que un hábito, condición, norma social, relación, horario o exigencia restringe su habilidad de amar o de crear, su impulso natural (Urano) es: ¡deshazte de él! Sin embargo, una tensión interna le advierte no actuar con exceso de celo. Aunque el verdadero Acuario desea libertad para todos, descubre que la clave para ser genuinamente libre y despertar su potencial divino, es que su alma esté atada (Saturno) al inmortal espíritu de luz dentro de él.

Plácido Domingo
(21 de enero 1941)

LA GRAN BONANZA DEL AMOR

El cantante, actor, director de orquesta, productor y administrador artístico **Plácido Domingo** nació el 21 de enero de 1941 en Madrid. Aquel día Plutón en Leo estaba en oposición al Sol a un grado de Acuario, todo en cuadratura con la conjunción de Saturno y Júpiter en Tauro, una T Cuadrada muy precisa e intensa sobre la Cruz Fija del Amor; se sentía la tensión que precedía la Segunda Guerra Mundial. A menudo se ve la T Cuadrada en las cartas de aquellas personas destinadas a tener un gran impacto en el panorama mundial. Un alma nacida con tal configuración podrá elegir entre varias opciones: puede que se sienta abrumada, atorada por sus circunstancias y por consiguiente incapaz de hacer el esfuerzo necesario para sobreponerse; incluso puede que elija ir contra la corriente de manera necia y rebelde. O decidirá superar el reto del amor que tiene enfrente, trabajará arduamente, desarrollará sus talentos naturales venciendo muchos obstáculos y haciendo numerosos sacrificios mientras mantiene con tenacidad la visión de la meta que desea lograr.[111]

El que está destinado a transformarse en el Héroe, casi siempre nace con por lo menos una configuración astrológica desafiante que por lo general está ligada a aspectos positivos, representando así la montaña que tendrá que escalar, los recursos que requerirá y la ayuda que recibirá en el camino. En la carta natal

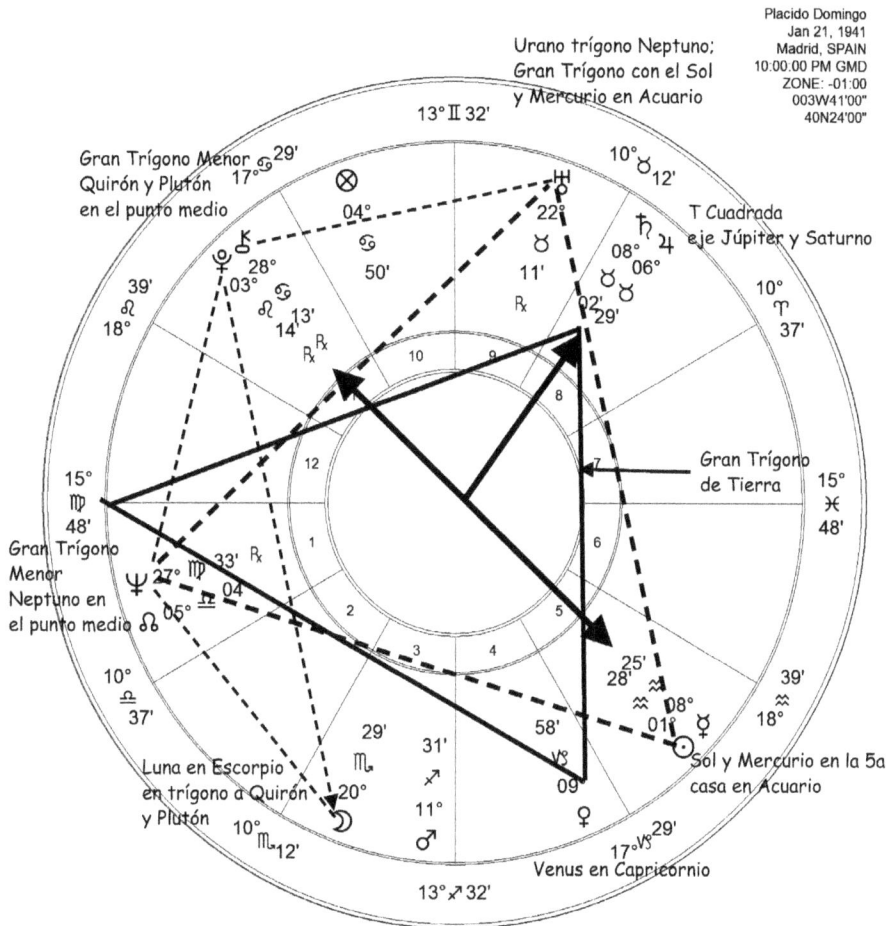

Plácido Domingo
Jan 21, 1941
Madrid, SPAIN
10:00:00 PM GMD
ZONE: -01:00
003W41'00"
40N24'00"

Urano trígono Neptuno;
Gran Trígono con el Sol
y Mercurio en Acuario

13° Ⅱ 32'

Gran Trígono Menor ♋29'
Quirón y Plutón 17°
en el punto medio

10° ♉ 12'

04°

⊗

22°

T Cuadrada
♄ ♃ eje Júpiter y Saturno
08° 06°

39'
28°
03°
♌
18°

♋
50'

♌ 13'
14

11'
♉
Rx
♉ ♉
02° 29'

10°
♈
37'

10
9
8

Gran Trígono
de Tierra

15°
♍
48'

Gran Trígono
Menor
Neptuno en
el punto medio ☊

♆ 27° ♍ 33' Rx
04
05°
☊

12

7

6

15°
♓
48'

25'
28° ≈
01° 08°

39'
≈
18'

10°
♎
37'

1

2

3
4

5

Sol y Mercurio en la 5a
casa en Acuario

Luna en Escorpio
en trígono a Quirón
y Plutón 10°

♏
20°
29'
31'

11°
♐

58'

♑
09

☉

Venus en Capricórnio

13° ♐ 32'

♏ 12'

♂

♀ 17° ♑ 29'

[111] En la carta natal de Plácido Domingo, Plutón (el punto de mayor tensión en la carta) en Leo está en conjunción con Quirón (indicador del destino) en Cáncer (el público) en trígono con la Luna en Escorpio (una influencia favorable para un músico) en la Tercera Casa (comunicación y versatilidad de expresión), conectada con una serie de sextiles (creatividad) que forman dos Trígonos Menores. No obstante, semejante talento podría haber quedado inactivo si no se lo hubiera dirigido y perfeccionado con tanta energía.

Notamos también que Neptuno estaba en trígono con Urano en 1941, denotando un despertar en la gente y dando nacimiento a movimientos espirituales. Éste trígono afectó a toda una generación, pero no todos fueron lo bastante sensibles como para percibir sus energías elevadas. Sin embargo, a Plácido Domingo la música operística le ayudó a lograr una comunión sublime con esferas superiores de belleza y pureza. En un espíritu verdaderamente acuariano, él ha considerado el popularizar la música de ópera como una gran parte de su misión.

de Domingo, Saturno y Júpiter están en trígono con Venus (las artes) ubicado en Capricornio, signo de industria y producción, todo en trígono con su Ascendente Virgo, formando un Gran Trígono de Tierra, que indica su exitosa carrera como cantante de ópera siempre y cuando estuviera dispuesto a hacer el considerable esfuerzo de cumplir con los difíciles requisitos de tal vocación.

Los Acuario son por naturaleza decididos, voluntariosos y de mentalidad fuerte. La cuestión es si su motivo es amar a su prójimo o si piensa egoístamente en su propio bien y ventaja personal. En los cuatro signos de la Cruz Fija del Amor (Tauro y Escorpió, Leo y Acuario), el motivo siempre es el factor diferenciador entre actitudes como la constancia indomable y una mentalidad obsesivo-compulsiva. Además, el que quisiera ser el Héroe en Acuario tendrá que entregarse por completo a su meta y al mismo tiempo ser desapegado; una y otra vez tendrá que soltar algo del exceso de equipaje, ya sea una idea, un deseo, un hábito, in-cluso una relación. Así, el amor lo pondrá a prueba y lo moldeará.

Domingo llegó a ser uno de los tenores más destacados e influyentes de todos los tiempos, cautivando a su público con su voz poderosa y versátil. Ha cantado en español, italiano, ruso, francés e inglés en una variedad de papeles y géneros musicales; ha grabado villancicos, canciones rancheras mexicanas con mariachis y canciones populares. Cuenta con un nivel de energía y una vitalidad extraordinarios —ha producido más de cien grabaciones de música clásica— y tiene un registro (rango de voz) excepcional que le ha permitido cantar como tenor y como barítono, algo muy inusual, casi fenomenal, entre cantantes de ópera.

Por encima de todo, es conocido por su naturaleza generosa, amigable y amorosa, ¡un Acuario verdadero! Su hijo, Plácido Domingo Jr., una vez describió a su padre como "un gran trabajador, la persona más sencilla y humilde que he conocido en mi vida; quiere mucho a todas las personas". El famoso tenor José Carreras comentó acerca de Plácido Domingo: "La calidad humana de Plácido Domingo es muy digna de admirar, cómo se preocupa por todos los demás desde los más grandes hasta los más pequeños, tiene una palabra para todo el mundo". Domingo ha dicho: "El artista es un embajador de paz con la música".

Como los Acuario son de Aire y por tanto intelectuales, parecieran ser de temperamento tranquilo, sosegado. Hablando sinceramente, Domingo admite que sigue sintiéndose nervioso antes de cada función, dice que en cada ocasión es como pasar por "la prueba de fuego" otra vez. Pero luego se siente exaltado por la música, entra en una comunión sublime con ella y con la audiencia y desde ese momento en adelante, todo fluye. Se recomienda a los que nacen bajo la in-fluencia del Portador de Agua, practicar la meditación,

En entrevistas en persona, con frecuencia se le pregunta a Domingo: "¿Qué es lo que se requiere?" y él contesta que se requiere "una gran disciplina, superar muchos obstáculos que parecen insuperables en su momento, positividad y entusiasmo, dedicación, muchos sacrificios y una entrega total".

Así, conforme el Héroe en Acuario se adhiere a los estándares más elevados de excelencia, alcanza la grandeza con un espíritu verdadero de humildad y humanidad. De esto naturalmente nace gran dicha y gratitud por haber recibido la oportunidad de conocer, expresar, impartir y compartir la gran bonanza del amor.

EL SIGNO DE LA HERMANDAD UNIVERSAL

Géminis (un signo de Aire sobre la Cruz Mutable de la Sabiduría) rige a los hermanos, Libra (un signo de Aire sobre la Cruz Cardinal del Poder) rige al matrimonio y los socios importantes, y Acuario (un signo de Aire sobre la Cruz del Amor) rige a los amigos. La amistad, en algunas culturas, vale aun más que el matrimonio.

Cuando *Abraham Lincoln* (12 de febrero de 1809), llegó a ser presidente de una nación a punto de entrar en una larga guerra civil —La Guerra Civil, también conocida por castellanohablantes como La Guerra de Secesión: 12 de abril de 1861 hasta el 9 de mayo de1865—, estaba rodeado por rivales que desafiaron su elección y su mando. En vez de quitar a quienes se le oponían de posiciones importantes en el gobierno, los atrajo otorgándoles posiciones en su gabinete. Lincoln era un amigo de todos, pero pocos eran capaces de entenderlo. Su consciencia acuariana era mucho más adelantada de la era en que estaba destinado a jugar un papel tan vital.

La famosa artista y anfitriona de televisión, *Oprah Winfrey* (29 de enero de 1954) escaló desde la pobreza extrema y una juventud turbulenta, hasta convertirse en una de las mujeres más estimadas y ricas de los Estados Unidos de América. Oprah ganó el cariño de muchos y dio al mundo un ejemplo de la consciencia del Acuario que es amigo de todos por su habilidad de inspirar, elevar y sacar lo mejor de las personas en todo el mundo.

El verdadero Acuario se siente tan a gusto con jefes de estado como con hombres de la calle, conectándose con unos y otros a nivel del alma. Lincoln se mantuvo humilde y genuino a lo largo de su carrera; tampoco lo corrompió la fama y la fortuna. Y una vez dijo Oprah: "Aunque estoy agradecida por las bendiciones de la riqueza, esto no ha cambiado mi persona. Aún tengo los pies sobre la tierra, solo que con mejores zapatos".

La vida pondrá al alma Acuario a prueba —en especial durante su juventud — para escoger bien las causas que decide defender y los compañeros con quienes andará. El Acuario valora mucho la amistad y el compañerismo. Entre sus amigos existe una gran variedad de personas de todos los caminos de la vida. Una vez que el Portador de Agua forja una amistad, su lealtad tiende a ser inquebrantable. Aunque sus amigos personifican la mente abierta y la universalidad del espíritu Acuario, él dejará atrás cualquier relación que trate de restringir su libertad. Cuando decide terminar una amistad, lo hace de manera decisiva y permanente.

LAS LECCIONES DE AMOR DE ACUARIO

Acuario es el signo del amor divino. Si el Acuario desea recibir más amor, necesita soltar de forma consciente una buena porción de sus miedos, porque es verdad que el amor perfecto echa fuera el temor, pues el temor lleva en sí castigo.[112]

Pareciera sencillo que a pesar de lo complicadas que puedan ser las circunstancias kármicas, la solución para cualquier conflicto del Acuario siempre es *más amor*. Y he aquí lo verídico del dicho "no hay ganancia sin dolor". Para que el alma Acuariana pueda amar libremente, debe reconocer y deshacerse de manera consciente de las actitudes mentales y emocionales que bloquean la fluidez del entendimiento mutuo y del perdón.

Es casi inevitable que los Acuario experimenten el odio. La luz del amor en el aura del Aspirante Acuario puede ser tan intensa que revela todo lo que se opone o estorba a la expresión del amor en la otra persona —odio, disgusto y dureza de corazón— provocando a menudo una reacción de enojo y odio. Además, el visionario Acuario amenaza a aquellos que tienen miedo al cambio. En estos momentos, el alma Acuario debe mantenerse fiel a sí misma, aun si esto significa quedarse sola, que es justo lo que muchas veces le sucede. Si da su brazo a torcer, yendo en contra de su propia conciencia, inevitablemente se arrepiente por haber sido débil cuando ve el resultado de su falta de firmeza.

Casi todos los Acuario tienen que luchar también contra el odio dentro de sí mismos. La mayoría insistirán en que no odian a nadie, pero la irritación y el disgusto leve son formas distorsionadas menos obvias de la carencia del amor. Tales estados emocionales son síntomas de que el alma está intentando aislarse creando biombos que la separen de los demás. El alma Acuario que teme ser lastimada emocionalmente tiende a cambiar frecuencias, retirándose a su propio espacio; por consecuencia, aunque está físicamente presente, está emocionalmente distante. Este hábito de rehusarse a participar de manera abierta con otras personas quizá sea más común entre los hombres Acuario, pero enloquece a sus mujeres (quienes tienden a ser más emocionalmente comunicativas que ellos), causando malos entendidos y heridas emocionales.

A veces los Acuario se alejan, clavados en sus pensamientos (Aire) y disociados de sus emociones; dependen del razonamiento para salir adelante en la vida. Sin embargo, llega el momento en que buscarán de manera consciente o tal vez inconsciente, aquella relación, situación o programa que les ayude a explorar y sintonizar sus sentimientos. A menudo el miedo a las relaciones cercanas, a intimar y a sumergirse en turbulentas olas de emociones cuyo significado no

---

[112] 1 Juan 4:18

entienden muy bien, los mantiene seguros y alejados de su propia locura potencial y la del mundo, o al menos así les parece.

Esperanza es una inteligente doctora de Sidney, Australia. Posee una intuición notable y una mente analítica e incisiva. Su padre, a quien siempre ha adorado, la educó para ser independiente, honesta, ética y racional. Incluso cuando era joven, Esperanza sentía que tenía que ser siempre muy fuerte. Su padre era un hombre amistoso con un sentido de humor jovial, pero su código moral era severo, le faltaban caridad y compasión. Aunque los Acuario tienden a ser de mente abierta y temperamento vanguardista, pueden ser demasiado rígidos en su propio punto de vista, una característica típica de los nativos de los signos de la Cruz Fija del Amor (Tauro y Escorpio, Leo y Acuario). Nacida con su Sol en Acuario en cuadratura (reto) con Saturno (el padre), Esperanza, al igual que su padre, no perdona a quienes no les parecen confiables. Para ella lo hecho, hecho está; el que ha perdido su confianza la ha perdido para siempre. Ésta y otras actitudes severas la mantienen firme y resuelta, pero a la vez alejada del amor que tanto anhela conocer. Tiende a atraer personas y situaciones que crean caos en su universo personal, provocando lágrimas y ayudándole a abrir su corazón. Aunque ha experimentado la angustia de un corazón roto, lo cual ha enfrentado con mucha valentía, ha empezado a reconocer en el proceso su resistencia interna a enfrentar el dolor y perdonar.

No les puedo decir cómo terminó la historia de Esperanza porque sigue en marcha, pero para ella y para todas las almas nacidas en la Cruz Fija del Amor, la única manera en que pueden experimentar más amor en sus vidas es enfrentándose a sus miedos e ir derribando los biombos que han construido para protegerse del dolor. Una consulta astrológica transformacional es útil para determinar la naturaleza del problema y su solución. La terapia psicológica y la música a menudo ayudan en el proceso de curación. Llamar al Espíritu Santo a través de "La ciencia acuariana de la invocación" acelera la transmutación de registros y hábitos kármicos.

El amor no siempre parece tener sentido; tampoco se puede garantizar que el hecho de haber perdonado lo proteja a uno de volver a ser lastimado, pero el perdón libera al alma del peso de su aflicción, entregando a Dios a aquél que ha errado. Solo cuando el Acuario tiene una voluntad verdadera de perdonar, puede florecer el amor dentro de su corazón.

LA LIBERTAD PARA AMAR: CURAR AL ALMA DEL DOLOR

Acuario está relacionado con el chakra de la sede del alma. Aquí el alma accede a la frecuencia del amor que se manifiesta como libertad. Como los Leo, quienes están en polaridad con Acuario, asociados también con este chakra, el Acuario que elige ser más sensible y comunicativo debe hacer un esfuerzo para disolver la dureza de corazón y su muralla alrededor del alma. Al hacerlo, se enfrentará con el miedo que alberga detrás de cualquier hábito o actitud antisocial. Luego, habrá que reemplazar estos momentums negativos con expresiones positivas. No obstante, si decide ignorar el problema no solo estará en peligro de quedarse solo, sino también corre el riesgo de que la toxicidad emerja un día como malestar en su cuerpo físico. Más que experimentar una felicidad temporal, el alma desea ser sanada, y por esta razón el Acuario que busca el amor enfrentará a sus demonios una y otra vez en las relaciones que atrae, hasta el día en que resuelva ya no esconderse más del amor.

Los nativos de Acuario que buscan sanar por dentro y por fuera descubrirán que el proceso de conectar, guiar y ser el padre de su propia alma, llamada en términos psicológicos el niño interno, puede ser una aventura maravillosa y, como ocurre en cualquier exploración, es un proceso con etapas. Cuando logran mantener el ojo de la mente enfocado en la llama del corazón y en su propia Presencia Divina, así como en lo divino en otras personas, los Acuario pueden refinar los sentidos del alma, estar en sintonía con la intuición superior, ser más compasivos y hacer más profunda y personal su comunión con Dios.

Entonces, ¿cuál es la diferencia entre el Acuario insensible cuyo corazón es duro y el que ha transcendido las mañas y los defectos comunes de la humanidad? La clave puede hallarse en la misericordia o la falta de ella en el corazón, la consciencia compasiva y humilde del Acuario verdaderamente humanitario versus la presunción intelectual y la postura del sabelotodo que ha cerrado su corazón.

Aunque la mayoría de los Acuario no están en contra de la idea de formar pareja y de casarse, tener hijos y su propia familia, son reacios y a veces hasta se niegan a sacrificar su estilo de vida independiente. Insisten en hacer las cosas cuando quieren y como quieren. Tienen opiniones muy fijas y resistirán a cualquiera que intente forzarlos al cambio. Como regla no son muy caseros y, como son pensadores libres, tampoco toleran que se los confine a una rutina. A causa de la notable excentricidad incluso en los Acuario más tranquilos por naturaleza, son compañeros interesantes siempre y cuando su pareja acepte la excentricidad que viene como parte del paquete acuariano.

Por lo general, los Acuario enamorados son leales y sinceros, pero pueden ser emocionalmente indiferentes en extremo. Como son por naturaleza como el Aire, aprovecharán para adquirir algo del estilo cálido y personal de su opuesto, Leo. Por otro lado, su temperamento filosófico, su amor por la verdad y su disposición hacia el análisis objetivo, ayudan hasta al Acuario más emocional a resolver y transcender los sentimientos que le perturban.

Cuando hay conflicto, lo cual casi es inevitable en las relaciones cercanas, el alma Acuario recibe la oportunidad de elegir amar en vez de retirarse a su propio espacio, con lo cual en efecto sale del problema en lugar de resolverlo. En su mayoría, los Acuario se expresan con elocuencia y tienden a ser intelectualmente analíticos. Pero en cierto punto su inteligencia estorba más que ayudar. Por lo general, les sirve recordar lo siguiente: "Tan pronto como creas tener toda la razón, es probable que te equivoques, no importa qué tan convencido estés de lo contrario". Cuando hay diferencias de opinión, sintonizarse con el amor vale mucho más que estar en lo correcto.

¿REVOLUCIONARIOS O ANARQUISTAS?

Los Acuario nacen siendo políticos; a menudo son instigadores del cambio. Amantes sinceros de la libertad y muy diplomáticos, suelen emplear su sabiduría y métodos pacíficos para promulgar reformas necesarias. Sin embargo, si le parece imposible lograr un consenso de opinión, el temperamento acuariano buscará otras avenidas para promover la reforma. Los Acuario tienen la fama de responder al llamado de ser el heraldo de las revoluciones y de causar levantamientos sociopolíticos. Si la historia los considera héroes nacionales o anarquistas rebeldes, depende mucho del punto de vista, la época en la que viven, el papel que les toca jugar y las percepciones de sus contemporáneos.

Muchos nativos de este signo están llamados a servir de una manera u otra a la causa de la libertad. Son revolucionarios por naturaleza, pero deben ejercer gran discernimiento, porque así como hay revoluciones que liberan hay otras en las que andan disfrazados con la bandera de la libertad, pareciendo que sirven una buena causa pero en realidad están tomando la justicia por cuenta propia y su agenda es oscura y egotista.

ACUARIO, SIGNO DE INVENTORES Y VISIONARIOS

El modo de pensar acuariano es vanguardista, tiende a ser una persona extrañamente adelantada a su tiempo, lo cual lo lleva a cierta soledad. En verdad, el Acuario percibe lo que sigue latente en el inconsciente colectivo; es como si el futuro estuviera impreso sobre su presente, como el recuerdo de un pasado antiguo ya olvidado. Es curioso que lo que hoy parece milagroso o pura fantasía resulte ser la realidad de mañana, enseñada en la escuela.

El prolífico autor francés Jules Gabriel Verne, conocido en los países hispanohablantes como **Julio Verne**, nació el 8 de febrero de 1828. Era un pionero del género de la ciencia ficción, un Acuario cuyos cuentos inspiraban y entretenían a los demás, despertando su imaginación a posibilidades asombrosas aún no conocidas. Mejor conocido por sus novelas *Veinte mil leguas de viaje submarino* (1864) y *La vuelta al mundo en ochenta días* (1873). Verne describió viajes por aire y bajo el mar muchos años antes de que los submarinos y aviones fueran inventados.

Julio Verne creó "El Albatros", una aeronave ficticia, precursora del helicóptero moderno, en su novela, *Robur, el conquistador.*

Thomas Alva Edison, conocido por los hispanohablantes como **Tomás Edison** (11 de febrero de 1847), ejemplifica al genio Acuario que causa una revolución en el mundo con sus ingeniosos inventos (Urano). Edison es considerado como el inventor del fonógrafo; ¡imagínate el entusiasmo que había en el mundo al experimentar por primera vez un invento que hacía posible grabar el sonido! También desarrolló el telégrafo y la pila alcalina. Como es característico en los Acuario, Edison era excéntrico, independiente en su manera de pensar y en su estilo de vida, futurista en cuanto a sus ideas (Urano), pero a la vez muy práctico (Saturno). En el proceso de inventar el fonógrafo también desarrolló los discos de vinilo, el equipo para grabarlos y fabricarlos. En breve, creó la industria discográfica.

En 1891, Edison demostró su invento llamado *Kinetógrafo*, una rudimentaria cámara de cine, explicando que: "hace para los ojos lo que el fonógrafo para el oído". Dos años después empezó a producir "películas". Aunque Edison no inventó el foco eléctrico (otros inventores ya habían experimentado con la iluminación eléctrica), lo mejoró, logrando producir una fuente de luz eléctrica práctica, económica y de larga duración. Inventó la bombilla incandescente y todo lo necesario para hacerla útil, económica y segura. En la carta natal de Edison, el Sol está en trígono con Quirón (inventos futurísticos de un pasado antiguo). El Sol y Neptuno forman el punto focal de un Gran Trígono Menor que incluye la Luna en Sagitario, una influencia profética, en conjunción a Marte en el signo in-

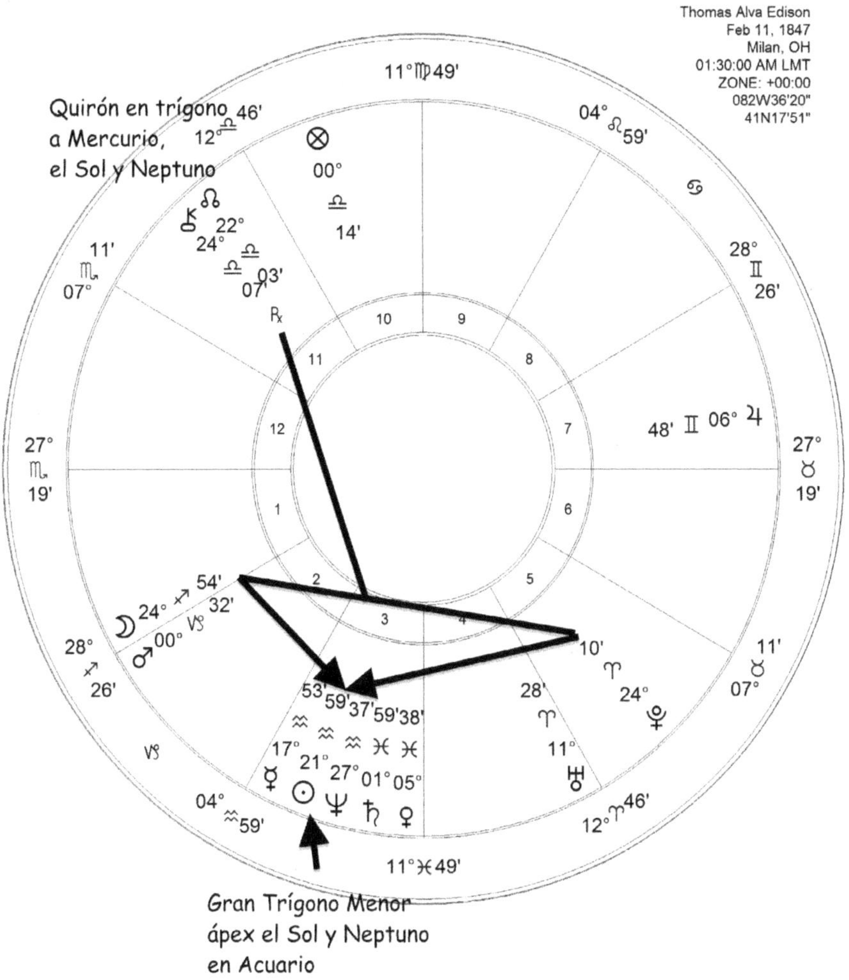

Thomas Alva Edison
Feb 11, 1847
Milan, OH
01:30:00 AM LMT
ZONE: +00:00
082W36'20"
41N17'51"

Quirón en trígono
a Mercurio,
el Sol y Neptuno

Gran Trígono Menor
ápex el Sol y Neptuno
en Acuario

dustrioso de Capricornio en trígono con Plutón en Aries (pionero de nuevos inventos); así, el Sol y Neptuno actúan como el enfoque de su genio visionario. Toma nota de que Saturno y Venus están en Piscis (preocupación por el bienestar de la humanidad) en sextil a su Marte. Trabajó duro para realizar sus sueños (Neptuno). Aunque fue titular de más de mil patentes a lo largo de su vida, no todos sus experimentos dieron resultados. Edison afirmó: "Yo no he fracasado. Solo encontré diez mil formas que no funcionan".

Los Acuario siguen su propia estrella. La mayoría de ellos valoran la independencia más que el dinero. Cuando el padre de Verne dejó de apoyar a su hijo económicamente porque no estaba prosiguiendo sus estudios en derecho, Verne se sostuvo vendiendo sus cuentos y, al hacerlo, comenzó su carrera de autor. Mantenerse fiel a sí mismo le dio resultados; terminó siendo un hombre muy rico y el tercer autor más traducido en el mundo.

Edison tenía solo tres meses de educación formal. A la edad de siete años, su primera y su única maestra de escuela concluyó que este muchacho independiente era medio menso y dificultoso. Su madre lo sacó de la escuela y le enseñó literatura y aritmética en casa. Autodidacta y un pensador independiente, Edison se convirtió en un empresario exitoso y un ícono cultural. Toda su vida buscó nuevas maneras de aprender a hacer las cosas o de hacerlas mejor.

SALVAR LA UNIÓN

Acuario es el signo de la hermandad y la unidad. La Guerra Civil en los Estados Unidos de América fue un conflicto que enfrentó a hermano con hermano, figurativa y literalmente. La pasión de *Abraham Lincoln* sobre todo fue preservar la unión concebida en libertad como una hermandad de hombres libres. El hecho de que lograra ser presidente —siendo un autodidacta nacido en circunstancias humildes— es en sí un testimonio de la libertad económica y de la igualdad de oportunidades en los Estados Unidos de América y de la pasión del espíritu acuariano de perseguir un sueño hasta realizarlo. (En la astrología tradicional, Acuario es el signo de esperanzas y aspiraciones).

¿Era Lincoln excéntrico? A su esposa, Mary Todd, muchas veces le frustraron su cabello despeinado y sus extraños hábitos. Por ejemplo, cuando Lincoln sabía que tenía que dar un discurso, solía hacer apuntes de sus pensamientos y epifanías (Urano); los atiborraba en su famoso sombrero de copa y al llegar a casa, ¡vaciaba el sombrero sobre la mesa de la cocina delante de su esposa!

Aquellos Acuario que abren nuestras mentes a nuevas posibilidades a veces llegan a ser célebres, pero muy pocas veces son comprendidos, a menudo son pobremente compensados por su genio o ignorados por completo; otros se burlan y conspiran contra ellos por su atrevimiento. Cuando el Visionario de Acuario proclama la verdad que los demás no pueden o quizá no quieren aceptar, habrá quienes se adhieran a él pero otros lo odiarán o confabularán en su contra.

Lincoln sufría de períodos de melancolía, el término que usaban para la depresión en el siglo XIX. No es de extrañar: además de la pérdida de sus dos hijos, en la guerra hubo muchas más muertes y duró mucho más de lo que Lincoln o cualquier otro pudiera haber anticipado. Las vidas de miles de personas dependían de su liderazgo y a todos afectaron sus decisiones. El punto de gran fortaleza en su carta, su Mercurio en conjunción a Plutón en Piscis, le ayudó a mantener su fe y cordura durante esa terrible guerra. Sin embargo, la prueba de su alma era muy intensa. La carta astrológica de Lincoln se activó el mismísimo día que tomó posesión y coincidió con el principio de la Guerra de Secesión, una cita con el destino.[113]

La Guerra Civil estaba causando grandes pérdidas en ambos bandos. El país estaba dividido en cuanto a sus sentimientos sobre la esclavitud y el curso correcto que debería tomarse cuando los estados del sur decidieron separarse de

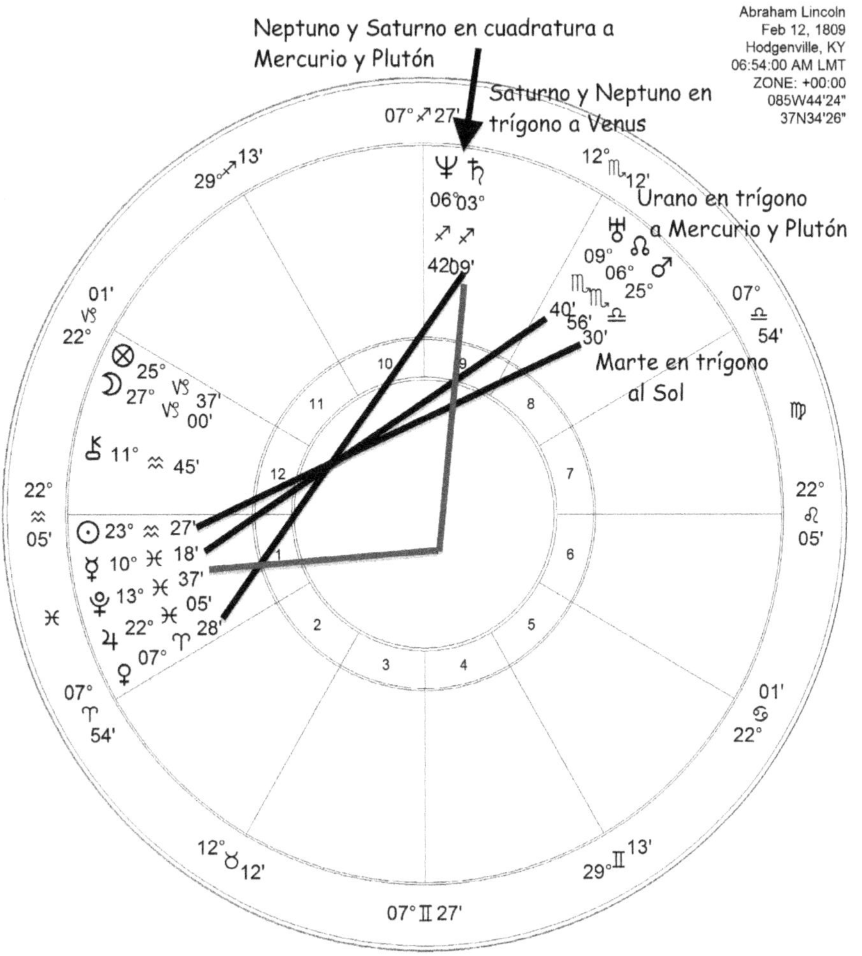

Neptuno y Saturno en cuadratura a
Mercurio y Plutón

Saturno y Neptuno en
trígono a Venus

Abraham Lincoln
Feb 12, 1809
Hodgenville, KY
06:54:00 AM LMT
ZONE: +00:00
085W44'24"
37N34'26"

Urano en trígono
a Mercurio y Plutón

Marte en trígono
al Sol

[113] Aunque se dice que Lincoln era socialmente torpe, amaba a la gente (Sol en Acuario) y mantuvo grandes esperanzas para la humanidad. El Sol en su carta está en trígono con Marte (planeta de acción) en Libra, y su Venus natal está en trígono con Saturno; esto lo describe como el brillante abogado reconocido por su sentido común. Tenía a Mercurio (la mente) en conjunción con Plutón en Piscis en la Primera Casa, si es correcta su hora de nacimiento. Era capaz de ser extraordinariamente compasivo y bondadoso; era poético y espiritual por naturaleza. Además, esta conjunción está en trígono con Urano que rige Acuario y está exaltado en Escorpio (su pasión por la libertad y su determinación de cumplir lo que él consideraba una misión que Dios le había otorgado). Sin embargo, con Mercurio y Plutón en cuadratura con Saturno y Neptuno en Sagitario, no es sorprendente que pasara por periodos de melancolía, sobre todo tomando en cuenta las difíciles circunstancias a las que debía enfrentarse. El día en que asumió el mandato presidencial, el 4 de marzo de 1861, Saturno transitaba por Virgo convirtiendo la cuadratura en una T Cuadrada sobre la Cruz Mutable de la Sabiduría que duró la Guerra Civil entera. Solo un alma de gran logro espiritual respaldada por seres celestiales podía haber aguantado tanta presión y mantenido su fe intacta.

la Unión entre 1860 y 1861; pocos, acaso nadie, compartieron la visión de Lincoln de salvar la Unión y liberar al país de la esclavitud. Su segundo hijo, William Wallace Lincoln, murió a la edad de once años cuando Lincoln todavía era Presidente. Y a la fecha los historiadores siguen debatiendo la gravedad del malestar físico y mental de Mary Todd Lincoln.

Lo que lo mantuvo en marcha fue un sentido profundo de destino, su creencia de haber sido elegido para cumplir una misión vital. El primero de diciembre de 1862, un mes antes de firmar *La Proclamación de Emancipación* que puso fin a la esclavitud en los Estados Unidos, Lincoln dio su segundo Mensaje Anual al Congreso; su significado era inquietante pero claro:

> *Los dogmas del tranquilo pasado (Saturno) son inadecuados para el agitado presente. La ocasión está repleta de dificultades y tenemos que estar a la altura de las circunstancias. Como nuestra situación es nueva (Urano), tenemos que buscar ideas innovadoras y actuar de forma diferente (Urano). Debemos emanciparnos, y así salvaremos nuestro país (Saturno y Urano)... Mantenemos el poder y asumimos la responsabilidad. Al concederle libertad al esclavo aseguramos la libertad del hombre libre; procedemos de manera honorable tanto en lo que damos como en lo que conservamos. Noblemente nos salvaremos o mezquinamente perderemos la última y mejor esperanza para la Tierra. Otros medios pueden tener éxito; esto no puede fallar. El camino está allanado, es pacífico, generoso, justo. Una forma que si se sigue, el mundo por siempre aplaudirá y Dios tendrá que bendecir por siempre.*

A pesar de que el verdadero Acuario puede sentir un impulso genuino de dar su propia vida por sus hermanos, a menudo se le considera un alborotador. Suele recibir mucho rechazo por defender la verdad.

Para cuando Lincoln iniciaba el segundo mandato de su presidencia, la Guerra Civil llegaba a su fin. El 4 de marzo de 1865 se dirigió a la nación de nuevo con un mensaje acuariano de amor casi incomprensible para la mayoría Mientras hablaba, los conspiradores tramaban su estrategia para quitarle la vida.[114]

El Presidente afirmó que ambos bandos habían tratado de evitar la guerra. Ambos rezaban al mismo Dios para obtener el triunfo. Al final de cuentas, ninguno de los bandos era inocente del sufrimiento que se le había infligido al esclavo al imponerle "doscientos cincuenta años de labor no correspondida".

Lincoln rezó para que la guerra terminara pronto y la nación sanara, afirmando que "como se dijo hace tres mil años, así debería decirse ahora: *Los juicios de Jehová indudablemente son verdaderos y justos*".

Lincoln cerró su discurso con las siguientes palabras, a menudo citadas:

Con malicia hacia nadie, con caridad para todos, con firmeza en el derecho que Dios nos concede para ver lo que es correcto, esforcémonos en terminar la obra que comenzamos, en vendar las heridas de la nación, en cuidar de aquél que se ha echado el peso sobre los hombros, de su viuda y su huérfano. Hagamos todo lo necesario para lograr y atesorar una paz justa y duradera entre nosotros y con todas las naciones.[115]

DINÁMICAS DE GRUPO EN ACUARIO

En el signo zodiacal Acuario, Urano (el planeta que lo rige) y la Undécima Casa, gobiernan a los grupos y a las organizaciones mientras que Saturno, que también rige a Acuario, tiene que ver con la estructura del grupo y sus metas. Los Acuario atraen a grupos de personas. Aspectos del Sol, Urano y Saturno, más el signo sobre la cúspide de la Undécima Casa, revelan mucho sobre la clase de grupo en la que un individuo podría participar y la naturaleza del papel que jugará. Una característica de Acuario es encontrarse en el centro del grupo, rodeado por amigos o seguidores; de una manera u otra se destaca entre ellos. El modelo acuariano para negociantes, tan prevalente hoy día, va bien con los nativos de este signo, quienes prefieren participar en estructuras igualitarias que estar metidos en el anticuado modelo jerárquico de la Era de Piscis que consistía en jefes y subordinados.

Es típico de los Acuario pensar en los intereses del grupo con el que se identifican. Sin embargo, al igual que su contraparte Leo, buscan preservar su libertad de movimiento e individualidad dentro del grupo. La prueba llega cuando la iniciativa tomada por el grupo y lo que el Acuario quisiera hacer por sí mismo, chocan. No le es tan fácil de acceder a cooperar. Puede que se distancie, tal vez buscando afiliación con otro grupo, pero en la mayoría de los casos la elección más elevada es alcanzar la armonía a través de la entrega espiritual.

Cuando el Acuario suelta algo personal para beneficio del grupo, pasa una prueba de amor. Por ejemplo, cuando la familia está pasando por tiempos difíciles es probable que el Acuario necesite algo de tiempo y espacio a solas para sobrevivir la prueba, pero debe evitar desconectarse emocionalmente. Cuando decidimos arremangarnos, agradecidos por la oportunidad de hacerlo, descubrimos que no existe un problema que el amor no puede resolver.

---

[114] Abraham Lincoln fue asesinado el 14 de abril de 1865, por John Wilkes Booth, en el teatro Ford en Washington, D.C.

[115] Véase el segundo discurso inaugural de Abraham Lincoln completo en: Adeptushispanustranscriptorum.blogspot.com/2014/08/segundo-discurso-inaugural-de-abraham.html.

Xilografía, grabado en madera, en el frontispicio de la primera edición de *Utopía*, escrito por Tomás Moro en 1516.

DOS HOMBRES ACUARIO EXTRAORDINARIOS

Dos grandes personalidades Acuario, cuyos ejemplos siguen inspirando a quienes se atreven a ser diferentes: el canciller, abogado y autor inglés Thomas More, también conocido por los castellano hablantes como *Tomás Moro*, nació el 7 de febrero de 1478;[116] y el científico, alquimista, filósofo, estadista y autor inglés, *Sir Francis Bacon*, nació el 22 de enero de 1561.[117] Ambos vivieron vidas extraordinarias; ambos buscaron la guía divina y decidieron adoptar una posición de integridad y verdad en medio de los disparates del ser humano y la corrupción política. Y ambos nos dejaron obras clásicas que describen un mundo futuro, una sociedad ideal en la que la bondad de Dios se reflejará en las vidas de los hombres.

Muchos consideran a Bacon como el verdadero autor de las obras de Shakespeare. Acuario representa el drama (y Leo el entretenimiento). En su identidad de Shakespeare clandestino, notamos en las obras de Bacon la sutileza de su ingenio y la invención del lenguaje, pues añadió muchos miles de palabras a la lengua inglesa a través del teatro clásico. De hecho, experimentar el teatro lleva al alma por un proceso de cambio semejante al que ocurre en la vida real; en verdad "la vida es un escenario" completo con personajes, un conflicto central, un punto culminante, un desenlace y la resolución.

A menudo se compara la obra de Bacon titulada *La Nueva Atlántida* con la *Utopía* de Tomás Moro. Bacon, un hombre de genio incomparable, fue una

---

[116] Thomas More nació el 7 de febrero de 1478 (calendario juliano; 16 de febrero, calendario gregoriano).

[117] Francis Bacon nació el 22 de enero de 1561 (calendario juliano; 1 de febrero, calendario gregoriano).

figura importante en la revolución científica del Renacimiento inglés. En *La Nueva Atlántida*, Bacon describe una sociedad del futuro en la cual los avances científicos (Urano) liberan a los hombres del pesado trabajo monótono otorgándoles la oportunidad de adoptar un estilo de vida feliz y próspero. Describió inventos futuros semejantes al teléfono, el submarino, el avión y aún más.

Acuario por excelencia, la visión que tenía Bacon de un tiempo futuro surgió de sus recuerdos de una era pasada. Como Platón, él evocaba imágenes de la Atlántida, el continente olvidado. Hay quienes dicen que la destrucción de la Atlántida fue causada por el mal uso de la ciencia, tanto exotérica como oculta. La mayor parte de *La Nueva Atlántida* está dedicada a una discusión acerca de cómo prevenir y protegerse de los peligros morales y espirituales resultantes de una idolatría materialista. ¡Una advertencia grave para nuestros tiempos!

Portada de *La Nueva Atlántida,* por Sir Francis Bacon: Grabado de las primeras ediciones de la novela no terminada de Francis Bacon, publicada en 1627.

ACUARIO Y EL SENDERO

¿Qué sucede cuando el alma Acuario resuelve conscientemente transformarse a sí misma? Ya sea convertido de golpe o si entra en su sendero de manera gradual, quien nace con el sol en Acuario está destinada a ser un ejemplo vivo del amor. Es posible que sus oportunidades para madurar espiritualmente lleguen a través de los amigos o quizá por una organización con la que se identifica fuertemente. A lo largo de su vida adquirirá una mayor capacidad para expresar la caridad, pero también le sorprenderá experimentar mayores niveles de irritación. Cualesquiera que sean las lecciones del amor que necesite su alma, él deberá esperar a recibirlas, porque ése es su destino acuariano.

La confianza, así como la lealtad, son retos acuarianos. ¿Confía el Aspirante Acuario en que Dios proveerá todas sus necesidades básicas? ¿Confía en su maestro espiritual? Si tiende a ser desconfiado puede que tenga que estudiar su psicología, recordando los años de su niñez para resolver miedos que resultaron de traumas ya olvidados. Aunque los tránsitos de Urano y de Plutón por la Luna a menudo son muy perturbadores, ya que tienden a despertar emociones escondidas, son particularmente útiles para revelar al Aspirante hábitos y patrones infantiles que ya no son apropiados.

Aun así, tales eventos por lo común solo representan la punta del iceberg kármico. Ahora que es un adulto que camina por el sendero de la automaestría, el buscador en Acuario puede deshacerse de dudas y renuencias al invocar con fervor los fuegos transformadores del amor. Una vez que está dotado con la presencia del amor, confiará de forma natural ante todo en sí mismo, en su ser verdadero. Y luego, lleno del júbilo del Espíritu Santo, deberá reunir el valor para dar el salto de fe.

La entrega espiritual es una gran prueba de amor en Acuario. Para el individuo Acuario, el asunto de mantenerse independiente puede ser un punto irritante. Atesora su libertad pero a la vez le gusta la compañía. El matrimonio involucra el compromiso, tal como lo es el formar parte de una familia o de una organización. Simplemente no hay otra forma de hacerlo. Entregarse no significa rendirse como en la derrota; más bien significa soltar, deshacerse de lo no necesario. Cualquiera que sea la situación, cuando el Acuario se entrega por completo a un poder superior confía en que la vida le dará lo que necesita. Una vez que se ha entregado su problema a Dios, no hay razón por la cual estar agitado. Ahora debe esperar y escuchar la voz interna que le revelará la solución y el curso correcto de acción.

Es más difícil para algunos Aspirantes Acuario que para otros reconocer y renunciar al engreimiento o presunción intelectual. Esto puede ser difícil porque la misma actitud, una clase de orgullo cristalizado, lo convence de que tiene toda la razón. Piensa que está en lo correcto y cree a pie juntillas que tiene la razón, pero poco a poco se da cuenta de lo sabio que es escuchar y hacer caso a los demás.

EL CORAJE DE DEFENDER LO JUSTO

Aunque el Aspirante Acuario a menudo tolera muchas condiciones fuera de lo normal, una vez que se compromete con una idea o principio, su mente se enfoca en él con firmeza inamovible. La causa principal de la controversia en la que se encontró *Tomás Moro* durante la disputa con el rey Enrique VIII, tenía que ver con los poderes en conflicto entre la Iglesia y el Estado. Cuando el Papa se rehusó a permitir al rey Enrique VIII obtener la anulación del matrimonio para poder casarse con Anna Bolena, el rey se declaró "cabeza suprema de la Iglesia en Inglaterra"; luego, estableció sus propias reglas, las cuales santificaron su boda con Anna. Como consecuencia, Tomás Moro renunció a su puesto de Canciller de Inglaterra para evadir el fuego de la controversia. En su desapego acuariano, Moro se adaptó a los cambios en su estilo de vida que se volvió mucho más modesta.

Moro no se opuso directamente al rey, pero se negó a firmar *el Acta de Supremacía*, la cual fue aprobada en marzo de 1534 y requería que Moro y otros firmaran un voto que reconocía a Enrique y a Anna como herederos legítimos del trono. Moro estaba muy consciente de lo que arriesgaba perder por negarse a cooperar, pero apoyar el edicto significaba ir en contra de su consciencia.

Desde luego aquellos que amaban a Tomás Moro, en particular su esposa Lady Alice y Margaret, su hija adorada, lamentaron su destino trágico. Al intentar persuadir a Moro de no ser tan inflexible y volver a casa, sus argumentos desgarraron su corazón. ¿Fue Moro terco, inflexible y dogmático? En verdad, se ha acusado a los Acuario de ser todo esto y más. Lo que distingue a Moro es que se mantuvo fiel a sus convicciones aunque ni una sola persona estuvo de acuerdo con él. Nadie se atrevió a defenderlo. Ante todo, Moro era fiel a su propia consciencia.

Aunque su caso sea menos dramático y las consecuencias potenciales menos extremas, las almas Acuario que regresan a su hogar divino deben permanecer alertas, reconociendo esas pruebas de integridad que ocurren cuando lo que se espera de ellos o lo que se les pide hacer está en contra de sus mejores intereses y valores. ¿Están preparados para mantenerse fieles a su alma, sin importar qué tan grande sea la tentación de ser popular; qué terrible el miedo al ridículo y al rechazo; qué atractivo el brillo de la ganancia material?

¿Cómo puede discernir el que desea ser el Héroe si está defendiendo la verdad más elevada o si lo ciega el egoísmo, el orgullo de la presunción intelectual y un sentido sutil de superioridad o si realmente está defendiendo la verdad más elevada? Mientras avanza en su camino hacia Dios, resulta cada vez más peligroso confundir un estado con el otro. A veces, la única manera de conocer la diferencia entre el orgullo delirante y una verdad evidente, entre el camino correcto y el erróneo, es por vibración. Puede que el Aspirante elija purificarse a través del ayuno y la oración a fin de prepararse para tales encuentros.

Como Acuario es un Signo Fijo, habrá tiempos y ciclos, relaciones e iniciaciones durante las cuales deberá aferrarse firmemente y otras ocasiones cuando le valdrá más despegarse y soltar, aun cuando le cueste hacerlo. Entonces, ¿cuándo debe mantenerse firme y cuando soltar? El Aspirante Acuario debe desarrollar el discernimiento, una facultad del alma atada a la mente superior a través del corazón.

LA ASPIRACIÓN CORRECTA Y EL CHAKRA DE LA SEDE DEL ALMA

El segundo factor en el Noble Camino Óctuple de Gautama Buda, llamado *Pensamiento, Intención y Resolución Correcta* se relaciona con el chakra de la sede del alma.[118]

Este chakra tiene que ver con la polaridad de Leo con Acuario, por lo tanto los Aspirantes en el Sendero nacidos bajo estos dos signos pueden preguntarse a sí mismos: "¿Son mis deseos los deseos que tiene Dios para mí? ¿Son mis aspiraciones tales que me conducirán por fin a un amor más grande y transcendental y a la libertad del alma?"

Todos los signos ubicados en la Cruz Fija del Amor (Tauro y Escorpio, Leo y Acuario) tienen que ver con las *actitudes*, cualidades que utilizamos para identificar variaciones en el uso de la voluntad sobre esta Cruz. El Amor se correlaciona con la emoción y el deseo; cuando nos sentimos motivados estamos dirigiendo la voluntad. Los buscadores espirituales nacidos bajo cualquiera de estos cuatro signos conocerán la prueba de la voluntad versus el deseo. Al ejercer más control sobre sí mismos llegan a ser maestros para aquellos que sigan sus pasos.

Por eso el Aspirante Acuario debe preguntarse a sí mismo: "¿Qué es lo que me motiva?" La motivación viene del deseo, pero también del pensamiento. Entender con claridad, lo cual solo es posible cuando la mente está en paz, puede tranquilizar y dirigir bien al deseo correcto. La intención y actitud correcta dan a luz la aspiración correcta y ésta da a luz la acción correcta, es decir la acción que es armoniosa con el espíritu y que es indicativa del alma libre. ¿Cuál es la actitud correcta para el Aspirante en Acuario? Gautama Buda enseña que la actitud correcta es la de no estar apegados a la ganancia temporal y las circunstancias, de estar libre del odio y de la ignorancia. El que posee actitud correcta es libre de avaricia y egoísmo. Su mayor aspiración, a la cual debe someter sus deseos inferiores, es la de servir a la humanidad y ser el instrumento de la compasión. The Summit Lighthouse enseña que para tener pensamiento correcto, contemplación correcta sobre la ley divina y resolución correcta para cumplir su misión, el alma tiene que enfocarse en Dios.

Aunque el deseo del alma de ser libre se asocia con Acuario y con el chakra de la sede del alma, cuando esta energía está mal interpretada y mal calificada la persona piensa: "Puedo hacer lo que quiera". Claro que tal actitud rebelde no es libertad, sino libertinaje, y el alma que así razona no es nada libre. Como no ha demostrado que es capaz de controlarse a sí misma, su karma lo controla. Solo logrando lo que los budistas tibetanos describen como etapas sucesivas de un despertar espiritual (que significa liberarse de los límites de las pasiones), podrá el Aspirante Acuario transcender su estado anterior. Urano y Saturno, los dos regentes de Acuario, ofrecen una clave importante: el alma verdaderamente libre (Urano) de la limitación kármica es autodisciplinada; acepta las restricciones justas de la ley (Saturno).

Nuestro entendimiento tiene más sentido cuando meditamos en la polaridad que existe entre los diferente chakras: La sede del alma polariza con el chakra del tercer ojo, el punto de la visión. Como está escrito: "Sin visión, el pueblo perecerá".[119]

PURIFICAR LOS CHAKRAS DE LA SEDE DEL ALMA Y EL TERCER OJO

El odio (el mal uso del amor) bloquea el tercer ojo y tortura al alma. Entonces, cuando a través del pensamiento correcto y la aspiración correcta, en conjunción con la acción transmutadora de la llama violeta, logramos transmutar las vibraciones del odio, el tercer ojo gira y vemos lo que no podíamos ver antes.

Todo vuelve al amor. Pero, ¿cómo puede el Aspirante Acuario practicar ser más amoroso? Gratitud, la dicha del amor en Leo, la polaridad de Acuario, es de verdad *la gran actitud*. Reconociendo que hemos creado todos nuestros problemas nosotros mismos, y agradeciendo al espíritu que hace latir el corazón, podemos ver toda fortuna, ya sea buena o mala, como oportunidad.

La sede del alma está asociada con la llama violeta transmutadora que acelera la transmutación de los registros kármicos negativos, imprescindible para lograr la libertad verdadera que anhela el alma; por lo tanto, la llama violeta es una tremenda dispensación para el Acuario que quisiera derribar los biombos alrededor del alma y la substancia incrustada en el corazón espiritual y físico.[120]

Además, cuando el devoto Acuario invoca la llama violeta con gran amor y devoción, abre el camino para que su alma pueda irse desde el chakra de la sede del alma, pasando por los registros tumultuosos del chakra del plexo solar, hasta llegar al chakra del corazón, su centro espiritual. Mientras avanza en su camino y va ganando mayor maestría, será dirigido por su Presencia Divina a la Cámara Secreta del Corazón. Solo el que es disciplinado puede conocer la libertad verdadera del alma, libertad en el corazón y los chakras superiores y la libertad para amar con todo su corazón, mente y alma. La llama violeta le da acceso al genio de su alma, haciendo descender dones de su propia Presencia Divina con los cuales cumplirá su razón de ser, bendiciendo a toda la humanidad.

---

[118] Véase la última página de la sección "El Sol en Tauro" para aprender más sobre el sendero Óctuple del Buda.

[119] Proverbios 29:18 (Biblia King James).

[120] Véase el capítulo final de este libro, "La ciencia acuariana de la invocación".

La habilidad del Aspirante Acuario para sintonizarse con la verdad disminuye cuando permite ser tentado. Solo hay una elección, un sendero. Desviarse del camino equivale a atorarse en una espiral descendente de consecuencias kármicas. Uno cosecha lo que ha sembrado. Lo mismo que ocurre con el individuo, sucede con la nación y con el planeta: para transcender la jaula kármica tenemos que elevar nuestra consciencia.

SENTIDO INTERNO

Tomás Moro hizo caso a los dictados de su consciencia; por consiguiente perdió su puesto de Canciller de Inglaterra y fue encarcelado en la Torre de Londres; después de un juicio falso fue decapitado. Aunque tantos otros ambicionaron el poder y se sometieron para salvar sus vidas, Moro vivió según los edictos de su fe. Sus últimas palabras, dirigidas al ver dugo sobre el cadalso, resumen su vida: "Muero siendo el buen siervo del Rey, pero primero de Dios". El Papa Leo XIII beatificó a Tomás Moro el 29 de diciembre de 1886. El Papa Pío XI lo canonizó el 19 de mayo de 1935 y en el año 2000 el Papa Juan Pablo II lo nombró Patrón de los Estadistas y Políticos.

El que quiera ser transformado en Acuario tendrá un día que tener la valentía de pararse solo a defender su visión y sus principios. A Bacon le fue negado su derecho al trono, Moro fue ejecutado y Lincoln fue asesinado. No obstante, la historia ha exaltado a los tres.

Tomás Moro se preocupó más por la salvación de su alma que por la de su vida. Cuando a Bacon se le negó el trono que merecía como el hijo legítimo de la reina Elizabeth, cambió al mundo que no podía gobernar a través de su brillante habilidad política, como autor verdadero de las obras de Shakespeare y más. Y Lincoln sabía que el destino le había otorgado un papel importante en la historia.

Aunque muchos han arriesgado sus vidas en búsqueda de la libertad, pocos comprenden qué es la libertad realmente. De hecho, la libertad es la expresión más alta del amor divino. Después de todo, de los seres vivos solo el hombre ha sido dotado de libre albedrío. El alma que es libre (Urano) es prudente (Saturno) y no se lanza por la ventana, sino se esfuerza (Saturno) para liberarse (Urano) de las restricciones de su karma (Saturno). El Héroe Acuario marca el paso a la Era que lleva su nombre.

Él es el Hermano Universal. El agua que carga en su cántaro es la de la compasión y una oportunidad de volver a caminar con Dios que no se ha presentado a la humanidad desde el Jardín del Edén. Ya no es inocente pero ha desarrollado su sentido interno. Envuelto en la luz del Cristo, el ejemplo supremo del amor, el Héroe Acuario muestra el camino a la Nueva Era en la que el Verbo manifestado en el Hijo Único está destinado a manifestarse en muchos.

~ Segunda Parte ~
El SOL en los Signos de AGUA y TIERRA
Femenino

Capricornio:
Casa 10
Cruz Cardinal
del Poder
Tierra

Escorpio:
Casa 8
Cruz Fija
del Amor
Agua

Piscis:
Casa 12
Cruz Mutable
de la Sabiduría
Agua

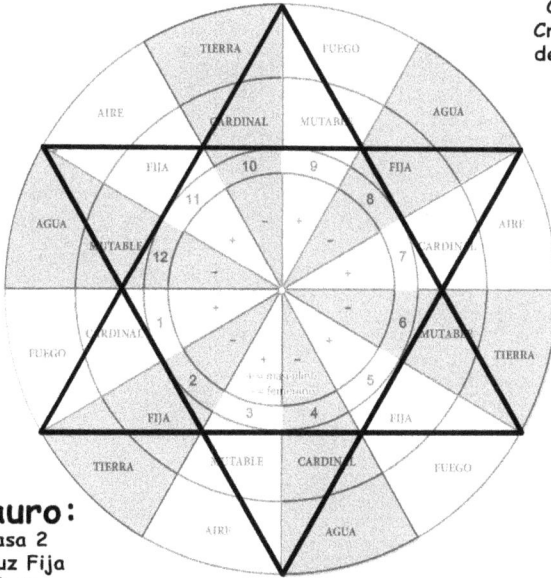

Virgo:
Casa 6
Cruz Mutable
de la Sabiduría
Tierra

Tauro:
Casa 2
Cruz Fija
del Amor
Tierra

Cáncer:
Casa 4
Cruz Cardinal
de Poder
Agua

7. 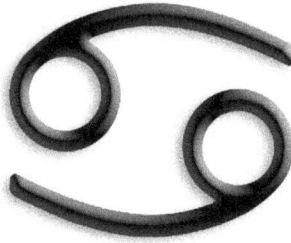 Cáncer

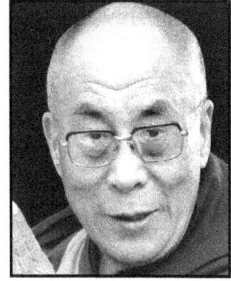

Símbolo ....*El Cangrejo*

Nacido ....21 de jun.~22 de jul.

Arquetipo ....*La Madre*

Frase clave ....**Yo Siento**

Elemento ....**Agua**

Cruz ....**Cardinal del Poder**

Casa ....**La Cuarta:**
El hogar y la familia, el refugio, la propiedad personal (el patrimonio, la casa y el terreno propio), las raíces psicológicas y ancestrales y la vejez, la mente subconsciente e inconsciente

Regente ....**La Luna**

Regente esotérico ....**Neptuno**

Polaridad ....**Capricornio**

Chakra ....La Base de la Columna

Anatomía ....El estómago, el pecho y los senos, el páncreas y el peristalsis

Cualidades espirituales .....**La armonía, la abundancia, el levantamiento lícito del Kundalini, la autodisciplina, el amor de la Madre Divina**

Vulnerable a ....*Autocompasión, discordia emocional, simpatía human (en vez de empatía); miedo, posesividad, autojustificación, autoindulgencia, indecisión y la tendencia de tomar las cosas personales.*

Debe adquirir ...**Paz interna, confianza en sí mismo, integración con la energía femenina, objetividad y unidad con el Padre (Espíritu)**

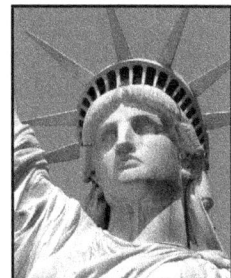

Dalai Lama • Ann Landers • La Princesa Diana • Nelson Mandela • Estados Unidos

EL SOL EN CÁNCER

Aprendí que la valentía no es la ausencia de miedo, sino el triunfo sobre el miedo. El hombre valiente no es el que no siente miedo, sino el que conquista ese miedo.

—Nelson Mandela, 18 de julio de 1918

ELEVAR LA LUZ EN CÁNCER

El Héroe Cáncer en el amanecer de la Era de Acuario muestra el camino hacia una economía próspera, la construcción, desarrollo y gobierno de comunidades florecientes caracterizadas por familias amorosas y armoniosas. Puede que se dedique a una misión de rescate que requiera de él mucho sacrificio, fortaleza, perseverancia, valentía y amor; ya sea que su destino tenga que ver con otra alma en particular a la que le toque socorrer, o su familia y/o comunidad, nación o incluso el mundo entero. Por su propio ejemplo muestra la posibilidad, y de hecho el destino de millones de almas durante la Era de Acuario, de elevarse en el ritual de la Ascensión al final de ésta o la próxima encarnación.

Los astrólogos reconocen que cada uno de los cuatro signos sobre la Cruz Cardinal del Poder (Aries y Libra, Cáncer y Capricornio), sirve como portal a uno de los Cuatro Cuadrantes de la rueda astrológica, los cuales corresponden respectivamente al Fuego, Aire, Agua y Tierra. Las áreas básicas de la vida representadas por esta cruz forman el marco físico de la vida: uno mismo (Aries), su hogar y la familia (Cáncer), su pareja y sus socios importantes (Libra), su carrera y reputación (Capricornio). Como nos proveen plataformas para nuestro propio desarrollo, nuestras alianzas y logros, en estas áreas básicas de la vida es donde ganamos nuestra maestría en el tiempo y el espacio. En la *Astrología Transformacional*, a esta cruz se la designa también como la *Cruz de la Identificación Correcta*. Nuestra comprensión del significado de estos puntos cardinales nos ayuda a alinearnos y a estar en relación correcta con nosotros mismos, con nuestro Dios y con los demás. Por ejemplo, la barra vertical representada por Cáncer y Capricornio nos recuerda "mantener nuestro ojo sobre la Presencia", enfocados en Dios y no distraídos ni engañados por realidades temporales. La barra horizontal nos revela quién creemos ser (Aries) y los socios que estamos propensos a atraer (Libra), lo cual depende mucho de la naturaleza de nuestra relación con Dios.

La verdadera transformación de nosotros mismos requiere "estar en el mundo, pero no ser del mundo", es decir tener un equilibrio de fortaleza y receptividad, haciendo que la luz descienda de nuestra Presencia Divina hasta los asuntos de todos los días y elevando los problemas mundanos ¡hasta que la Tierra refleje de verdad su Fuente Celestial! Aquél que sea el Héroe Cáncer se hace responsable del acertijo que está destinado a resolver: *¿Cómo es posible lograr el éxito en la vida secular a la vez que en la espiritual?*

YESOD: CÓMO ARMONIZAR EL CIELO CON LA TIERRA

El Árbol de la Vida kabalístico nos ofrece una pista. La persona que está unida a Dios puede cambiar el mundo entero. En la Kabbalah a esa clase de persona se le llama *el Tzadik.* Cáncer y la Luna están relacionados con la sefirah de *Yesod* que está ubicada en la columna central del Árbol de la Vida entre las sefirot de *Malkhut* (Tierra) y *Tiferet* (Consciencia Superior). *Yesod* representa el principio que armoniza el Cielo con la Tierra. Estudiar la Torah es una actividad externa cuyo propósito es abrir la llave para el descenso de la luz del cielo a la mente y alma del hombre, para que durante su estancia sobre la tierra jamás pierda el camino. El *Tzadik* está asociado con *Yesod.* Su sendero no es el de un ermitaño que se retira del mundo. Muestra su fe por sus obras y así, honrada y felizmente, expresa algo del cielo aquí abajo en la tierra.

José, el de la túnica de muchos colores (en el Génesis) salvó a sus hermanos y a su familia, quienes estaban en peligro de morir de hambre durante los siete años de sequía, y al hacerlo salvó a todo el linaje hebraico. Él es el ejemplo del *Tzadik,* el justo. Pasando por muchas tentaciones y pruebas, José se mantuvo fiel, custodiando siempre el convenio entre el hombre y Dios. Era confiable y digno de que se le otorgaran poder y autoridad sin corromperse. Era un hombre humilde. Éste es el principio de la armonía divina inherente en Cáncer. La armonía es el compromiso del cielo y la promesa del hombre, un acorde hermoso, la música del amor. Sin armonía en nuestras vidas cotidianas y en el Cosmos, el Universo se colapsa.

En la Kabbalah se reconoce que mantener el Convenio, representado por *Yesod*, es el principio fundamental del Árbol de la Vida y del hombre. El *Tzadik* representa el fundamento espiritual del mundo. Cáncer tiene que ver con la Cuarta Casa, la cual representa el fundamento de toda la carta astrológica. Cáncer es el signo de la madre, del hogar, de la familia, de nuestras raíces y orígenes. Igual que en una casa física, la fortaleza o debilidad de toda la estructura depende de los cimientos.[121]

---

[121] Al resolver nuestra psicología, es casi inevitable tener que examinar las raíces establecidas durante la niñez. Los planetas en la Cuarta Casa y los aspectos que forman, la posición del planeta que rige el signo en la cúspide de la Cuarta Casa y la posición de la Luna, revelan corrientes subterráneas de nuestra niñez que no son tan obvias. Aunque la Cuarta Casa es la casa natural de Cáncer y por tanto describe el hogar y la vida familiar, el signo sobre la cúspide de la Cuarta Casa está determinado por el momento preciso del nacimiento. Ahora bien, la mayoría de las personas que nacen con un Ascendente en Piscis, tendrán a Géminis (afán por el estudio) en la Cuarta Casa. Sus hogares estarán llenos de libros y allí se reunirán las personas para platicar y aprender.

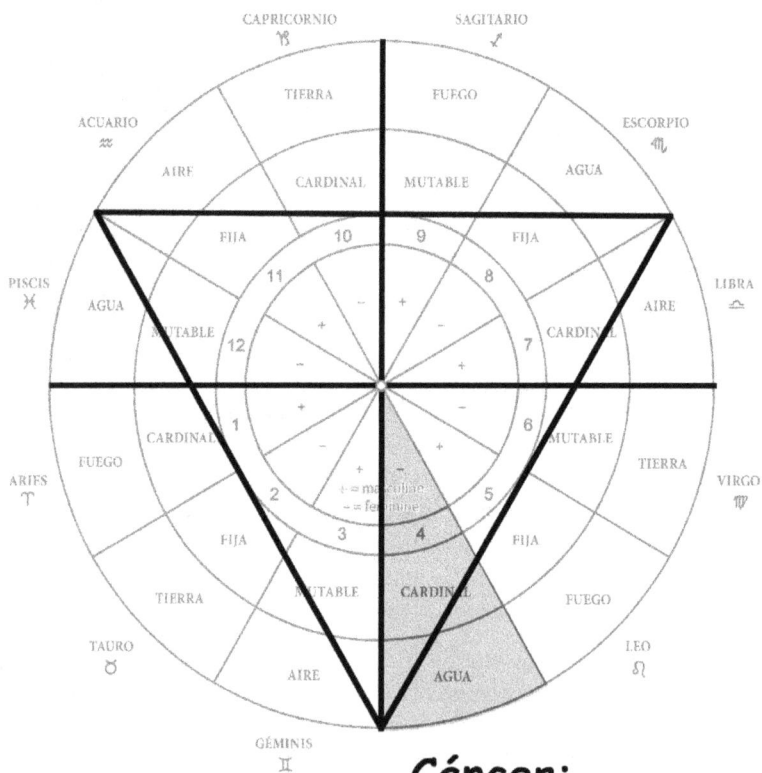

Cáncer:
Casa 4
Cruz Cardinal
de Poder
Agua

La tradición kabalística enseña que siempre hay por lo menos un *tzadik* vivo en el mundo. Durante la Era de Acuario, muchos recibirán la oportunidad de responder a este llamado.

CÁNCER, EL AGUA Y EL CHAKRA DE LA BASE

Cáncer representa el flujo libre de las corrientes de la vida, la salud, la felicidad y la abundancia. El agua en Cáncer nutre, cura y deleita. Cuando se usa lícitamente, llega a ser una fuente vital de tremenda energía. Cáncer rige el chakra de la base, llamado así porque está ubicado en la base de la columna vertebral. El movimiento del espíritu en la base causa que se eleven sus energías, alimentando y haciendo girar a los demás chakras y expandiendo la consciencia mientras lo hace. El chakra de la base está relacionado con los órganos sexuales y la procreación (la semilla y el óvulo tienen que ver con el chakra de la sede del alma y Leo).

Cáncer también trae enfermedad, muerte y devastación a aquellos que mal usan la luz vital anclada en el chakra de la base, la cual es conocida esotéricamente como el fuego sagrado; esto se manifiesta a través de la lástima por uno mismo —el ¡Ay de mí!— y la autojustificación (usando la razón para hacer que lo malo parezca bueno), formando relaciones con apegos emocionales que desgastan en lugar de estimular, y dan lugar a berrinches y explosiones emocionales o cualquier estado o acción que interrumpa o altere el ritmo y la armonía natural de la vida.

La enfermedad cáncer lleva el nombre de este signo y es una manifestación de reservas no transmutadas de odio, en especial de odio a uno mismo. En una escala mayor, equivaldría a la acumulación de desperdicios tóxicos que resultan del abuso y mal uso de las reservas naturales de la tierra. Adicionalmente, el agua está relacionada con la memoria. Así que en los signos de Agua (Cáncer, Escorpio y Piscis) es necesario soltar y transmutar los registros del pasado. El agua tiene el poder curativo de reconfortarnos y curar nuestras heridas.

Louise Hay, reconocida a escala internacional por sus libros de autoayuda, señala que uno puede volverse vulnerable al cáncer como consecuencia de guardar dolor muy profundo o por no poder resolver una pena muy grande. Ella sugiere dar la siguiente afirmación positiva para ayudar a curar el cáncer: "Amorosamente perdono y suelto todo lo que pertenece a mi pasado. Elijo vivir mi vida con alegría. Me amo y me apruebo a mí mismo".

Las tradiciones de Oriente hablan de la profanación del fuego sagrado al despertar de manera prematura las energías sexuales o por el mal uso de ellas. Profanar significa violar lo que es sagrado y santo. Vemos esto hoy día en la pornografía, el abuso infantil, la prostitución, el sexo casual y descuidado, la propagación de enfermedades sexuales; en adicciones a drogas y alcohol, tam-

"La Madre del Mundo", por Nicholas Roerich: se han referido a menudo a la obra como "Isis Velada" o "La Madre Cósmica".

bién en el mal uso de la ciencia y las reservas naturales, y hasta en las guerras.

Visualicemos entonces a Cáncer como una fuente luminosa de muchos colores, anclada en la base de la carta astrológica llamada el Nadir.[122] Sus aguas suben en una simetría perfecta, como los rayos del arcoiris, nutriendo y salpicando cada punto de la rueda. Entonces, comprendemos que la clave para el alma en Cáncer que desea transformarse a sí misma es el levantamiento *de la luz de la madre de la vida*, el control y la expresión disciplinada y armoniosa de las emociones y los deseos poderosos. Ésta es la clave también para la victoria de cada signo del Zodíaco.

EL VIENTRE DE LA CREACIÓN

La poderosa energía que es tan pronunciada cuando el Sol hace su tránsito anual por Cáncer es el espíritu que define a la Era de Acuario, la energía femenina, cósmica y divina llamada por los hebreos el *Shekinah* y por los hindúes la luz del *Shakti*. Según aquella novela clásica de la literatura esotérica, *Un habitante de dos planetas* de Phylos el Tibetano, en los tiempos de la Atlántida se conocía a esta energía como *el lado nocturno de la naturaleza*.

Los antiguos mayas reconocieron la luz de la madre como una fuerza cósmica cuando hablaban de la diosa *Ixchel*, identificando el centro galáctico, el cual llamaron "El Vientre de la Creación". Los místicos de distintos credos veneran a la Virgen Cósmica, buscando su intercesión en sus vidas. Esta esencia, conocida con una gran variedad de nombres y personificada en distintos grados por almas nacidas en Cáncer, es la manifestación de Dios como la madre. Más específicamente, es el espíritu de la Madre adorando al Padre y a la vez recibiendo y manifestando el amor del Padre. De este encuentro cósmico y fluido de la figura del ocho, nace el cosmos material.

---

[122] El Nadir también se conoce como el I.C. *(Imum Coeli)*, término en latín para "el fondo del cielo".

EL ABANDONO ANCESTRAL DE LA MADRE

En Cáncer, el alma encara la manifestación de lo más primordial, básico y universal: el miedo al abandono. Es el miedo del niño indefenso de qué pasará si lo dejan para valerse por sí mismo y de que pudiera ser entregado al cuidado de personas que pudieran hacerle daño, o puede que simplemente tema perder la atención y ternura consoladora de la madre. En realidad, somos nosotros quienes hemos abandonado a la Madre, mientras ella lamentaba los resultados inevitables de las elecciones hechas por sus hijos al ejercer de manera equivocada su libre albedrío. Historias tan antiguas que los escritos sobre ellas están enterrados bajo el mar o en los recintos más profundos del recuerdo, nos ayudan a vislumbrar una época antigua cuando florecía la cultura de la Madre y vivíamos dentro de sus brazos amorosos.

Recuerdos de la antigua madre patria de Lemuria dan eco a leyendas y tradiciones orales pasadas de generación en generación en diversas culturas del mundo. Las leyendas antiguas, una vez descifradas, revelan cómo la ingratitud de la gente forzó a la Madre Cósmica a retirarse a dimensiones superiores, reapareciendo de vez en cuando a través de los siglos pero solo a aquellos cuyo intenso amor y pureza magnetizaron su Presencia. ¡Cómo nos encanta escuchar los cuentos que evocan las imágenes casi olvidadas de eras remotas con toda su belleza y floreciente paz ante la presencia inefable de la Madre Cósmica!

EL RETORNO DE LA MADRE EN ACUARIO

En la Era de Acuario, la Madre Divina está destinada a reaparecer entre los hombres siempre y cuando sea bien recibida, aceptemos sus disciplinas y modifiquemos nuestros hábitos egocéntricos. Sin embargo, aunque el alma Cáncer añora correr a los brazos de la Madre, es más probable que se retire a su concha, como el cangrejo ermitaño, porque teme sus castigos. No obstante, solo la Madre puede enseñar al alma a elevar la luz dentro de su ser. ¡Y la tiene que elevar! Llega el día —y de hecho ya ha llegado— en que la concha le queda pequeña al cangrejo y la tiene que cambiar por una nueva. Una vez que suelta su viejo caparazón pero aún no tiene el nuevo, queda vulnerable por algún tiempo a merced de ser comido no solo por otras criaturas, sino incluso por otros cangrejos, pero no tiene otra opción.

De hecho, los tremendos avances tecnológicos de los años recientes son una expresión de la energía de la Madre en la Era de Acuario, el signo de la ciencia y la innovación. Acuario también es el signo del amor divino y la hermandad. Entonces, ¿utilizaremos nosotros la tecnología, como hijos de la Madre que somos, para liberarnos de las tareas rutinarias y el estrés logrando así una mayor unión de hermandad y amor, y para tener más tiempo a fin de explorar nuestro camino espiritual? ¿O tomaremos los regalos de la Madre sin devoción alguna y sin gratitud hacia el origen de estos bienes, volviéndonos víctimas de un materialismo mecanizado?

VEN, TE ENSEÑARÉ CÓMO HACERLO

Nuestra madre es la presencia más cercana en nuestra vida. Un dínamo de energía; ella nos ama, nos corrige y nos perdona, nos enseña y nos disciplina, alimenta nuestros cuerpos y nuestras almas, nos cura y nos da consuelo y a veces ruega al Padre en nuestro nombre. Así, se puede identificar a los Cáncer por su toque personal. La mayoría tienden a ser personas activas que suelen estar ocupadas dirigiendo todo y a todos; nutriendo, organizando, protegiendo y proveyendo a los que aman y aun a los extraños, configurando una red doméstica o tal vez una compañía o una comunidad, dando consuelo, ternura y haciendo felices a los demás con su gran sentido del humor cariñoso y jovial. Su atractiva manera personal de ser y su mirada suave y a la vez fuerte, parecen comunicar: "¿Qué necesitas? Ven, te enseñaré cómo hacerlo".

Los Cáncer son excepcionalmente capaces, organizados, amistosos y graciosos. A menos que se sientan emocionalmente angustiados; en tal caso, suelen abandonar todos sus asuntos, viven en el desorden y se retiran por un tiempo. Se preocupan por los demás y ayudan cuando pueden, son bondadosos por naturaleza y la mayoría de las veces son también astutos en materia económica. Al Cáncer le gusta estar a cargo; por lo menos, insiste en escoger con libertad todos los días. Le atraen profesiones y puestos que les permitan cuidar a otras personas mientras manejan una multiplicidad de responsabilidades. Se los puede encontrar trabajando como gerentes, enfermeros, cocineros, en la industria turística y de hospitalidad, en salones de belleza *y spas*, en bienes raíces, en la industria de la construcción y en las relaciones públicas. Estar sentado todo el día en un escritorio revisando papeles amontonados, definitivamente no es una carrera típica para los Cáncer.

EL PODER DE SER POSITIVO

La experiencia prueba y la sabiduría nos enseña que nunca estamos sujetos a la tentación ni somos arrojados a un conflicto sin tener la posibilidad de evitar la trampa y pasar la prueba.[123]

---

[123] 1 Corintios 10:13 (RVR 1977) Carta de Pablo a los Corintios: *No os ha sobrevenido ninguna tentación que no sea humana; y fiel es Dios, que no permitirá que seáis tentados más de lo que podéis resistir, sino que proveerá juntamente con la tentación la vía de escape, para que podáis soportar.*

Cuando el Cáncer se siente insatisfecho o sin poder, puede estudiar la situación, arremangarse y formular un plan dinámico de acción que luego tratará de poner en marcha con su mejor capacidad. Mejor aún, al darse cuenta de que no necesita luchar, puede decidir mantener su armonía y su paz interna, sacando el máximo provecho posible aun de las circunstancias más difíciles. También, puede reconocer que lo que parece una tragedia a menudo es una bendición disfrazada. Sin embargo, lo que a veces ocurre es que la persona Cáncer se siente indefensa e incapaz de efectuar los cambios que quisiera hacer; se vuelve quejumbrosa, adoptando una mentalidad pesimista, la cual puede volverse una costumbre aunque las circunstancias externas hayan mejorado.

En repetidas ocasiones, los Cáncer se encuentran atrapados en circunstancias estresantes en las que el impulso de retirarse a su caparazón se vuelve terriblemente fuerte, casi irresistible. Quizá tienen que enfrentarse con una condición física difícil, estrés económico o el miedo de fracasar cuando se espera mucho de ellos. O puede que la causa de su problema tenga que ver con haber nacido con sensibilidad exagerada. Les beneficia decidir ver los retos como oportunidades, probando su determinación de enfrentar y vencer sus problemas. Cuando encaran sus miedos, los superan. Progresan mucho cuando resuelven ser disciplinados y convertir sus limitaciones en oportunidades para crecer.

MADIBA: DAR TODO POR EL PUEBLO

El elegir ser positivo y poner una cara feliz es una estrategia ganadora para el alma Cáncer. Cuando determina seguir adelante y perseverar a pesar de sus miedos, de las circunstancias abrumadoras y la aparente imposibilidad de lo que quisiera lograr, descubrirá reservas de valentía dentro de sí mismo que ni siquiera sabía que existían.

El luchador por la libertad *Nelson Mandela* nació el 18 de julio de 1918 como *Rolihlahla*, un término en el idioma de la tribu sudafricana xhosa que significa "buscapleitos". En años posteriores llegó a ser conocido por el nombre *Madiba*, proveniente de su clan.

En 1964 fue sentenciado a cadena perpetua por su participación en actos contra el gobierno del apartheid, pero fue liberado después de veintisiete años. Durante su larga estancia dentro de la cárcel fue conocido como un maestro para los otros prisioneros y un padre para sus carceleros. Llegó a ser Presidente de Sudáfrica el 9 de mayo de 1994, como resultado de las primeras elecciones multirraciales en esta nación. Un líder valiente y compasivo, escribió en su autobiografía, *El largo camino hacia la libertad* (1994):

> *Yo soy fundamentalmente optimista. Si lo soy por naturaleza o por crianza, no lo puedo decir. Parte de ser optimista es mantener la cabeza apuntando hacia el sol, los pies siempre moviéndose hacia delante. Hubo muchos momentos oscuros que*

pusieron a prueba mi fe en la humanidad hasta el límite, pero yo no debía y no podía entregarme a la desesperación. Ese camino lleva a la derrota y a la muerte.

¿Qué tanto es demasiado? He aquí a la madre (Cáncer) dentro del hombre cuyo sacrificio por sus hijos no reconoce límites. Mandela una vez dijo: "Los líderes verdaderos tienen que estar dispuestos a sacrificar todo por la libertad de su pueblo".

SEGUROS EN CASA

A los Cáncer les gusta sentirse seguros. Su bienestar depende de sentirse emocionalmente estables y económicamente seguros. Incluso el niño Cáncer tímido en su entorno social, es a menudo extrovertido cuando se siente seguro en casa. Todos los niños y en especial los Cáncer, tienden a florecer cuando pasan sus días en ambientes bellos, tanto en la escuela como en el hogar; ambientes llenos de sonidos, colores y aromas armoniosos, con sillas, herramientas y cosas hechas a su medida.

A muchos Cáncer les gusta viajar siempre y cuando estén atendidas las necesidades esenciales de la vida. Este relato verdadero cuenta cómo una mujer Cáncer y su inquieto esposo Géminis se pusieron de acuerdo y después de un breve estira y afloja, ambos se sintieron felices. Él fue un oficial de alto rango en el ejército de los Estados Unidos. Ella se encargaba sobre todo de las tareas del hogar, así como de cuidar y educar a sus cuatro hijos. El ejército los cambiaba de ciudad cada dos años y medio. ¡Ay ay ay! la cangrejita fruncía el ceño y se quejaba cada vez que tenía que empacar y sacar a los niños de la escuela una vez más, para irse a quién sabía dónde. Él, muy paciente y lleno de amor —pues, hay que ser muy paciente y cariñoso con las Cáncer— le aseguraba que todo saldría bien. Luego llegaban a su próximo destino donde les esperaba *una hermosa y espaciosa* casa lista para recibir la presencia de la madre y el toque femenino. Este arreglo les dio buen resultado por muchos años hasta que por fin él se jubiló.

¿DÓNDE ESTÁ EL AMOR?

Cuando el alma Cáncer sufre por la ausencia del amor y el orden de la Madre, cuando los Cangrejos se rehúsan o no saben cómo soltar sus miedos y fobias, entonces pueden aparecer síntomas desconcertantes tales como un medio ambiente desordenado, falta de fondos y carencia de las cosas básicas, turbulencia emocional, promiscuidad sexual y falta de autodisciplina. En casos extremos, algunas mujeres —estas hijas de la Madre (Cáncer)— temiendo no poder educar bien a sus hijos, se ligan las trompas para no poder procrear.

La vacilación y la inhabilidad para tomar decisiones son síntomas del miedo al abandono. Evangelina, una mujer guapa e inteligente en el final de sus treinta, parece tenerlo todo. Heredó una pequeña fortuna y viaja por el mundo haciendo lo que le da la gana. Sin embargo, cuando tiene que tomar incluso una decisión relativamente insignificante como cuándo comprar un boleto de avión, o tan importante como cuál será el próximo paso en su carrera, se siente atormentada por la incertidumbre. Y sin importar cuál elige tomar, en su mente siempre está equivocada. Si decide vestirse de blanco, luego piensa que hubiera sido mejor vestirse de negro, pero cuando lo hace, concluye que habría sido mejor vestirse de blanco. Para liberarse de esa condición enloquecedora, Evangelina necesita reconocer y resolver la ira infantil que aún conserva por haber sido criada por niñeras, mientras sus padres se ocupaban del desarrollo y mantenimiento del negocio familiar.

He aquí un ejercicio práctico y divertido para ayudar al Cáncer a tomar decisiones rápidas. Vete a una ciudad grande a la hora del almuerzo cuando todos están saliendo de sus oficinas para ir a comer. Hay un gran tumulto y prisa para atender a todas las personas. Starbucks es ideal, pero cualquier restaurante serviría. Ponte en la cola y pre-párate para tomar decisiones rápidas. Como explica Joe Fox, el personaje representado por el actor Cáncer Tom Hanks en la película *You've Got Mail*, (1998) (conocida en español como *Tienes un e-mail*), en su charla por correo electrónico con Kathleen Kelly —representada por la actriz Escorpio Meg Ryan:[124]

Los actores Tom Hanks y Meg Ryan
en la película *You've Got Mail*
(Tienes un e-mail) (1998)

Todo el propósito de lugares como Starbucks es que las personas que no tienen la habilidad de tomar decisiones... aquí tienen que tomar seis para comprar una sola taza de café... café oscuro, café claro, grande, chico, descafeinado, con leche con poca grasa, sin grasa, etc. ...así, por solo $2.95 no solo pueden comprar una taza de café, sino un sentido absoluto y definitivo de quien es: ¡grande, descafeinado, capuchino!

---

[124] En esta película encantadora se nota bien el contraste entre la mirada amigable de Tom Hanks que pareciera expresar: *"no te preocupes, yo te ayudaré"*, y la intensa mirada de la Escorpio Meg Ryan que pareciera implicar: *"¡Debes estar medio loco!"*

Hablando seriamente, cuando a los Cáncer les cuesta tanto tomar decisiones en asuntos tan sencillos, desde luego se sienten exasperados y hasta angustiados sin saber qué hacer. El problema en la superficie es indicativo de una condición más profunda que puede ser curada. Así pues, cuando el alma Cáncer decide liberarse de este problema, debe fortalecerse para encarar el miedo que le causa el bloqueo responsable de su falta de conexión con su propio Ser Superior. Puede apoyar su resolución con la entonación de mantras, tal como *Yo y mi Padre somos uno*. Recordar la dinámica de la polaridad entre Cáncer y Capricornio sobre la *Cruz de Identificación Correcta*, le ayudará a restablecer su relación con el Dios Padre-Madre y su propia realidad divina.

POR QUÉ LOS CÁNCER TOMAN LAS COSAS TAN PERSONALES

Las personas que nacen bajo otros signos zodiacales menos sensibles, no alcanzan a entender por qué sus amigos Cáncer toman las cosas tan personales. Pues aquellos que pertenecen a alguno de los tres signos de Agua (Cáncer, Escorpión y Piscis) son emocionales por naturaleza. Gobernar las emociones es un gran reto. La frase clave para el alma nacida bajo la influencia de Cáncer es: "Yo siento", a la que bien podríamos añadir: "todas las corrientes de energía a mi alrededor todo el tiempo". La sensibilidad es un don cancerino, siempre y cuando la persona nacida en Cáncer aprenda a despersonalizar la energía. Es decir, a no relacionar todo lo que siente consigo misma. Entonces le es menester aprender a razonar objetivamente, pero muy pocas veces le es natural hacerlo.

Para muchos niños Cáncer es difícil aceptar que los corrijan, sin importar si lo hace un padre de familia o un maestro amoroso. Tienden a reaccionar a la defensiva y, a veces, con enojo. En sus relaciones cercanas, los Cáncer revientan la armonía de la burbuja de amor cuando reaccionan con violencia y enojo, hasta por ofensas imaginarias. En el trabajo, su ingenuidad y sentido de que sí se puede, les permite hacer amistades valiosas en casi cualquier equipo, pero su temperamento demasiado sensible, a menos que aprendan a controlarlo, puede dañar su reputación y limitar sus posibilidades profesionales a pesar de que tienden a ser muy emprendedores.

La madre de un adolecente Cáncer resolvió un problema con su hijo de una manera muy efectiva. Primero, de modo consciente dejó de usar frases críticas y condenatorias tales como: *"Deberías haber hecho esto. ¿Por qué no hiciste lo otro?"* Trató de comunicarse más compasivamente con su hijo, hablándole siempre con respeto y con cariño. La relación entre madre e hijo mejoró bastante, pero no por completo. Por fin, la madre pudo resolver el problema diciendo a su hijo:

"Créeme, no te estoy echando la culpa. Puede que *sientas* que lo estoy haciendo y comprendo eso, pero no es así. Entonces, cuando quieras alejarte de mí, sugiero que primero respires profundo y te digas a ti mismo: 'Mi madre me ama. No me está culpando. Solo quiere ayudarme'".

El concluir que alguien lo está culpando así como echar la culpa a otros (en lugar de realizar un análisis objetivo para poder resolver los problemas) es una manifestación del sentirse impotente en la polaridad Cáncer con Capricornio (los Capricornio tienden a condenarse a sí mismos y a otras personas). En muchos casos, esta tendencia es indicativa de traumas no resueltos de la niñez, o incluso de otras vidas.

¿ME AMAS?

De hecho, el talón de Aquiles de muchos Cáncer en las relaciones cercanas, es una sensación de inseguridad. El romance con una persona Cáncer es simplemente maravilloso. Son muy considerados, cariñosos, activos y efusivos. Disfrutan con gusto la vida, la buena comida y el amor y tienen un sentido intuitivo de la belleza y del amor dentro de la familia. La influencia pronunciada de la poderosa energía de la madre en los Cáncer de ambos sexos los inclina a defender y proteger a sus seres queridos, proveyéndolos con todo lo que necesitan. El hogar cancerino suele ser un lugar cálido y confortable. ¡La lista continúa! No obstante, tengan cuidado, nativos de este signo, de no hacer por otra persona lo que ella puede hacer por sí misma. Eviten caer en el síndrome de *la madre sobreprotectora*, que cuida con exageración a sus hijos, al grado que ellos la perciben como una autoridad opresiva en sus vidas. Otra manifestación en Cáncer del miedo al abandono que hay que superar es la tendencia a exigir a los seres queridos garantías y constantes manifestaciones de amor. Esta tendencia debilita los lazos y crea desconfianza hasta en la pareja más amorosa.

En especial cuando el Cáncer ha sido lastimado, se resistirá a entrar en una nueva relación romántica y por lo tanto, podría perder la oportunidad de amar de nuevo. Amar es arriesgado. Los Cáncer sabotean sus relaciones amorosas cuando son posesivos o cuando controlan en exceso a sus parejas por miedo a perderlas. Por ello, a los nativos de este signo les conviene tratar su psicología y estudiar su astrología, las cuales les pueden revelar claves vitales para entender la causa y el origen de sus temores, empoderándolos para correr el riesgo y abrir sus corazones al amor cuando el romance toque a su puerta. Muy a menudo el problema es bastante sencillo, pero los mecanismos defensivos que han creado para protegerse del dolor pueden ser complejos. Al final de cuentas, el alma Cáncer no puede encontrar fuera de sí misma lo que tiene dentro.

MAESTRÍA SOBRE LA LUNA

Nacer bajo la influencia del Sol en Cáncer significa ser regido por la Luna, la cual representa el mundo de las emociones y la mente subconsciente. La referencia en Apocalipsis 12:1 a la mujer con la Luna bajo sus pies tiene que ver con la maestría de las emociones. Más que nada, el alma Cáncer tiene que aprender a controlar sus emociones. Debe obtener maestría en efectos sobre su psique y el mundo emocional conectado con las mareas lunares en constante cambio.

Vivir en la ignorancia es duro, sin importar cual sea el signo solar al momento de nacer, pero no estar consciente en Cáncer significa ser revolcado constantemente por energías lunares; en un momento alegre y en el otro triste, en un momento entusiasta y luego hasta desilusionado o sin interés alguno.

Las claves esenciales para quien quiera ser el Héroe en Cáncer, sin las cuales no le será posible alcanzar la paz, son: practicar *mindfulness (Sati)*, cultivar una perspectiva optimista, reconocer consciente y objetivamente sus sentimientos, y ser bastante autodisciplinado para controlar las emociones. Además, a fin de ganar éxito, el Cáncer necesita mantener un moméntum de armonía y desarrollar la confianza para tomar decisiones sin caer en la duda.

¿Estás en una relación cercana con alguna persona Cáncer? Cualquiera que sea la naturaleza del vínculo, puede ser un gran reto tener que tratar a estas personas sensibles gobernadas por la Luna, tal vez menos para un Escorpio o un Piscis porque tienden a ser más afines con el flujo Cáncer. ¿Cómo enfrentar sus cambios de humor? ¿Qué se puede hacer si en un momento es cálido y efusivo y al próximo frío y distante? Pues esto simplemente es parte del paquete Cáncer, ¡así son! Ante todo, procura no tomar sus cambios de humor de manera personal y, al hacer esto, estarás dando un ejemplo de cómo él o ella lo pueden hacer. A menos, claro, que el Cáncer ya posea un grado de maestría emocional.

Cuando el Sol hace su tránsito por Cáncer, (desde el 21 de junio hasta el 22 de julio), todos tendemos a ser más emocionales y reactivos de lo habitual. Entonces podemos ser más compasivos con nuestros amigos Cáncer, quienes nos pueden enseñar cómo ser emocionalmente sensibles, bondadosos, caritativos y a la vez serenos y pacíficos.

EL NIÑO CÁNCER

Los niños Cáncer son movidos por constantes y fuertes cambios de corrientes emocionales. Para muchas almas nacidas en Cáncer, aprender a gobernar las emociones es una tarea que dura toda la vida, muy influida por experiencias dentro del ambiente familiar durante la juventud. Mostrar paciencia al temperamento del niño Cáncer puede ser un reto para padres y maestros, sobre todo si carecen del elemento Agua en sus propias cartas natales. Deben evitar expresiones de enojo y severidad exagerada que podrían causar heridas con cicatrices que afecten la sensibilidad de estos jóvenes.

El niño Cáncer debe aprender que hacer las cosas solo por impulsos emocionales, porque tiene ganas de hacerlo, no es necesariamente la mejor elección. De hecho, ¡pocas veces lo es! Conforme madura se vuelve más disciplinado y sosegado; experimenta la gran satisfacción y el júbilo producto de hacer lo correcto aun cuando no se desea hacerlo. Entre más desarrolle el sentido del deber, más deliberadas serán sus elecciones, a pesar de las fuerzas emocionales y cambios de humor que amenacen desviarlo de su camino.

La gran mayoría de los niños Cáncer son cariñosos y amables, pero los cangrejitos pueden ser también malhumorados. A veces, cuando se sienten lastimados o perturbados reaccionan con mal genio o brusquedad. Co-mo el cangrejo, que lleva una cáscara dura por afuera pero es suave por dentro, el niño Cáncer puede esconderse en su cuarto cuando está de mal humor o si han herido sus sentimientos o para entrar en su propio mundo, huyendo de un ambiente discordante. El agua

Una bella niña Cáncer, Ellie

refleja; los bellos colores y la música tranquilizadora ayudan al joven de este signo a hacer contacto con la reserva de paz y creatividad dentro de su alma. Incluso a los niños Cáncer más pequeños les gusta meditar.

La sintonización de los padres con su hijo Cáncer, su entendimiento del presagio astrológico diario y una dieta correcta en casa, ayudan al niño a adquirir la autodisciplina necesaria para cabalgar olas de emociones y estados de ánimo cambiantes. El niño Cáncer requiere ser guiado y se beneficia de lineamientos claros: hay que mostrarle cómo evitar berrinches, rabietas infantiles, justificar malos comportamientos y toda clase de autoindulgencias. Se recomienda a los padres de estos niños ser cariñosos con ellos, pero a la vez no aprobar lloriqueos emocionales.

El psicólogo canadiense Gordon Neufeld habla de la importancia de ayudar al niño a "encontrar sus lágrimas". Cuando puede liberar la energía acumulada de sentimientos reprimidos, sobre todo en situaciones que le parece no tienen remedio, no solo se siente aliviado de su carga, sino también descubre que la sensación de que el mundo se va a acabar no durará para siempre. Al final, todo estará

bien. Se da cuenta de que en vez de tratar de ignorar o bloquear patrones energéticos difíciles puede aprender a surfear las olas emocionales.[125]

Como Cáncer es el signo de la Madre, los niños de este signo (de ambos sexos) responden de inmediato cuando alguien necesita su ayuda, instintivamente buscan cuidar a los demás. Como una buena madre, la mayoría de ellos cuentan con soluciones prácticas y tienen remedios para casi cualquier problema. El joven Cáncer ayuda a su madre a cuidar a sus hermanos menores. Cuando es bastante grande para ser responsable, una mascota puede ser el amiguito a la medida para ayudarlo a refinar su instinto natural de cuidar a otros.

Cáncer representa nuestras raíces y nuestra herencia, nuestro hogar y refugio. El cangrejo lleva su casa, es decir su cáscara, dondequiera que va. Los niños Cáncer se benefician cuando reciben mucho amor y seguridad durante sus primeros años. Si los padres están divorciados, separados, discuten con frecuencia o simplemente son incapaces de cumplir bien sus deberes familiares, por ejemplo, como a menudo ocurre en familias enfermas donde uno o ambos padres sufren de alcoholismo, o cuando ambos trabajan tiempo completo, el niño Cáncer asumirá responsabilidades que realmente no le corresponden para mantener intacta a la familia.

De todos los signos, Cáncer es el más orientado a la familia. El árbol sano necesita tener raíces fuertes y aquí radica el factor fundamental que determinará si el niño Cáncer crecerá para sostener y nutrir a otros como un adulto autosuficiente, o si se sentirá lleno de temor a ser rechazado o castigado. Entonces, al llegar a su madurez buscará la seguridad que le faltó cuando era niño y tenderá a ser demasiado posesivo o sobreprotegerá a sus seres queridos, como una enredadera que se adhiere a la pared. Las impresiones de la niñez duran y marcan toda la vida.

Aunque a los cangrejitos les encanta compartir con los demás, puede que teman soltar sus posesiones o a sus amigos. La vida les enseñará la diferencia entre ser tenaz y ser posesivo. Se recomienda a los padres animar gentilmente al niño Cáncer a ser independiente, sobre todo si suele apegarse demasiado a la madre.

El instinto natural de la madre de proteger a sus hijos es muy pronunciado en las mujeres de este signo, pero también es notorio en los muchachos y hombres Cáncer. Aunque los jóvenes Cáncer suelen ser entrañables y afectuosos y a menudo se inclinan a proteger sus hogares, las madres de los niños Cáncer

---

[125] El barómetro del pronóstico emocional del niño Cáncer (y para niños pequeños de todos los signos) se puede conocer al interpretar la posición diaria de la Luna —su significado y sus aspectos con el Sol y los planetas de la carta natal y progresada del niño— y de tener en cuenta el efecto de aspectos precisos hechos por la Luna progresada.

deben alentarlos a no ser "un niño de mamá". Hay muchas maneras en las que pueden expresar de manera positiva su lealtad a su madre y a su familia, como hacer reparaciones en la casa, cocinar, ayudar a cuidar a los hermanos menores y aplicar sus facultades innatas para encontrar soluciones prácticas a los problemas. El vínculo cercano entre el Cáncer con la madre y la familia, característico aún en el más varonil de ellos, ejerce para bien o para mal una influencia muy marcada en su vida en general e influye mucho en sus relaciones adultas con las mujeres.

Todo hombre, no importa cual sea su signo solar, tiene momentos en los que experimenta el aspecto femenino de su ser, cuando se expresa como una madre. El gran profeta Moisés actuó como una madre que defendía a sus hijos ante el juicio del padre cuando rogó a Dios que fuera menos severo al dictaminar su justicia (determinada por la Ley impersonal) sobre los hijos de Israel. Jesús se pareció mucho a una madre que lamentaba la dirección que habían tomado sus hijos cuando se comparó a sí mismo con una mamá gallina: *"¡Jerusalén, Jerusalén, que matas a los profetas, y apedreas a los que son enviados a ti! ¡Cuántas veces quise juntar tus hijos como la gallina junta sus polluelos debajo de las alas, y no quisiste!"* (Mateo 23:37)

También percibimos la presencia de la madre en el llanto apasionado del patriota estadunidense Patrick Henry: *"¡Dame libertad o dame la muerte!"* El ejemplo de un patriota dispuesto a sacrificar su vida por la madre patria (Cáncer), recuerda el sacrificio de amor que realiza una madre por sus hijos.

¿QUÉ ME ACONSEJAN HACER?

En el sentido clásico y tradicional de la familia, el padre dicta a los jóvenes lo que tienen que hacer, mientras toca a la madre enseñarlos cómo hacerlo. Cáncer es el signo del "así se hace". Los nativos de este signo tienden a ser prácticos, ingeniosos e imaginativos. La famosa columnista **Ann Landers** y su hermana gemela, **Abigail Van Buren**, llegaron a ser nombres conocidos por todos durante más de cincuenta años a través de sus columnas de prensa ("Querida Ann" y "Querida Abby") donde ofrecían consejos gratis que fueron reproducidos por periódicos de todo el país.

Ann y Abby nacieron el cuatro de julio de 1918. Sus consejos fueron compasivos, sensatos y directos; tenían soluciones prácticas para toda clase de preguntas imaginables. Fueron especialmente populares entre aquellos que quisieron recibir su ayuda para resolver situaciones de pareja o con diferentes miembros de la familia. En respuesta a un padre preocupado, quien le preguntó que debería hacer con un niño consentido, exigente y mandón, Ann escribió:

> *Lo que la gran mayoría de los niños estadunidenses necesitan es que los dejen de consentir, que los dejen de mimar, que los padres dejen de ser sus choferes y dejen de darles todo lo que piden.*

Al final, sus hijos no tendrán éxito gracias a lo que han hecho por ellos, sino a lo que les han enseñado a hacer por sí mismos.

¡SUÉLTALO, CANGREJITA!

A los Cáncer les cuesta desapegarse de personas, cosas, esperanzas, deseos y hasta recuerdos. Se los conoce por su memoria increíble y una manera de ser positiva menos cuando se niegan a seguir adelante. Pueden atorarse en el pasado, abriendo y reabriendo heridas que necesitan ser cauterizadas y sanadas de una vez por todas. Los nativos de este signo generalmente son cariñosos; se inclinan a proteger a sus seres queridos. Sin embargo, deben evitar toda tendencia a ser posesivos, dominantes o cuidar en extremo, como ocurre con el síndrome de la madre sobreprotectora, quien aunque actúa con buenas intenciones oprime a sus hijos al hacer todo por ellos. Atender a otra persona de manera exagerada a menudo indica una inseguridad arraigada que debe ser reconocida como lo que es para sanarla. Ignorar la causa del problema puede sabotear una relación importante, atraer parejas abusivas o relaciones disfuncionales que sirven para revelar sus inseguridades una y otra vez.

¡Suéltalo, Cangrejita! Una madre solía amonestar así cariñosamente a su hijita Cáncer, imitando con las manos las tenazas del Cangrejo. Ah, pero ¿cómo soltar aquello que hay que dejar atrás y a la vez mantenerse firme y no soltar nunca la esperanza y el deseo lícito? La tenacidad y la persistencia en el joven Cáncer bien educado indican una autoestima elevada, el medio para lograr la autorrealización y el éxito.

EL CAMINO AL CORAZÓN DE LA PERSONA CÁNCER

Cáncer está relacionado con el estómago y la nutrición. A la mayoría de los que nacen bajo su influencia les encanta cocinar ¡y a casi todos les encanta comer! De hecho, muchos se sienten atraídos profesionalmente a algún aspecto de la industria culinaria.

Es vital que los nativos de este signo eviten disturbios y adicciones alimentarias. Algunos Cáncer se sienten tan abandonados, tristes o incluso enojados con sus padres y/o sus parejas que rehúsan comer, negándose la nutrición que necesitan. Sin embargo, en la gran mayoría de los casos comen demasiado para sosegarse a través de la comida, un hábito nada saludable de intentar esconder las preocupaciones en células de grasa. Aún si el Cáncer joven tiene una barriga grande, podría indicar una tendencia a guardar el dolor en lugar de procesarlo, a guardar secretos que torturan la psique en vez de resolverlos. Retener grasa en exceso puede ser muy destructivo, pero en cierto nivel parece reconfortante.

Cuando la persona Cáncer decide y empieza a perder peso, debe prepararse para enfrentar los recuerdos de eventos que le produjeron miedo y ahora salen a la superficie haciéndose presentes en la mente y en las emociones mientras se quema la grasa y se libran las toxinas del cuerpo. Y así ocurre para cualquiera de nosotros cuando resolvemos bajar peso, aun cuando lo que cargamos no sea físico sino la densidad de una carga emocional o de un temperamento egocéntrico. El yoga, el ejercicio físico, afirmaciones poderosas — *¡YO SOY Luz Luz Luz!* –y períodos breves de meditación pueden ayudar tremendamente.

FORTALEZA Y SENSIBILIDAD: UNA COMBINACIÓN IRRESISTIBLE

De los doce signos del Zodíaco, los Cáncer son los más fáciles de identificar. Revelan todo con su mirada: dulces, sensibles y cariñosos, tan fuertes pero a la vez tan vulnerables. En el brillo de sus ojos se puede percibir la energía abundante y personal, la sensibilidad y el anhelo de la madre, aún en los hombres. Y nos hacen sonreír porque expresan algo que toca el alma, su afable sentido de humor parece hacer más ligera nuestra carga. Ve la mirada del actor *Nelson Eddy* nacido el 29 de junio de 1901. Sí, es cierto que también tenía a Venus y Mercurio en Cáncer, pero esto solo lo hacía más irresistible.

Nelson Eddy —Amoroso y protector, abraza a su llama gemela, *Jeanette MacDonald*, el amor de su vida

LA PRINCESA DIANA: ÍCONO DE LA MADRE EN EL SIGLO XX

Diana, la Princesa de Gales, nacida el 1o de julio de 1961, fue hija de una familia perteneciente a la aristocrática inglesa. Antes de cumplir los dieciséis años se mudó a Londres. Tuvo varias ocupaciones pero nada la apasionó. Lo cierto es que Diana nació para tomar un papel mucho más grande como es evidente en su carta natal. Diana y la Madre Teresa de Calcuta, quien fue su muy buena amiga, llegaron a ser símbolos icónicos de la madre en el mundo entero. (Madre Teresa nació con el Sol en Virgo. Virgo es el signo de la Madre en el elemento Tierra). Mil millones de personas vieron la boda de Diana con el príncipe Charles el 29 de julio de 1981 por televisión. Millones en todo el mundo lamentaron su inesperado y trágico fallecimiento en un accidente de coche el 31 de agosto de 1997. ¿Realmente fue un accidente su muerte? Algunos piensan que fue orquestada. (En

2006 los investigadores británicos convinieron con la investigación francesa realizada en 1999, cuya conclusión fue que el el motivo del choque fue que el chofer estaba ebrio y perdió control del auto al conducir en exceso de velocidad). No cabe duda de que la baraja estaba arreglada en su contra. Es curioso que la Madre Teresa muriera una semana después, el 5 de septiembre de 1997.

Diana se adaptó bastante bien a su papel de princesa; a pesar de que la familia real la vio con recelo, era hermosa y se mantenía digna en su nuevo papel. Sin embargo, con su Luna en Acuario y Urano (planeta que rige Acuario) en Leo (la autoexpresión) en cuadratura con su Venus, es comprensible que no estuviera dispuesta a que la limitaran a un papel altivo y soberbio. Ella aprovechaba su estatus real para cumplir la esperanza idealista y pagar la cuenta kármica de su Quirón natal en Piscis, signo de sueños que figuraba en un Gran Trígono de Agua en su carta natal. (Quirón es aquel planetoide que muestra un destino no percibido pero escrito en las estrellas).

Así pues, Diana podía ganarse el cariño de las personas en todo el mundo. Llegó a ser un modelo idealizado de la mujer moderna para muchas jóvenes, pero su Quirón (que siempre tiene mucho que ver con las relaciones íntimas) se oponía a Marte y Plutón en Virgo; a Diana la atormentó la turbulencia de su matrimonio infeliz. El mundo entero la quiso. El público perdonó sus indiscreciones y su falta de juicio cuando se dejó llevar por la energía de su lado impulsivo representado por Urano. Tal vez el estrés que vivía simplemente fuese demasiado para ella. No obstante, nunca falló en sus esfuerzos humanitarios.[126]

---

[126] En ese fatídico día para la Princesa Diana, Neptuno llegó a una conjunción precisa con Saturno en Capricornio, una combinación ominosa, considerando sobre todo que Marte transitaba en Escorpio, exactamente en conjunción con Neptuno natal. Los aspectos entre Marte y Neptuno pueden muy bien indicar subterfugio, pero también he visto esta combinación de Marte (acción) y Neptuno (negligencia) activa en las cartas de personas que no utilizaron los cinturones de seguridad y sufrieron accidentes trágicos. Además, el Neptuno natal de Diana (en la Décima Casa del poder) está en trígono con su Sol en la Séptima Casa (del matrimonio) y en trígono con Quirón en Piscis. Aunque esta intensa combinación fortuita formaba el vértice de un Gran Trígono Menor, Marte en su carta está en oposición a la Luna en Acuario ("lo haré a mi manera"). Esta firma astrológica muestra las características que nos hacían quererla, pero a la vez fueron la causa de que representara una molestia para los habitantes del palacio. La misma oposición describe su soledad. Aunque Diana era una figura materna para tanta gente, era suicida y atormentada en su interior. El 31 de agosto, 1997, la Luna en su tránsito por Leo formó una conjunción con el Sol y con el Urano progresado de Diana en su Octava Casa (la muerte y terminaciones), poniendo un toque final a esta astrología tan volátil y profetizando una muerte inesperada y repentina, no necesariamente resultado del destino, sino del escenario que estaba puesto para ese evento.

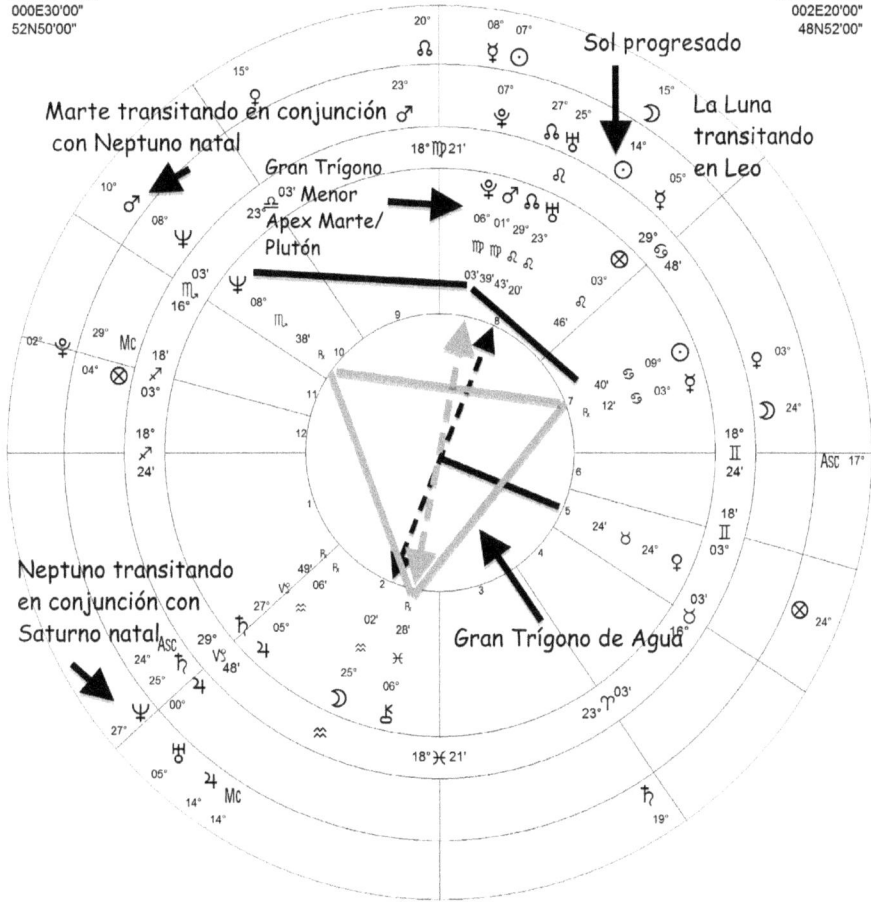

SECOND CHART:

Progressed Chart
Aug 31, 1997
Sandringham, R.U
00:23:00 AM GMD
ZONE: -01:00
000E30'00"
52N50'00"

OUTER CHART:

Accidente Fatal Diana
Aug 31, 1997
Paris, FR
00:23:00 AM CED
ZONE: -02:00
002E20'00"
48N52'00"

Marte transitando en conjunción ♂
con Neptuno natal

Sol progresado

La Luna
transitando
en Leo

Gran Trígono
Menor
Apex Marte/
Plutón

Neptuno transitando
en conjunción con
Saturno natal

Gran Trígono de Agua

Progressed Chart

Pl	Geo Lon	R	Decl.
☽	24° ♊ 48'		+18° 39'
☉	14° ♌ 12'		+16° 34'
☿	05° ♌ 49'		+20° 05'
♀	03° ♋ 45'		+21° 41'
♂	23° ♍ 39'		+03° 10'
♃	00° ♒ 39'	R	- 20° 38'
♄	25° ♑ 13'	R	- 21° 16'
♅	25° ♌ 23'		+13° 43'
♆	08° ♏ 37'		- 12° 42'
♇	07° ♍ 02'		+20° 33'
☊	27° ♌ 48'		+12° 14'
⊗	04° ♐ 46'		- 21° 05'
Mc	29° ♏ 11'		- 19° 59'

Pl	Geo Lon	R	Decl.
☽	25° ♒ 02'		- 12° 55'
☉	09° ♋ 40'		+23° 05'
☿	03° ♋ 12'	R	+18° 41'
♀	24° ♉ 24'		+15° 59'
♂	01° ♍ 39'		+11° 55'
♃	05° ♑ 06'	R	- 19° 32'
♄	27° ♑ 49'	R	- 20° 44'
♅	23° ♌ 20'		+14° 25'
♆	08° ♏ 38'	R	- 12° 40'
♇	06° ♍ 03'		+21° 01'
☊	29° ♌ 43'		+11° 34'
⊗	03° ♌ 46'		+19° 19'
Mc	23° ♎ 03'		- 08° 58'

Princesa Diana
July 1, 1961, 7:45 pm
Sandringham, U.K.

Geocentric
Tropical
Placidus Houses

Accidente Fatal Diana

Pl	Geo Lon	R	Decl.
☽	15° ♌ 06'		+13° 25'
☉	07° ♍ 34'		+08° 44'
☿	08° ♍ 47'	R	+04° 27'
♀	15° ♎ 46'		- 06° 09'
♂	10° ♏ 28'		- 15° 43'
♃	14° ♒ 22'	R	- 17° 28'
♄	19° ♈ 39'	R	+05° 12'
♅	05° ♒ 30'	R	- 19° 31'
♆	27° ♑ 35'	R	- 20° 15'
♇	02° ♐ 55'		- 08° 36'
☊	20° ♍ 15'		+03° 52'
⊗	24° ♉ 40'		+18° 56'
Mc	14° ♏ 46'		- 16° 24'

217

LA LIBERTAD Y LA CULTURA DE LA MADRE DIVINA

La nación de los ***Estados Unidos de América*** fue concebida el 4 de julio de 1776, como un gobierno "del pueblo, por el pueblo y para el pueblo" con el Sol fortuitamente a 13 grados de Cáncer junto con la estrella fija de Sirio, la más brillante visible en el cielo nocturno vista desde la Tierra.[127]

¿Buscaron los padres fundadores en secreto la ayuda de la astrología para escoger la fecha más propicia para lanzar la revolución (a través de la firma de la Declaración de Independencia) destinada a representar la llama de la libertad para todo el mundo? ¿O fue la mano del destino quien eligió este momento auspicioso?

La estatua que representa la llama de la libertad en el puerto de la Ciudad de Nueva York simboliza lo que los Estados Unidos de América han significado para miles de personas en todo el mundo. La inscripción en la base recuerda el corazón de la madre Cáncer:

> *Dadme a vuestros rendidos, a vuestros pobres, a vuestras hacinadas multitudes anhelantes de respirar en libertad, el desdichado desecho de vuestras rebosantes playas. Envía a éstos, los desamparados, sacudidos por las tempestades, a mí. ¡Yo alzo mi faro al lado de la puerta dorada!*

El destino verdadero de los Estados Unidos desde su concepción en 1776 ha sido el de traer la cultura de la Madre Divina al planeta, abriendo brecha para las muchas maravillas profetizadas para la Era de Acuario, también llamada la Era de la Libertad. El reto ante la nación, y la misma Tierra, es enorme durante esta fase de la historia en que la Madre Divina está "pasando por el velo" que ha separado por eones los reinos de luz del mundo terrestre más denso. Sobre todo en el caso de aquellos que nacen mientras transita el Sol por Cáncer. En estas etapas primarias todo lo que se opone a la manifestación de la madre dentro del individuo y del planeta está saliendo a la luz. El papel de la mujer en su relación con el hombre y con la familia se está transformando necesariamente. Todo esto es una preparación para la llegada al planeta de las almas de mayor inteligencia y logro espiritual que están destinadas a encarnar en estas épocas. Los tiempos nos están sacudiendo hasta nuestras raíces, tanto como individuos como colectivamente; despertándonos de una densidad de consciencia en la cual hemos estado por siglos y de la que por fin estamos saliendo.

Como los Estados Unidos de América es un país Cáncer, los atributos y retos de este signo afectan a cada uno de sus ciudadanos. Considera por un mo-

---

[127] Sirio es cuarenta veces más brillante que el Sol y esotéricamente está asociada con el gobierno divino. Es reconocida también como la Estrella Divina. La energía de Sirio está relacionada con el destino de los Estados Unidos de América.

mento la visión, valentía, el acuerdo y la osadía que fueron necesarios para firmar la Declaración de Independencia. Sin duda, el pueblo estadunidense ha pagado un alto precio por haber sido indeciso, por el mal uso de las reservas naturales, la manipulación de la economía, la falta de armonía entre el pueblo y sus representantes, y por su tendencia a asumir el papel de madre sobreprotectora sobre pueblos y naciones que acaso podrían haber resuelto mejor sus problemas si los hubieran dejados solos.

CÁNCER Y EL SENDERO

El Aspirante Cáncer llega al Sendero con una sintonización interna particularmente sensible, una percepción intuitiva de la verdad, una personalidad comprensiva y empática, un espíritu de gozo en el servicio y dones marcados para poner en marcha iniciativas de empresas personales, todo envuelto en un espíritu de: *"lo puedo hacer"*. Empieza por separar lo real de lo irreal dentro de sí mismo y en su medio ambiente, lo cual con frecuencia requiere un maestro o guía espiritual. Cuando el buscador de la Libertad en Cáncer declara que ya no desea vivir de manera inconsciente, en esencia está decidiendo, ante todo, actuar en lugar de reaccionar. Conforme se expande su consciencia y va madurando espiritualmente, se da cuenta de que si opta seguir cada impulso emocional que siente, se desviará de verdad de su camino y podría meterse en situaciones bastante precarias.

Si el buscador Cáncer es reticente, acaso todavía lastimado por encuentros pasados o si carece de luz debido a hábitos poco sabios; si ha experimentado con fenómenos psíquicos o si se ha enredado en relaciones disfuncionales o si tiene problemas no resueltos con sus padres (en especial con la madre), entonces tendrá que trabajar con su psicología, haciendo un gran esfuerzo por poner su hogar interior y exterior en orden para avanzar de manera significativa en su sendero espiritual.

El Aspirante Cáncer aprende a guardar su sentido de paz y armonía. Tiene que estar dispuesto de purgarse de apegos emocionales y dominar sus miedos y reaaciones no saluables. Debe mantener una dieta sana, hacer ejercicios físicos a diario y dormir bien por la noche —lo ayudará a equilibrar su energía o "chi", salvándose así de ser susceptible a la autocompasión, a quejarse de los maltratos de otros o a refunfuñar acerca de que los rigores del sendero son demasiado difíciles para él. Más le vale ser positivo y seguir adelante con buen ánimo. A veces, la mejor manera en que puede evaluar el progreso que está logrando es mediante su habilidad de sacar provecho de las lecciones que ha aprendido por sus errores y sus fallas. Si elige ser negativo perderá un tiempo precioso.

Una adolescente Cáncer, que de ordinario era bastante sensible a la crítica, comentó una vez acerca de su maestra de canto, quien parecía corregirla con cada aliento que tomaba: "Me visualiza en el escenario, por eso siempre me perfecciona tan meticulosamente. ¡Sabe lo que se requiere para llegar a ser una estrella!" Si el Cáncer reacciona ante el maestro o el gurú de manera infantil, rebelde o enojona, es casi seguro que a través de esa relación esté revelando algún problema con una figura paterna, en ésta o incluso en otra vida. Cuando el Aspirante Cáncer ama al maestro y está agradecido de haber sido aceptado como estudiante (o como discípulo) debe reconocer las muchas correcciones que recibirá como una expresión del amor más elevado.

LA MENTE SOBRE LA MATERIA

El sendero no es fácil. Llegar a la cima, a pesar de todos los obstáculos, requiere un fervor intenso. El deseo es una fuerza poderosa, en especial en aquellos que se encuentran en un moméntum de oración y meditación. El Aspirante Cáncer descubrirá que le es esencial usar su mente para abanicar su fervor y su devoción, mientras controla su tendencia a ser emocionalmente reactivo. El budismo nos enseña que todo *dukha* (sufrimiento) es causado por los deseos desordenados. Su Santidad, el decimocuarto *Dalai Lama* nació el 6 de julio de 1935. Sus enseñanzas son de gran valor para cualquiera que busque la verdad, pero en especial son valiosas para el Aspirante Cáncer resuelto a gobernar sus estrellas:

> *El viento no perturba a una piedra grande. La mente de*
> *un hombre sabio no es perturbada ni por el abuso ni por el honor.*

El Dalai Lama nos hace conscientes de que nos ofendemos con facilidad por asuntos infantiles e insignificantes, mientras que tendemos a no tomar los asuntos importantes y de larga duración con seriedad:

> *El principio filosófico fundamental del budismo es que*
> *todo nuestro sufrimiento es resultado de una mente indisci-*
> *plinada y que esta mente indómita proviene de la ignorancia y*
> *las emociones negativas. Para el practicante del budismo, en-*
> *tonces, las emociones negativas siempre representan el verdadero*
> *enemigo, un factor que hay que superar y eliminar. Siendo que*
> *estas emociones negativas son estados de la mente, es menester*
> *desarrollar el método o la técnica para superarlas desde adentro.*
> *No hay alternativa. No es posible deshacernos de ella usando al-*
> *guna técnica externa, como una intervención quirúrgica.*

Un joven monje de Nepal una vez me comentó que le fue muy difícil comunicarse con el Dalai Lama. ¿Y eso por qué? ¡Porque ríe tanto! Se puede identificar al Héroe Cáncer por una cualidad especial del regocijo, que en realidad es la manifestación de la elevación de la luz de la Madre Divina, hecha posible mediante disciplinas diarias y transformaciones personales hasta que la luz creciente ocupa y ilumina toda su aura.

LA DIFERENCIA ENTRE COMPASIÓN Y LÁSTIMA

El Aspirante Cáncer tendrá experiencias en el transcurso de su camino que lo ayudarán a reconocer la diferencia entre la compasión y la lástima; la compasión siempre es positiva y proactiva, mientras que la lástima tiene una vibración carente de vida, como de aguas estancadas que engendran enfermedades en lugar de sostener la vida. Tener lástima por uno mismo o incluso por otros hace que la energía descienda. Compartir la depresión de otro rara vez resulta productivo. La verdad es que tal sentimiento a menudo es el otro lado de la moneda del enojo, basado en un sentido de injusticia e ignorancia de la naturaleza misericordiosa de la oportunidad. Los Cáncer a veces caen en esta trampa involuntariamente por su deseo de servir y ayudar a los demás.

Por el contrario, ser compasivo es amar incondicionalmente. Significa conocer con precisión lo que la otra persona necesita y cómo ayudarla en la medida correcta, no solo en cuanto a sus circunstancias, sino también según la inclinación de su alma. De hecho, para la persona compasiva nacida en Cáncer todo problema o dilema es una oportunidad para poner en práctica su habilidad innata de resolver problemas.

PERDER EL CAMINO DEBIDO A LA AUTOJUSTIFICACIÓN

La autojustificación es una trampa peligrosa que pone la determinación del Aspirante Cáncer a prueba y que muy pocas veces es reconocida por lo que es. La tentación de hacer parecer bueno lo que es malo, con un razonamiento tal como: "Bueno, sé que no debo mentir, pero una mentira piadosa me sacará de este enredo y no hará daño a nadie". Una sola mentira, como en este ejemplo, puede abrir una caja de Pandora, ser el origen de una serie de sucesos y elecciones que resulten en navegar a la deriva hasta que uno descubre que se ha alejado mucho de su hogar. El Aspirante se pregunta a sí mismo, tal vez meses después: "¿Cómo es que me he alejado tanto del buen camino?" Difícilmente recuerda las decisiones que lo llevaron tan lejos de su destino deseado. Desde luego los Cáncer en camino a su hogar divino conocerán situaciones que pondrán a prueba su habilidad para hacer lo correcto a pesar de lo inconveniente que resulte.

Uno de los primeros requisitos es que logre mantener su temperamento bajo control y que actúe con positividad en lugar de reaccionar cuando se siente provocado. Conforme progresa, va ganando más maestría. La sensibilidad del Aspirante Cáncer aumenta mucho; no es menos, sino más sensible, pero aprende a mantener su atención enfocada siempre en su Presencia Divina. A través de la oración, la meditación y los decretos dinámicos, logra elevar el Kundalini, los fuegos de la Ascensión, de la base de la columna hasta la coronilla. Se vuelve cada vez más autodisciplinado y menos reactivo. Cáncer está gobernado esotéricamente por Neptuno, cuyas emanaciones superiores muy pocos han podido percibir. Conectado con la luz de su Presencia Superior, las oraciones del Aspirante se convierten en una meditación ambulante que lo mantienen en comunicación constante con Dios. En verdad, para el alma Cáncer mantener la visión necesaria para lograr su meta versus ser un soñador indulgente, a menudo solo es una cuestión de lograr y sostener una vibración más elevada.

EL HÉROE CÁNCER

El Aspirante Cáncer llega a ser el Héroe a través de la autodisciplina y el servicio amoroso a la humanidad, el regocijo y la compasión sin temor y por su resolución de pasar con excelencia todas las pruebas. Ha logrado integrar corazón, cabeza y mano. Está tan fuertemente anclado en su realidad divina que ninguna fuerza externa es capaz de importunarlo ni desviarlo de su camino. Sus emociones están dominadas y bajo control. Ahora se le puede confiar sin peligro el utilizar la energía de la Madre ubicada en el chakra de la base, y elevar el potencial creativo de la fuente de energía y abundancia.

8. ♏ Escorpio

Símbolos	**El Escorpión,** **el Fénix y el Águila**
Nacido	**23 de oct.~21 de nov.**
Arquetipo	**El Guerrero**
Frase clave	**Yo Deseo**
Elemento	**Agua**
Cruz	**Fija del Amor**
Casa	**La Octava:**

El sexo, la muerte, finanzas e instituciones financieras, préstamos y crédito, bienes raíces, las investigaciones, lo misterioso, lo oculto y la ira inconsciente

Regentes	**Plutón y Marte**
Regente esotérico	**Marte**
Polaridad	**Tauro**
Chakra	**El Tercer Ojo**
Anatomía	**Los órganos sexuales,** la próstata, las entrañas, la sangre y la nariz

Cualidades espirituales .... **La abnegación, estar sin temor, purificación, la transformación, visión creativa, persistencia, bondad y riqueza**

Vulnerable a ....*Egoísmo, narcisismo, paranoia, auto-preocupación, sensibilidad exagerada, deseos compulsivos, celos, crueldad y abuso de las energías sexuales*

Debe adquirir ......**El perdón, la abnegación, resolución y transmutación de heridas del pasado, visión clara, compasión y bondad de corazón**

Theodore Roosevelt • Gen. George Patton • Julia Roberts • John Adams • María Pilar del Roldán

EL SOL EN ESCORPIO

Un gran logro usualmente nace de un gran sacrifico
y nunca es resultado del egoísmo.

—Napoleón Hill, 26 de octubre de 1883

LA DIOSA KUNDALINI

Escorpio es el signo más poderoso del Zodíaco, pero también puede ser el más destructivo de los doce. La experiencia Escorpio es la de la regeneración. La definición de regeneración que ofrece el diccionario Webster es: 1) formar o crear de nuevo; 2) renacer o convertirse espiritualmente; 3) pasar a un mejor estado, más elevado o más valioso. Para transformarnos en hombres y mujeres de la Nueva Era, por fuerza debemos pasar por el proceso purificador de Escorpio. El que quiera ser el Héroe en Escorpio en este ciclo de transformación evolutiva, está destinado a mostrar este proceso a otros, por grande o pequeño que sea su círculo de influencia. Quizá ningún otro signo requiera tanto coraje, vigor físico, emocional y mental y tanto amor.

Cuando nace el alma en Escorpio, hereda un acceso directo a lo que se ha llamado la Diosa Kundalini, el fuego sagrado, el Shakti, el *Shekinah,* (diferentes nombres para la luz de la Madre Divina) y para algunos, tan solo la fuerza vital. El potencial de Escorpio es de verdad asombroso, pero este signo zodiacal viene con una advertencia seria: ¡el mal uso intencional o involuntario de la energía en Escorpio puede ser fatal! No por nada los Escorpio tienen esa expresión intensa y seria que los identifica. Como el niño con una caja de cerillos, es mejor que las personas no iniciadas en los misterios de la Madre, resistan la tentación de jugar con su fuego.

¿Qué se requiere para que la regeneración tenga lugar? Primero, cierta degeneración, es decir algo, alguien o un estado de consciencia que ha caído de un nivel elevado a uno más denso o menos deseable. Segundo y parte integrante del proceso, un agente capaz de restaurar el elemento degenerado a su pureza nativa. Tercero y el de mayor importancia para los seres humanos es el reconocimiento consciente por parte de la persona que quiera ser purificada de que necesita el cambio. Además, debe estar dispuesta a someterse al proceso purgativo.

EL ESCORPIÓN, EL FÉNIX Y EL ÁGUILA

Escorpio no está representado solo por un símbolo, como los otros once signos del Zodíaco, sino por tres; la experiencia escorpiana está encriptada en la historia *del Escorpión que llega a ser el Fénix que se convierte en el Águila.*

El Escorpión, con su picadura potencialmente letal, asociado aun desde los tiempos ancestrales con la muerte y la tentación, simboliza la condición peligrosamente baja del hombre que fue creado a imagen y semejanza de Dios, pero ha caído por su propio libre albedrío. El Escorpión, entonces, representa el estado degenerado o caído.

Según algunas tradiciones, el Fénix, también conocido como el Ave de Fuego, vivió por unos trescientos años, mientras que otras culturas le otorgaron 500 y hasta 1300 años de vida. El folklore judío cuenta que el Fénix fue la única criatura que no salió del Edén con Adán y Eva y es una alusión a su pureza nativa y su naturaleza etérea. Dice la leyenda que al final de su larga vida, el Fénix se construyó un nido de canela y mirra. Una vez asentado en el nido, las llamas envolvieron al ave y al nido que como resultado quedaron reducidos a cenizas. De las cenizas emergió un nuevo Fénix joven, destinado a vivir tantos años como el anterior. Significativamente, se dice que solo existe en el mundo un ave de fuego a la vez. Perpetuándose a sí mismo, sin necesidad de una pareja, el Fénix pareciera ser inmortal.

El Fénix, entonces, representa la posibilidad y el medio para efectuar la regeneración, el renacimiento del nuevo hombre que renace de las cenizas del ser anterior; la fase media de transformación. Las impurezas que el alma ha acumulado a lo largo de los siglos —la substancia escorpiana— tienen que ser purgadas y purificadas. El agente de la alteración es el fuego, el fuego espiritual, y más específicamente el fuego sagrado del amor divino. Someterse a los fuegos purgativos del amor es doloroso, por lo tanto, si una persona dice que ama pero que no conoce el dolor, en realidad no conoce el amor.

Ahora bien, el Águila majestuosa —famosa por su visión aguda, la envergadura maravillosa de sus alas y su ilustre semblante feroz— es el ave que vuela más cerca del Sol. El Águila representa el triunfo del espíritu del hombre alineado con Dios. Solo entonces el hombre puede ganar su libertad total —en el ritual de la Ascensión— y así liberarse de la condición kármica que se ha impuesto a sí mismo y que lo ha esclavizado por siglos.

Escorpio:
Casa 8
Cruz Fija
del Amor
Agua

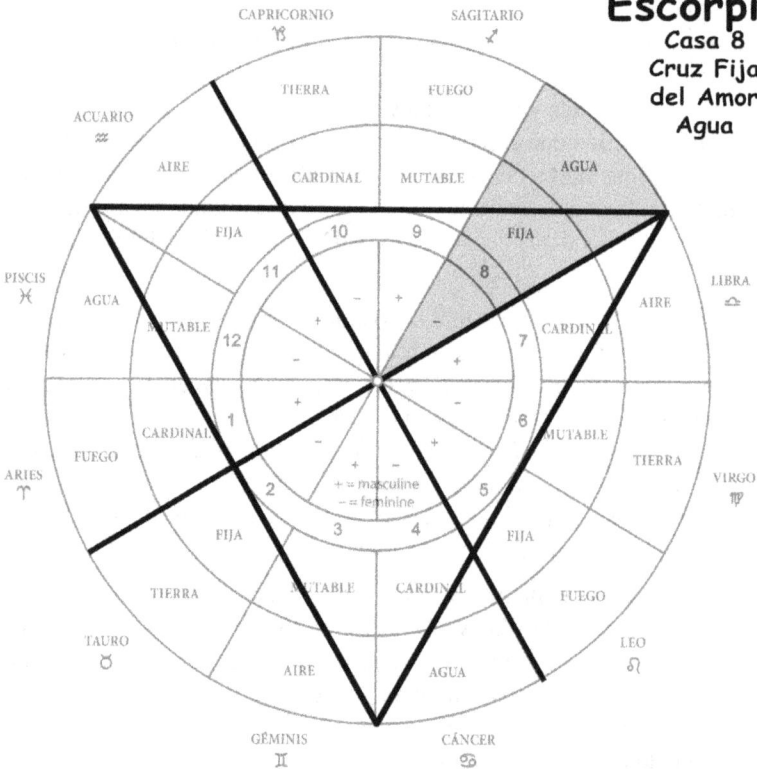

Alusiones bíblicas al águila (hay 33 en total), que utilizan como un símbolo de fuerza, velocidad, renovación, liberación y redención:[128]

> *Y Moisés subió a Dios; y Jehová le llamó desde el monte, diciendo: Así dirás a la casa de Jacobo, y declararás a los hijos de Israel: Vosotros visteis lo que hice a los Egipcios, y cómo os tomé sobre alas de águilas, y os he traído a mí.* (Éxodo 19:3–4)

> *Más los que esperan a Jehová tendrán nuevas fuerzas, levantarán las alas como águilas, correrán y no se cansarán, caminarán y no se fatigarán.* (Isaías 40:31)

> *Y fue dado a la mujer dos alas de águila grande, para que pudiera volar al desierto, a su lugar, donde es mantenida por un tiempo, y tiempos, y la mitad de un tiempo de la cara de la serpiente.* (Apocalipsis 12:14)[129]

Muchas naciones nativas americanas honran al águila; la consideran un ave sagrada cuya medicina contiene poderes supernaturales, pues el águila vuela cerca del cielo donde mora el Gran Espíritu. Durante *La Danza del Águila*, los participantes llevan plumas de águilas, siendo las más veneradas las del águila calva y del águila dorada. Invocan el espíritu del águila para que interceda en sus asuntos; consideran a la majestuosa como intermediaria entre el cielo y la tierra. Entre los cherokees existe una tradición en la que el indio valiente da una pluma de águila a su novia como símbolo del comienzo de una unión de por vida.

---

[128] El Águila es citada en la Biblia como símbolo de renovación. En cierto punto de su larga vida, las águilas pasan por un tiempo de retiro en el que mudan sus viejas plumas, garras y picos para renovarlos.

[129] He aquí otras citas del águila en el Apocalipsis: Apocalipsis 4:7 (RVR 1977) *Y el primer ser viviente era semejante a un león; el segundo es semejante a un becerro; el tercero tiene el rostro como de hombre; y el cuarto es semejante a como un águila volando.* Apocalipsis 8:13 (LBLA) *Entonces miré, y oí volar a un águila (no ángel como en algunas versiones) en medio del cielo, que decía a gran voz: ¡Ay, ay, ay, de los que habitan en la tierra, a causa de los toques de trompeta que faltan, que los otros tres ángeles están para tocar!*

Los movimientos metafísicos y las enseñanzas esotéricas mencionan *El Águila Volando* como referencia a Sanat Kumara, conocido en la Biblia como *"El Anciano de los Días"*. Enseñan que hace muchos años atrás, vino Sanat Kumara a la tierra acompañado por 144 000 almas para salvar el planeta de la destrucción. Él ocupa el oficio del *Águila*, mostrando el camino de *la abnegación* y la elevación de la luz de la Madre Divina en el rito de la Ascensión.[130]

Esta notable ave está representada en las banderas y estandartes de muchos países y naciones. En 1789, los padres fundadores de los Estados Unidos adoptaron oficialmente el águila como símbolo nacional de la nueva nación, y así sigue siendo hasta la fecha.

GRACIA SUBLIME

Los Escorpio cubren todo el espectro, desde el más bajo de los bajos, que son tan egoístas, incluso crueles, y sus vidas tan degeneradas que han dado una mala reputación a su signo y luego, en el otro extremo del espectro encontramos las almas Escorpio sin egoísmo alguno, puras de espíritu y de corazón, por completo enfocadas y dedicadas a servir a la humanidad. Los Escorpio emiten un magnetismo potente que hace que las personas de otros signos se sientan intimidadas. El tipo *Escorpión* cautiva, seduce y manipula a los demás mientras que los Escorpio de consciencia superior ejercen un juicio imparcial e incisivo, pero de lo más bondadoso. De una cosa se puede estar seguro: los nativos de este signo no son nada insípidos ni tampoco indecisos.

Algunos Escorpio pasan por las tres etapas de cambio transformativo en una sola vida; se sienten como si hubieran vivido varias en una y las historias de sus vidas a menudo son sagas de la gracia sublime. Algunos se quedan atrapados en la energía infernal de la muerte mientras que otros, la gran mayoría que busca la autorrealización en estos tiempos, resuelve la ecuación del ser simbolizada por el ave Fénix —a través de muchos años, si no es que por vidas enteras. De verdad no se trata tanto de su sino, aun si cargan un karma pesado. Más bien, depende de su voluntad. Hoy en día todos los que tienen la valentía de ser disciplinados pueden caminar por el sendero espiritual. Las enseñanzas de cómo transmutar el karma de vidas enteras son accesibles y muestran cómo poner a la práctica "La ciencia acuariana de la invocación" y la llama violeta. Así que en esta era habrá muchas almas nacidas en este signo de tan grandes promesas que se levantarán como el Águila.

---

[130] Sanat Kumara también está asociado con el signo de Cáncer, el signo de la Madre. En www.SanatKumara.com leemos: "Se encuentran referencias a Sanat Kumara en todo el mundo. Se pueden encontrar referencias a *Shambala* en textos y tradiciones de Oriente, cerca del desierto de Gobi. Se pueden encontrar referencias a los 144 000 en la Biblia y también en las tradiciones de los indígenas americanos". Véase *La apertura del séptimo sello* por Elizabeth Clare Prophet (Summit University Press Español, 2013).

Escorpio es el octavo signo del Zodíaco. El número ocho (8) simboliza el movimiento cíclico en el que fluye lo que está arriba hacia lo que está abajo y vuelve arriba otra vez: el secreto de la riqueza, la salud, el amor y toda clase de abundancia. Ahora, Libra es el séptimo signo; se ubica en el punto de 180 grados sobre la rueda zodiacal y es el portal al hemisferio superior de la carta astrológica. Escorpio es el signo que sigue de Libra. Alan Leo, un prominente astrólogo del siglo XIX, asegura en *Astrología para todos* que en Escorpio encontramos más extremos de carácter que en cualquiera de los otros signos y que los Escorpio tienden a evolucionar hacia el tipo malo o hacia el tipo bueno. Él conjeturó lo siguiente:

> *Escorpio marca la octava superior después del equilibrio (de Libra). Pareciera como si los peores productos de Escorpio fuesen los fracasos de los siete signos precedentes, mientras que los tipos fuertemente individualizados serían aquellos que habrían logrado aprender los misterios de este signo. Hay que extraer la picadura de Escorpio antes de realizar el progreso hacia arriba en los siguientes signos.*

PURGAR Y PURIFICAR

El cambio metamórfico es casi inevitable para las personas que nacen bajo los penetrantes rayos de Escorpio. Aunque los otros signos ofrecen medios de transcendencia relativamente apacibles, los Escorpio, en comparación, experimentan la vida como una serie constante de transformaciones intensas y purgativas que los preparan para una transfiguración mayor, un renacimiento espiritual. Notamos que todas las etapas del cambio grande para las almas nacidas en Escorpio son a la vez el final de una etapa y el nacimiento de otra. La experiencia escorpiana encapsula la verdad de que las terminaciones son a la vez principios y que algo tiene que morir para que otra cosa nazca.

Aunque el Escorpión representa la muerte y la agonía, se entiende que la llamada muerte es parte de la vida. Todo se transforma, en realidad nada se pierde. En alguna parte dentro del hombre sigue viviendo el niño que solía ser. De la misma manera el alma sigue creciendo, aun después de la transición llamada muerte.

La experiencia escorpiana de esperanza y autotransformación a veces requiere tocar fondo primero. Alcohólicos Anónimos explica que en los casos de las personas que sufren de cualquier clase de adicciones, las cosas tienden a empeorar antes de que mejoren. De hecho, el síntoma principal de una adicción es la negación de su condición. Solo cuando está a punto de morir (situación representada por la picadura del escorpión), el adicto admitirá que tiene un problema grave que amenaza su vida y que no le es posible superarlo. A partir de esta comprensión el alma pide ayuda a gritos, siendo éste un punto crítico, un cambio de dirección y el principio de la experiencia del renacimiento. Todos abrigamos irrealidades. La historia del Escorpión, el Fénix y el Águila representa la bifurcación de caminos que nos espera a cada uno de nosotros; si optamos por convertirnos en Águilas, que vuelan libres y cerca del cielo, tenemos que dejar nuestra zona de confort, alcanzar la luz y luchar contra la sombra.

El peligro en Escorpio es la muerte lenta y la autodestrucción del alma cuando queda atrapada en la consciencia fatal, simbolizada por el Escorpión. Los nativos de este signo tan intenso llegan a ensimismarse casi sin darse cuenta, a enredarse en sí mismos y sus propios deseos. Durante el ciclo solar en el que el Sol transita por Escorpio, tendemos a preocuparnos más por nuestros problemas y asuntos personales. El mito griego de Narciso, quien se enamoró tanto de su propio reflejo que vio en un estanque, que literalmente languideció, es una advertencia de los peligros del amor propio y de llegar a estar demasiado absorto en uno mismo. La idolatría por uno mismo es en esencia una mentalidad torcida del Escorpio; el narcisismo —el mal uso del chakra del tercer ojo— es un desorden de este signo.

El mal uso de la luz genera y multiplica condiciones de oscuridad, enfermedad, degeneración y muerte en vez de difundir o propagar el amor, la paz y la libertad. La luz mal calificada (que el hombre se ha pervertido) emite un brillo particular y proyecta una potencia falsa. El alma nacida en Escorpio debe aprender a reconocer esta emanación impostora para evitar que lo atrape o lo coja por sorpresa, para asegurarse de que no lo atraigan hipnóticamente la seducción subliminal ni la estimulación excitante del glamour mundano, ni el magnetismo de enseñanzas, gurúes o profetas falsos. ¡No todo lo que brilla es oro!

ENCUENTROS CON EL MORADOR EN EL UMBRAL (LA SOMBRA)

Escorpio es regido de manera principal por Plutón (conocido como el regente del mundo subterráneo) y secundaria por Marte. Los mundos subterráneos (los infiernos) son los reinos de la mente inconsciente donde se alojan intensos deseos no cumplidos. La inconsciencia es el depósito de recuerdos olvidados y talentos perdidos desde hace mucho tiempo, y también de graves dolores bloqueados por el alma para sobrevivir. Plutón está muy pronunciado en las cartas y en las personalidades de muchos Escorpios y también en personas en cuyas cartas Plutón está en conjunción al Ascendente o en cuadratura con el Sol natal.

En el análisis astrológico, Plutón representa el aspecto sombrío del ser también conocido como *El Morador en el Umbral*, porque este conglomerado de consciencia se ubica en el umbral de la mente consciente y subconsciente. Por supuesto, todo el mundo tiene a Plutón en alguna parte de su carta natal, pero los Escorpio se enfrentan con el Morador de manera más directa que la mayoría de las personas.

El libro *Healing Pluto Problems (Cómo curar los problemas plutonianos)* de la astróloga Donna Cunningham es una referencia indispensable para identificar y curar las intensas obsesiones marcadas por Plutón en la carta natal. Los plutonianos positivos, como señala Cunningham, pasan sus vidas curando, transformando y transmutando estorbos dentro de sí mismos y en las personas que los rodean. En cambio, el plutoniano negativo tiende a ser apartado, desconfiado y rígido. Tiene miedo de permitir que otros se acerquen mucho. Cunningham afirma que los plutonianos poseen el don —si se atreven a usarlo— de descubrir cómo tratar y transmutar recuerdos dolorosos del pasado. Ella ofrece herramientas para tratar problemas plutoniano que todos tenemos en alguna medida, como los celos, que pueden estar tan dramáticamente presentes en el Escorpio. Yo he descubierto que aquellos que persisten en el amor, abrazando su dolor y entregando su tristeza a Dios, irradian misericordia, una cualidad del amor que solo conocen quienes han peleado la gran batalla y la han ganado.

La toxicidad física y psíquica causada por la retención de lo que hay que soltar es un gran peligro en Escorpio. Cuando se permite que la substancia degenerativa en el inconsciente se petrifique, puede manifestarse en forma de enfermedades del cuerpo físico, o podría el individuo correr el riesgo de que la putrefacción reprimida y contenida por tanto tiempo explote de repente con violencia como un volcán dormido que se activa (por un tránsito de Marte o de Urano). Tales erupciones son muy molestas, pero quizá sea una alternativa más sana que la enfermedad crónica.

La astróloga médica Eileen Naumann señala que uno de los peores problemas que muchos Escorpio tienen que enfrentar es el estreñimiento. Añado mi propia observación de que en muchos casos es resultado de una tendencia a reprimir en lugar de procesar el dolor. Como explica Naumann, la acumulación de toxinas que ocurre con el estreñimiento puede tener consecuencias graves si no se atiende de manera adecuada. Naumann se refiere al colon (regido por Escorpio) como la cloaca del cuerpo. Escorpio rige los drenajes, los residuos corporales, los órganos y los sistemas del cuerpo cuya función es eliminar y purificar. (Aun así, Libra rige los riñones).

Es significativo observar que muchas personas nacidas con el Sol en Escorpio o con Escorpio en el Ascendente son atraídas por trabajos o carreras subterráneos o que tienen que ver con la eliminación de venenos o toxinas.

Los Escorpio a menudo niegan que algo ande mal con ellos. "No pasa nada, estoy perfectamente bien", insisten con estoicismo, cuando en realidad están furiosos. Las inflamaciones (Marte), tan comunes entre los Escorpio, pueden ser manifestaciones externas de ira reprimida o quizá la consecuencia natural de haber ignorado estados psicológicos o físicos desequilibrados.

Aquellos Escorpio destinados a ser águilas, exploran más allá de lo obvio; son los detectives naturales del Zodíaco; suelen percibir con su visión aguda lo que los demás no. Por naturaleza, los Escorpio se inclinan a descifrar misterios, muchos se sienten atraídos hacia estudios ocultos. Cuando el que quiere ser el Héroe en Escorpio se percata de la causa y núcleo de un desequilibrio interno o externo, el resultado es el comienzo de una transformación que le cambia la vida. Al procesar el dolor y enfrentar la vida tal como viene, rezando para que el amor le enseñara a reconocer lo bueno en todas las cosas y circunstancias, está empoderado por la luz de su Presencia Divina, listo para correr a diario con regocijo, elasticidad y fluidez hacia la confrontación con el Morador en el Umbral. Éste es el camino del alma Escorpio que anhela ser el Héroe en Escorpio.

EL GUERRERO ESCORPIO

Marte rige las fuerzas armadas y las armas, mientras que Plutón rige la guerra y los guerreros. Muchos Escorpio encuentran su lugar en trabajos policiales, como detectives, o en el servicio militar activo. *George S. Patton, Jr.*, nacido el 11 de noviembre de 1885, se distinguió como comandante en la Primera Guerra Mundial y como general en la Segunda Guerra Mundial. Patton estaba muy calificado para el servicio militar; de hecho, afirmó haber sido Aníbal en una vida pasada. (Durante una campaña militar, comentó que lo que en otra época había hecho con elefantes, ahora lo hacía con tanques). Patton tenía características marcadas del Guerrero Escorpio: no tenía miedo, fue un excelente estratega, parecía infatigable, era incisivo y decidido. Se sentía energizado por los obstáculos. En la carta natal de Patton, Plutón está en Géminis (comunicación) en un trígono auspicioso con Júpiter y Urano, lo cual denota la visión estratégica de Patton, su aguda intuición y su profunda comprensión espiritual. Marte, que rige a Escorpio junto con Plutón, está en Virgo; ésta es la firma astrológica del general. Sin embargo, en su carta Plutón está en oposición a Mercurio (comunicación) en Sagitario, una influencia que lo inclinaba a ser exageradamente franco; ambos, Plutón y Mercurio, están en cuadratura con Marte (agresión) formando una tensa T Cuadrada sobre la Cruz Mutable de la Sabiduría con Mercurio en la base.

Por ser tan honesto, valiente y feroz (Escorpio), los soldados bajo su mando le llamaban "El Viejo Sangre y Agallas" y a él le complacía el apodo. Sin embargo, su manera de expresarse tan directa, a veces insensible y cruel, llegó a ser su talón de Aquiles, aunque lo respetaban y admiraban por su valentía e inquebrantable liderazgo. Pero por sus modos severos lo consideraban un tirano y esto perjudicó su reputación.

¿Cómo murió realmente "El Viejo Sangre y Agallas?" La versión oficial —que el general murió de un paro cardiaco el 21 de mayo de 1945, como resultado de un accidente automovilístico que lo paralizó desde el cuello hacia abajo doce días antes— parecía cuestionable, pero nadie tenía una respuesta mejor a lo que llegó a conocerse como uno de los misterios sin resolver de la Segunda Guerra Mundial. Esto fue así hasta que el autor, investigador privado y periodista militar Robert K. Wilcox —apoyándose en entrevistas y extractos del diario de Douglas Bazata, un oficial de contrainteligencia durante la Segunda Guerra Mundial para la Oficina de Servicios Secretos (OSS), precursora de la CIA— publicó en *Target Patton* una versión convincente de la verdadera historia del fallecimiento de Patton. ¡El accidente fue provocado!

Wilcox explica que Patton fue asesinado por órdenes del general "El Salvaje Bill" (William Donavan), director de la OSS, en colusión con agentes secretos rusos, quienes según los informes de testigos de Wilcox, terminaron la faena. El propio Bazata, junto con un cómplice ruso, fue contratado para montar el accidente y disparar el proyectil de baja velocidad al cuello del general (Plutón en Géminis) durante el caos del accidente (Bazata afirmó que él no lo disparó, pero sabe quien lo hizo porque trabajaron juntos). La guerra en Europa había acabado; Patton debía irse de Alemania el diez de diciembre, ¿por qué los superiores querían silenciarlo? El muy apreciado pero franco general, conocido por su brutal honestidad y proclividad a decir las cosas como son (Luna en Sagitario), su penetrante percepción de la verdad (Sol en Escorpio) y su ardiente

General George S. Patton, Jr. (1945, óleo sobre lienzo por B.J. Czedekowski) —La oración de Patton: "Escúchanos con misericordia a los soldados que Te invocamos, que armados con Tu poder avanzaremos de victoria en victoria, aplastaremos la opresión y maldad de nuestros enemigos y estableceremos Tu justicia entre los hombres y las naciones".

sentido de corregir las injusticias (Marte en Virgo), sabía demasiado acerca de demasiada gente. Tenían que callarlo.

Además, la Rusia de Stalin quería a Patton fuera del camino. Patton previó que Franklin Delano Roosevelt no enfrentaría a Stalin, que permitiría que dividieran a Europa Oriental. Él quería pelear contra Rusia mientras el ejército estadunidense estaba fuerte y las fuerzas rusas se reducían. Argumentaba, acertadamente, que después de liberar a los europeos del nazismo, Estados Unidos los estaban dejando vulnerables al comunismo y a la esclavitud bajo Stalin. Había amenazado con sacar a la luz secretos perjudiciales sobre el comportamiento del ejército ruso durante la guerra.

Según Wilcox, Donavan jusitificó el complot a Bazata, diciéndole lo siguiente: "Se nos presenta una situación dramática con este patriota [Patton], está fuera de control y lo debemos de salvar de sí mismo, y también porque puede arruinar todo lo que los aliados han hecho".

George S. Patton
Nov 11, 1885
San Gabriel, CA
06:38:00 PM PST
ZONE: +08:00
118W06'18"
34N05'46"

00° ♓ 44'

03° ♈ 22'

04° ♒ 56'

Plutón en trígono a Júpiter
y Urano

30'
♉ 12°

19' ♑ ☽ 12° ♑ 44'

29'

Plutón en oposición
a Mercurio

♇ 24° ♉
☿ 02° ♉ 18'
♂ II 21' Rx
Rx

17' ♑ 05° ♀

⯛ 15° II 05' Rx

20°
II
25'

20°
♐
25'

09' ♐ 05° ☿

♄ 07° ♋ 56' Rx

55' ♏ 19° ☉

El Sol
en Escorpio

30'
♏
12°

12°
♋
44'

00' 48' 33 20' ♎
♌ ♍ ♍ ♍ 06° ♅
20° 22 29'
01° 4
04° ♌ 56'
⊗ ♂ ☊ ♃ 03° ♎ 22'

00° ♍ 44'

T Cuadrada base Marte

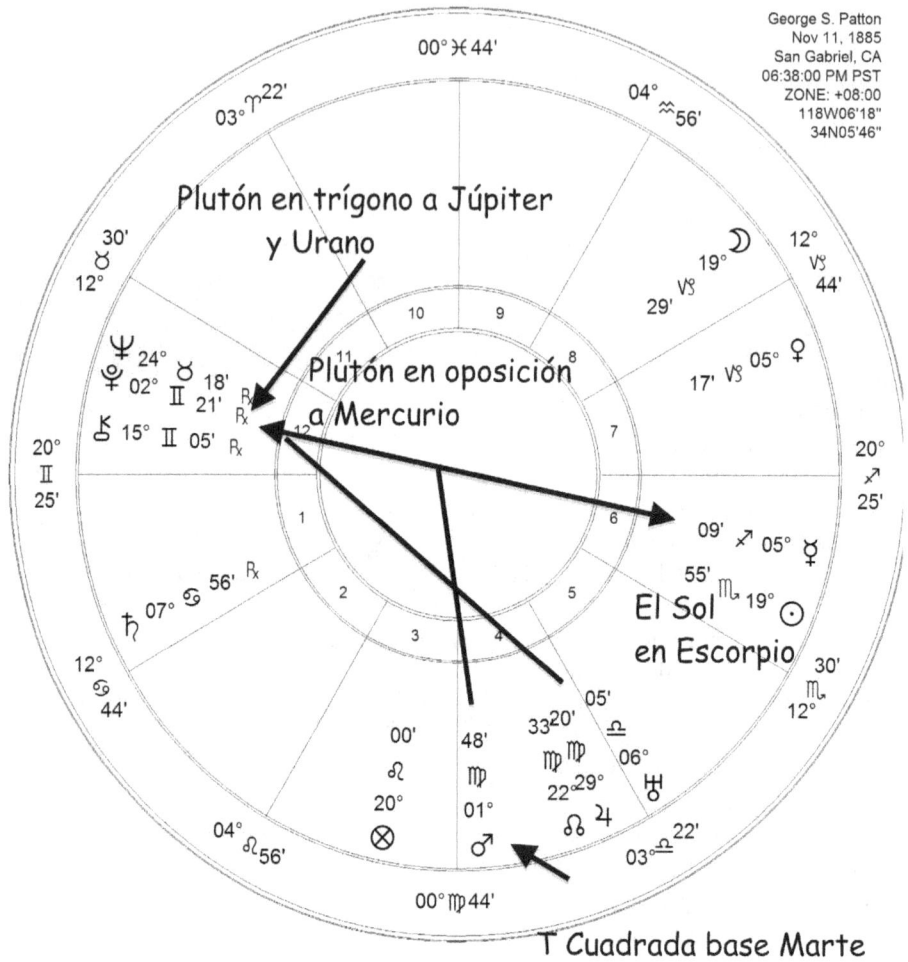

Los Escorpio, nacidos en el signo del guerrero, son conocidos por su increíble fuerza interior y resistencia interna. Mientras estaba en el hospital en Heidelberg con el cuerpo enyesado, Patton empezó a recuperarse, pero se informó que el día antes de que lo dieran de alta para regresar a Estados Unidos, su salud se vino abajo —supuestamente desarrolló un edema pulmonar (Escorpió/sangre y Plutón en Géminis/pulmones en la Duodécima Casa de los desenlaces) que alcanzó a su corazón. Wilcox sospecha que quienes conspiraron para matar a Patton sabían de su susceptibilidad a la embolia y la incluyeron en el complot. Patton había ordenado que se colocara un guardia en la puerta de su cuarto en el hospital. Pero, Bazata confesó a Wilcox poco antes de que muriese en 1999 que los servicious secretos estadunidenses hicieron la vista gorda para que los espías soviéticos envenenaran (Escorpio) a Patton mientras yacía en su cama de hospital.

George S. Patton personifcó el verdadero Guerrero Escorpio, quién manifiesta las cualidades del Héroe en este signo: valentía, impertérrito amor por su patria y amor a Dios. Dio todo por la paz mundial.

APASIONADO E INTENSO

Los Escorpio tienen fama de ser intensos. ¿Pero, son todos los Escorpio intensos? ¡Casi! ¿Qué tan intensos son y por cuánto tiempo? Para contestar la pregunta, tomando en cuenta que la intensidad puede ser un atributo positivo o una característica negativa y peligrosa y que puede ser aguda o crónica en duración, es necesario considerar los tres factores de la ecuación escorpiana: 1) Escorpio es un signo de Agua; 2) Escorpio es un signo sobre la Cruz Fija del Amor; 3) Escorpio se relaciona principalmente con el chakra del tercer ojo y secundariamente con el chakra de la base.

Como Escorpio es un signo de Agua, las almas que nacen bajo su influencia son sensibles, y siendo un signo sobre la Cruz Fija del Amor, sienten con intensidad: de manera profunda, apasionada, aguda, firme y conmovedora. En algunos casos o durante algunos momentos, cuando sus sentimientos están impregnados de negatividad, pueden actuar obsesiva, compulsiva, infame y celosamente. Claro, si tienen la Luna o muchas posiciones en Sagitario, tienden a ser más positivos y menos intensos. El balance es la clave para la integridad sin importar cuál sea nuestro signo, pero estar desequilibrado en Escorpio es particularmente peligroso. Las emociones torcidas pueden poseer el alma Escorpio de manera extrema e intensa. Más aun, la naturaleza fija del signo hace muy difícil al Escorpio suprimir esos estados que poseen su mente y torturan su alma cuando está demasiado absorto en sí mismo.

Aquellos Escorpio capaces de conectarse con las vibraciones más elevadas de este signo, son extraordinariamente intuitivos y psíquicamente sensibles. Algunos muestran evidencia de verdadero genio desde temprana edad, pero su manera de aprender, quizá muy visual y gráfica o musical, puede interpretarse como una discapacidad de aprendizaje. Pueden estar muy enfocados en el punto del tercer ojo. Algunos nativos de este signo son muy compasivos, generosos y considerados, mantienen ideales elevados y tienden a ser leales a toda costa. Defenderán o cuidarán a un amigo que necesita su ayuda hasta el final. No obstante, no toleran mucho la repetición del error ni la debilidad en otras personas. ¡Ya basta! Cuando resuelven terminar una relación, es casi imposible hacerlos cambiar de opinión.

Marte rige los cuchillos, navajas y espadas y el filo cortante. Su manera de ir al grano a veces se refleja en una atracción por instrumentos filosos. O puede que al Escorpio le atraiga una vocación como la de cirujano que requiere una mano firme e incisiones precisas. Muchos sastres, peluqueros y estilistas nacen con el Sol en Escorpio.

Los Escorpio expresan su amor por la excelencia siendo eficaces, precisos y exhaustivos en sus labores. Sin embargo, en su búsqueda por la perfección tienden a ser demasiado severos con otras personas y aún más severos consigo mismos. Cuando su impulso natural hacia la excelencia es motivado por el orgullo, puede degenerar en extremismo. Casi todos los Escorpio tienden a llegar a los extremos. Muchos ven las cosas en blanco y negro sin percibir los claroscuros. Esta característica es pronunciada sobre todo durante los años de la adolescencia. El *Tikkun* (una palabra hebrea que quiere decir "corrección") Escorpio, es la búsqueda y el logro del balance en todos los Sephirot, en todos los chakras. Incluso cuando están esforzándose con pasión por lograr el éxito secular o bien espiritual, pueden mantener su equilibrio y evitar verse atrapados en una red de egoísmo por buscar ante todo la perfección de un corazón compasivo. Como lo mismo funciona para las personas nacidas en Tauro (la polaridad de Escorpio), los nativos de este signo deben buscar el camino medio, pero raras veces perciben tal elección y una vez que la ven, eso no necesariamente significa que querrán tomarla.

EL ARTE DE MANEJAR LA HIPERSENSIBILIDAD

El individuo Escorpio emite una intensidad áurica y una mirada intensa y penetrante. Aunque los Escorpio suelen ser reservados, se les puede identificar por su poderosa presencia magnética. Algunos nativos de este signo curiosamente reflejan en sus rasgos físicos la nariz aguileña y la mirada intimidante y penetrante del águila. Detrás del comportamiento en apariencia calmado y callado del nativo en Escorpio e incluso debajo de la superficie de una pasividad fingida, a menudo gira un remolino de turbulenta energía emocional.

Aunque ser sensible es un don de Escorpio, requiere mucha maestría ser tan sensibles sin tomarlo de mal las energías de otras personas. Ser hipersensible puede ser incómodo. Algunos Escorpio son bastante defensivos e irritables, muchas personas se sienten inhibidas e incómodas en su presencia; perciben que al dirigirse a un Escorpio, éste podría malinterpretar sus palabras o acciones lo cual provocaría lástima o molestia. La paranoia es un problema asociado con Escorpio.

La *Astrología Transformacional* reconoce la paradoja inherente a cada signo. Parte de este concepto proveniente de la Kabbalah, es la noción de que todas las paradojas pueden ser reconciliadas. De todos los signos, la paradoja de Escorpio es acaso la más difícil: ¿Cómo ser intensamente apasionado, sexualmente magnético, poseedor de deseos fortísimos y aun así, entregarlo todo a Dios, manteniéndose puro de corazón y alma, con motivos desinteresados, una visión clara y sin egoísmo? ¿Cómo estar consciente del aspecto oscuro dentro de uno mismo pero no permitir que domine lo bueno de su verdadera naturaleza? ¿Cómo gozar de la abundancia siendo abnegado y honorable, un administrador justo de la luz de la Madre Divina? Una doctora Escorpio, amiga mía, nunca deja de sorprenderme por su habilidad de ver a sus pacientes totalmente sanos, aun en los casos más extremos y difíciles. Creo que mucho de su éxito tiene que ver con el uso experto de su visión interna. En Escorpio, el problema y su solución están intrínsecamente ligados; en donde está crucificado el amor, tiene que ser redimido.

EL MUNDO OCULTO DEL NIÑO ESCORPIO

Otro reto que enfrentan las almas nacidas en Escorpio es que suelen percibir vibraciones fuera del rango de las que percibe la mayoría de las personas. En efecto, por ser tan sensibles, advierten al Morador en el Umbral de otras personas (su karma negativo y rasgos subconscientes). Sin embargo, a menudo sucede que interpretan erróneamente o dan una importancia exagerada a lo que perciben y por lo tanto son susceptibles de llegar a falsas conclusiones. Los Escorpio deben evitar la mentalidad crítica y condenatoria; los pensamientos negativos pueden causarles un estado de desconfianza, sospecha y autosabotaje. No obstante, como están innatamente equipados con una visión aguda así como con la habilidad de percibir hasta las vibraciones más sutiles y una inteligencia penetrante, suele suceder que muchos de ellos llegan a ser estupendos detectives, investigadores, médicos y psiquiatras.

Un problema muy típico de los Escorpio, es el de equivocarse al asumir que otras personas tienen sentidos tan agudos como los suyos. El problema a menudo comienza, en especial en el caso del niño Escorpio, cuando nadie puede explicarle el por qué de lo que está sintiendo y lo asusta tanto. Como apenas sabe explicarlo, se queda callado. Para algunas almas de este signo tan sensible, el silencio es un mecanismo de sobrevivencia durante la niñez.

¿Cómo pueden los padres o los maestros del niño Escorpio estar al pendiente de sus necesidades cuando se guarda sus sentimientos? Esto junto con una tendencia a guardar secretos, resulta a menudo en malentendidos lastimosos.

Muchos niños Escorpio revelan su mundo interno a través de la expresión artística o musical. Es como si el lenguaje de la música se comunicara con su alma a un nivel profundo e inalcanzable con palabras. La creatividad de algunos jóvenes Escorpio florece detrás de una cámara. Su tendencia natural a observar la vida les ayuda a captar composiciones que no ven aquellos con menor visión, sensibilidad y quietud interna.

Sobre todo los adolescentes Escorpio necesitan tener una relación con un adulto, un padre o un mentor en el cual puedan confiar para compartir sus sentimientos, en especial si han experimentado rechazo durante la niñez, como a menudo ocurre cuando los padres se separan o se divorcian. A algunos adolescentes Escorpio que experimentan el rechazo de sus compañeros, les abruma un dolor casi insoportable.

Cuando el muchacho Escorpio no comunica sus necesidades, muchas veces sucede que nadie sabe cómo ayudarlo y si nadie lo ayuda, es propenso a llegar a conclusiones incorrectas, como que nadie lo ama o que a nadie le importa su persona. Cuando son pequeños, los Escorpio son muy sensibles a la discordia en el hogar. Un niño de cinco años de edad nunca mencionó nada a sus maestros de las discusiones explosivas en su casa, pero en el jardín de niños solía hacerse bolita.

Un ambiente familiar amoroso y positivo es muy importante para los jóvenes de este signo. Aurelio es un muchacho Escorpio que se deleita observando a los elementales (espíritus de la naturaleza). Su madre apoya su exploración y le ha ayudado a crear casitas maravillosamente construidas para sus amigos de la naturaleza. Aunque Aurelio no ha confiado a casi nadie su secreto, lo ha compartido con su madre, a quien abre su corazón con alegría. Si ella lo hubiera regañado o si se hubiera burlado o incluso ignorado su confesión considerándola algo imaginario, es probable que Aurelio se hubiera encerrado profundamente dentro de sí mismo.

CÓMO DESPERTAR EL POTENCIAL CREATIVO DEL JOVEN ESCORPIO

A los adolescentes Escorpio les convienen los retos mentales y físicos. En especial cuando el planeta Venus (o Libra) está pronunciado en la carta del joven Escorpio, puede que su sensibilidad natural, su disposición para trabajar duro, lo incline hacia alguna de las bellas artes. Los jóvenes Escorpio dedicados a ellas, encuentran una descarga saludable para sus poderosas emociones. Despiertan dentro de sí mismos su fuente creativa y en muchos casos logran evitar el peligro de desviarse del camino durante su juventud.

Felipe, un joven Escorpio criado en un rancho en el Oeste de los Estados Unidos, conoció su gran pasión estudiando *Parelli Horsenality*. Éste es un enfoque y una comunicación con el caballo tipo "susurrador de caballos", en el que el entrenador llega a conocer las características, temperamento y personalidad única de cada caballo. *Horsenality* enseña a extraer sin agresividad lo mejor de cada caballo. Felipe se dio cuenta de que su amor por los animales y su callada naturaleza intuitiva le servían en aquel trabajo. Él es un joven fuerte, inteligente y bien parecido. Cuando niño era muy tímido y cohibido. Aparte del gozo que siente al trabajar con los caballos, el unir de manera constructiva el esfuerzo decidido de este signo del Zodíaco con la voluntad de realizar grandes retos, le ha ayudado tener más confianza en sí mismo.

Algunos jóvenes Escorpio son exageradamente severos consigo mismos. El egocentrismo del cerebro adolescente junto con la tendencia escorpiana de ver lo que anda mal, puede ser una combinación despiadada. Una muchacha de once años solía echarse a llorar antes de cada examen en la escuela. De plano no aguantaba el estrés: "¿Y si fracaso? ¿qué va a pasar?" A esta muchacha no la presionaron ni la forzaron en su casa. Una y otra vez sus padres buscaban cómo ayudarla a relajarse y a fortalecer su autoestima, pero no logró controlar su angustia en la escuela hasta cumplir sus veinte años. ¡Aun cuando nunca recibió calificaciones menores a 9.4 en una escala de 10!

El adolescente Escorpio que conoce el rechazo de niño —por ejemplo, si el padre era alcohólico, o si uno de los padres murió o si alguno dejó el hogar —puede tener cicatrices psicológicas muy profundas. Es vital establecer la confianza y mantener una comunicación abierta y honesta con estos jóvenes. De otra manera no permiten a los adultos tener acceso a su mundo interno. Algunos jóvenes de este signo tienen un carácter excepcionalmente fuerte. Otros no toleran la burla cruel tan común entre los adolescentes hoy en día.

LA MOSQUETERA MEXICANA

María Pilar del Roldán Tapia, apodada "La Mosquetera Mexicana", fue campeona de esgrima, en la categoría de florete. Nació el 18 de noviembre de 1939 en la Ciudad de México. Como hija de dos connotados tenistas: Ángel "el Güero" Roldán y María "la Chata" Tapia, fue preparada desde muy temprana edad para seguir los pasos de sus padres y convertirse en una campeona de tenis. Además de la obvia ventaja de haber nacido en una familia de atletas, Pilar fue directa, disciplinada, mental y emocionalmente fuerte, enfocada, observadora, paciente y competitiva. Logró perfeccionar estos rasgos positivos del Sol en Escorpio jugando tenis y entrenándose en esgrima.

María Pilar del Roldán fue la primera mujer mexicana en ganar una medalla olímpica, la de plata, durante los Juegos Olímpicos en la Ciudad de México el 20 de octubre de 1968.

La dirección de la vida de Pilar cambió de manera dramática cuando tenía doce años y leyó *Los Tres Mosqueteros* escrito por Alejandro Dumas y vio la versión hollywoodense de la película del mismo nombre en la cual Gene Kelly juega el papel de D'Artagnan. Algo se encendió dentro de ella y como era muy independiente por naturaleza (Sol en Escorpio en cuadratura con su Luna y Marte natal en Acuario), Pilar decidió que aprendería a manejar el florete, ¡qué iba a ser mosquetera! ¿Por qué no? No le importaba que la esgrima fuera un deporte solo para muchachos. Una vez que ella tomaba una decisión, iba por ella y en excelencia! Vestida con capa, guantes y florete, asumió el papel del mosquetero Athos mientras jugaba con dos de sus amiguitas, pero lo que empezó como un juego pronto se convirtió en lo que ella misma llamaba una pasión desmedida.

Aunque hoy en día comenta en broma que su madre jamás le pudo perdonar por completo el no haber llegado a ser campeona de tenis, a la familia no le sorprendió del todo. La habían observado manejar su raqueta como si fuera una espada desde los seis años de edad. Mientras que Pilar nació con el Sol en Escorpio (rige a las espadas y al combate), Venus en su carta (lo que ama y cómo lo hace) está en Sagitario (rige la esgrima). Como tan a menudo se dice en artículos acerca de Roldán, parece como si hubiera nacido con la esgrima en las venas (y quizá lo traiga de vidas pasadas).

El hecho de que su familia apoyara de manera activa su visión, hizo toda la diferencia al forjar lazos entre esta joven Escorpio con sus padres de una manera muy especial, sobre todo durante su adolescencia (regida por Venus), cuando los amigos a menudo ocupan una posición tan importante para el joven que pueden llegar a reemplazar a la familia. Ángel Roldán hizo los arreglos para que Pilar pudiera tomar lecciones de esgrima con uno de los instructores más importantes de este deporte, el italiano Eduardo Alagino, quien acababa de mudarse a la Ciudad de México —no hay casualidades en el destino, de verdad ¡estaba escrito en las estrellas! Cuando su padre notó la dedicación de Pilar, decidió tomar lecciones con ella e incluso mandó construir una cancha de práctica en el jardín.

En su camino hacia la conquista de su medalla de plata en florete durante los juegos Olímpicos en la ciudad de México, 1968, Pilar ganaba una competencia tras otra, despejando el camino para las mujeres en la esgrima. Ahora, madre de tres hijos y abuela, Roldán enfatiza la importancia para los niños de recibir una buena educación atlética. Como ella misma menciona, los retos que encuentren en el deporte son los mismos que encontrarán en la vida.[131]

HANK

Puede que la historia de Hank no sea típica, pero lo que le pasó fue tan inesperado que siento que lo tengo que contar con la esperanza de evitar tragedias así con otros jóvenes. La crisis de Hank ocurrió cuando tenía dieciséis años de edad. Se enamoró y pasó cada momento que pudo con su novia. Sin embargo, a los tres meses ella terminó la relación porque quería conocer a más chicos. Creo

---

[131] Entre los numerosos títulos obtenidos por María Pilar del Roldán: Juegos Olímpicos de Melbourne, Australia, 1956, semifinalista; Juegos Centroamericanos y del Caribe, en Caracas, Venezuela 1959, medalla de bronce individual y plata por equipo con su hermana Lourdes; Juegos Panamericanos en Chicago 1959, medalla de oro; Juegos Olímpicos de Roma 1960 (abanderada de México, primera vez que una mujer recibe tal honor); Juegos Centroamericanos y del Caribe, Kingston, Jamaica 1962, medalla de plata individual y plata por equipo con Lourdes; IV Juegos Panamericanos en Winnipeg, el Canadá, 1967, medalla de oro; X Juegos Panamericanos en Indianápolis 1987, medalla de bronce.

que su rechazo despertó en Hank el torbellino de sentimientos no resueltos de sentirse rechazado por su propio padre biológico, un desconocido que pasó sólo una noche con su madre. Ella ni siquiera podía recordar cómo se llamaba. Nadie pudo ver lo que iba a suceder hasta que fue demasiado tarde. Hank se suicidó colgándose de un árbol del jardín. La evidencia sugiere que Hank creía que podría sobrevivir y que su móvil era sólo atraer la atención; al parecer había visto un escenario similar en una película.

Recomiendo encarecidamente que todos los padres de hijos adolescentes, y en especial los de jóvenes Escorpio, aprendan a reconocer las señales de tendencias autodestructivas y suicidas. Y si pueden mostrarse sensibles y alertas sin alarmarse de manera innecesaria, les aconsejo poner atención sobre todo cuando los tránsitos relacionados con Marte, Plutón y la Luna Llena están activos en los ciclos astrológicos de sus hijos. (El astrólogo transformacional les puede indicar las fechas).[132]

TAN FUERTE COMO UN WAPITÍ (ALCE)

El poder de los Escorpio para persistir a pesar de los obstáculos es impresionante. Una vez que los nativos de este signo resuelven seguir cierto camino, lo harán hasta llegar al final contra viento o marea, para bien o para mal. Al hacerlo muestran valor excepcional o terquedad extrema y a veces una combinación de ambos. Sin embargo, aun cuando el análisis objetivo sugiere un camino más sabio, una vez decididos es muy difícil persuadirlos de cambiar su decisión. Puede que se sientan demasiado abrumados o tal vez demasiado orgullosos como para cambiar su curso.

El Partido Progresista (bajo el que **Roosevelt** aspiró —sin éxito— a la presidencia en 1912) fue apodado el partido **Bull Moose**, porque Roosevelt comentó que se sentía "tan fuerte como un alce".

---

[132] Recomiendo leer el libro *Wanting to Live: Overcoming the Seduction of Suicide* ("Querer vivir: superar la seducción del suicidio"), por Neroli Duffy y Marilyn Barrick, Summit University Press, 2004.

El biógrafo Roscoe escribió lo siguiente de *Theodore Roosevelt*, nacido el 27 de octubre de 1858: "Poseía una terquedad imposible de eliminar en cualquier causa que considerara correcta". El vigor y resistencia físicos de Roosevelt y su completa carencia de miedo fueron increíbles. Una vez, mientras pronunciaba un discurso, anunció que un asesino le había disparado una bala en el pecho. Mostrando los hoyos que la bala había dejado al atravesar los papeles de su discurso, afirmó: "Se requiere más que esto para matar a un alce. Tengo demasiadas cosas importantes en qué pensar como para preocuparme por mi propia muerte".

LAS ENERGÍAS SEXUALES Y EL ÉXITO

El autor Escorpio *Napoleón Hill* nació el 26 de octubre de 1883. Pasó veinte años de su vida estudiando los secretos del éxito. Una vez dijo: "Cuando tus deseos son lo bastante fuertes, darás la impresión de estar dotado de poderes sobrehumanos para lograrlos". Hill escribió extensivamente sobre cómo utilizar las energías sexuales (el Kundalini) para lograr el éxito. Descubrió que aquellos que derrochan o repri-men estas energías, pocas veces logran realizar sus deseos.

Los Escorpio emi-ten un magnetismo sexual muy potente solo igualado, tal vez, por los Leo. El comercio o el intercambio involucrados tanto en el sexo como en el dinero son regidos por Escorpio y son áreas en las que los nativos de este signo serán puestos a prueba. La intensidad del deseo en este signo no se debe menospreciar. Visto desde el punto

Andrew Carnegie y Napoleon Hill. En 1908, Andrew Carnegie, el hombre más rico del mundo, propuso a Napoleón Hill que entrevistara a 500 personas exitosas. La misión de Hill era descubrir y publicar una fórmula para el éxito que otros pudieran aplicar a sus propias vidas. Las investigaciones de Hill duraron más de veinte años. Su libro *Piense y hágase rico*, publicado en 1937, ha vendido más de 30 millones de copias.

de vista espiritual, el dinero es una forma del fuego sagrado cristalizado en forma física. En Escorpio vemos asuntos relacionados con el control y la multiplicación de inversiones; rige los bancos, las compañías de seguros, el mercado de valores, las fianzas, los bonos y demás. En el caso de las relaciones íntimas y el comercio, los Escorpio tratan la cuestión de quien recibe qué, cuándo y en qué medida. Cuando el Escorpio (o cualquier persona) derrama su luz en sexo excesivo o egoísta, la energía vital le es sustraída debilitando su voluntad y haciéndolo vulnerable a energías negativas u obsesionándolo con el deseo. Cuando es demasiado controlador, el amor no fluye. Lo mismo sucede con la acumulación, ahorro y distribución del dinero.

En *Piense y hágase rico* (en el capítulo llamado "El misterio del sexo; la transmutación") Napoleón Hill comenta que cuando los hombres (y las mujeres) están motivados por deseos sexuales, desarrollan "una agudeza de imaginación, valor, fuerza de voluntad, perseverancia y habilidad creativa desconocida en otras ocasiones", y que "el deseo de contacto sexual es tan fuerte e irresistible, que los hombres llegan a arriesgar su propia vida y su reputación para satisfacerlo". Hill apunta que la energía sexual puede ser transmutada. Cuando se la controla y redirige hacia otros intereses, esta fuerza motivadora conserva todos sus atributos de pasión creativa e imaginación, que pueden utilizarse para producir grandes obras de arte y literatura; para lograr el éxito en cualquier vocación o profesión y también para la acumulación de riqueza. Según Hill, de la fuerza sexual proviene el espíritu de determinación de luchar hasta lograr la victoria.

SEXO SAGRADO

La Kabbalah enseña que el sexo es sagrado; la santa unión entre un hombre y una mujer conmemora el encuentro de las fuerzas femeninas y masculinas en el cosmos, simbolizado en el Árbol de la Vida. Sin el sexo no habría continuación de la raza humana. En *El Camino del Esplendor, el misticismo y la psicología moderna*, Edward Hoffman expone la idea de que el kabalista siempre ha considerado el sexo como una cualidad intrínseca básica del universo, las energías primarias y subyacentes fundamentales para cada aspecto de la Creación:

> *Estas dos fuerzas opuestas pero complementarias, aparecen desde en la brizna de hierba más pequeña hasta en las galaxias más lejanas del espacio. Mientras más logremos penetrar en la naturaleza de esta unión misteriosa en sus diversas manifestaciones, más podremos captar el significado de los reinos más elevados que nos rodean y por consiguiente de nuestra esencia más profunda e interna.*

Tras demostrar que una corriente sexual corre abiertamente por el Zóhar, el texto básico del judaísmo esotérico, Hoffman muestra que en el misticismo judío, en las enseñanzas gnósticas (y en realidad en todas las creencias esotéricas) Dios Padre tiene un complemento femenino, al igual que nosotros estamos divididos en dos sexos.

El Libro del Esplendor (el Zóhar) declara con sobriedad: "El rey sin la reina no es rey, no es grande ni altamente proclamado". Por lo tanto, solo cuando ambos se unen, lo cual se describe en términos sexuales explícitos en el Zóhar, la armonía gobierna de verdad en el universo.

Las actitudes se manifiestan en la Cruz Fija. El problema no se encuentra en el sexo en sí, sino en el egoísmo y los pensamientos erróneos que resultan de una actitud desequilibrada.

EL MAGNETISMO DE ESCORPIO: INTENSO Y CONTROLADO

La expresión de las personas Escorpio tiende a ser impactante, intensa y penetrante. En su mayoría irradian una presencia muy magnética pero controlada (en contraste con la brillantez magnética de los Leo). Un análisis general de la carta natal y un estudio de los aspectos de Plutón y Marte, los dos regentes de Escorpio, aportarán más a la perspectiva individual.

La cantante, animadora y actriz teatral *Fanny Brice* nació en la ciudad de Nueva York el 29 de octubre de 1891. Conocida por su exagerado acento judío de Brooklyn y sus parodias humorísticas, Brice ganó fama como cómica y como artista de radio y cine. También fue una de las estrellas más destacadas de los famosos *Ziegfeld*. Cuándo nació, Marte en la Segunda Casa de los ingresos estaba en trígono (positivo) con Plutón y Neptuno (sensibilidad, imaginación e intuición elevadas) en Géminis (destreza en el lenguaje) en su Décima Casa de la carrera; Leo (entretenimiento) estaba ascendiendo.

Grace Kelly nació el 12 de noviembre de 1929, en Filadelfia. El Sol y Marte estaban en Escorpio en trígono con Plutón en Cáncer, y su Luna estaba en Piscis, una combinación poderosamente emotiva (Gran Trígono de Agua). Aunque ganó cierta fama en el cine, llegó a ser una verdadera estrella cuando se casó con el príncipe Rainiero III de Mónaco en 1956; de la noche a la mañana se convirtió en princesa. Su impactante belleza escorpiana fue templada por la cualidad mística de la Luna en Piscis en trígono con su Sol y también por su Venus en Libra (elegancia) en conjunción con su Ascendente en Escorpio.

Grace Kelly (1929–1982)

A fines del siglo pasado y durante los primeros años de este siglo, *Julia Roberts*, quien nació el 28 de octubre de 1967 en Atlanta, Georgia, ganaba más que cualquier otra actriz del mundo —ganó 25 millones de dólares en 2003 por su papel en la película *La sonrisa de la Mona Lisa*.[133]

Julia Roberts
Oct 28, 1967
Atlanta, GA
12:16:00 AM EDT
ZONE: +04:00
084W23'17"
33N44'56"

Yod
16°♈45' Planeta Focal Saturno

Gran Trígono de Agua

Cuadratura entre Marte y Saturno

Gran Trígono Menor
Ápex Venus, Plutón
y Urano

Gran Trígono Menor
Ápex El Sol

16°♎45'

---

[133] Marte está muy pronunciado en la carta natal de Roberts: se encuentra en Capricornio, donde está exaltado, una posición sumamente productiva en la Sexta Casa (del empleo) en trígono con su Júpiter natal (oportunidad) en: ¡A trabajar! Virgo, lo cual está en conjunción con su Luna en los últimos grados de Leo (entretenimiento) en su Segunda Casa (ingresos). Su Sol ("yo") en Escorpio está en sextil (creatividad) con Marte y la Luna, el vértice de un *Gran Trígono Menor*. Además, hay que tomar en cuenta que Saturno (carrera) está en el signo de la automotivación, Aries, y que éste, ubicado en la Novena Casa (la filosofía, muchas de sus películas contienen un mensaje), es el único planeta en el hemisferio superior de su carta natal. Saturno, que actúa como enfoque de la carrera está en cuadratura (trabajo duro) con Marte, pero es a la vez la base de un *Dedo de Dios*, y está en quincuncio con Júpiter y en sextil con el Sol. Así, Saturno llega a ser el punto del enfoque, por lo cual las energías creativas del *Gran Trígono Menor* están naturalmente canalizadas. El planetoide Quirón (marca del destino), en los últimos grados de Piscis, también en la Novena Casa, está en trígono con el Ascendente de Roberts en Cáncer (la madre). Hacemos constar además que Plutón, que rige a Escorpio, está en conjunción a Urano y Venus en su Tercera Casa (comunicaciones), en sextil con su Ascendente en Cáncer y su Neptuno natal en Escorpio que están en Trígono, uno con el otro—el segundo *Gran Trígono Menor* de su carta.

Los dos Gran Trígonos Menores y un Dedo de Dios con Saturno en la base definen el talento de Roberts, su tremenda determinación y creatividad. Su Sol en Escorpio está ubicado en la Cuarta Casa, una posición muy privada orientada hacia la familia. A pesar de su alto perfil, ha logrado mantener su vida familiar relativamente apartada de la opinión pública. ¿Cómo es trabajar al lado de Julia Roberts en una película? El actor Tom Hanks, quien ha trabajado con Roberts como coprotagonista y director, la ha llamado "una fuerza formidable". "Te fuerza a dar más y con mayor excelencia. Tiene el espíritu de vida que hace que todos hagan su mejor trabajo".

"CUANDO ÉL ESTÁ HERIDO, YO SANGRO"

Abigail Adams nació en Weymouth, Massachusetts el 11 de noviembre de 1744 (calendario juliano; 22 de noviembre según el gregoriano). El Sol estaba a 30 grados de Escorpio, que es lo mismo que 00 grados Sagitario; había nacido en la cúspide de Escorpio y Sagitario. Plutón en Escorpio estaba exactamente en conjunción a Mercurio. Adams era una mujer de fuerza indomable, valentía y fortaleza excepcionales. Además, poseía la capacidad de hacer grandes sacrificios. Le apasionaban profundamente sus convicciones, así como el amor que sentía por su esposo, el patriota *John Adams*, quien también era Escorpio. En su libro *Founding Brothers (Hermanos fundadores)*, ganador del premio literario Pulitzer, el autor Joseph Ellis, nombra a Abigail Adams una de ocho estadunidenses prominentes de aquella época, junto con George Washington, John Adams, Benjamín Franklin, Thomas Jefferson y otros. Es casi imposible imaginar a Abigail sin John Adams, como tampoco a John sin ella. Él dependía mucho del amor y apoyo de su esposa así como de su sabiduría y aguda compresión políticas. Entre los dos se escribieron por lo menos 1100 cartas; todas están archivadas y se las considera parte del tesoro nacional.

La fecha de nacimiento de John Adams fue el 19 de octubre de 1785 (juliano; el 30 de octubre del gregoriano). A esta pareja, cuyo destino iba a ser tan difícil —el promover y ganar una revolución de independencia y guiar a la nueva nación durante sus primeros años— le convenía nacer con sus soles en Escorpio. Durante esa época de tanta tensión y emociones, los Adams jugaron un papel central en el desarrollo de los eventos. Se amaban uno al otro intensa, cariñosa y tiernamente, sin egoísmo. Pusieron siempre su amor por la patria por encima de sus propios deseos, una fórmula escorpiana que da buenos resultados a cualquier pareja. De verdad, adonde dirige uno su atención, ahí va su energía.

Tal vez los Adams necesitaban la valentía interna de los Escorpio, la cual les ayudó a perdurar y hacer los muchos sacrificios que se requirieron de ellos. Hubo muchos años de separación; Abigail se encargaba de cuidar la granja, mantener en orden las finanzas, educar y criar a sus cuatro hijos (incluyendo a John Quincy, quien llegó a ser el sexto presidente de los Estados Unidos) mientras su esposo debatía la causa de independencia en el Congreso Continental. Durante los años en los que él se ocupó de varias misiones diplomáticas en Europa, ella atendió a los hijos, curándolos de las terribles epidemias de aquella época y protegiéndolos de las situaciones a menudo explosivas que los rodeaban, sobre todo durante la Guerra Revolucionaria. Los años que sucedieron a la guerra también estuvieron llenos de pruebas y dificultades para Abigail y John: su hijo amado, Charles, murió alcohólico, su hija Nabby murió de cáncer después de una lucha dolorosa mientras Abigail apoyaba a John en sus esfuerzos por ayudar a la nueva nación a ponerse en pie.

Siempre el visionario, John contribuyó de manera increíble en la determinación del futuro de los Estados Unidos de América, pero no fue popular. Desde luego se mantuvo firme en sus convicciones, actuando así con la resolución absoluta de los Escorpio. Muchas veces su curso de acción fue contrario al sentimiento popular. Como segundo presidente de la nación, logró mantener a los Estados Unidos fuera de la Revolución Francesa, a pesar de la presión que Thomas Jefferson y otros francófilos ejercieron sobre él. Al igual que muchos Escorpio, Adams era apasionado, intenso y algo paranoico. Luchaba contra cambios de humor extremos: tierno y cariñoso con su familia, parecía frío y distante con los extraños. La comprensión práctica de la naturaleza humana que poseía Abigail equilibró lo directo que era John; la constancia de su amor le permitió seguir adelante.[134]

A menudo se cita a Abigail Adams como la primera feminista de América. Aplicó su visión escorpiana y el sentido profético que otorga Sagitario para extender a la causa revolucionaria los derechos de la mujer. Le escribió a John:

> *A menos que (los delegados del Congreso) pongan atención a las damas, estamos decididas a promover una rebelión y no nos consideraremos obligadas a respetar leyes en las que no tenemos voz ni representación.*[135]

Por su parte, las cartas de John a Abigail, describen a detalle toda clase de tejes y manejes, así como asuntos relacionados con el Congreso Continental, y luego su vida en el extranjero. Su consejo a Abigail sobre la educación de sus hijos es aplicable hoy en día. El 29 de octubre de 1775, John escribió:

> *Tanto tú como yo debemos elevar las mentes de nuestros hijos y exaltar su valentía; acelerar y animar su industria y actividad productiva; animarlos a despreciar la crueldad y la banalidad, a aborrecer la injusticia y la inhumanidad, y a*

---

[134] Véase PresidentialHam.com/u-s-presidents/john-adams-with-ham/.
[135] Extracto de una carta escrita por Abigail Adams para John Adams el 31 de marzo de 1776.

ambicionar la excelencia en toda su capacidad, facultad y vir-
tud. Si permitimos que sus mentes se rebajen durante la infan-
cia, lo harán toda la vida. Aparte de exaltar sus almas, tenemos
que hacerlos fuertes físicamente. Sin fuerza y vigor corporal,
hasta las excelencias mentales más brillantes terminan ocultas
y obscurecidas.

EGOÍSMO: EL NOMBRE DE LA BESTIA EN ESCORPIO

Aunque la bestia en Escorpio adopta muchas formas y seudónimos, su nombre central y su identidad es EGOÍSMO. El egoísmo ciega y por ello suele suceder que solo cuando menos egoísmo tenemos, nos damos cuenta de lo egoístas que hemos sido. La esencia del problema es el impulso incansable de amar y ser amado. En esta ecuación se encuentra el miedo; miedo de perder el amor, el objeto del deseo, quedarse solo. Todo miedo y temor son un tipo de anti-amor, pues no hay miedo en el amor verdadero. El miedo impregna la consciencia escorpiana. Solo el amor, el amor divino, puede transformar este sudario de la muerte en vida.

ELECCIONES EN EL SENDERO DEL HÉROE EN ESCORPIO

Aprender a controlar el temperamento, a conquistar pasiones tentadoras y deseos casi irresistibles, son requisitos para quienes aspiran a ser águilas —ser el Héroe en Escorpio. Mientras lo hacen, desarrollan la voluntad, y es a través de la voluntad y del amor como triunfarán.

Uno de los primeros pasos que da aquél que desea ser el Héroe en Escorpio, una vez que se ha dedicado con seriedad al sendero de la autorrealización, es liberarse de cualquier hábito o inclinación autoindulgentes hacia su propio placer. Para muchos, es más fácil decirlo que hacerlo. Las pasiones ciegan, las pruebas son cada vez más sutiles y la línea que separa lo correcto de lo incorrecto a veces parece borrosa. Quizá el Aspirante Escorpio logra el éxito en muchas áreas de su vida, excepto en un rinconcito secreto de autoindulgencia. Tiene que sellar este pequeño hueco para evitar que se convierta en un abismo. ¿Cómo deshacerse de un hábito que acaso ha tenido por vidas enteras? La clave está en examinar el motivo.

Cuando el Aspirante Escorpio reconoce que debe examinar el motivo detrás de sus acciones, está en el camino de convertirse en el Héroe en Escorpio. Es preferible purificar de manera consciente el motivo, que esperar a que el motivo oculto sea expuesto y purgado. El Aspirante Escorpio se pregunta a sí mismo: "¿Estoy actuando desinteresadamente o estoy pensando sobre todo en mí mismo y en cómo manipular a otras personas para satisfacer mis propios deseos?"

El Aspirante espiritual que nace bajo los rayos de Escorpio puede encontrarse en circunstancias que revelen sus debilidades: un apego excesivo al deseo, dureza de corazón; o puede que no quiera escuchar o hacer caso a otras personas; podría ser terco y manipulador. Tal vez lucha contra deseos sexuales abrumadores. O puede ser que lidie con un estado obsesivo en otra persona o que las luchas de poder sobre el sexo y el dinero consuman su tiempo.

Algunos Escorpio se despiertan al sendero solo después de haber caído al estado más bajo del escorpión. Por supuesto, no todos llegan a la puerta de la transformación con tanta carga, pero hay algo bueno que decir del alma que, habiendo llegado a la "Y" en el camino, en donde hay que elegir en consciencia entre la vida o la muerte, simplemente hace la elección correcta.

Puede que el destino del Escorpio entrañe una gran misión, que quizá involucre la necesidad de grandes sumas de dinero e influencias poderosas; su reto será involucrarse en el mundo sin corromperse. Después de todo *Sic transita gloria mundi (la gloria de este mundo es pasajera)*.

Es de la mayor importancia superar la tendencia hacia la negación y, luego, separar lo real de lo irreal, lo cual sólo ocurre cuando el alma Escorpio tiene la voluntad de abandonar su hábito de guardar secretos y de insistir en perpetuar la irrealidad en la mente consciente, subconsciente o inconsciente. Llega el día en el que se da cuenta de que le es imposible obtener la perfección en el sentido humano de la palabra y que más le vale perseguir la perfección del corazón.

Le es menester pasar las muchas pruebas del escorpión antes de entrar en el sendero para convertirse en el Águila. En las etapas finales, mientras se levanta el Fénix y asciende el Águila, su sensibilidad ante el mundo que gime y sufre dolores de parto será casi insoportable. El antídoto para la ultra sensibilidad del Aspirante Escorpio y el ungüento para sus heridas es la compasión, su atributo más positivo, un aspecto profundo de la bondad que abarca todo y en el que uno se identifica con los problemas de otras personas e intenta ayudar a aliviarlos.

PERDONAR Y OLVIDAR

Cualquiera que sea su circunstancia en la vida, en algún momento en su camino el Aspirante Escorpio enfrentará la tentación y la necesidad de la entrega espiritual. El atributo más esencial del Aspirante Escorpio, sin el cual es casi imposible la entrega espiritual, es el perdón. Sin esto poco progreso se puede hacer. Esto incluye tanto perdonar a otras personas como a uno mismo. Los Escopio poseen recuerdos fenomenales. Todos los signos de Agua (Cáncer, Escorpio y Piscis) traen lecciones del pasado que aprender y la oportunidad de transmutar sus registros. Aunque los Escorpio llegan a perdonar, a menudo se rehúsan a olvidar el pasado. No obstante, lo tienen que hacer, en el sentido de soltar y transmutar el dolor que de otra manera no dejará de perseguirlos. El Aspirante Escorpio debe aprender a utilizar la oración, los mantras y la meditación para transmutar los recuerdos. Darse el tiempo para conocer mejor su psicología a través de su astrología, lo puede ayudar a curar miedos muy profundos y difíciles de soltar.

En algunos casos lo que hay que perdonar ha causado considerable dolor, pero en la curación del dolor, en la determinación de perdonar hasta lo que parece imperdonable, el Aspirante Escorpio se libera de apegos negativos a la persona que lo ha lastimado. Cuando el Aspirante Escorpio se niega a perdonar, está eligiendo que otras personas sean responsables de su felicidad, un estado lamentable. A final de cuentas, Dios es el juez y solo Dios puede impartir la justicia, en equilibrio con la misericordia.

Escorpio es el portal al enojo inconsciente. Este concepto aplica a las personas con el Sol en Escorpio o a cualquiera que esté pasando por una iniciación marciana o plutoniana. En este signo, el iniciado enfrenta su dolor, reconoce su apego a las cosas mundanas y su vulnerabilidad a la tentación. Ante todo dirige su fe a Dios. En el proceso, podría destapar cajas secretas de enojo inconsciente de lo cual muy pocos, si acaso alguno, está exento.

Los Escorpio luchan para liberarse del deseo cuando tal deseo o hábito les hace daño. Cuando el Escorpio reconoce su mal uso de la luz en el pasado, debe perdonarse y no condenarse a sí mismo. Más le vale transmutar el núcleo y la causa de su suspicacia y mentalidad errónea para acceder a una consciencia sintonizada con en el reino de lo milagroso. El dolor de la iluminación y la auto-exposición puede ser muy grande, pero es el resultado del encuentro de la luz con la oscuridad. De verdad, al otro lado del corazón destrozado yace la dicha.

CLAVES PARA PURIFICAR EL OJO INTERNO

Una vez que ha logrado cierta autodisciplina y liberarse del autoengaño, el Aspirante Escorpio tiene que mantener la visión de perfección, amor y belleza. El desarrollo del chakra del tercer ojo como centro de la visión espiritual es vital para encontrar y perfeccionar lo que Buda llamó *ājīva*, "El medio de vida correcto" y para encontrar y reconocer a la llama gemela (el compañero(a) divino(a) o amigo(a) del alma). El tercer ojo se purifica por etapas a través del tiempo. El trabajar en excelencia agudiza más los sentidos internos del como el del tercer ojo.

La clave para la abnegación y la purificación del ojo interno está en la oración, en la maestría de las emociones y el servicio constante. En las etapas primarias, el Aspirante decide hacer un esfuerzo determinado de dar y recibir sin egoísmo, pero en cierto punto de su sendero, el servicio y el sacrificio simplemente marcan el ritmo de su vida.

Aunque el Aspirante Escorpio puede estar agudamente consciente de las deficiencias de otras personas y de la necesidad de purgar impurezas dentro de sí mismo, practica el arte y la ciencia espirituales de mantener el ojo interno en su Presencia Divina. Aun durante los saludos ocasionales, practica el arte y la ciencia de ver el Yo Real dentro de los demás. Al vaciarse del ser inferior, se llena con la Luz de su Yo Superior. Cuando enfoca su ojo en las cosas del espíritu, es premiado con una visión más elevada. No hay otra solución para estar en paz en este mundo que aún combate la oscuridad de una civilización que fracasa mientras da a luz la Nueva Era.

LA INICIACIÓN DE *EL ÁGUILA QUE VUELA*

Los Escorpio conocerán de manera intensa y personal la máxima prueba de *La Voluntad versus El Deseo*. Mientras avanza el Aspirante Escorpio por el sendero, deseos agudos y tentaciones casi irresistibles se hacen cada vez más intensos. Por lo tanto, deberá entregar sus pasiones a Dios y canalizar sus energías a un bien más grande. Para que el amor sea el vencedor en Escorpio, habrá que reemplazar una actitud egoísta por la abnegación, y el amor condicionado y posesivo deberá ser reemplazado por el amor incondicional que no busca controlar ni poseer, sino simplemente ser. No obstante, la ceguera causada por la excesiva atención sobre uno mismo, causa que el alma Escorpio no se dé cuenta de que es egoísta hasta que logra serlo menos. Solo por medio del amor incondicional puede transformarse el escorpión egoísta hasta lograr su ascensión, simbolizada por *El Águila que Vuela*.[136]

Una vez purificada su visión, el Escorpio puede lícitamente utilizar la Luz de la Madre Divina anclada en el chakra base, que se eleva para nutrir todos los chakras y que ahora él podrá utilizar para elevar a otras personas y para traer a la manifestación física todo lo necesario a fin de lanzar al mundo a un mejor mañana. El Héroe Escorpio abrirá la visión interna de las personas para que manifiesten lo que algunos ni siquiera pueden imaginar.

---

[136] *La apertura del séptimo sello* por Summit University Press. Véase también www.SanatKumara.org.

9.

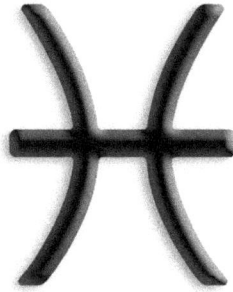

Piscis

Símbolo ....**Los Peces**

Nacido .....19 de feb.~19 de marzo

Arquetipos ....*El Soñador y el Místico*

Frase clave ....**Yo Curo**

Elemento ....**Agua**

Cruz ....**Mutable de la Sabiduría**

Casa ....**La Duodécima:**

La terminación de los ciclos, el pasado, ministración y servicio, fuerzas internas, debilidades, imaginación, creatividad en las bellas artes y enemigos ocultos

Regentes ....**Neptuno y Júpiter**

Regente esotérico ....**Plutón**

Polaridad ....**Virgo**

Chakra ....El Plexo Solar

Anatomía .....Los pies y el sistema linfático

Cualidades espirituales ....**Automaestría, fe y regocijo, servicio y ministración, imaginación, compasión e idealismo**

Vulnerable a ......Duda y temor, depresión, confusión, escapismo, energías psíquicas negativas, la culpabilidad

Debe adquirir . . **Espiritualidad genuina, un sentido de misión, paz con el pasado, y límites**

Steve Jobs • Albert Einstein • Sharon Stone • Roberto Gómez Belaños • Simone Biles

EL SOL EN PISCIS

Os mandaré a un profeta,
un salvador de las naciones
que os guiará e instruirá,
que trabajará y sufrirá con vosotros.
Si escucháis sus consejos,
Os multiplicaréis y prosperaréis;
si ignoráis sus amonestaciones
poco a poco pereceréis.

El Canto de Hiawatha
—Henry Wadsworth Longfellow,
27 de febrero de 1807

LA PAZ QUE SOBREPASA TODO ENTENDIMIENTO

En el amanecer de la Era de Acuario, el Héroe Piscis, un hombre compasivo y de fe inquebrantable, está dotado con la serena y dichosa presencia de aquél que vive entre los hombres pero que camina y habla con ángeles y Maestros Ascendidos. Firmemente anclado y seguro de su identidad en el mundo físico, también está sintonizado con la dimensión sobrenatural del ser. Puede aparecer en una variedad de personajes: maestro, ministro, sanador, científico, músico o poeta supremo. Ya sea que su misión sea pública o tras bastidores, emana una paz inmutable e irreprimible, aquella fuerza divina mencionada hace 2000 años (en Filipenses) que sobrepasa el entendimiento y transforma a quienes creen y hacen contacto con ella.[137]

EL PODER SANADOR DE LA FE

Fe es poder. Éste fue uno de los temas fundamentales de la Era de Piscis, la cual se inició con la dramática llegada, crucifixión, resurrección y ascensión de Jesucristo, y la consecuente revolución espiritual que años más tarde llegaría a conocerse como el cristianismo. Considera los milagros registrados en el Nuevo Testamento: el ciego, cuya visión fue restaurada por Jesucristo, el hombre paralítco que tomó su lecho, se levantó y caminó respondiendo a la orden de Jesús,

---

[137] *Y la paz de Dios, que sobrepasa todo entendimiento, guardará vuestros corazones y vuestros pensamientos en Cristo Jesús*. Filipenses 4:7 (RVA 1977)

la mujer que estuvo doce años enferma y se curó instantáneamente al tocar el borde del manto de Jesús. ¿Qué fuerza los curó? El Maestro de la Era de Piscis dijo una y otra vez: *Mi Padre hasta ahora trabaja y yo trabajo y tu fe te ha salvado.*

Piscis es el signo de la automaestría a través de la fe. Cada nativo de este signo recibe un paquete kármico de circunstancias y condiciones únicas para él, pero independientemente de la escenificación de la vida cotidiana y la severidad o facilidad relativa de sus circunstancias particulares, el alma nacida en Piscis recibirá el reto de superar la duda y el temor por el poder de la fe. La personalidad Piscis es fundamentalmente positiva. Cree en las bendiciones disfrazadas y tiene fe en que todo saldrá bien, pero su percepción sensible del peso del mundo, con todas sus angustias y sus dolores, puede ser física y psíquicamente agotadora. Podemos ver con claridad la paradoja de Piscis: como es su destino conquistar el miedo, por lo general se enfrenta a algún trauma o alguna creencia que podría tentarlo a renegar de su fe y empujarlo al abismo. No obstante, jamás recibe una prueba que no sea capaz de superar. Como solía decir el antiguo Kabalista: ¡Si fuese fácil hacerlo, no glorificaría a Dios!

EL SÍNDROME DE TOMÁS EL INCRÉDULO

Una manifestación común del miedo que puede infiltrar la mente en Piscis es el razonamiento intelectual de Tomás el Incrédulo, quien insistía en que lo que no se podía probar no tenía validez. Tal razonamiento deriva en argumentaciones y una insistencia agresiva en tener la razón, lo cual revela la presencia del orgullo, raíz de toda duda y temor.

Las pasiones de los Piscis atrapados en el Síndrome de Tomás el Incrédulo, pueden agravarse en extremo. Defenderán su punto de vista sin importar si su manera de pensar es irracional. Aunque los nativos de este signo a menudo sienten justificada su incredulidad, semejantes dudas y

Tomás el Incrédulo— ¿Estaba el apóstol simplemente probando a los espíritus, como Jesús había instruido a los discípulos que debían hacer? ¿Cómo pueden los Piscis diferenciar entre la duda y el discernimiento? (F. Alexandre Bida, 1874)

255

Piscis:
Casa 12
Cruz Mutable
de la Sabiduría
Agua

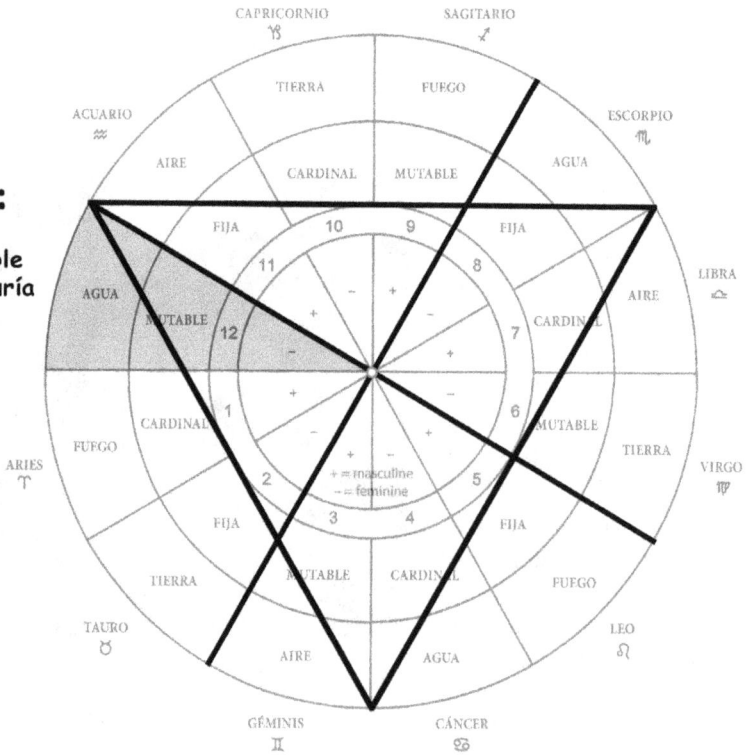

cuestionamiento en Piscis revelan sobre todo una carencia de fe, como pasó en el caso de Tomás, el apóstol de Jesús.

Cuando los otros apóstoles dijeron a Tomás que habían visto al Señor, Tomás insistió: "Si no veo en sus manos la señal de los clavos y meto mi dedo en el lugar de los clavos, y mi mano en su costado, no creeré de ningún modo".[138]

Aunque Jesús amonestó a Tomás, diciéndole: "No seas incrédulo, sino creyente", le permitió tocar sus heridas. Tomás, entonces, exclamó: "¡Señor mío y Dios mío!" Entonces, Jesús le dijo: "Porque me has visto, Tomás, creíste; bienaventurados los que no vieron y creyeron".[139]

Podemos entender por qué Tomás fue cauto. Era una época de alta tensión. El milagro de la resurrección no tuvo antecedentes. Más aún, el Maestro Jesús les había enseñado a los discípulos a cuidarse de los lobos vestidos de ovejas y a probar a los espíritus. Cuando Jesús amonestó a Tomás, no le estaba enseñando que debemos aceptar sin más todo que vemos o escuchamos; cuando el corazón está desarrollado espiritualmente, tener fe no es un riesgo sino una afirmación positiva de un conocimiento interno. Como uno de los miembros del círculo íntimo de Jesús, Tomás debería haber confirmado la presencia del Maestro al reconocer su vibración.

Empero, aunque a los Piscis les conviene adoptar una postura objetiva y conocer bien la ley humana y la divina, también se les recomienda desarrollar de manera consciente las facultades internas, las cuales —cuando el alma está libre de dudas y reservas— demuestran ser increíblemente acertadas.

LOS PECES ZEN: TRANSCENDER LA DUALIDAD

El símbolo de Piscis son dos peces atados—que nadan en diferentes direcciones. La mayoría de los nativos de este signo reconocen en algún nivel que para no quedar atrapado en divisiones internas causadas por la dualidad, se requiere un enfoque casi Zen de la vida en el que las contradicciones cobran sentido. La dualidad se define como el haber dos partes, a menudo opuestas, dentro de un todo único. Todos los signos sobre La Cruz Mutable de la Sabiduría (Géminis, Sagitario, Virgo y Piscis) luchan con el acertijo de la dualidad.

¿Cómo puede el hombre, creado a imagen de Dios y por tanto nacido con la promesa de la vida eterna, reconciliar que al mismo tiempo está vestido de carne y hueso y sujeto a las limitaciones de la mortalidad?

---

[138] Juan 20:25 (RVA 1995)
[139] Juan 20:27–29 (RVC)

Los Piscis enfrentan esta dicotomía una y otra vez durante el transcurso de su vida. Su habilidad de "estar en el mundo, pero no ser del mundo" varía según el estado de consciencia del alma, la edad de la persona, su madurez y la naturaleza de los ciclos actuales en la astrología personal y planetaria.

LA ELECCIÓN ES TUYA

La vida está llena de incertidumbre, y la persona nacida en Piscis tiende a preocuparse demasiado. No obstante, puede escoger entre caminar con la cabeza en alto o dejarse abrumar por el temor y el desaliento. Escoger el miedo significa llegar a ser su esclavo.

El día en que el alma Piscis se da cuenta de que a pesar de sus pruebas y tribulaciones puede mantener la dicha interna y la paz mental, entra en el proceso transformacional. Aun así, debe afirmar su postura positiva una y otra vez, pues aunque decida mantenerse positivo pase lo que pase, cuando las cosas se ponen difíciles y se pone a prueba su fe, puede que la luz del sol no se asome por entre las nubes sino hasta el último momento.

FRONTERAS PERSONALES: COMO EL AGUA EN UN VASO

En Piscis se encuentra la emoción (Agua) con la mente (Cruz Mutable de la Sabiduría) manifestándose como una sensibilidad particular; la habilidad de percibir profunda, intuitiva y empáticamente. Los Piscis pueden con facilidad ponerse en los zapatos de otra persona. Entienden y tratan de ayudar a remediar los problemas de los demás. Muchas veces les es difícil entender cómo es que la mayoría de las personas en el planeta Tierra no nacieron con la misma sensibilidad. Los Piscis tienen un conocimiento interno, una conexión —más consciente en algunos que en otros— con los sentidos del alma todavía latentes en la mayoría de las personas excepto en ocasiones excepcionales, cuando el asombro o algún trauma los detonan.

Sin embargo, el Piscis se deja engañar por sus sentimientos. Algunas personas de este signo son tan sensibles que de verdad experimentan el dolor de otra persona como si fuera suyo. Más aún, los Piscis tienden a personalizar (Agua) la energía que perciben, errando al concluir que alguna acción suya causó el problema.

A menos que aprendan a fortalecer y proteger su campo energético, los Piscis tienden a convertirse en esponjas psíquicas. Esta impresionabilidad extrema, este intercambio entre la mente y el chakra del plexo solar, agita el sistema nervioso, como por ejemplo en los casos de la sensación de mariposas en el estómago que ocurre con el miedo escénico, los desmayos asociados con el nerviosismo y los escalofríos que suben por la espina. Se pueden sentir estas sensaciones inquietantes hasta el nivel celular, y a menos que sean corregidas pueden causar daño físico y psicológico. En el caso de los Piscis, una de las mejores formas de mantenerse positivos y evitar la depresión, es la de desintoxicarse de vez en cuando y sacudirse de encima la energía estancada y negativa que han recogido durante el día. Algunas herramientas curativas útiles para las almas nacidas en Piscis: recitar las afirmaciones dinámicas de "La ciencia acuariana de la invocación", escuchar música calmante, hacer ejercicio de forma regular, ir por un masaje y/o meditar.

¿Cómo pueden los Piscis ser objetivos siendo tan sensibles? Parece una contradicción necesaria. Mantener la mente libre de pensamientos e imágenes conflictivos y preocupantes les exige bastante disciplina mental, pero ellos pueden hacerlo. Muchos dirán que en realidad no piensan tanto, sino que las ideas simplemente les llegan, aparecen en sus mentes. Aun así, pueden aprender a desarrollar una consciencia naturalmente perceptiva, mientras filtran los mensajes falsos que se cuelan en la pantalla de su mente, como ¿qué ocurrirá si pasa esto o aquello? Una mentalidad vacilante son arenas movedizas para el alma Piscis. Un hombre Piscis reconoce que su madre lo salvó de caer en esta trampa por su insistencia durante la niñez de no culpar, avergonzar ni preguntar a cada rato: "pero que sucederá si pasa esto o aquello". Este entrenamiento le ayudó a responder a las dificultades de la vida con optimismo y fe.

Es menester que el Piscis decida establecer y comunicar con claridad cuáles son sus fronteras personales, no solo en sus relaciones interpersonales sino también en sus transacciones monetarias y en tantas áreas de la vida. Al final de cuentas, el agua dentro del vaso es más útil que tirada en la mesa. Por lo tanto, los Piscis son más propensos a mantener su compostura y paz mental cuando se comunican clara y apropiadamente: "Esto es lo que tolero; aquí marco mi línea. Esto es lo que quiero y puedo dar y esto es lo que espero recibir".

COMPASIÓN SIN TEMOR

Como les gusta curar las enfermedades y aliviar los sufrimientos y heridas de los demás —tanto psicológicos como físicos— los Piscis suelen atraer a personas con problemas. Saben escuchar bien, les complacen dar consejos y son solicitados por su sabiduría y su presencia consoladora; por tanto, no es sorprendente que la mayoría tienen debilidad por los desamparados. Muchos Piscis experimentan gran regocijo sirviendo a otras personas; se sienten angustiados cuando aquellos a quienes quisieran ver sanos, rechazan su ayuda.

El nativo de los Peces necesita desarrollar el discernimiento. Le beneficia decidir a quién ayudará, la energía que está dispuesto a asumir y de qué manera lo hará. Debe aprender a discernir la diferencia entre la simpatía humana y la compasión sin temor. La simpatía humana, una clase de atracción caracterizada por la lástima, debilita tanto a la persona que da como a la que recibe.

En cambio, la compasión sin temor es una expresión del amor verdadero, significa dar en cualquier situación solo lo que es provechoso y lícito. Puede que el individuo comparta el dolor de otra persona; le dé una mano y ofrezca su consuelo, pero aun cuando desee servir a otro sin interés alguno, la experiencia le mostrará que a la larga es mucho mejor enseñar a la otra persona a ayudarse a sí misma.

Además, aunque el Piscis a menudo posee el don de mantener una visión positiva para la superación de otra alma, aconsejo a los nativos de este signo tan caritativo evaluar objetivamente el estado actual de la persona que consideran socorrer. En especial el joven Piscis debe tener cuidado de "no entrar en donde los ángeles temen pisar". Los adolescentes y los jóvenes adultos Piscis estarán más seguros de sí mismos cuando entiendan bien los problemas inherentes a estar unidos en un yugo desigual, es decir lo peligroso que es asociarse íntimamente con personas que sufren adicciones u otros desequilibrios psicológicos. Aun así, su falta de experiencia en el manejo de su incipiente sentido de empatía y compasión a menudo se agrave por la típica rebeldía de los adolescentes en contra de la orientación y consejos de sus padres. Por lo tanto, los jóvenes Piscis a menudo aprenden por el camino duro pues "decir que no" es a veces la respuesta más amorosa de todas.

Por naturaleza, los Piscis tienden a dar a los demás; les encanta servir. Muchos nativos de este signo salen adelante realizando trabajos voluntarios, pues a los jóvenes les gusta dar servicio a la comunidad. El saber que su contribución hace la diferencia constituye una gran recompensa y el tener este tipo de ocupación hace menos probable que inicien relaciones en las cuales ofrezcan su ayuda de manera ciega e indiscriminada.

A muchos Piscis les atraen artes curativas como la psicología, la astrología, la medicina o algún otro trabajo en donde su habilidad intuitiva será una gran ventaja. No obstante, necesitan aprender a protegerse de energías pesadas; deben evitar apegarse emocionalmente a sus clientes o pacientes. Por ejemplo, el doctor Piscis ayuda a su paciente a curarse, se siente satisfecho por dentro, termina su trabajo y es correspondido cuando el paciente le paga. El círculo de intercambio entre ellos entonces está completo. No necesita meterse emocional ni indebidamente en la vida del paciente, como el Piscis sin sentido de límites tendería a hacer.

CUANDO HAY QUE SALDAR LAS CUENTAS

Piscis es el duodécimo y último signo del Zodíaco. Entonces, es el signo que marca la necesidad de completar ciclos, dejar las cosas atadas, resolver el pasado determinando sus pérdidas y ganancias y curando sus heridas. Cuando el alma reencarna en Piscis su vida tendrá que ver con la resolución de ciclos pasados. Ya no tendrá el lujo de vivir del crédito; debe pagar sus deudas y saldar sus cuentas. Mientras pasa por este signo, puede que experimente la carga de su karma como algo excepcionalmente pesado. Sin embargo, la resolución consciente de pagar las deudas que uno tiene, también conocida como arrepentimiento, es el principio del camino que lo conducirá a su hogar divino. Más aún, los buenos frutos de su pasado son, en muchos casos, considerables, haciendo más ligera su carga y bendiciendo al alma que irradia un espíritu elevado, que a su vez anima y ayuda a otras personas mientras pasan por sus propias tribulaciones. En verdad, el alma Piscis suele ser muy generosa. ¿Quién puede saber qué tanto de la carga es suya y qué tanto está cargando para ayudar a otros? ¿Cuál es el porcentaje del peso planetario que ha aceptado asumir?

PISCIS Y LAS RELACIONES KÁRMICAS

Como Piscis es el signo de balancear el karma, puede que en la vida del individuo nacido bajo esta influencia entren personas con las que haya alguna deuda kármica. Ésta puede requerir prestar un apoyo económico considerable, ofrecer entrenamiento o educación, dar luz a ciertos niños o ayudar a alguien a curarse de una adicción... son muchos los escenarios posibles. Aunque estas relaciones son puestas a prueba cuando hay que enfrentarse con conflictos que duran desde hace muchas vidas atrás, el alma Piscis intuye que todo está en orden divino y acepta su papel con gusto. Así pues, una relación de esta clase no debe resultar en una codependencia, sino en una realización espiritual.

Cuando el karma está equilibrado y la deuda saldada, un hecho que puede ocurrir con el tránsito de uno de los planetas externos (Saturno, Neptuno, Urano o Plutón) en aspecto positivo al Sol o al Ascendente, pueda que el Piscis perciba que se le ha quitado una porción del peso que llevaba encima. Entonces la relación podría terminar de repente (Urano) o de manera gradual (Saturno). Quizá la pareja descubra que lograron amarse de verdad durante los años que pasaron juntos y su relación tome un giro positivo. Sin embargo, en algunos casos, la atracción inicial que los reunió desaparece de repente y el Piscis deseará terminar la unión o poco a poco se irá alejando.

Nativo de Piscis, ¡ten cuidado! A veces lo que sientes como una cita con el destino es, en realidad, una oportunidad de evitar entrar en esta relación, de resistir la tentación de reaccionar ante alguien o ante algún escenario de la manera como lo has hecho por vidas. El karma ciega, entonces ésta es una oportunidad para usar el discernimiento, la determinación, la objetividad y la sintonización espiritual.

El CIELO EN LA TIERRA: LOS PISCIS EN LAS BELLAS ARTES

Piscis está regido en primer lugar por Neptuno y en segundo por Júpiter, una combinación inspiradora. Neptuno es nuestra antena para los mundos y dimensiones invisibles mientras que los rayos de Júpiter otorgan afición a viajar y tener aventuras y dotan una inclinación natural hacia la exploración religiosa y filosófica. La mayoría de los Piscis sienten una conexión psíquica; para algunos no es más que un sexto sentido, para otros es una facultad para profetizar. La influencia combinada de Júpiter con Neptuno provee a los nativos de este signo con la habilidad natural de sintonizarse y responder a las frecuencias más elevadas. Su capacidad creativa para crear imágenes es muy pronunciada. Muchas almas Piscis son bendecidas con imaginaciones fértiles y intuición transcendental.

He aquí algunos de los muchos Piscis notables que han dejado su impronta en las bellas artes, elevando el espíritu y trayendo algo del cielo a la tierra: Miguel Ángel (6 de marzo de 1475 según el calendario juliano; 15 de marzo según el gregoriano), el famoso artista y escultor del Renacimiento; Georg Friedrich Händel (juliano, 23 de febrero de 1685; 05 de marzo según el calendario gregoriano) cuya ópera *Mesías* sigue exaltando al público hoy en día; Enrico Caruso (25 de febrero de 1873), el gran tenor de ópera; Howard Pyle (5 de marzo de 1853), autor e ilustrador que escribió sus cuentos imaginativos y clásicos del rey Arturo y sus Caballeros de la Mesa Redonda de manera tan vívida que parecía que hubiera estado ahí presente; Tamaki Miura (el 22 de febrero de 1884), cantante de ópera japonesa, famosa por su papel de Cio-Cio, la esposa geisha en la ópera de Puccini, *Madama Butterfly*; Josh Groban (27 de febrero de 1981) cantante y compositor americano, y la cantante galesa Charlotte Church (21 de febrero de 1986); de ambos se ha dicho que tienen voces de ángel.

Andrés Segovia (21 febrero de 1893–2 junio de 1987)

EXTRAORDINARIOS PISCIS DE LA GUITARRA CLÁSICA MODERNA

El virtuoso guitarrista clásico, ***Andrés Segovia Torres***, también conocido por su título honorario de I Marqués de Salobreña, nació el 21 de febrero de 1893 en Linares, municipio de la provincia de Jaén en la comunidad autónoma de Andalucía, España. Llamado el padre del movimiento moderno de la guitarra clásica, muchos lo consideran el guitarrista clásico más importante de todos los tiempos. Segovia nació con una astrología prometedora y a la vez retadora: en su carta, Neptuno, que rige a Piscis, está en conjunción a

Plutón, formando los dos una cuadratura difícil con su Sol, pero Segovia poseía una gran fe y una poderosa determinación de tener éxito (Plutón y Neptuno están en trígono con Saturno) que se manifestó en su ambición de transformar la opinión del mundo sobre la guitarra extrayendo de este instrumento todo su potencial. Hasta sus padres lo desanimaban de semejante empeño, a pesar del amor que habían visto que su hijo ponía al tocar la guitarra desde muy temprana edad. Pensaban que habría sido mejor que su hijo hubiera escogido un instrumento musical más prestigioso, que incursionar en "la música gitana", a la que la guitarra estaba popularmente asociada.

Segovia no solo alcanzó el éxito al cumplir su sueño, sino que además inspiró a algunos de los compositores musicales más influyentes de su generación a componer obras originales para guitarra.

Uno de esos músicos fue el compositor brasileño ***Heitor Villa-Lobos***, con quien Segovia compartió una relación duradera. Lobos, conocido por sus técnicas ingeniosas y mezclas inspiradoras de música clásica e indígena, es considerado uno de los compositores latinoamericanos más creativos y destacados del siglo veinte. También Piscis, Lobos nació el 5 de marzo de 1889 en Rio de Janeiro. De hecho, escribió varias piezas musicales para Segovia y al maestro guitarrista le dedicó su famosa obra para guitarra, *Doce estudios*.

BUCEAR EN AGUAS PROFUNDAS

Al enfrentarse con su pasado y contemplar su futuro, el alma Piscis conoce momentos de gran esperanza y de tristeza tan profunda que parecen insondables. Para que no la arrastre la corriente de esos sueños y visiones tan gloriosos que podría llegar a ignorar sus responsabilidades cotidianas y para que el temor sobre su portal no la abrume, el alma Piscis debe hacer un esfuerzo constante por mantener su ecuanimidad y paz interna. Someterse a las energías de la depresión tan negras como la muerte lo puede atrapar en *el lodazal de Piscis*, un pantano turbio y oscuro del cual es difícil salir. Asimismo, desviarse del camino tratando de escapar de los problemas de la vida en lugar de enfrentarlos y resolverlos —por el alcohol, por ejemplo— lo puede llevar muy lejos de su destino.

Piscis y Neptuno rigen el alcohol, el alcoholismo y las bebidas alcohólicas. El alcohol resulta el némesis número uno para muchas almas nacidas con su Sol o su Luna en Piscis o con Neptuno en un aspecto preciso con el Sol, la Luna, Marte o el Ascendente. Aunque algunos alcohólicos en un principio deciden tomar para enfrentar una circunstancia difícil, otros simplemente están buscando respuestas espirituales en lugares equivocados.

Tomar el fenómeno psíquico como distracción puede ser una trampa aún más peligrosa y tentadora que beber en exceso. Aquellos Piscis que se meten en las sesiones espiritistas y actividades semejantes tal vez tengan curiosidad, pero es más común que estén buscando con desesperación conectarse con los mundos invisibles neptunianos, como aquellas personas que desean comunicarse con algún ser querido fallecido. Una mujer Piscis en sus veintes participó en una sesión espiritista cuando estaba en búsqueda de enseñanzas espirituales. Le costó más de veinte años regresar de esta desviación de su sendero, lo que ella llamó "una pesadilla psíquica".

Las tradiciones místicas contienen advertencias acerca de tratar de "arrebatar al reino de los cielos", es decir de forzar las puertas de manera ilícita hacia a las dimensiones elevadas usando drogas que alteran la mente. Todas las drogas, incluyendo las que receta el doctor, pertenecen astrológicamente al dominio de Piscis. Para entrar sin peligro en las dimensiones elevadas, el alma necesita un cimiento sólido en este mundo. Además, no cabe duda de que entre más profunda sea su comprensión de otras realidades o dimensiones, más engañosos son los espejismos, como cuando buceamos en las profundidades.

Aprender a discernir tanto lo bueno como lo malo requiere sintonización y mucha práctica. Como los Piscis tienden a recoger energías negativas casi sin darse cuenta, les aconsejo tantear el terreno y evitar ir a lugares donde saben que mora la maldad. Rodearse de arte y música elevada, practicar la meditación y el uso disciplinado de la oración y los decretos dinámicos en concordancia con las variadas disciplinas y rigores del sendero espiritual, todo esto provee el medio para ascender en la Escalera de Jacobo.

CAMINAR SOBRE LAS AGUAS

El Agua representa la fuerza emocional que afecta la mente subconsciente y la mente inconsciente, un reino de pensamientos y sentimientos que gira bajo la superficie de la percepción consciente. Ahí también se ubica lo que esotéricamente se llama: "el cuerpo de los recuerdos", en donde se encuentran recuerdos maravillosos, la sabiduría de épocas pasadas e incluso el recuerdo de cosas todavía no vistas así como la memoria de la muerte, el dolor y la pérdida del amor. ¡La caja de Pandora del alma!

A los grandes santos y avatares como Jesús y Kuan Yin, conocida como *la Diosa de la Misericordia* en Oriente, a menudo se los representa caminando sobre las aguas, lo cual es una referencia mística al mar astral.[140] Sus cuerpos están literalmente elevados en la luz. El que desee ser el Héroe en Piscis debe determinar que caminará sobre las aguas de su propio karma y el del mundo; no solo para

---

[140] *El plano astral* se refiere a una frecuencia del tiempo y espacio que corresponde al "cuerpo" de energías emocionales en el hombre y en la consciencia colectiva de la raza. Aunque potencialmente es una fuente de tremenda creatividad, el plano astral ha sido enturbiado por los pensamientos y emociones humanas impuras. Por ello, con frecuencia se usa el término "astral" para connotar algo que es impuro o psíquico.

salvar a sí mismo pero también para poder dar una mano a aquél que se siente que está ahogándose. Puede aprender a controlar su sensibilidad y a sellar su aura en luz, mientras reúne sus fuerzas para resolver su pasado, ser positivo en el presente y tener esperanza en las posibilidades maravillosas del futuro.

Muchos Piscis se sienten atraídos por el mar, tal vez durante una temporada o acaso por muchos años. El reto de ganar maestría sobre las aguas del mar puede servir como metáfora en Piscis con respecto a la maestría de las emociones.

PERDONAR NO UNA, SINO MUCHAS VECES[141]

Aunque la culpa no es exclusiva de los Piscis, es en esencia un problema asociado con Neptuno, Piscis y la Duodécima Casa. Darse cuenta y enfrentarse con la realidad de que los actos de uno han lastimado a otros es

Kuan Yin es reverenciada en Asia como la patrona de los pescadores; a menudo se la representa cruzando el mar o parada sobre un loto o sobre la cabeza de un dragón. (Se dice que esta imagen fue capturada milagrosamente cuando alguien tomó una foto de la nubes desde la ventanilla del avión).

inicialmente doloroso, pero resulta un paso vital en el proceso de corregirse a sí mismo. Sin embargo, la energía oscura y opresiva de la culpa se asemeja en su patrón vibratorio a la condena que erosiona la fe por la insinuación mental de que el alma no es digna de recibir la gracia y el perdón.

---

[141] *Entonces, se le acercó Pedro y le dijo: "SEÑOR, si mi hermano peca contra de mí, ¿cuántas veces debo perdonarlo? ¿Hasta siete veces? Jesús le dijo: No te digo que hasta siete veces, sino hasta setenta veces siete".* Mateo 18:21–22 (RVC)

El que quiere ser el Héroe en Piscis debe reunir el valor para desafiar a estas energías de la noche. Además, una vez que ha reconocido y ha confesado que se equivocó, deberá aprender la lección, curar lo que pueda ser sanado y seguir adelante. Aunque desee con todo su corazón sentirse libre de esa tortura infligida por él mismo, puede que le cueste borrar las imágenes de culpa de la pantalla de su mente.

Así, el estado psicológico en el que los pensamientos de culpa siguen dando vueltas en la mente es un problema pisciano, el antídoto —la oferta del ungüento de la bondad y el amor— es una virtud pisciana. El hecho de perdonar ayuda al alma a transmutar y liberarse de los errores del pasado. Los Piscis experimentan gran regocijo al perdonarse a sí mismos y a otros. Retrasar el perdón significa arriesgarse a quedar atado a la otra persona o a los recuerdos del propio pasado con lazos de negatividad. Al final, estos se manifestarán como una toxicidad psicológica en el cuerpo físico. Muchas veces el resultado de soltar con sinceridad el apego a recuerdos dolorosos es la curación física. El perdón es la máxima expresión de la compasión sin temor.

EL NIÑO PISCIS

Algunos niños Piscis son muy joviales, mientras que otros muestran un temperamento más reservado; puede que sean introvertidos y tímidos. La mayoría de estos pequeños soñadores tienen inclinaciones espirituales y muchos tienen talento musical o artístico. El niño de este signo que parece lento o reticente, en realidad puede estar luchando contra el miedo al fracaso. El niño introvertido puede sentirse bombardeado por energías psíquicas y estar tratando de protegerse o acaso esconderse en su cuarto, donde se siente más seguro. No obstante, estos niños sensibles suelen ser muy ingeniosos y creativos

Los jóvenes Piscis de todas las edades recogen, casi por ósmosis y sin darse cuenta, energías de la atmósfera que los rodea. Imitan el comportamiento de otras personas copiando su lenguaje corporal e incluso su tono de voz. Los cambios del estado de ánimo del niño pueden ser en realidad su interpretación subconsciente del ambiente en el hogar o en el salón de clases. (Cuando aprenden a aplicar conscientemente esta sensibilidad psíquica, por ejemplo cuando interpretan un papel dramático en una obra de teatro escolar, la empatía que antes era una desventaja se convierte en una ventaja).

A veces los niños de este signo sienten tanto la carga de otras personas, que las lágrimas caen libremente por sus rostros. Su sentido de individualidad puede estar no muy bien definido debido a la tendencia a identificarse tanto con el sufrimiento de otros. Hay que enseñarle a afirmar su propia autoestima. Este joven siente las punzadas del rechazo cuando personas de menor sensibilidad que él no expresan ni muestran su aprecio por sus servicios o rechazan su amistad e incluso cuando son crueles con otras personas o con los animales.

La tendencia pisciana de culparse a sí mismos y de asumir la responsabilidad aun de manera errónea es muy pronunciada en los niños de este signo. Todos los pequeños se colocan a sí mismos en el centro de su universo, por lo tanto tienden a asumir que tienen la culpa de circunstancias que en realidad están fuera de su alcance, por ejemplo cuando discuten mamá y papá. El niño Piscis absorbe con tanta facilidad las energías de otras personas que es propenso a confundir las emociones de los demás con las suyas. Cuando nadie se da cuenta del sentimiento de culpabilidad y responsabilidad que el niño Piscis carga y la situación no se resuelve durante su niñez, es casi inevitable que esto afecte su vida de adulto.

La mayoría de los niños Piscis tienen una mirada soñadora. Quizá aspiren a alcanzar dimensiones más elevadas. Les beneficia conocer algo de las dimensiones más transcendentales a través del arte, la música y la religión, manteniendo a la vez los pies bien firmes en la tierra.

Los niños Piscis suelen ser como peces en el agua. Una adolescente Piscis me dijo que la experiencia física de zambullirse en las olas la ayudaba a sentirse más valiente y capaz de enfrentar problemas que parecían abrumadores. Cuando Neptuno está muy pronunciado en la carta natal, el Piscis puede convertirse en un experto en disfraces, adaptando una u otra máscara según la ocasión y a veces a su capricho. El resultado de una gran intuición, una buena imaginación y un amor por la fantasía podría ser una profesión como la de artista, bailarín o autor. Los padres de estos niños deben estar bien sintonizados con su hijo o hija Piscis para discernir bien cuando está derramando lágrimas de cocodrilo intencional o incluso involuntariamente.

La mayoría de los jóvenes Piscis pueden aprender a ser compasivos y a usar técnicas espirituales para resguardar su luz y protegerse contra las energías negativas, desde pequeños. Los padres y maestros que son positivos, no condenatorios ni críticos del niño, lo ayudan a desarrollar sus dones naturales mientras celebra su propio sendero, le imparten herramientas para reforzar su autoestima para toda la vida.

ASTUTOS COMO SERPIENTES E INOFENSIVOS COMO PALOMAS

La influencia pronunciada de Júpiter, llamado el portador de las buenas noticias, explica que los Piscis sientan una influencia protectora durante sus vidas a pesar de las adversidades que encuentran. Una vez que deciden de manera consciente vivir una vida de fe, las ruedas de la paz interior se ponen en marcha. Puede que su manera de pensar esté guiada por preceptos religiosos, o puede que no. Tal vez solo decidan adoptar una mentalidad genuina y positiva. Tal postura no necesariamente quiere decir que el individuo ha decidido gobernar sus propias estrellas, es decir, ser el capitán de su destino, pero al adoptar esta actitud es menos probable que sus estrellas (su sino o su karma) lo controlen a él.

El alma Piscis que espera lo mejor mientras se prepara para lo peor, está libre de ansiedad y es capaz de expresar verdadera compasión por su prójimo. No obstante, si es optimista sin tomar en cuenta la condición humana podría decepcionarse. Cuando un Piscis crédulo se deja engañar, puede quedar devastado, como si le hubieran robado su inocencia. Entonces, su reacción típica es creerse la víctima; se vuelve cínico y solo espera la desilusión.

Tal escudo psicológico contra las malas noticias equivale a echar un sudario sobre el alma. Más le valdría hacer caso a la advertencia que dio Jesús a sus discípulos cuando los mandó a propagar la Palabra por los cuatro vientos: *Miren, los envío como ovejas en medio de lobos. Por lo tanto, sean astutos como serpientes e inofensivos como palomas.*[142]

DORMIR, TAL VEZ SOÑAR[143]

Edgar Cayce
(1877–1945)

Neptuno, Piscis y la Duodécima Casa astrológica rigen el sueño, los sueños y los soñadores. Muchas veces se puede identificar a los Piscis por aquella mirada distraída y etérea, como si estuvieran en las nubes. Entre estos soñadores se encuentran visionarios, genios y sanadores. ¿Hay esperanza de un mejor porvenir sin haberlo soñado? Quizá no, pero los soñadores a veces se pierden en la niebla de la ilusión. Lo cierto es que la línea que separa un estado de consciencia del otro no siempre es fácil de discernir.

Edgar Cayce (18 de marzo de 1877) era conocido como "El Profeta Durmiente". Cayce poseía un don psíquico extraordinario que le ganó gran fama y con la que podía ayudar a miles de personas. Su carta natal está repleta con planetas en Piscis; Mercurio y Saturno en Piscis está en la Séptima Casa de las relaciones con otras personas mientras que el Sol y Venus en Piscis está ubicados en la Octava Casa de los misterios y lo oculto. Aquí vemos una firma astrológica clásica para un intepreté de los sueños.[144]

Durante cuarenta y tres años de su vida adulta, Cayce solía acostarse en un sofá en el que entraba en un estado de sueño autoinducido. De manera inexplicable, en aquel estado fuera de su cuerpo podía responder con precisión extraordinaria preguntas que recibía de todas partes del mundo. Llegó a ser reconocido como clarividente médico.[145]

---

[142] Mateo 10:16 (NTV)
[143] *Hamlet Acto 3 Escenario 1:* "Y dormir, tal vez soñar. Sí, aquí está el obstáculo porque este sueño de muerte que soñamos puede llegar." William Shakespeare

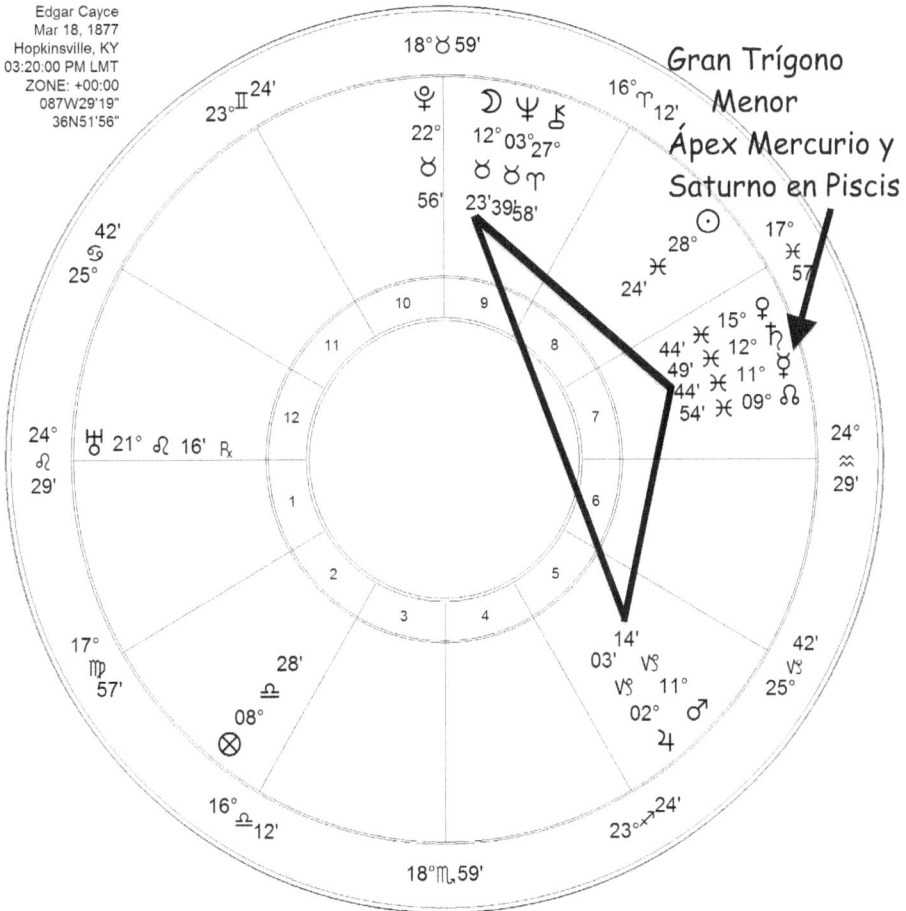

Edgar Cayce
Mar 18, 1877
Hopkinsville, KY
03:20:00 PM LMT
ZONE: +00:00
087W29'19"
36N51'56"

Gran Trígono Menor
Ápex Mercurio y Saturno en Piscis

¹⁴⁴ En la carta natal de Cayce, el Sol en Piscis denota su percepción extrasensorial, especialmente desde el momento en que el Sol, regente de Leo en su Ascendente, rige la carta. Neptuno (energía psíquica), regente de Piscis, hace conjunción a su Luna (subconsciencia) en Tauro, lo cual denota su capacidad para escuchar con empatía y profundidad. Ambos, el Sol y la Luna, están en trígono (positivo) con Marte, poderosamente ubicados en Capricornio en conjunción a Júpiter (co-regente de Piscis) en la Quinta Casa de la autoexpresión y el entretenimiento. Todos estos planetas están en sextil con Mercurio, Saturno y Venus en Piscis, formando un *Gran Trígono Menor*. Siete planetas en la carta natal de Cayce están asociados con esta auspiciosa configuración.

¹⁴⁵ Cayce comenzó su trabajo como resultado de haber sido curado de laringitis con la ayuda de un hipnotizador. Sin embargo, el hipnotismo es un peligro de tipo neptuniano/ Piscis; es arriesgado porque hace a la mente subconsciente vulnerable a ser manipulada por las sugerencias de otras personas.

Es interesante que la medicina intuitiva se esté haciendo cada vez más popular durante la larga estancia de Neptuno en Piscis (desde el febrero de 2012 hasta el febrero de 2026), un ciclo que todavía no se termina al momento de escribir este libro.

La tentación de escapar de las realidades severas de la vida y la sugerencia sutil de que se puede tomar una vía rápida a las dimensiones elevadas, es particularmente fuerte en Piscis. Los adolescentes son en especial vulnerables a las sustancias adictivas. Necesitan reconocer los peligros de intentar abrir su consciencia a los mundos superiores sin tener la preparación necesaria y un sólido cimiento en la realidad. Incluso los Piscis jóvenes, guiados por uno de sus padres o algún maestro, pueden aprender técnicas y enseñanzas espirituales para elevar su consciencia paso a paso y sin peligro.

CABEZA EN EL CIELO, PIES EN *EL AIRE*

Piscis rige a los pies. A las personas con su Sol u otras posiciones planetarias en Piscis, muy a menudo les atrae algún trabajo relacionado con los pies, tales como la reflexología podal o la podología. Si llegan a sufrir heridas relacionadas con los pies, es muy probable que se trate de algún karma pisciano. Más aún, la mayoría de los nativos de este signo necesitan practicar el mantener los pies sobre la tierra. Los Piscis no parecen estar del todo aquí. ¡Y la verdad es que no lo están! Estar sintonizados de manera excepcional tanto con las esferas superiores como con las inferiores puede ser un don del espíritu cuando se entiende bien lo que es, pero terriblemente espantoso cuando no. ¿Quién podría decir si las voces que el niño Piscis afirma escuchar o las imágenes etéreas que asegura ver son reales o no? Tal vez solo estén fuera de rango de la percepción común y corriente. Sea como sea, es cierto que para casi todos, la vida sobre la Tierra opera dentro de un espectro estrecho. La intuición de un cirujano Piscis brillante y exitoso jamás le falló en el quirófano, pero le costaba encontrar las llaves del coche en su propio bolsillo.

Ése es el precio del genio pisciano o, dicho de otro modo, el reto de sintonizarse con dimensiones elevadas mientras se trabaja en este mundo. Échale un vistazo al retrato de **Albert Einstein**. Nació el 14 de marzo de 1879. Su teoría de la relatividad revolucionó la física. Su mirada lejana y su pelo revuelto comunican: "¡Estoy demasiado ocupado pensando en el cosmos como para poner atención en detalles mundanos!"

Las personas nacidas bajo la influencia de Piscis quienes anclan su sentido intuitivo y místico en el aquí y el ahora, perciben las tendencias del futuro y gozan de prosperidad económica utilizando a menudo la televisión, el cine o la última tecnología para transmitir su mensaje.

Steve Jobs (24 de febrero de 1955), el fundador de Apple Computer, Inc., creyó y lanzó las computadoras Macintosh, los iPods, iPhones y iPads a través de esta tecnología. Jobs ha ayudado al mundo a sintonizarse con su sentido intuitivo. Una vez dijo:

> *No permitas que el ruido de las opiniones de otras personas te haga imposible escuchar tu voz interna. Y lo más importante de todo, ten el valor de seguir tu corazón y tu intuición. De alguna manera, tu corazón ya sabe lo que realmente aspiras a llegar a ser. Todo lo demás es secundario.*

El temperamento pisciano busca tiempos y espacios para alejarse, acallar los sentidos y recargarse. De hecho, Steve Jobs periódicamente asistía a retiros espirituales. Practicó el budismo zen, afirmando que lo ayudó a concentrarse. De todos los signos, Piscis es el mas atraído hacia una vida religiosa recluida. Sin embargo, hoy más que nunca los tiempos dictan la necesidad de vivir una vida espiritual mientras hacemos nuestro camino en el mundo material. Muchos Piscis descubren que practicar actividades tales como yoga, pilates, meditación, leer, bailar, nadar, escuchar música, tocar un instrumento musical o caminar en el bosque les ayuda a lograr el equilibrio y la paz interna que tanto desean. Mantenerse en buena forma con una dieta equilibrada y un estilo de vida activo ayuda a los Piscis a sentirse más estables y tener auras más fuertes.

El PUNTO DE INFLEXIÓN A MITAD DE LA VIDA

Cuando **Sharon Stone** (10 de marzo de 1958), actriz, productora de cine y modelo de alta costura, tenía cuarenta y tres años de edad, experimentó una crisis inesperada que casi le costó la vida pero resultó ser un punto de inflexión que le dio la oportunidad de abrazar su verdadero destino: la misión de traer su mensaje de fe, esperanza y paz a este mundo en el que tanto se sufre. En Piscis, el signo de los milagros, a veces sucede que un gran trauma despierta la fe y el valor interno necesarios para superarse y así transformar una adversidad en una bendición.

En el otoño de 2001, Stone fue atacada de repente por un dolor de cabeza espantoso y hubo que llevarla a la sala de emergencias de un hospital en San Francisco. En una entrevista que dio a la revista *AARP (American Association of Retired Persons*, sigla para *La asociación de personas jubiladas)*, Stone describió cómo se sintió al despertar de un estado de coma en el que estuvo por nueve días: "Para entonces, la hemorragia se había extendido por la columna vertebral y la cavidad facial a un ritmo constante. Mi cerebro había sido empujado hacia la cara y había perdido el 18% de mi masa corporal". Cuando salió del hospital estaba parcialmente paralizada. Estaba sorda del oído izquierdo y tenía la pierna izquierda entumecida. Sufrió una pérdida de memoria. Había sido reconocida como la mujer más bella del mundo, pero al salir del hospital se sentía fea y se preguntaba si algún día volvería a actuar. Estuvo ocho meses en cama y sufrió más pérdidas. Se vino para abajo y terminó de mala manera su matrimonio con el redactor ejecutivo del periódico *San Francisco Chronicle*, Phil Bronstein. Dos años después, perdió la batalla por la custodia de su hijo mayor (adoptado), Roan. El futuro parecía oscuro.

Todos pasamos por momentos de aparente futilidad. Tales tiempos no están reservados solo para los Piscis, pero a menudo ellos están destinados a mostrar a los demás cómo caminar sobre las aguas incluso en la noche más tormentosa. Las personas que nacen con planetas en la Duodécima Casa también nos enseñan cómo salir victorioso de las tragedias, como la inspiradora historia de Eduardo García, (ve el capítulo de Leo de este libro) cuyo Sol natal está en la Duodécima Casa.

Una mentalidad positiva, una creencia fundamental de que Dios tiene un plan y que todo saldrá bien, es esencial para todos nosotros, pero en especial para las almas idealistas y sensibles de Piscis. Ellas tienden a tratar de escapar del dolor. Sin embargo, les empodera entender que pueden elegir entre someterse o superarse. Cuando las almas nacidas en Piscis eligen dormir sus sentidos o escapar de los problemas con una bebida alcohólica, drogas, sexo, comida chatarra y hábitos autoindulgentes y contraproducentes, se están metiendo en una trampa de la cual no les será fácil salir.

Cuando el Sol está en Piscis en la carta natal o incluso en tránsito o cuando Neptuno forma aspectos difíciles en la carta natal o progresada, o bien cuando Neptuno en su tránsito está en cuadratura con Neptuno natal en los años de la mitad de la vida como pasó en el caso de Sharon Stone, cualquiera puede sentirse confundido y pensar que no hay remedio para las adversidades y cambios en su vida. Durante esta fase a mitad de la vida, las circunstancias a menudo logran borrar creencias y ambiciones anteriores, reemplazándolas con nuevos modos de pensar que traen cambios de vida fundamentales. Por un tiempo podemos sentirnos perdidos en la neblina de la crisis. La tierra sobre la cual solíamos plantar firmemente los pies es arrasada por la lluvia hasta que veamos con claridad la nueva dirección que está tomando nuestro destino.

En efecto, Piscis y Neptuno retan al alma a alcanzar las dimensiones más elevadas de espiritualidad, amor e imaginación para transformar las crisis en una oportunidad de equilibrar el karma a través del servicio y el sacrificio. Después de sobrevivir al derrame cerebral (apoplejía), Stone se dio cuenta de lo precioso que es cada minuto de vida. Estaba determinada a recuperarse. La salida de lo que parece un túnel oscuro es muy simple; ayudarse uno mismo ayudando a otras personas, curar su propio dolor aliviando el de otros.

Esto es justo lo que hizo Stone. Se metió por completo en lo que consideraba las prioridades de su vida: ser madre de sus tres hijos, dedicarse a labores humanitarias y, por último, seguir actuando. Se convirtió al budismo tibetano. Los preceptos de su fe le dieron el *mindfulness* y desapego emocional que necesitaba para estar en paz con su situación y avanzar en su camino. Dice Stone que la oración de una amiga suya capta su propio espíritu: "Te doy gracias, SEÑOR, por todo lo que me has dado, y más aún por todo lo que me has quitado".

Comentó que: "una vez que tu vida ha sido convertida en cenizas, se necesita tiempo para convertirse en el fénix". Stone logró recuperarse por completo. Concluyó al final de la entrevista con *AARP*: "Lo que fue una súplica desesperada que parecía no tener fin, llegó a ser una caminata infinita de paz. Me siento tan libre, tan bendecida. Tengo los hijos más preciosos de todo el mundo".

CHESPIRITO: *¡NO CONTABAN CON MI ASTUCIA!*

A pesar de ser extremadamente sensibles y por lo tanto fáciles de preocupar y descorazonarse, las personas nacidas en Piscis son también famosas por su maravilloso sentido del humor y alegría que lo hacen sentir bien a uno y resulta, quizá, del hecho de que muchos de ellos están un poco más sintonizados con el cielo que la mayoría.

Guionista, comediante, escritor, actor y director, **Roberto Gómez Bolaños,** mejor conocido como Chespirito (sobrenombre derivado del pequeño Shakespeare y que recibió del productor de cine Agustín Hidalgo como tributo a su ingenioso talento con las palabras), nació el 21 de febrero de 1929 en la Ciudad de México. De chico sufría mucho miedo, una condición común entre los niños de este signo, cuya naturaleza sensible e imaginación libre los hacen vulnerables a imágenes aterradoras del plano astral (el inframundo). El hecho de que nació con Neptuno, que rige a Piscis, en oposición al Sol empeoraba su

Bueno, pero no te enojes...
Lo que dice el Chavo del 8 cada vez que enfurece a alguien con sus locuras.

angustia. De muy niño, a Bolaños le daba miedo meterse debajo de la cama, adonde él imaginaba que se escondía un diablito. Sin embargo, Neptuno estaba en Leo, (signo de entretenimiento y de los niños) en sextil (energía creativa) a Marte en Géminis (destreza con palabras y facilidad mental), el punto focal de un Gran Trígono Menor (talento y versatilidad) que a la vez formaba parte de un Gran Trígono de Fuego, "un Cometa", (una configuración que denota buena fortuna, liderazgo creativo y energía alta).

Cuando se le preguntó de dónde venían sus personajes universalmente cómicos y chistosamente ridículos, Bolaños contestó sinceramente que eran su respuesta al miedo que fue su característica principal durante la juventud. Apuntando que todos sus personajes tienen serias deficiencias, Chespirito explicó que:

Sol en Piscis oposición
Neptuno en Leo

Roberto Gomez Bolaños
Feb 21, 1929
Mexico City, Mexico
00:00:00 PM CST
ZONE: +06:00
099W09'00"
20N26'00"
(hora desconocida)

19° ≈ 36'

23° ♑ 00'

20° ♓ 49'

⊙ 02° ♓ 38'

☿ 09° ≈ 09'

♅ 05° ♈

♀ 18° ♈ 26'

Júpiter 26° en Tauro

♃ 05° ♉ 40'

38'

28° ♐ 22'

♄ 28° ↗ 45'

Gran Trígono Disasociado

☊ 25° ♉ 32'

02° ♊ 09'

02° ↗ 09'

Gran Trígono Menor Ápice Marte en Géminis

♂ 24° ♊ 33'

28° ♊ 22'

07' ♏ 05° ⊗

♏

30'
♎ 26°

28'
♋ 16°
♀

36'
♌ 05°

56'
♌ 29°

☽

Ψ

20° ♍ 49'

23° ♋ 00'

19° ♌ 36'

Cometa
(Gran Trígono bisectado)
ápice Neptuno

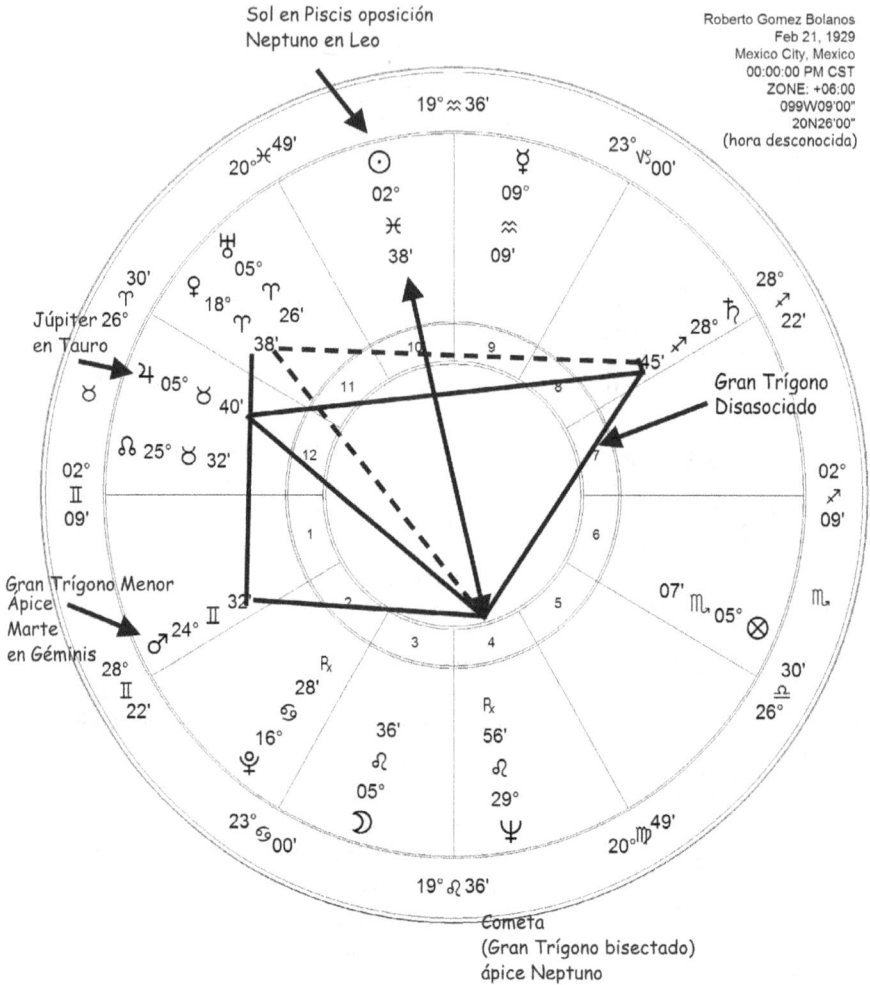

"el heroísmo no consiste en carecer de miedo, sino en superarlo". Considera por ejemplo, al Chapulín Colorado, "el superhéroe" creado por Chespirito; es débil, torpe, tonto y sobretodo, asustadizo. A pesar de estas características, el Chapulín Colorado se levanta y enfrenta al miedo y a los problemas. Por esto, dice Bolaños, es un héroe verdadero. Y eso es lo que lo sigue haciendo tan universal y entrañable. Como el Chapulín Colorado solía exclamar al lanzarse al rescate: *"Calma, calma... ¡Qué no panda el cúnico! ¡Qué no cunda el pánico!"* No importa lo absurdas, ridículas y bobas que sean sus soluciones, nos hace reír de nosotros mismos liberándonos del estrés por lo menos por un momento, ayudándonos a dejar atrás nuestras preocupaciones.

Chespirito nos enseña a hacer lo que él tenía que hacer para sí mismo, una clave esencial para todos los nacidos en Piscis: conquistar el miedo usando el poder de la mente *(¡no contaban con mi astucia!)* para sintonizarnos con la alegría, que es el motor de la vida y la fuente del amor. Al hacerlo, recordamos quiénes somos de verdad y al transcender el tiempo y el espacio con nuestra risa nos hacemos, en un sentido, invencibles.

MEDALLISTA DE ORO OLÍMPICO Y CAMPEONA MUNDIAL

Hemos señalado lo importante que es para las almas Piscis, quienes por naturaleza están inclinadas a poner a un lado sus propios intereses para servir a una causa o para ayudar a otra persona, de mantener límites sanos y razonables en sus relaciones interpersonales y de comunicar claramente que es lo que desean dar y que es lo que esperan recibir a cambio. A la vez, no deberían poner límites a la oportunidad de ganar mayores grados de automaestría sobre sí mismos y dominio. Ya sea que el reto ante el Piscis sea grande o pequeño, espiritual o mundano, gana al reconocer que cada día le trae nuevos desafíos, otorgándole la oportunidad de lograr nuevos niveles de automaestría.

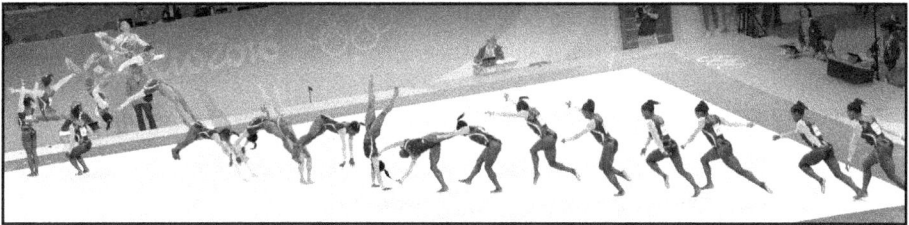

El Biles. Aquí vemos a Simone Biles ejecutando un movimiento fenomenal que inventó. Consiste en un doble salto mortal en la plancha (con el cuerpo extendido) terminando con medio giro y un aterrizaje casi a ciegas al final de su rutina de piso.

Con apenas 1.45 metros de altura y pesando no más de 48 kilos, la gimnasta estadunidense *Simone Arianne Biles* (nacida el 14 de marzo de 1997) da una impresión poderosa e impactante, asombrando al mundo entero con su destreza y actuación atlética, ganando campeonatos mundiales, más medallas olímpicas de oro que cualquier otro atleta de su clase, y rompiendo varios récords internacionales. Como verdadera artista, hace que lo imposible parezca fácil y, por si esto fuera poco, lo realiza con una alegría que inunda las gradas y a la vez nos sacude la complacencia, cualquier tendencia a quejarnos o a sentirnos víctimas de esa conciencia que insiste en "no lo puedo hacer".

La verdad que debe guiar al Piscis por encima de todo y a cualquiera que trate de superarse, es que la felicidad no depende tanto de las circunstancias como de nuestra tenacidad y determinación de sacar el máximo provecho de quienes somos y de lo que tenemos. La meta declarada de Simone Biles no es la de ganar medallas, sino la de alcanzar todas sus expectativas y probarse a sí misma de lo que es capaz. Una vez que decide qué es lo que quiere lograr, define cómo puede llevarlo a cabo; trabaja duro y hace muchos sacrificios. ¡Da su todo! ¿Cómo llega allí? Nos dice que la confianza viene de la práctica y que la confianza es lo que nos empodera. ¿En qué punto hay que trazar el límite? Quizá en ninguno, como Biles nos recuerda: "Siempre podemos esforzarnos más, siempre hay más que dar".

Puede que el que aspira a ser el Héroe en Piscis decida dedicarse a lograr una meta profesional o a superarse física o mentalmente de alguna manera. Esto está bien, pero llegará el momento en el que sobrepasará tales logros, anhelando alcanzar nuevos niveles de superación psicológica y espiritual. Por ejemplo, determinará lograr dominio sobre el chakra del plexo solar, actuando con propósito en vez de reaccionar emocionalmente. En la mayoría de los casos, el Héroe Piscis expresará la paz verdadera, la sabiduría y el regocijo, por medio de alguna oportunidad de servicio. En el proceso, abre la llave de una fuente inagotable de resolución personal, elemento esencial en la autotranscendencia, reemplazando vestigios del miedo y la duda con alegría y nobles propósitos.

Acaso sea porque Neptuno y Júpiter rigen a Piscis que los que nacen bajo su influencia son más propensos que la mayoría a "soñar el sueño imposible". En la vida y en el gimnasio, Simone Biles nos recuerda la importancia de aterrizar con nuestros pies (regidos por Piscis) firmemente plantados sobre la tierra.

CUANDO EL SOÑADOR SE CONVIERTE EN EL MÍSTICO

Los Piscis en el Sendero están en su elemento, dedicados a un camino de automaestría y transfiguración. Muchos de los retos que se les presentan mientras sus almas son corregidas y disciplinadas son semejantes a las pruebas que enfrentaron en años anteriores, tales como liberar la mente de duda, temor y culpa, mantener una mentalidad positiva, establecer límites, resolver el pasado y seguir adelante. Al hacer esto no se vuelven menos sensibles, al contrario, son aún más sensibles que antes, pero los riesgos son mayores.

No obstante, el Aspirante Piscis enfrenta su karma con valentía. Resuelve actuar en vez de reaccionar emocionalmente decidiendo que nada lo moverá. Decide que saldrá triunfante y reconoce que Dios es el que da, el que recibe y la gracia misma. En cada encuentro y experiencia busca aprender la lección que la vida le está otorgando.

Incluso después de que la persona con el Sol en Piscis ha decidido ganar la carrera, hasta que haya desvanecido por completo el temor, debe tener cuidado de no buscar una salida fácil. Su resolución de seguir adelante será puesta a prueba una y otra vez.

Dependiendo en parte de la naturaleza de la carta astrológica completa, el Aspirante Piscis puede estar inclinado a vivir tanto en su cabeza que se vuelva negligente en el cuidado de su cuerpo físico. Al mantenerse físicamente sano, lo cual incluye el ejercicio y el recreo, logra estabilizar sus emociones en el aquí y el ahora. Después de todo, la línea que separa al místico del loco es muy fina.

¿POR QUÉ PREOCUPARSE CUANDO SE PUEDE REZAR?

Al enfrentarse con su pasado y limpiar su armario psicológico, el Aspirante Piscis puede llegar a condenarse a sí mismo como nunca antes, pues conforme crece su amor, se siente sinceramente arrepentido por los momentos en su pasado en los que fue frívolo y espiritualmente ciego. Se da cuenta de que la depresión y la falta de perdón provienen del orgullo y que tienen que ser entregados a Dios, al tiempo que con humildad y alegría acepta su Gracia. A veces es difícil perdonar si no se ha pasado por el proceso del duelo. En el proceso del luto pueden surgir una gran compasión y regocijo interno, el estado de paz que goza la persona que acepta que todo será para bien pero que reconoce su propio dolor, no solo en respuesta a un trauma, una pérdida personal o el corazón destrozado, sino también para sostener la gratitud y la dicha cuando todo lo que le rodea parece perdido. ¡Cuidado de que no se ahogue en sus lágrimas! Que el proceso del duelo sea una limpieza y no un charco turbio. He descubierto que la homeopatía puede ser muy útil para tranquilizar un corazón destrozado.[146]

La oración es la sierva de la fe. En el amanecer de la Era de Acuario, el eslabón perdido de la ciencia de la invocación se está restaurando para acelerar el proceso transformacional. El buscador de la paz en Piscis aprende a invocar la luz de las esferas superiores para acelerar la purificación de los recuerdos y la memoria, restaurar la memoria divina en la consciencia externa, proteger la consciencia contra influencias ajenas y mantener una fuente constante de paz interna. Como solía decir Edgar Cayce: "¿De qué sirve preocuparse cuando se puede rezar?"[147]

No hay situación que la oración no pueda resolver, siempre y cuando se rece con un corazón humilde y sincero. Negar nuestra necesidad de orar equivale a olvidar quiénes somos, de dónde venimos y a dónde vamos.

AMOR PERFECTO

La conferencista y autora **Helen Collier**, creadora de los seminarios *La Ciencia del Éxito*, nació el 13 de marzo de 1927 cuando el Sol, Mercurio, Júpiter y Urano estaban en Piscis. Una vez Helen compartió con los que habían asistido a su plática que había luchado contra el temor pisciano por muchos años. Les dijo

---

[146] *Aurum*, el oro homeopático, se utiliza para ayudar a transmutar registros viejos (la energía de recuerdos no transmutados), incluso los de otras vidas. A menudo se recomienda la *ignatia* para aliviar una pérdida repentina.

[147] Filipenses 4:6–7

cómo superar esta condición: "Es el amor y no solo la fe lo que disipará el miedo".

En su seminario titulado *La Autoestima del Alma*, Helen identifica el temor —alarma, consternación, ansiedad, miedo, terror y preocupación— como el enemigo número uno del alma. Enseña que cuando el alma ve sus circunstancias de manera objetiva, abre el flujo para recibir más fuerza y sabiduría. El amor y el miedo son como el aceite y el agua. Si el Aspirante Piscis quiere perfeccionarse en el amor, debe identificar, resolver y transmutar su miedo.[148]

La transmutación no ocurre de golpe. ¿Quién lo podría aguantar? Ocurre en incrementos medidos y de preferencia bajo la vigilancia de un guía como un maestro espiritual.

Pregunté a Helen si tenía un consejo de su propia experiencia que pudiera ofrecer a los Piscis. Compartió conmigo una historia de Napoleon Hill, el pionero del concepto de utilizar una actitud mental positiva para lograr el éxito. "Sabes que muchas personas vinieron a ver a Napoleon Hill esperando que las enseñara y las guiara. Querían ser sus alumnos, pero él les preguntó si creían en un Poder Superior y rehusó trabajar con aquellos que dijeron que no. Les dijo que no había nada que les pudiera ofrecer si no creían en una fuerza superior, porque es de allí de donde viene la ayuda necesaria". Helen añadió: "Si no crees esto desde el principio, careces del ingrediente principal".

¡PAZ, AQUIÉTATE![149]

Tomar control sobre las emociones es una gran prueba para la mayoría de los aspirantes espirituales nacidos en este signo y les puede costar muchos años aprender a hacerlo. La meta del devoto Piscis es ser un instrumento para la Luz de su Presencia Divina. Debe reconocer que esto no será posible mientras que permita que su campo energético sea trastornado por explosiones y arrebatos emocionales que sacudan su paz, agitando a quienes lo rodean. Tal vez sea provocado fácilmente y pueda luchar contra el enojo y la depresión; estados quizá tolerables en el hombre mundano, pero no en el Aspirante en el Sendero. Cuando se siente provocado, cuando se encuentra en circunstancias difíciles, reconoce la oportunidad de ejercer su maestría para mantener su paz. Si desea una mayor luz, necesita tener confianza en que no caerá en la tentación de mal usarla o desperdiciarla al ser tomado por sorpresa. Todos los signos Mutables (Géminis, Sagitario, Virgo y Piscis) son particularmente vulnerables a las proyecciones mentales negativas. No obstante, el Aspirante Piscis puede hacer que estos pensamientos fugaces salgan volando con el mandato de Jesús, *¡Paz, aquiétate!*

Ayuda a aquél que está en el camino del Héroe el mantenerse en *Mindfulness*; la observación diaria y desapegada de uno mismo, de los hábitos, actitudes, creencias y reacciones emocionales. Así podrá identificar los elementos de su psicología que estorban o demoran su progreso en el Sendero. Algunas tendencias tuvieron sus orígenes en otras vidas y no siempre pueden ser reconocidas por el análisis psicológico convencional. El uso diario del poder de la oración y otras disciplinas lo ayudarán a reemplazar sus momentums negativos con momentums positivos.

Piscis y su polaridad, Virgo, están asociados con el chakra del plexo solar a veces llamado "el lugar del sol". Ubicado sobre el ombligo, éste es el lugar donde la mayoría de las personas sienten reacciones viscerales, pues es el receptáculo de las emociones. El Aspirante Piscis tiene que lograr maestría sobre sus emociones manteniendo el flujo de la armonía y la paz en el elemento Agua. En Piscis, el plexo solar está relacionado con la energía de la Madre Divina en Agua, mientras que el chakra de la garganta se relaciona con la energía del Padre en Aire. Estas dos corrientes de energía se unen en Piscis a través de la oración y la invocación poderosa, provocando que se eleve la energía del Kundalini del chakra base que se encuentra en la base de la columna vertebral.[150]

Mientras que los Virgo están propensos a la ansiedad, los Piscis tienden a preocuparse. Si desea que sus oraciones sean efectivas, el Aspirante Piscis tendrá que superar su miedo; debe tener fe en que todo saldrá bien, recordando siempre que todo problema tiene su solución. Como está escrito: *Y sabemos que Dios hace que todas las cosas les ayuden para bien a los que aman; esto es, a los que son llamados conforme a su propósito.*[151]

Tendrá que acallar los pensamientos de culpabilidad que se revuelven dentro de su mente amenazando interrumpir su serenidad, aun en medio de situaciones aparentemente abrumadoras o incluso cuando ocurren pequeñeces, molestias inesperadas que lo pueden tomar por sorpresa si baja la guardia.

El Aspirante Piscis aprende a usar su mente para tranquilizar sus sentimientos y refrenar su lengua. Ya no puede permitirse el lujo de cometer errores al hablar, de decir cosas que se arrepentirá de haber dicho. Durante la meditación, le puede ayudar a generar un sentido de paz el visualizar un estanque apacible y libre de agitación, sin una sola onda que perturbe el reflejo claro y cristalino sobre el cual flota un nenúfar hermoso. El yoga y algunas de las artes marciales le pueden ayudar a conectarse con el núcleo de su fuerza corporal y psíquica, despertando así la tremenda fuerza y potencial creativo del chakra del plexo solar y el de la garganta, mientras se mantiene firmemente anclado en el aquí y el ahora. Al lograr más ecuanimidad y control de sí mismo, gana mayor maestría aconsejando a los demás y sus palabras resultan cada vez más sabias, consoladoras e inspiradoras.

---

[148] I Juan 4:18 *En amor no hay temor, más el perfecto amor echa fuera el temor; porque el temor tiene pena. De donde él que teme, no está perfecto en el amor.* (RVA 2015)
[149] Marcos 4:39, Mateo 8:26 *Él se levantó, increpó al viento, y dijo al mar: —¡Calla, enmudece! Entonces amainó el viento sobrevino una gran calma.* (RVR 1977)
[150] Véase *El Aura Humana* por Elizabeth Clare Prophet (Porcia Ediciones, 2003).
[151] Romanos 8:28

LA IMPERTUBABLE PAZ INTERNA

Paramanhansa Yogananda, el que trajo el sendero de *Kriya Yoga* a los Estados Unidos, enseñaba lo importante que es meditar. Al hacerlo a diario, el Aspirante Piscis aprende a soltar todo sentido de lucha mientras mantiene un estado de calma interna. En el espíritu de la compasión verdadera, perdona a las personas que —en la mayoría de los casos por ignorancia —sacudan y rompan su paz. Permanece impasible ante las energías de circunstancias externas que cambian a cada momento. En su libro, *La paz interna*, Yogananda escribe:

> *Así como un terrón de arena no puede resistir el efecto erosivo de las olas del mar, el individuo que carece de una paz interior imperturbable, es incapaz de estar tranquilo durante los conflictos mentales. Sin embargo, al igual que un diamante permanece inalterable sin importar cuántas olas se arremolinen a su alrededor, el individuo que ha logrado cristalizar la paz en su interior se mantiene radiantemente sereno aun cuando las pruebas le acosen por todas partes. Rescatemos de las aguas variables de la vida por medio de la meditación, el diamante inmutable de la consciencia del alma que brilla con el gozo eterno del Espíritu.*

SALDRÉIS ADELANTE CON ALEGRÍA

En la *Astrología Kabbalísta*, Piscis está asociado con el mes de Adar. Un dicho hebraico dice: "Cuando Adar comienza, la alegría entra". Ambos, Sagitario y Piscis, son tiempos de gran celebración. Durante Kislev (ve el capítulo del Sol en Sagitario), los judíos celebran Januká, el Festival de Luces, cuando se conmemora la victoria de la luz sobre las tinieblas; se celebran la fe, la valentía y los milagros en medio de las dificultades. En el decimocuarto día del mes hebreo de Adar, se celebra Purim, a menudo llamada *La Celebración de la Salvación*. *Purim*, un festejo alegre, conmemora la salvación divina del pueblo judío del siniestro Haman, por la valentía y fe de la reina Ester con la ayuda de su primo Mordecai y el profeta Daniel (lee el libro de Ester en la Biblia).

La combinación especial de Neptuno con Júpiter en Piscis (y también en Sagitario) dota al signo de la cualidad especial de *La Dicha*. La Kabbalah enseña que sin el regocijo, la Luz de Dios no puede asentarse sobre uno. Durante un servicio religioso jasídico o cuando están leyendo juntos la Torah e incluso durante una comida, el rabino y luego todos juntos, empezarán a cantar con mucho ánimo. Esto es porque el fundador del movimiento jasídico, el rabino Israel Baal Shem Tov (1698–1760), enseñaba que para los jasídicos es un mandato bíblico mantenerse en un estado de regocijo por discernir lo bueno dentro de cada experiencia.

Baal Shem Tov se oponía al método de "fuego y azufre" tan popular entre los *maggid* (maestros) en aquel entonces.

La vida era bastante difícil, por tanto Baal Shem Tov creía que era mejor traer esperanza, inspiración y felicidad en lugar de severidad y castigo. El rabino enseñó que cuando se vive en la alegría perpetua, el corazón se sintoniza con el de Dios. Ya desde antes había tradiciones judías que enfatizaban el regocijo que ocurre cuando se estudian las escrituras sagradas, pero Baal Shem Tov proclamaba que había que infundir alegría en cada acción, pues hasta la actividad más mundana como caminar o comer, es un servicio a Dios. El adagio famoso del rabino, "Con la alegría saldréis", se ha interpretado como: "Cuando seamos alegres, se nos irán todas las aflicciones".

Entonces, que el Piscis en busca de la paz decida reemplazar la costumbre de estar constantemente preocupado y ansioso por la práctica de la alegría perpetua.

Y AÚN MAYORES OBRAS HARÉIS[152]

Siempre existe el peligro, aun para las almas de gran logro espiritual, de involucrarse en exceso en actividades materiales o de sentirse confundidas por la aparente disparidad entre las verdades eternas y la vida cotidiana. El Héroe Piscis se mantiene alerta de no desilusionarse tanto del mundo temporal como para intentar escarparse de él. Tampoco le tiene miedo; en cambio, da la bienvenida a los retos inevitables, resultantes de su consciencia de las dimensiones superiores.

Conforme progresa en el Sendero, el Aspirante Piscis llega a un punto en donde le es lícito dar sin cesar porque ya ha desarrollado un sentido de discernimiento muy fino. Al ser mindful (consciente), es sensible a los sentimientos y problemas de otras personas, pero ya no tiende a asumir responsabilidades indebidamente por cargas y energías que no son suyas, como antes hacía. En las etapas iniciales en el Sendero, es preferible que el Aspirante Piscis evite experimentar con fenómenos psíquicos, ya que esto lo puede arrastrar con facilidad a un camino inferior, a una mala imitación de la espiritualidad verdadera que atrape su energía y lo jale hacia abajo. Sin embargo, cuando ha logrado un mayor nivel de automaestría de sí mismo, puede poseer sentidos extrasensoriales muy desarrollados, siendo el principal una intuición muy precisa. Da servicio a la vida y, sobre todo, irradia paz y alegría, "el sello" del Héroe en Piscis que ha aprendido a caminar sin miedo alguno sobre las aguas del mar astral.

---

[152] *De cierto, de cierto os digo: él que cree en mí, las obras que yo hago, también él las hará, y aún mayores que éstas, porque yo voy al Padre.* Juan 14:12 (RVR 1977)

El Coro de Aleluya de Händel capta la victoria del Héroe de Piscis sobre la muerte y el infierno (la mortalidad y el karma), proclamando dichosamente que el reino —la consciencia de este mundo— ha logrado ser el reino del Cielo. Esta celebración del triunfo del amor no es como el sonido de trompetas tocado en algún lejano día del juicio final, sino una realidad que el Aspirante Piscis que ha logrado ser el Héroe puede realizar antes de que termine su vida sobre la Tierra. Si esperamos que las maravillas de la Era de Acuario aparezcan en el mundo y en el individuo, tenemos que comprender la sencilla clave pisciana: como enseñó Jesús, maestro de la Era de Piscis, "No dirán, helo aquí o helo allí, porque el reino de Dios está dentro de ti".[153]

---

[153] Lucas 17:21 (RVA 1995)

10. ♉ Tauro

Símbolo . . . .**El Toro**

Nacido . . . . .**20 de abril~20 de mayo**

Arquetipo . . . .*El Buda*

Frase clave . . . .**Yo Trabajo**

Elemento . . . .**Tierra**

Cruz . . . .**Fija del Amor**

Casa . . . .**La Segunda:**
  Ingresos y deuda personal, ganancias y pérdidas, posesiones. recursos morales, espirituales y materiales, valores personales y sentido de autoestima

Regente . . . .**Venus**

Regente esotérico . . . .**Vulcan**

Polaridad . . . .**Escorpio**

Chakra . . . . .El Tercer Ojo

Anatomía . . . . .El cuello y la garganta, las cuerdas vocales, las amígdalas, la glándula tiroidea, las orejas y el oído

Cualidades espirituales . . . .**Dominio sobre la Tierra, deseo correcto, visión y oído interior, el desapego, obediencia a la ley divina, servicio, imperturbabilidad y paz búdica**

Vulnerable a . . . .*Rebeldía y desobediencia, deseos desordenados, terquedad y densidad mental, materialismo e inseguridad*

Debe adquirir . . . .**Sintonización, autoestima positiva, flexibilidad, custodia correcta de los bienes materiales y una mentalidad receptiva**

Gautama Buddha • Johannes Brahms • Eva Perón • Irving Berlin • Shirley Temple

EL SOL EN TAURO

Y los bendijo Dios, y les dijo: Fructificad y multiplicaos;
llenad la tierra, sojuzgadla y señoread en los peces del mar,
en las aves de los cielos, y en todas las bestias
que se mueven sobre la Tierra.

—Génesis 1:28

GUARDIÁN Y ADMINISTRADOR DE LA LUZ

El ojo interno del Héroe con el Sol en Tauro en el amanecer de la Era de Acuario está abierto. Él percibe la manifestación femenina del espíritu a lo largo y ancho del cosmos material. Se reconoce a sí mismo como el administrador, el labrador y el guardián de la Luz de la Madre Divina. En cambio, está bendecido con riqueza, abundancia, belleza, confort, y todo lo que necesita para cumplir el llamado de su vida. Él ve, él crea, él construye y luego lo suelta todo. Ligado con firmeza a su propia realidad divina, no está apegado a bienes y lujos temporales. En este signo, el más físico de todos, la maravilla del Héroe en Tauro es como la del niño al que le asombra la brisa del viento sobre su mejilla, una gota de lluvia que brilla en una hoja, el sonido del agua que corre veloz por el arroyo o la sinfonía de las estrellas que alumbran el cielo. Para él, la vida con todas sus maravillas y múltiples complejidades, es esencialmente simple. Él es pacífico, constante, paciente y benigno. Tiene la apariencia de un maestro sagaz y paciente; es feroz ante las fuerzas de la oscuridad, pero a la vez bondadoso y compasivo con aquellos todavía atados por su karma y cegados por el deseo egoísta.

OÍD Y COMPRENDED[154]

—¿Qué debo hacer?—pregunta el alma en Tauro.

—¿Cómo es que no lo sabes?—le contesta la astróloga con otra pregunta.

—He rezado, pero no he recibido ninguna respuesta —responde el Tauro.

—¿De qué sirve que Dios te conteste si no puedes escuchar su respuesta? Pide que te sea restaurado el oído interno. Entonces podrás oír y, gracias a ello, sabrás —concluye el astrólogo.

En Tauro tenemos que saber escuchar, pero las consecuencias kármicas de haber ignorado la voz de la conciencia es que nuestro oído interno se llega a atrofiar.

---

[154] *Porque el corazón de este pueblo se ha engrosado, Y los oídos oyen pesadamente, Y de sus ojos guiñan: Para que no vean con los ojos, Y oigan de los oídos, Y del corazón entiendan, Y conviertan, Y yo los sane.* Mateo 13:15 (RVA)

LA OBEDIENCIA: EL LLAMADO DEL AMOR

En Tauro, el alma enfrenta sus momentums —hábitos repetidos y actitudes creados y reforzados en el transcurso de muchas vidas—, tanto de obediencia amorosa a la voluntad más elevada como de rebeldía y desafío a la Ley Interior. La palabra "obediencia" se deriva de la raíz latina *obedere* que significa *oír*. El que está decidido a ser el Héroe en Tauro aprende a escuchar la voz de la consciencia que resuena en su alma y está escrita en su corazón. Si así lo hace, significa que está resuelto a escuchar y responder al llamado del amor.

Elegir no oír significa elegir ignorar. Tal *ignorancia* desafiante y rebelde invariablemente resulta en una disminución de la visión del chakra del tercer ojo, el cual produce un estado de densidad o torpeza mental. Además, elegir hacer caso a la voz de la consciencia significa optar por no escuchar las insinuaciones de la mente carnal o inferior. De hecho, Tauro suele estar muy pronunciado en las cartas de personas con problemas de audición. Aunque muchos piensan que la obediencia es una imposición que limita su libre albedrío, la realidad es que cuando el alma Tauro hace caso a la voz de su consciencia, se es fiel a sí misma.

Solo oír no es suficiente. Los Tauro deben aprender a escuchar con atención. El trajín planetario es tan grande y el ruido de la vida cotidiana tan ensordecedor que separar la voz del Uno de entre las muchas resulta difícil aun para las almas Tauro más avanzadas.

Otra manifestación Tauro común del karma (personal o planetario) por no haber escuchado es ser ignorado o *sentirse* ignorado. El nativo de este signo experimenta —en mayor o menor medida, ya sea por años o durante ciertos períodos en su vida— que otros se burlan de su opinión o que condenan, ridiculizan o desprecian su forma de vivir, sus valores y sus creencias.

Javier, un Tauro, tenía cuarenta y cuatro años cuando vino a verme para una consulta astrológica transformacional. A pesar de ser muy inteligente y apto y tener un buen sentido de humor, tenía fama de reaccionar indebidamente y ser muy enojón. No soportaba que lo ignoraran, incluso si realmente nadie lo había pasado por alto, pero así lo imaginaba. Abandonaba amistades y trabajos sin avisar cuando creía que no lo estaban escuchando. Sospeché que no estaba consciente del grado en el cual le afectaban los recuerdos de su pasado profundamente enterrados en su inconsciente, pues había pasado los primeros cinco años de su vida en un orfanato saturado de niños antes de haber sido adoptado por una familia amorosa.

Le pregunté dónde estaba cuando tenía dos años (Plutón y Saturno en conjunción en Leo formaban una cuadratura precisa con su Sol). Recordaba estar llorando de muy pequeño mientras los atareados ayudantes lo ignoraban en el orfanato. A pesar de sentir un dolor casi insoportable, respiró profunda y conscientemente y logró conectarse con su niño interno de dos años; le habló con mucho

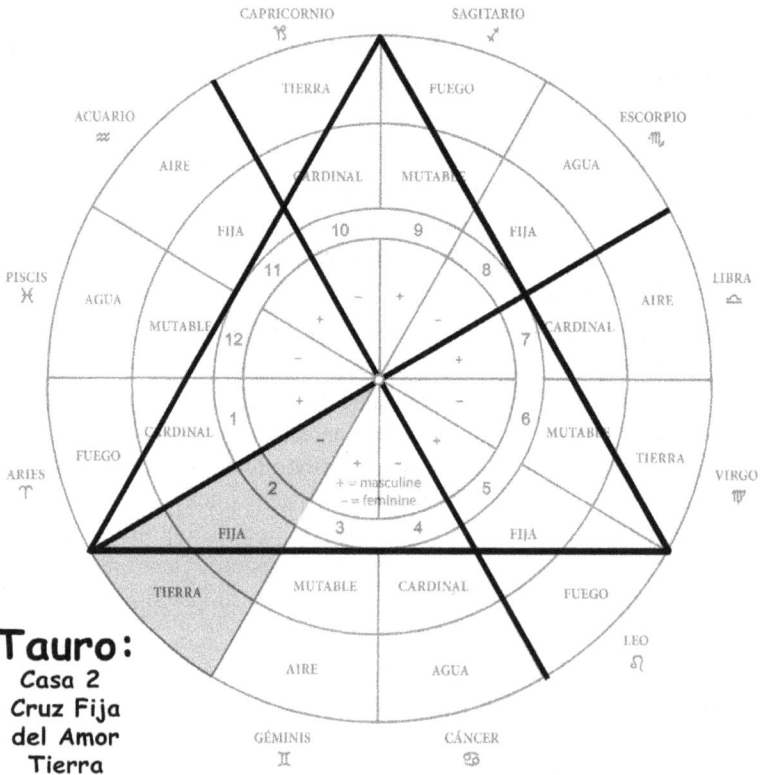

Tauro:
Casa 2
Cruz Fija
del Amor
Tierra

amor y cariño. Como suele suceder, al otro lado de la angustia nos espera la dicha: facilitado por el tránsito de Urano y Neptuno en Capricornio en trígono con su Sol, una influencia auspiciosa para realizar descubrimientos sobre uno mismo, Javier se dio cuenta de lo que no pudo entender antes. Comprendió cuál era la causa de esas reacciones infantiles que le habían costado tantas pérdidas. Se enfrentó a su dolor, su hábito autodestructivo de años terminó y lo reemplazó con un sentimiento de paz y bienestar – al fin se liberó del control de su inconsciente.

Mariana nació a finales de abril. Se casó joven, era muy industriosa y dedicada a su familia, pero fue rechazada por completo cuando decidió liberarse de un estilo de vida limitado y opresivo para realizar su pasión de ser artista (vocación taurina). Se dio cuenta de cómo se había esforzado para hacer felices a otras personas esperando que ellos la valoraran y amaran. De repente se liberó de la carga de años de sentirse reprimida y controlada por otros (Urano en tránsito pasó por su Ascendente). No obstante, para poder forjar un nuevo estilo de vida independiente le fue necesario tener mucha paciencia mientras recuperaba las piezas rotas de su vida y las volvían a unir. Tuvo que tomar una decisión difícil para lograr su sueño, una tarea desalentadora que requirió mucha fe, perdón y autoafirmación, pero siguió adelante. Jamás se ha arrepentido de haber dado un salto tan alto que puso su fe a prueba.

Mientras avanza en su camino, el Tauro que elige ser libre para alcanzar su estrella más alta y tomar el camino más elevado, descubre que el aire llega a estar cada vez más enrarecido y sus verdaderos amigos son pocos mientras avanza por su senda. Estar despierto significa ser el raro mientras se está rodeado de aquellos que todavía están profundamente dormidos.

EL MAPA INTERNO

Todas las almas vienen a este mundo con un plan de vida, el cual recibieron en las dimensiones etéreas antes de nacer. El alma sabe en dónde ha estado y en qué tiene que convertirse. Comprende el propósito y significado de la encarnación que lo espera y luego, una vez más, se halla cubierta por los velos del tiempo, del espacio y del olvido. El que quiera ser el Héroe en Tauro tendrá que descubrir y alinearse con el mapa interno, esotéricamente llamado *el plan maestro del ser*, para encontrar y luego cumplir su *labor sagrada*, la obra especial y única de su vida.

Aries es el signo en el que uno tiene que escoger, ¿quién quiero ser? ¿Mi ser real o mi ego humano? Aries antecede a Tauro en la rueda zodiacal. El Aries que ha dejado manchar su corazón de orgullo y arrogancia no podrá percibir en Tauro el camino, porque lo ciega el deseo. Por consiguiente, para conocer y abrazar por completo su destino divino, el alma nacida en Tauro necesariamente debe saber quién es y quién no es en realidad. ¿Quién pensaría que una tarea en apariencia tan simple resultaría tan ardua?

TAURO, EL TORO

El símbolo de Tauro es el Toro. Como él, la mayoría de los Tauro son lentos para la ira, ¡pero una vez encolerizados la furia que desatan es terrible y devastadora! Más aún, el deseo en Tauro es más fuerte que en cualquier otro signo. Como se ve en la corrida, el toro embestirá instintivamente el capote rojo del deseo y eso lo llevará a su fin. En la India, en las *estelas* antiguas, el toro está tallado con el tercer ojo abierto, lo cual representa la iluminación que resulta de sujetar la naturaleza animal.[155]

El toro es terco. A pesar de sus muchas diferencias, lo que los Tauro tienen en común y los distingue de los otros once signos, es una terquedad inamovible. Aunque lo manifiesta en diferentes medidas e intensidades, el Tauro tiende a tener mucha tenacidad, perspicacia, determinación y un intrépido esfuerzo de productividad. Una vez resuelto a comprometerse, ya sea con una persona, un trabajo, una causa o una resolución personal, el Tauro verdadero es confiable, responsable e inquebrantable. Tendrá que pasar por muchas pruebas y tribulaciones en el proceso de cumplir sus promesas. De hecho, muchos nativos de este signo tienen la reputación de ser industriosos, resueltos, pacientes y capaces de tolerar el sufrimiento con calma.

Desde luego, tales virtudes se convierten en actitudes negativas cuando se aplican a causas dudosas. Por ello también vemos en los Tauro irracionalidad y necedad, actitudes inflexibles como negarse a ceder o cambiar sus malos hábitos. Como dice el adagio: "Es tan necio como un toro (Tauro)".

El cuento del muchacho Krisna que lucha con el toro poseído por un demonio, cuenta de manera simbólica que hay que domar la naturaleza salvaje animal y rebelde para hacer espacio a la consciencia superior. En el cuento, el demonio que posee al toro se enfurece cuando Krisna lo reta. Esto describe la represalia violenta conocida como el coletazo del dragón que experimenta aquél que quiera ser salvado y por ello enfrenta a las fuerzas internas y externas que lo han esclavizado por eones y que no será tan fácil vencer. Puesto que carecían de maestría, los compañeros de Krisna no fueron tan valientes.[156]

EL BUEY QUE SIRVE

Otro símbolo de Tauro es el Buey que sirve. En el hinduismo, el buey es un símbolo de riqueza, prosperidad, generosidad y vida abundante.[157]

En la astrología china, se reconoce que las personas que nacen durante el año del buey son buenos trabajadores, constantes y persistentes; todos estos rasgos están asociados con el signo Tauro en la astrología occidental. En la astrología esotérica suele describirse al buey tirando del arado, lo cual representa al Tauro que lleva su carga con paciencia. Es cierto que hay personas egoístas nacidas en Tauro. Están atrapadas por la fuerza de deseos implacables o por hábitos de autoindulgencia y gratificación de los sentidos, pero la clase de persona más desarrollada espiritualmente en este signo de Tierra sobre la Cruz Fija del Amor, es bondadosa, gentil, confiable, constante, pragmática y dispuesta a ofrecer una mano amiga.

Una vez en marcha, los Tauro tienden a ser conscientes e industriosos. Entre ellos hay personas que parecen infatigables, capaces de llevar una carga muy grande de responsabilidad. Fieles hasta el final, a menudo a costa de un gran sacrificio personal, a veces se resisten cuando les toca soltar y seguir adelante en su camino. Razonan: ¿si me voy, quien podrá reemplazarme? Debido a la intensidad del signo, algunos Tauro son adictos al trabajo, pero pueden encontrar equilibrio en su vida planeando momentos de recreo, descanso y ejercicio durante el día.

Los Tauro deben cuidarse de no ser complacientes, incluso ociosos. La dilación, que resulta del miedo o simplemente del hábito, puede ser fatal para el éxito. El dicho: "No te mueves hasta que un elefante te pisa los pies", podría describir a algunos Tauro durante cierto capítulo de sus vidas. Sobre todo en la sociedad moderna con su ritmo tan veloz, los nacidos con el Sol en Tauro pueden parecer fuera de sintonía y anormalmente lentos, aun a sí mismos. Sin embargo, una vez que deciden hacer algo, ya sea para bien o para mal, correcto o erróneo, siguen el programa; se apegan a él y rara vez cambian de idea.[158]

Los astrólogos suelen aconsejar al cónyuge del Tauro estar atentos y aprovechar cuando su pareja está en estado contemplativo, pues una vez que el típico Tauro decide qué hacer, no cambiará de opinión con facilidad.

EL BECERRO: SÍMBOLO DEL CRISTO CRUCIFICADO

En el misticismo cristiano, Tauro es representado por el Becerro, símbolo del Cristo y de la consciencia Crística en el elemento Tierra. El Becerro es una de

---

[155] *Estela* es un término arqueológico que significa un monumento conmemorativo erigido sobre el suelo en forma de lápida, pedestal o cipo.

[156] Aristasura, el temible toro-demonio, entró en la aldea de Vrindavan. Confiaba en que superaría a Krisna cumpliendo así el deseo de su maestro Kamsa de matar a aquél. La gente de Vrindavan estaba aterrorizada por la apariencia feroz y salvaje del toro, el cual, con su violento bramido y sus cuernos gigantes, rompió la presa e hizo que todo se inundara. Pero Krisna agarró al toro por los cuernos y lo arrojó al suelo. La tierra tembló terriblemente mientras luchaban, hasta que Krisna logró lanzar al toro por los aires rompiéndole los cuernos, lo cual le abrió el cráneo y le causó la muerte poco después. www.en.wikipedia.org/wiki/ Little Krishna.

[157] Se asocia a la vaca más con Cáncer. Ambos Cáncer y Tauro están relacionados con abundancia y con la economía.

[158] Esto es especialmente cierto cuando la Luna, Venus o Marte están en Tauro, Cáncer o Piscis. Si el Fuego o la Cruz Cardinal de Poder están pronunciadas en la carta, el temperamento del nativo se modificará según el caso.

las cuatro figuras de la cruz mística de la visión de Juan el Amado escrito en el Apocalipsis.[159]

Desde el punto de vista astrológico, los cuatro símbolos se relacionan con la Cruz Fija del Amor. La astróloga Isabel Hickey la llamó *la Cruz de la Sabiduría Serpentina (el Kundalini)*. Esta cruz revela la manifestación del amor divino en cada uno de los cuatro elementos; Fuego (Espíritu/Leo, el León), Aire (Mente/Acuario, el Hombre), Agua (Emoción/Escorpio, el Águila que Vuela) y Tierra (Físico/Tauro, el Becerro). El sacrificio del becerro, un rito común entre los israelitas en tiempos de Moisés y que representa la persecución de Jesús, simboliza la crucifixión del Cristo por el mundo. El sendero del Iniciado Tauro es de servicio abnegado. No busca aprobación ni lo mueve la persecución del mundo, sino que viene como un maestro del mandato antiguo para ejercer dominio sobre la Tierra. Es un ejemplo de la integración del hombre externo e interno.

ATRÉVETE A AMAR

Muchas veces la raíz de las actitudes arraigadas y obstinadas, así como de los apegos compulsivos del Tauro se ubica en la reacción del alma a alguna pérdida o trauma del pasado. En lugar de procesar su dolor, trata de protegerse del sufrimiento, pero cuando intenta anestesiarse para no sentir el dolor, inhibe su habilidad para dar y recibir amor. Más aún, aparte de su miedo a sufrir de nuevo, puede que esté enfadado con el Universo por haberle dado un karma tan doloroso. Su mirada fija revela que está optando por ignorar o bloquear sus emociones. Muchos nativos de este signo muestran su actitud voluntariosa cruzando los brazos sobre el pecho, una manera muy efectiva de identificar al Tauro en la muchedumbre. Otras personas le pueden gritar, como si estuviera medio sordo, pero nada lo moverá a no ser su propia resolución de superar sus temores y atreverse a amar.

LOS GASTRÓNOMOS DEL ZODÍACO

Varios signos están asociados con la comida y el proceso digestivo. Tauro rige ciertos aspectos de la agricultura y la ganadería, la preparación y el comercio de los alimentos. Como el signo emblemático de los chef que es, Tauro también tiene que ver con el apetito y con las diversas vocaciones relacionadas con las artes culinarias. Además, es el más sensual de todos los signos, así que los Tauro deben tener cuidado de no saciarse en exceso. Reconocidos por su buen gusto en la comida, la bebida y la ropa, los nativos de este signo abarcan toda la variedad

---

[159] *Y el primer ser viviente era semejante a un león; el segundo era semejante a un becerro; el tercer ser tenía el rostro como el de un hombre; y el cuarto ser semejante a un águila volando.* Apocalipsis 4:7 (RVR 1977)

desde los sibaritas hasta los glotones. Además, la falta de moderación en Tauro a menudo se manifiesta en forma de compulsiones obsesivas, desórdenes alimentarios y otros patrones emocionales y fijos difíciles de cambiar.

Nota que Tauro rige la glándula tiroides por lo tanto, si se le dificulta perder peso, se le recomienda verificar esta glándula responsable del metabolismo para asegurarse de que está funcionando bien. Si quiere sanar el núcleo y la causa del problema, debe explorar además su psicología para determinar si está reteniendo algún dolor reprimido que se ha negado a enfrentar.

EL TRABAJO

Los Tauro pueden superarse en casi cualquier vocación una vez resueltos a hacerlo. Cualquiera que sea su área de práctica, son característicamente confiables y exhaustivos. Sin embargo, aquellos autoindulgentes en el consumo de drogas, comida, bebida o sexo, pierden su motivación y pueden volverse ociosos. Los Tauro parecen bendecidos con una buena mano para las plantas. En el jardín o incluso en la vida, mucho florece bajo su mando. Algunos nativos de este signo trabajan con la tierra de manera directa, otros en profesiones tales como la topografía, la arquitectura de paisajes, botánica y ciencia de las plantas, permacultura o incluso en el diseño de las casas. Los Tauro atraídos por trabajos sobre todo intelectuales, suelen buscar el equilibrio con algún pasatiempo físico: montañismo, jardinería, joyería, artesanías, construcción, tejido, azulejería, cocina e incluso golf, algunas de las muchas actividades que combinan la visión de la mente y amor por la belleza con la destreza de las manos.

Regidos por Venus, planeta del amor y de la belleza y dotados con vigor fisco excepcional, entre los Tauro hay excelentes masajistas, entrenadores personales, bailarinas y danzantes, asesoras de belleza y más. Las artes marciales, al ser a la vez físicas y espirituales en su naturaleza, atraen a muchos nativos de este signo. Un joven Tauro viajó a la India después de haberse graduado de la universidad. Puso en marcha su camino espiritual llegando a convertirse en maestro de yoga después de haber asistido a varios retiros dirigidos por el Dalai Lama.

Muchos Tauro se superan en ventas de menudeo. ¿Estás buscando una oferta? Vete de compras con un Tauro. Los nativos del signo que representa el dinero tienen un talento incomparable para encontrar la mejor calidad al mejor precio.

Aparte de su línea particular de servicio, los Tauro suelen recibir pruebas relacionadas con la administración y el manejo de dinero. Algunos nativos de este signo buscan carreras que tengan que ver con finanzas. Otros escogen trabajar simplemente en cualquier cosa para cubrir sus gastos y obligaciones financieras, lo cual les permite perseguir su pasión y el llamado verdadero de su vida sin preocupaciones económicas.

TAURO Y LAS BELLAS ARTES

Por lo general los Tauro buscan la belleza en lo físico, en cosas de alto valor, ropa fina, joyas y piedras preciosas, en obras de arte y en la preparación y el goce de buena comida. Tauro rige la garganta y el sonido; muchos Tauro se han distinguido como compositores, directores de orquesta, músicos o cantantes. Entre las muchas estrellas de cine, brilla la joven *Shirley Temple*, nacida el 23 de abril de 1928. Su encanto personal así como sus entrañables actuaciones cinematográficas, impartieron esperanza y alegría durante la Gran Depresión Económica en los Estados Unidos. Sus películas siguen siendo atesoradas por los niños hoy en día. Al cumplir los cinco años de edad, la joven estrella apoyaba económicamente a su familia y salvó a los Estudios Fox de la bancarrota. Es casi inevitable que la persona Tauro tenga que enfrentar asuntos y problemas financieros. En su autobiografía *Child Star*, Temple cuenta cómo pudo perdonar a su padre, un banquero, por haber administrado mal y como consecuencia haber perdido la mayor parte de su fortuna.[160]

Shirley Temple recibiendo de Walt Disney el primer Premio Juvenil de la Academia, a los seis años de edad.

Zubin Mehta, nacido el 29 de abril de 1936 en el seno de una familia musical parsi en Bombay (hoy en día, Mumbai), ganó fama a nivel internacional como uno de mejores directores de orquesta de todo el mundo. Los logros de Mehta son fenomenales, pero esta descripción del director de orquesta podría aplicarse a muchos otros nativos de este signo, industriosos y creativos, pero no reconocidos:

> *Una vez que Zubin Mehta fija su mente en una meta, su determinación dedicación y compromiso son extraordinarios. Mehta persigue con tenacidad hasta cumplir sus ambiciones; haciendo gala de una inamovible determinación, no se rinde, no suelta y no permite que nada ni nadie influya en él. Como la tortuga de Esopo, Zubin labora con paciencia y constancia hasta que logra lo que quiere o hasta que está seguro de que es imposible. Es un trabajador confiable, consistente y productivo que a*

menudo, sin la menor queja, acepta más carga que sus com-
pañeros de trabajo. Le cuesta iniciar las cosas. En cierto aspecto
de su personalidad también es flojo, ama la comodidad y en in-
contables ocasiones tiene que superar cierta inercia antes de pon-
erse en acción, pero una vez que captura su momentum, su
energía es fuerte y constante.[161]

La calma pacificadora tan característica del temperamento Tauro está bellamente representada en las canciones de cuna del pianista y compositor alemán Johannes Brahms (7 de mayo de 1833) y también en la voz suave del actor Bing Crosby (3 de mayo de 1903), en la poderosa voz de la cantante y actriz Barbra Streisand (24 de abril de 1942) y en el paso lento y la voz sincera y reconocible del actor James Stewart, quién representaba al hombre simple de fuertes principios (20 de mayo de 1908). Luego, hay que mencionar el bailarín, cantante, músico, actor y coreógrafo Fred Astaire (10 de mayo de 1899), quien hizo su primera actuación cuando tenía cuatro años y medio y se jubiló a los 70. Su estilo suave y en apariencia fácil, en realidad fue el resultado de su afán por la perfección y muchas horas de trabajo meticulosamente ejecutadas tras bambalinas. Además, hay que señalar el encanto y misterio de la cantante, música y compositora irlandesa Eithne Ni Braonáin, conocida simplemente como Enya (nacida el 17 de mayo de 1961), quien —inspirada por la música celta— usó su genio creativo para crear composiciones musicales *New Age*.

LA MELODÍA PERDURA[162]

Se considera a ***Irving Berlin*** como uno de los más grandes y amados compositores de los Estados Unidos. Nació el 11 de mayo de 1888 en los alrededores de Mogilyov, una ciudad en Bielorrusia. Su padre era un cantor judío.[163]

Cuando Irving tenía apenas cinco años de edad, sus padres huyeron de Rusia con sus ocho niños para escapar del terror de los pogromos.[164] Cuando tenía poco más de veinte, trabajó como mesero y cantante en varios restaurantes. Publicó su primera canción en 1907. Durante su larga carrera escribió más de

---

[160] *Child Star* por Shirley Temple Black (McGraw-Hill) 1988.

[161] Véase www.TopSynergy.com.

[162] Irving Berlin dijo "La canción ha terminado, pero la melodía perdura".

[163] En el judaísmo el cantor, también conocido como chazzan o hazzan, es quien dirige la congregación en la oración. Los cantores juegan un papel importante en la vida religiosa judía, pues la música es una parte vital de los servicios de oración judía.

[164] A finales del siglo XIX e inicios del XX, los judíos fueron sujetos a los pogromos en todo el territorio ruso. *Pogromo* es una palabra rusa que significa ataque, acompañado con destrucción, saqueo de bienes, violación y homicidio perpetrados por una parte de la población contra otra.

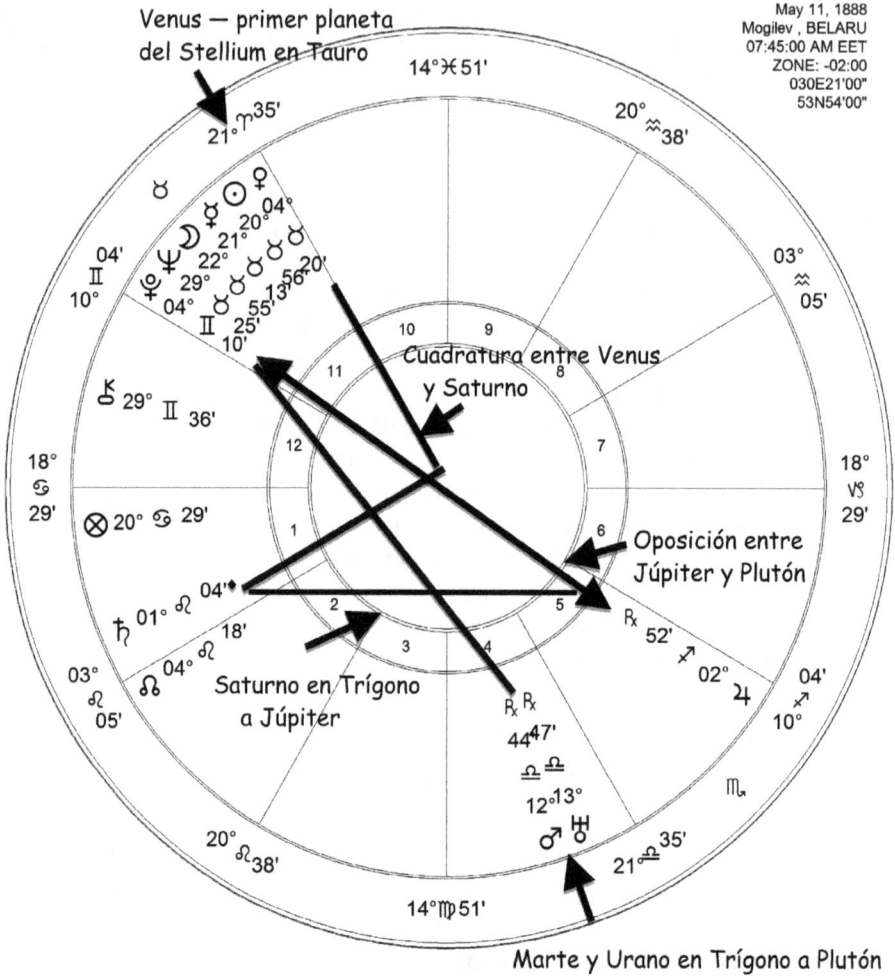

Venus — primer planeta del Stellium en Tauro

Irving Berlin
May 11, 1888
Mogilev , BELARU
07:45:00 AM EET
ZONE: -02:00
030E21'00"
53N54'00"

Cuadratura entre Venus y Saturno

Oposición entre Júpiter y Plutón

Saturno en Trígono a Júpiter

Marte y Urano en Trígono a Plutón

novecientas canciones, nueve partituras musicales para teatro y dieciocho para diferentes películas.

Muchas de sus canciones, escritas durante sesenta años de carrera, han pasado la prueba del tiempo, incluyendo "White Christmas (Blanca Navidad)", "There's No Business Like Show Business (No hay negocio como el mundo del espectáculo)" y "God Bless America (Dios bendiga a América)". Tauro, regido por Venus, es un imán poderoso para las bellas artes y para ganar dinero. Berlin despertó el amor patriótico de sus compatriotas. "Dios bendiga a Estados Unidos" fue tan popular que amenazaba reemplazar el himno nacional.

Irving Berlin ganó más dinero que ningún otro compositor. Donó generosamente a múltiples caridades y causas, ayudó a los Boy Scouts y Girl Scouts de América a recaudar millones de dólares al otorgarles los derechos de "Dios Bendiga a América". ¡Su destino estaba sellado en su carta astrológica!, pues Tauro rige el dinero y el canto. En su carta, la mitad de las posiciones planetarias están en Tauro, todos en la Undécima Casa de Comunidad.[165]

MI BELLA DAMA Y LOS NIÑOS DEL MUNDO

Considerada por muchos como una de las mejores estrellas de cine de todos los tiempos, ***Audrey Hepburn*** nació el 4 de mayo de 1929 en Bruselas, Bélgica. Ganó fama por sus papeles en diversas películas que lograron ser clasificadas como clásicas, tal como *Breakfast at Tiffany's (Desayuno con diamantes)* y *My Fair Lady (Mi bella dama)*.

Tauro tiene que ver con el bienestar económico, plenitud de comida y la escasez. Durante la ocupación alemana de los Países Bajos durante la Segunda Guerra Mundial, Audrey y su madre enfrentaron el peligro de morir de inanición. Aunque Hepburn ganó fama y fortuna en el cine, esta experiencia se quedó grabada en su memoria. Se convirtió en filántropa. Su pasión más grande era su trabajo por los niños de todo el mundo. Como Embajadora de Buena Voluntad de

---

[165] Existen diferencias de opinión en cuanto al lugar preciso de nacimiento de Berlin; algunas fuentes dicen que fue en Mogilyov, mientras otras insisten en que fue en Tyumen, lo cual afecta un poco la ubicación de los planetas en las casas astrológicas. Puede que su Venus esté en la Décima Casa de la carrera. Venus, que rige a Tauro, es el primero de los planetas en Tauro, a cuatro grados. El Sol, Mercurio, la Luna y Neptuno forman múltiples conjunciones en Tauro. Además, Venus se encuentra en cuadratura con Saturno en Leo (entretenimiento), una posición que de por sí puede indicar dificultades y adversidades. Berlin sufrió bastante en Bielorrusia y durante los años que pasó con su familia en Nueva York. Las cuadraturas significan maestría para aquellos que están a la altura de las circunstancias.

Saturno en la carta de Berlin representa su gran esfuerzo, su trabajo arduo y sus destrezas técnicas, mientras que Venus representa su inspiración y amor por la belleza, lo cual es intrínseco para cualquier gran artista. Saturno en Leo y Júpiter en Sagitario forman un inspirador Trígono de Fuego.

El trígono entre Júpiter y Saturno ayuda a anclar la influencia expansiva de Júpiter en Sagitario (países y tierras extranjeros) en la Quinta Casa (el entretenimiento), en oposición a Plutón en la Undécima Casa en Géminis (la escritura), que de otra manera podría haberse manifestado como una expansión de actividad fuera de control.

Se nota además un elemento de dinamismo en la carta de Berlin —en su persona, su motivación de conectarse con los demás a través del canto y sus muchos proyectos filantrópicos— por la influencia de la conjunción de Marte con Urano en Libra (signo sobre la Cruz Cardinal de Poder); Libra está regido por Venus, que está en el signo melódico de Tauro, en trígono con su Plutón en Géminis.

Como joven maduro, buscaba la manera de ayudar a sostener a su familia (Tauro) y aunque sólo contaba con algunos años de educación formal, decidió usar su don (heredado de su padre) para tocar los corazones de las personas (Tauro, Libra, Venus) a través del canto (Tauro).

La actriz **Audrey Hepburn** encarnaba la filosofía de poner a otras personas antes de los intereses de uno mismo. En su trabajo con la Unicef, visit países de África y del Sur de Asia, incluso durante los últimos meses de su vida.

la Unicef (el Fondo de las Naciones Unidas para la Infancia), visitó veinte países. En sus entrevistas con diversos jefes de estado, intentó despertar su consciencia sobre las penurias y necesidades de los niños del mundo, muchos de los cuales luchaban solo para sobrevivir. Hablando de sus esfuerzos con diferentes organizaciones caritativas para niños, Hepburn dijo: "Hablo por esos niños que no pueden hablar por sí mismos, niños que no tienen nada más que su valentía y sus sonrisas, su astucia y sus sueños".[166]

Tauro tiene que ver con los valores. Hablamos del valor de un objeto o de una posición, pero también podemos definir esos valores, las creencias fundamentales que tanto apreciamos y nos sirven de guía durante nuestras vidas. Durante la ocupación nazi de los Países Bajos, cuando Hepburn era todavía muy joven, valientemente entregaba mensajes a las fuerzas aliadas, escondiéndolos en sus zapatos.

Como Tauro es el signo de *Yo tengo*, muchos Tauro retienen cosas y mantienen relaciones tóxicas aun cuando han dejado de servirles desde hace mucho. En el extremo del espectro vemos el síndrome del acaparador compulsivo, un desorden de Tauro y también de Cáncer. Hepburn, sin embargo, nos recuerda lo importante que es cuidar a los demás, elevando el concepto a un nivel superior: *"Las personas, aun más que las cosas, necesitan ser restauradas, revividas, reclamadas y rescatadas. Nunca rechaces a nadie"*.[167]

EL SIGNO DEL DINERO

En la Tríada de Tierra, Tauro está relacionado con los ingresos, Virgo con el empleo y Capricornio con la carrera. Más aún, Tauro está en polaridad con Escorpio; estos son los dos signos del dinero en el Zodíaco. Tauro tiene que ver con *mi* dinero, *mis* ingresos, *mis* cosas, *mis* pertenencias y *mi* espacio, etcétera; mientras que Escorpio rige *nuestro* dinero, las pertenencias y espacio que *nosotros* compartimos y las maneras como establecemos compromisos financieros como el pago de impuestos, asuntos bancarios, pensiones, herencias y cosas por el estilo. Tauro rige los bancos, inversionistas, agentes de bienes raíces, agentes financieros, empleados bancarios y cajeros.

Venus y Tauro (con Plutón y Escorpio) gobiernan la economía, no solo la moneda sino la economía de la energía, el uso correcto de las reservas en cualquier actividad. Consideremos, por ejemplo, la economía de la expresión hablada; la charla ociosa equivale al mismo derroche que gastar dinero de manera negligente. Es interesante saber que a menudo el dinero es la mayor área de conflicto en el matrimonio. Por lo regular es menos importante cuanto es, el conflicto tiene más que ver con la forma de gastarlo, y con quién lo controla.

Tauro está relacionado con la Segunda Casa Astrológica. En la carta de un adulto, la Segunda Casa revela mucho acerca de sus ingresos y también describe sus valores; o bien en la carta de un niño representa sus posesiones y sus actitudes para con ellas. El hombre, conociendo quién es realmente y cuál es su relación con Dios Padre-Madre en Aries, se dirige a ejercer dominio sobre la Tierra y todas sus posesiones en Tauro.

Como está orientado hacia lo físico y material, al Tauro le importa mucho su seguridad física. Sin embargo, debe tener cuidado de no llegar a apegarse mucho a personas, lugares, posesiones o puestos de trabajo. El individuo con el Sol en Tauro tiene que construir y, luego, tiene que soltarlo todo porque él es solo el administrador de su riqueza, no la fuente. No debe utilizar su dinero para acapararlo sino para intercambiarlo. Muchas tradiciones religiosas prueban al discípulo exigiéndole que renuncie a sus bienes terrenales.

En verdad, el dinero en sí no es malo, lo es el apego humano hacia él y "las cosas de este mundo", así como la tendencia a buscar el poder para controlar a otros, la avaricia y el temor a la pérdida que azota no solo los que tienen, sino

---

[166] En 1994 se fundó, en Nueva York, *The Audrey Hepburn Children's Fund (El Fondo Audrey Hepburn para Niños)* a fin de continuar los esfuerzos de Audrey Hepburn por ayudar a niños hambrientos, maltratados y desamparados.

[167] Se puede encontrar ambas citas en la página web www.Values.com/inspiration-quotes.

también a los que no. Es la distracción de la vida interna que afecta tan a menudo a los que están involucrados en actividades mercantiles. No obstante, en las tradiciones esotéricas se considera que el dinero en realidad es una forma cristalizada de energía espiritual en el plano físico, la esencia de la Madre Divina manifestada como una unidad y símbolo para compartir e intercambiar.

EL SEXO Y EL DINERO: MONTANDO EL TORO DEL DESEO

La presencia poderosa de la energía de la Madre Divina concentrada en la Tierra, dota a los Tauro de magnetismo sexual y deseos poderosos. En el análisis astrológico, tanto el sexo como el dinero —los dos medios de intercambio— son regidos por Tauro y Escorpio. El potencial creativo de estos signos es tremendo, pero los deseos y los antojos son tan fuertes que las personas nacidas en estos dos signos con facilidad llegan a ser egoístas, usando y manipulando a la gente para satisfacer sus deseos. Deben aprender a controlar sus deseos con la mente, canalizando esta potencia de manera positiva y decidiendo ser considerados, compasivos y generosos. Aun así, a menudo no se dan cuenta de qué tan intensos y egoístas son hasta que dejan de estar tan absortos en sí mismos y su ojo interno es purificado. Los Tauro que resuelven montar el toro poseído por el demonio como lo hizo Krisna, tendrán la sensatez de practicar el sentido común y la cortesía, respetando la Ley Interna, incluyendo una ley tan simple y obvia como *la regla de oro*.

Napoleon Hill, autor del libro *Piense y hágase rico*, señala que muy pocas personas llegan a ser ricas antes de los cuarenta años, porque gastan sus mayores reservas creativas buscando gratificación sexual. Hill explica:

> *Cuando (el impulso sexual) es correctamente utilizado y se lo dirige a otras líneas de actividad, conserva todos sus atributos positivos de pasión creativa e imaginación, etcétera, que ahora pueden utilizarse para crear grandes obras de arte y literatura, así como para la realización en cualquier otra profesión incluyendo, por supuesto, la acumulación de riqueza.*

SOLTAR Y DEJAR QUE LA VIDA FLUYA

Los Tauro, en distintos formas y grados de intensidad, luchan con su apego a impulsos compulsivos y deseos abrumadores. Conocen el miedo a la inseguridad y por consiguiente los guía su anhelo de gozar un bienestar emocional y material. Desde luego todos queremos esto, pero es probable que la lección número uno para la persona nacida con el Sol en Tauro sea la de soltar y dejar que la vida fluya.

Un axioma astrológico dice: "Lo que tenemos miedo de perder en Tauro, lo vamos a perder". A causa de la atracción magnética de la Tierra, algunos nativos de este signo llegan a apegarse exageradamente a su riqueza y sus posesiones, las cuales a menudo incluyen a sus hijos y a su pareja. Las historias de dos mujeres Tauro, Susana y Naomi, nacidas el mismo día pero en diferentes horas, ilustran el punto: sus cartas natales fueron casi iguales, pero Susana nació con el Sol en la Segunda Casa de los ingresos, mientras que Naomi nació con el Sol en la Séptima Casa del matrimonio. Susana luchaba contra su miedo a la pobreza a pesar de que había heredado una fortuna considerable. Por su parte, Naomi, temerosa de perder a su esposo, fue celosa, posesiva y muy controladora. Pues resulta que Susana perdió todo su dinero —terminó en la bancarrota— y Naomi se sintió destrozada cuando su esposo, exasperado al no poder ganar su confianza, le pidió el divorcio. La vida en su misericordia nos libera cuando nos quita las cosas o las personas cuya pérdida potencial nos atormenta. Por otro lado, también se dice que cuando hay pérdida en Tauro, algo se nos arrebata para que algo nuevo nos sea dado.

LA LÍDER ESPIRTUAL DE ARGENTINA

María Eva Duarte de Perón, cariñosamente conocida por el pueblo argentino como Evita, nació el 7 de mayo de 1919 en Los Toldos, un pequeño poblado en las afueras de Buenos Aires. Criada en circunstancias humildes, llegaría a ser la primera mujer de verdad poderosa en Argentina y *la Líder Espiritual de la Nación*, un título que el Congreso Argentino le confirió pocas semana después de su muerte de cáncer cervical, en 1952.

En la carta natal de Eva, el Sol en Tauro está en conjunción con Marte y en sextil a Júpiter, otorgándole una determinación intensa y enfocada (Marte/Tauro) para superarse hasta convertirse (Sol) en quien necesitaba ser para realizar sus sueños (Júpiter). El sello de un destino entrelazado con el del pueblo argentino estaba escrito en las estrellas: el 7 de mayo de 1919, la conjunción Júpiter/Plutón en Cáncer hizo un trígono con Urano en Piscis. También estaba en conjunción con Venus en la carta de Argentina y trígono su Júpiter en Escorpio: esta generación crecería y vería grandes cambios en su nación.[168]

Aunque la historia de Evita es bien conocida, existe una controversia sobre algunas circunstancias de su infancia. Su padre, Juan Duarte, una pintoresca figura local, un ranchero con algunos medios pero cuya fortuna fluctuaba con las mareas de la política local, tenía dos familias, una práctica comúnmente tolerada aunque censurada en la Argentina de la época. Su madre, Juana Ibarguren, Eva y sus cuatro hermanos mayores (Blanca, Elisa, Juan y Erminda), pertenecían a la segunda e ilegítima familia. Mientras algunas fuentes afirman que Juan Duarte los abandonó en Los Toldos y regresó con su esposa legal y sus hijos a Chivilcoy

---

[168] Argentina declaró oficialmente su independencia el 9 de julio de 1816.

El retrato oficial de **Juan Domingo Perón y María Eva Duarte de Perón**, conocida cariñosamente como **Evita**. El retrato fue terminado en 1948. Entre los retratos de presidentes, es el único caso en el que un presidente aparece sonriendo, y encima acompañado por su Primera Dama.

antes de que Eva cumpliera un año, otros aseguran que esa información es falsa; insisten en que Juan Duarte fue responsable del bienestar de ambas familias mientras vivió. Sea como fuese, sabemos de manera inequívoca que Juan Duarte murió trágicamente en un accidente automovilístico el 8 de enero de 1926, y que después del funeral, Juana se mudó con los niños a la ciudad más grande de Junní, en donde halló empleo como costurera, trabajando día y noche para mantener a sus hijos.

A pesar de los crónicos problemas financieros de la familia, Eva disfrutaba de los placeres de la vida rural, desplegando muchas de las mencionadas características de los Tauro —ingenio, compasión por los necesitados, un espíritu fuerte y resuelto— que más tarde le granjearían el cariño de los argentinos. Un comentario que su hermana Erminda escribió en su conmovedor testimonio *Evita, mi hermana*, sobresale como un rasgo particularmente taurino: "En tu niñez y en tu adolescencia una de tus características dominantes era encontrarle solución a todo; te negabas a aceptar, desde entonces, la idea de lo insoluble. Aun frente al desahucio buscabas algo que salvar".

Cuando cumplió quince años Eva decidió ir a buscar fortuna como actriz en Buenos Aires. Aunque en aquel tiempo era un poco frágil en apariencia y pasaba días con hambre, poseía un fuerte espíritu. La conjunción Sol/ Marte en su carta está en cuadratura (retos) con la conjunción entre la Luna y Saturno —la necesidad de superar el miedo y de aprender a ser paciente en tiempos difíciles— en Leo, signo de osadía y de teatro. Su camino estaba lleno de obstáculos, pero

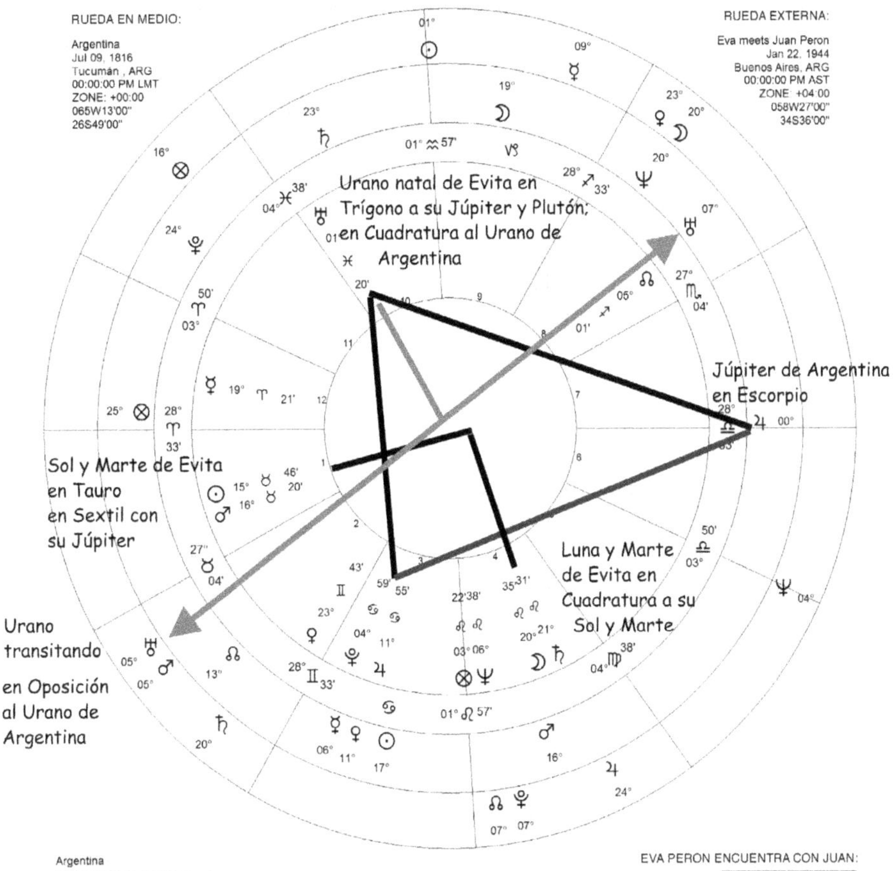
RUEDA EN MEDIO:
Argentina
Jul 09, 1816
Tucumán , ARG
00:00:00 PM LMT
ZONE: +00:00
065W13'00"
26S49'00"
RUEDA EXTERNA:
Eva meets Juan Peron
Jan 22, 1944
Buenos Aires, ARG
00:00:00 PM AST
ZONE: +04:00
058W27'00"
34S36'00"
Urano natal de Evita en Trígono a su Júpiter y Plutón; en Cuadratura al Urano de Argentina
Júpiter de Argentina en Escorpio
Sol y Marte de Evita en Tauro en Sextil con su Júpiter
Urano transitando en Oposición al Urano de Argentina
Luna y Marte de Evita en Cuadratura a su Sol y Marte

Argentina

Pl	Geo Lon	℞	Decl.
☽	19°♑10'		-24° 58'
☉	17°♋14'		+22° 21'
☿	06°♋33'	℞	+18° 35'
♀	11°♋06'		+23° 25'
♂	16°♌56'		+16° 55'
♃	00°♏28'		-10° 32'
♄	23°♒04'	℞	-15° 02'
♅	07°♐54'	℞	-21° 36'
♆	20°♐02'	℞	-21° 42'
♇	24°♓08'	℞	-16° 46'
☊	13°♊44'		+22° 28'
Mc	16°♋07'		+22° 29'
Asc	24°♎02'		-09° 20'

☽	20°♌35'		+09° 47'
☉	15°♉46'		+16° 34'
☿	19°♈21'		+04° 44'
♀	23°♊43'		+25° 15'
♂	16°♉20'		+16° 41'
♃	11°♋55'		+23° 09'
♄	21°♌31'		+15° 42'
♅	01°♓20'		-11° 42'
♆	06°♌38'		+18° 33'
♇	04°♋59'		+19° 23'
☊	05°♐01'		-21° 09'
Mc	01°♒57'		-19° 44'
Asc	28°♈33'		+10° 58'

INNER CHART:

Eva Peron
May 07, 1919
Buenos Aires, ARG
05:14:00 AM AST
ZONE: +04:00
058W27'00"
34S36'00"

Geocentric
Tropical
Placidus Houses

EVA PERON ENCUENTRA CON JUAN:

Pl	Geo Lon	℞	Decl.
☽	20°♐48'		-19° 19'
☉	01°♒31'		-19° 50'
☿	09°♑07'		-20° 38'
♀	23°♐22'		-21° 40'
♂	05°♊48'		+23° 55'
♃	24°♌38'	℞	+14° 17'
♄	20°♊27'	℞	+21° 48'
♅	05°♊01'	℞	+21° 03'
♆	04°♎10'	℞	-00° 22'
♇	07°♌44'	℞	+23° 44'
☊	07°♌02'		+18° 31'
Mc	00°♒15'		-20° 06'
Asc	27°♈05'		+10° 26'

Eva estaba decidida a tener éxito y rehusaba rendirse, accediendo positivamente al poder intrínseco de la cuadratura . Su tenacidad le dio resultados. A mediados de los años veinte ya estaba ganando bastante dinero como para sostenerse, e incluso podía enviar algo a su madre y hermanos para ayudarlos.

Evita escribió en su autobiografía, *La razón de mi vida*, que todo lo que vivió antes, sirvió para llevarla a su *día maravilloso*, el 22 de enero de 1944, cuando su vida coincidió con la del Coronel Juan Perón. Ella ya había ganado bastante reconocimiento como actriz —sobre todo de radio, pero también en algunas películas— como para ser invitada a un evento de caridad patrocinado por Juan Perón, en el que artistas locales ayudarían a recaudar fondos para ayudar a las muchas víctimas de un terremoto que había ocurrido una semana antes. Saturno (el destino) en su tránsito estaba en conjunción a Venus natal (el amor y el dinero) en la carta de Evita. El tránsito de Urano (revolución y despertar) en Géminis llegó a la oposición al Urano natal de Argentina en Sagitario e hizo cuadratura con Urano en Piscis en la carta de Evita. La carta de Juan Perón también se activó aquel día.[169]

El tiempo del cambio había llegado. De cierto, era una cita con el destino para Evita y Juan Perón, pero también para Argentina. Eva y Juan se casaron el 22 de octubre de 1945. Cuando se conocieron, Juan Perón era el Ministro de Trabajo, pero pronto se convertiría en el presidente de la nación. Juan y Eva llegarían juntos a ser una fuerza formidable, que llevaría a la Argentina hacia su futuro.

Evita solía decir que como Eva, cumplía el papel que se esperaba de ella como esposa del presidente, cuyo trabajo era simple y agradable, pero que como Evita, su alma y su corazón pertenecían al pueblo que había depositado toda su fe, esperanza y amor en su líder. Aun antes de convertirse en el presidente, Juan Perón había promovido la reforma para los obreros, el pueblo, *los descamisados*. Evita se convirtió en una presencia personal, la trabajadora incansable, bella y tierna, que los recibía uno por uno y los visitaba en sus hogares, escuelas y fábricas. Tenía destrezas y habilidades políticas, de organización y era una oradora poderosa y persuasiva, pues Saturno en Leo en su carta natal ganó fuerza por estar en séxil a Venus, otorgándole perseverancia, fuerza y belleza, así como también su trígono con Mercurio la dotaba de buena comunicación, organización mental, sentido de responsabilidad y del deber.

Los Tauro suelen trabajar duro no solo para mejorar su propio bienestar, sino el de otros. Evita trabajaba día y noche, aprovechando su posición de Primera Dama para ayudar a niños y jóvenes, ancianos y madres solteras. No ignoró a ninguna persona que necesitara su ayuda. Mientras que era bien amada por el pueblo, la oligarquía Argentina la odiaba, temiendo los cambios a su estilo de vida lujoso cuyo resultado inevitable sería un estado más democrático.

Evita es reconocida como una mujer valiente cuyo ejemplo y lucha por la justicia social ayudó a la mujer argentina a ganarse el derecho a votar, mientras sentaba las bases para las generaciones futuras. Su clase de feminismo —representado por su Venus natal (mujeres) en trígono con Urano (revolución)— ganó el corazón de la mujer latinoamericana. Evita creía que una mujer brillaba al unirse

---

[169] Juan Perón nació el 8 de octubre de 1895. El 22 de enero de 1944, Urano en tránsito por Géminis, activó la conjunción de la Luna, Plutón y Neptuno en Géminis en trígono con su Sol y Marte en Libra en su carta natal.

a un hombre digno de su confianza; afirmaba que la mujer podía aprovechar su intuición y fuerza interior. Se consideraba a sí misma un puente entre el pueblo y su líder, Juan Perón, y entre el líder y su pueblo. En su autobiografía, razona que si la mujer había creado hogares bellos para sus familias por tanto tiempo, entonces ¿no debería ganar el derecho de crear una mejor humanidad al lado de los hombres?

Cuando la muerte de Eva Perón fue anunciada por la radio, la nación tuvo que juntar fuerzas morales para el período de duelo que duró semanas. La vida corta pero azarosa de Eva Perón obtuvo un significado heroico para su gente, iluminando el camino por delante y fortaleciendo su voluntad para triunfar.

EL NIÑO TAURO

La mayoría de los niños Tauro son atentos; escuchan y observan a los demás, luego reflejan sus impresiones. Como el Becerro, son por lo general apacibles, bondadosos, tienen los pies en la tierra, pero no hay duda de que el Toro puede ser bien terco. Una vez que el niño Tauro se niega a cooperar, obligarlo a obedecer resulta casi inevitablemente una lucha de poder. Padres y maestros sabios evitan entrar en esta lucha con él. Entre más insisten los adultos, más se resistirá el joven. De alguna manera sabe que los adultos se cansarán de la batalla antes que él. ¡Su habilidad para resistir, ignorar y rehusar moverse es en verdad fenomenal! Si ocurre que el padre también es Tauro, podrá dar al niño su ejemplo mostrándole la paciencia y el aguante ecuánime de Tauro. Sin duda, es mejor ser paciente y amoroso, ayudando al niño a liberarse de tales momentos de terquedad.

La bondad siempre es la llave maestra, incluso cuando viene en forma de un correctivo aplicado con amor. Cuando el torito ya está listo, por lo general no requiere mucho tiempo, le es más fácil abandonar su actitud intensa y terca, acaso con una sonrisa o quizá con una lágrima. Ahora sí está abierto para recibir instrucción o una disciplina correctiva, que no es tanto como un castigo. Se espera que a través de los años y con la madurez, aprenda a reconocer las señales de actitudes negativas y que elija comunicar lo que necesita de manera más clara y positiva. Los padres sabios enseñarán a su hijo o hija Tauro a emplear de manera correcta la energía concentrada e intensa que siente. Como la tortuga de la fábula que ganó la carrera al conejo, puede ser que el niño Tauro al ser tan persistente cuando llegue a su madurez no necesariamente correrá más rápido que sus oponentes, pero aguantará más que todos ellos.

A causa de la fuerte influencia de Venus, el Tauro, al igual que el Libra que también está regido por Venus, querrá hacer felices a los demás. El niño Tauro, entonces, debe aprender a discernir cuándo debe dar una mano de ayuda y cuándo le conviene más decir que no. Quizá está apegado a sus deseos y lo que más le importa es darse gusto. ¿Tiene la tendencia a decir que sí a todos, quedando de acuerdo aun cuando está determinado a hacer lo contrario? Es vital que los padres del niño Tauro desalienten de manera firme y amorosa ese comportamiento deshonesto. Cuando el Tauro es mimado durante la niñez, le será difícil mantener la disciplina necesaria para cumplir sus obligaciones al llegar a adulto.

Los niños nacidos con el Sol en uno de los signos de Tierra (Tauro, Virgo y Capricornio) necesitan tener las herramientas y materiales correctos y a su medida para empezar a poner manos a la obra. El niño Tauro es práctico y deliberado. Puede que empiece con bloques en la caja de arena y luego avance hacia actividades más grandes, pero su lema siempre será: "Yo construyo". Los niños Tauro son altamente sensoriales; les encanta explorar con los cinco sentidos. Disfrutan de excursiones a la playa, al bosque y otros lugares llenos de maravillosas texturas cautivadoras que les fascinan. Pueden pasar todo el verano trabajando felizmente en un pequeño huerto con herramientas hechas a su medida.

Los padres y maestros que se toman el tiempo de inculcar en el niño Tauro una ética laboral saludable, ya sea algún entrenamiento artístico o musical, trabajos apropiados para su edad u otros empeños, lo dotan con un don que lo beneficiará para toda la vida. La peserverancia, la persistencia y la determinación adquirida durante la niñez a través de tareas y proyectos que lo motiven y lo ayuden a desarrollar su persistencia y tenacidad innatas, pueden formar la base de su éxito en el futuro.

Gastrónomos por naturaleza, los niños Tauro suelen tener fuertes opiniones en cuanto a lo que comerán y lo que no. Por encima de todo, el joven de este signo busca seguridad y comodidad en las cosas materiales. Si come demasiado, es posible que esté tratando de aliviar su inseguridad a través de la comida. Necesita aprender buenos hábitos alimenticios. Si está demasiado consentido podría llegar a ser obeso, indolente o flojo.

Los niños Tauro tienden a identificarse con sus pertenencias, guardando sus pantuflas viejas aunque hayan dejado de ser útiles desde hace mucho tiempo. Tal vez no les resulte fácil compartir sus cosas, pues en ellas encuentran un sentido de seguridad. No es de sorprender si el niño Tauro trata de poseer a sus amigos. Le gusta llevar la batuta y quizá quiera ser el que manda en el hogar, pero es cariñoso y es mucho más probable que aprenda a obedecer a sus padres, paso a paso, cuando los respeta y cuando se siente respetado.

Aun los bebitos Tauro responden a una hermosa voz, al sonido de las ondas de agua o al efecto calmante de una canción de cuna. A medida que madura, el joven Tauro va desarrollando su aprecio natural por las cosas finas y bellas que se evidencia en su gusto por la ropa que selecciona. A menos que otras posiciones planetarias indiquen lo contrario, a los pequeños Tauro no les gustan los cambios inesperados o sin previo aviso. Si es hora de irse y él se niega a moverse, tal vez esté tratando de comunicar: "tengo miedo". Por lo tanto, se aconseja a los padres de estos niños prepararlos de antemano cuando haya cambios en el itinerario familiar.

KAVANNAH

Kavannah es una palabra hebrea que quiere decir "actitud, intención o dirección correcta del corazón". Sin Kavannah el verdadero aprendizaje no es posible. En la *Astrología Transformacional* reconocemos que las actitudes tienen que ver con la Cruz Fija del Amor (Tauro, Escorpio, Leo y Acuario). En cuanto a la Astrología Kabalística, el regalo de amor más grande que Dios ha otorgado al hombre es el del libre albedrío. Creado a imagen de Dios, el hombre tiene el derecho de determinar su propio camino en la vida.

Consideremos los tres pilares del Árbol de la Vida kabalístico: sobre el pilar izquierdo, femenino, la voluntad puede manifestarse como apatía o inercia— "No tengo ganas de hacerlo, ¡qué otro lo haga!"—, mientras que en el pilar masculino el hombre a veces es rebelde, exigiendo por la fuerza hacer las cosas a su manera. Sin embargo, el que está sintonizado con el pilar central, humildemente decide aprender lo que Dios le ha de enseñar.

Cuando el alma Tauro tiene *Kavannah*, es decir cuando la voluntad guiada por la sabiduría del corazón y la intención correcta en él es más fuerte que el deseo, entonces está preparado para subir al siguiente escalón hacia la consciencia superior.

CONVERTIRSE EN EL BUDA

El más grande de todos los héroes Tauro nació en mayo durante la luna llena, unos 500 años antes del nacimiento de Jesucristo. Nació como el **Príncipe Siddhartha**, pero después de alcanzar la iluminación fue reconocido como el Buda Gautama. Mientras que Gautama es reconocido como el fundador del budismo, el título de Buda es utilizado en las tradiciones místicas para hacer referencia a cualquier alma que ha logrado la iluminación completa.[170]

Al nacer Siddhartha, un brahmán sabio reveló al padre de aquél, el rey Suddhodana, que su hijo estaba destinado ser un gran monarca, incluso un emperador o si no, un gran sabio que liberaría a la humanidad del sufrimiento causado por la ignorancia. Como el rey deseaba que su hijo heredara el trono, lo crió en un ambiente idílico dentro del palacio, tomando grandes precauciones para proveer al noble príncipe con toda clase de lujos protegiéndolo así del conocimiento del dolor y la miseria humana. Así que por algún tiempo el rey Suddhodana pudo impedir que se despertara en el joven príncipe su innata natu-

---

[170] Se cree que Siddhartha Gautama nació en 583 a.C, en o cerca de lo que hoy se conoce como Nepal.

Las múltiples tentaciones de Mara (el Maligno) y sus ejércitos no pudieron desviar a **Siddartha**, quien se había resuelto a mantenerse sentado debajo del Árbol de Bodhi hasta recibir la iluminación.

raleza compasiva. Sin embargo, al alcanzar su madurez, el joven príncipe salió del palacio y, por primera vez en su vida, descubrió la enfermedad, la pobreza, la vejez y la muerte. A partir de este momento ya no encontró paz en los placeres de la vida del palacio. En *Fundamentos del budismo*, Helena Roerich escribió:

> *Su corazón constantemente respondía a cada tristeza humana, y su mente, consciente de la naturaleza transitoria de todo lo que existe, no conoció ya el descanso. Deambulaba por los cuartos del palacio como un león herido por un dardo venenoso. Adolorido, gimió: "El mundo está lleno de oscuridad e ignorancia y no hay nadie que sepa curar los malestares de la existencia".*

Al Tauro que está en la búsqueda de lo que debe hacer y de cómo encontrar su dharma —su llamado divino— le conviene empezar con una pregunta tal como lo hizo Siddhartha. Es probable que al recibir la respuesta de su pregunta, surja otra. De esta manera, la confusión será reemplazada por una meditación dinámica y la turbulencia interna será aquietada por la paz proveniente de la seguridad de que la respuesta aparecerá a su debido tiempo. La pregunta de Siddhartha era: "¿Por qué hay sufrimiento en el mundo?" Al cumplir veintinueve años de edad, en el momento del Retorno de Saturno, Siddhartha abandonó el palacio, dejando atrás los placeres de la juventud y de la familia.[171]

Siddhartha no contrarió a la ligera los deseos de su padre, el rey. Tampoco fue indiferente a los temores de Yashodhara, su hermosa esposa, quien había soñado que dentro de poco tiempo Siddhartha se despediría de ella. Según la historia, un mensajero celestial, una autoridad superior al rey, apareció al príncipe afirmando lo que ya sabía en su fuero interno: que la hora de irse para buscar la verdad había llegado.

A lo largo de su historia, Siddhartha tuvo que desapegarse no una, sino muchas veces. Y así sucede en la vida del Aspirante nacido en Tauro. Según su nivel de madurez espiritual, su temperamento particular y su celo, practicará una y otra vez, como hizo el príncipe Siddhartha, soltar los apegos a cosas o estados del ser para hacer espacio a mayores posibilidades.

Desapegarse puede ser difícil para el Aspirante Tauro, sobre todo durante las primeras etapas de su sendero, cuando tiene que abandonar este hábito o aquella posesión mundana, lo que sea que represente aquel peso que ya no le es lícito cargar. Inevitablemente tendrá que entregar a Dios su resistencia al propósito divino dentro de él. Renunciar al deseo del ego para cumplir el deseo divino puede significar renunciar o no renunciar a una relación, un trabajo, una disciplina o un cierto estilo de vida . Con el paso del tiempo, el buscador de la verdad Tauro empieza a darse cuenta de que ya no quiere las cosas que antes consideraba tan indispensables para su felicidad. En el proceso de llegar a ser cada vez más libre de los apegos mundanos, su alma se alinea con su verdadera identidad y propósito.

Entonces, el joven príncipe adoptó la vida de un asceta; se desprendió de su ropa fina, cortó sus cabellos largos y comía lo suficiente para mantenerse vivo. Aun así, el buscador Tauro tiene que decidir con firmeza liberarse de los hábitos esclavizantes y dañinos y de la atracción magnética a viejos momentums. Descubrirá que la manera de decir "no" a un deseo ilícito es remplazarlo por otro, más elevado. Esto requiere valentía, fe y tenacidad. Rehusarse a enfrentar el reto, significa convertirse en prisionero de la cosa o la persona que tanto se teme perder. Claro, solo podrá desapegarse a medida que se apegue a Dios, al grado de confiar en que Dios proveerá —y de hecho ya ha provisto— para todas sus necesidades.

Después de vivir en un estado de abnegación por seis años, Siddhartha se dio cuenta de que no había alcanzado mayor iluminación de la que tenía cuando vivía en el palacio. Se dio cuenta de que era hora de abandonar esa manera de vivir y buscar otra mejor. A final de cuentas, los Tauro son prácticos aunque no necesariamente empiezan siéndolo. A veces se atoran en algún hábito, un estado de limitación impuesta por ellos mismos o un apego emocional alimentado por

---

[171] El Retorno de Saturno ocurre cuando Saturno en tránsito vuelve a la posición precisa que tenía en el instante del nacimiento; puede ocurrir en cualquier momento entre los veintiocho y medio y treinta años de edad.

el miedo. No obstante, el Tauro más o menos integrado, intentará solucionar el problema de cierta manera y si esto no le da resultado, lo desechará e intentará algo nuevo. Después de todo, Tauro es un signo de Tierra; tiene sentido que los nativos de este signo busquen soluciones prácticas y efectivas.

Siddhartha decidió terminar su práctica de ascetismo. Dejó el bosque. Recibió alimento de las muchachas Gopi —jóvenes solteras que cuidaban a las vacas— y empezó a buscar lo que se conocería como el Camino Medio, una aplicación práctica de la verdad espiritual expresada en el dicho: "estar en el mundo, pero no ser del mundo". El Tauro a menudo se inclina hacia los extremos; sin embargo, la experiencia le enseñará, como lo hizo con Siddhartha, que el camino medio es el mejor camino.

Siddhartha entonces se sentó a meditar debajo del Árbol Bodhi. Resolvió que se quedaría sentado allí hasta recibir la iluminación. A pesar de las múltiples tentaciones de *Mara* —el demonio— declaró: ¡*Vajra!* Con su mano derecha, Siddhartha tocó el suelo en un mudra que los budistas llaman *Testimonio de la Tierra*. Así pidió a la Tierra que atestiguara su proclamación: "Tengo derecho a hacer lo que estoy haciendo".

El Aspirante Tauro debe reconocer y afirmar su valor y dignidad internos. En el proceso debe prepararse para enfrentar, como lo hizo Siddhartha, las tentaciones de Maya (la ilusión), los terrores de la noche, sus propios miedos y trepidaciones subconscientes, las inclemencias del tiempo, los ruegos de los seres queridos, la seducción de las sirenas que intentan desviarlo de su camino, las tácticas de los demonios que tratan de atemorizarlo y mucho más. En tales momentos, se sentirá fortalecido al invocar el espíritu del Buda Gautama cuando reclamó su espacio y proclamó con confianza absoluta en el propósito divino: ¡*Vajra!*

Muchas almas nacidas con el Sol en Tauro están dotadas de una naturaleza búdica, lo reconozcan o no. Al ser contemplativos por naturaleza, reflexionan y meditan antes de actuar. No obstante, el Buda sentado debajo del árbol no es ocioso; está concentrado en meditación activa e intensa sobre el fuego interno. ¿Pero quién hoy en día puede tomarse un mes o dos para dedicarse exclusivamente a la búsqueda personal de la visión? Aquellos que necesitan estar activos en el mundo tendrán que practicar la meditación en movimiento. Así, formula tu pregunta, mantén tu mente enfocada en la luz dentro de tu corazón, imagina al Buda sentado en el loto sobre el chakra de la coronilla y al realizar tus tareas diarias, ¡escucha!

Después de haber pasado cuarenta días y cuarenta noches sentado bajo el Árbol Bodhi, Siddhartha alcanzó la iluminación. Comprendió que la causa del sufrimiento es el apego al deseo. Siddhartha, ahora convertido en el Buda Gautama, pasó el resto de su vida enseñando el camino hacia la iluminación a otras almas. Su esposa, Yashodhara y Mahapajapati Gotami, su madre adoptiva (su tía materna), fueron sus dos primeras discípulas femeninas.[172]

EL CAMINO

Se dice que la compasión es la entrada a la naturaleza búdica. En verdad la compasión es la nota clave de la Nueva Era. Quien quiera ser el Héroe en el amanecer de la Era de Acuario debe elevarse a la posición de maestro, como lo hizo Gautama hace tanto tiempo atrás. En esencia debe convertirse en un maestro del amor, desafiando y superando la misma tentación que probó a Adán y a Eva, las llamas gemelas en el jardín del Edén. La densidad de la consciencia típica taurina no transmutada, simplemente no podrá pasar por el portal de Acuario.

El amor provee la fuerza motivacional que dirige e impulsa la voluntad. La fuerza de la emoción y la pasión intensa se vuelve aún más fuerte para la persona Tauro en el sendero espiritual. El buscador Tauro tiene que purificar su chakra del tercer ojo. Debe mantener su ojo interno enfocado con firmeza en su meta, para que su atención no se desvíe de su meditación en la luz interna. A través de la autodisciplina y la intensificación del fuego del amor en de su alma, se eleva la luz de la Madre Divina haciendo girar el chakra del tercer ojo y transmutando así la substancia negativa acumulada por vidas pasadas. Así, la vista del Aspirante Tauro llega a ser más clara y gradualmente se alinea con su llamado divino.

Un nativo de este signo que había buscado el sendero espiritual desde su juventud, cuenta que solía sentir una inclinación a abandonar todo e irse a algún lugar remoto. Hizo caso y actuó en conformidad a lo que consideraba un mensaje de su voz interior, pero al llegar a su nuevo destino se dio cuenta de que estaba equivocado. A pesar de haber purificado su oído y vista internos, el Aspirante Tauro tiene que adquirir el don del discernimiento para distinguir la voz interna de su ser real. En respuesta a su petición, la vida le enseñará a reconocer las actitudes que obstaculizan su comprensión interna. Aunque algunos se despiertan de repente, en un destello instantáneo de entendimiento, la mayoría de los Tauro avanzan por el sendero de la iluminación paso a paso.

Conforme el Aspirante progresa, las pruebas que recibe se vuelven cada vez más sutiles. No cabe duda de que la experiencia le enseñará, pero tendrá que interpretar de manera correcta sus lecciones. A medida que su perspectiva se va desplazando, su punto de vista se amplía, pero puede ser doloroso ver lo que antes estaba oculto; se da cuenta de lo mucho que otros han sufrido a consecuencia de su egoísmo y falta de sensibilidad. Lamentando amargamente sus acciones pasadas y enfrentando el hecho de que no se puede dar vuelta atrás al reloj, debe reunir la voluntad y el coraje necesarios para abrazar su dolor, practicar el perdón y seguir adelante. Tiene que resistir la tentación de tomar la salida fácil. En cam-

---

[172] Gautama era el nombre de su familia; Buda significa aquél que ha logrado un despertar espiritual completo.

bio, debe reunir todas sus fuerzas para mantenerse firme y discernir cuál el momento de construir con diligencia y tenacidad piedra sobre piedra y cuándo hay que soltarlo todo y marcharse, dejando incluso lo que tanto tiempo y esfuerzo le costó crear. Los Tauro deben estar atentos a la tentación que los espera en en la bifurcación del camino, en donde muchos han tomado la ruta de la izquierda a fin de usar poderes ocultos para su propio engrandecimiento. Deben dirigir su vista a su luz interna como lo hizo Gautama, porque verdaderamente llega el momento en que abandonar el palacio significa perderlo todo, pero también llega el momento en que quedarse es perder la oportunidad de toda una vida.

En la Era de Acuario, el Aspirante puede aprender lo que antes era un secreto de adeptos: la invocación de la llama violeta transmutadora, que en combinación con la visualización y las disciplinas del Sendero de la Iluminación, le dará la posibilidad de transmutar el pasado y acelerar su progreso espiritual.

Los budistas hablan de un estado mental llamado *sati* (*mindfulness* en inglés) que describe la mentalidad de una persona que sabe observarse a sí mismo como si viera a un actor en su propia obra de teatro. Cuando el buscador está mindful no está emocionalmente distanciado, sino es consciente y atento y por lo tanto es más consciente de sus elecciones. Al Aspirante Tauro le convendría mantenerse calmadamente consciente —*mindful*. Conocer los pronósticos astrológicos le ayuda a prever lo que está por venir. Siempre y cuando esté consciente de la meta a la que se dirige no se debe dejar descorazonar por aparentes reveses y contratiempos.

Los Tauro que aspiran ser libres no necesitan ser budistas para comprender el *Noble Camino Óctuple* de Gautama Buda, también conocido como el Camino Medio del Buda, el medio para la iluminación y el antídoto para los deseos desmesurados —la causa de todo sufrimiento humano. Mientras estudiamos los elementos "correctos" del *Camino Óctuple*, recordemos el *Kavannah* o actitud correcta. Toda acción correcta depende de la intención y dirección del corazón equilibrado:

1) <u>Comprensión correcta</u>: Reconocer la naturaleza transitoria de la vida, entendiendo que el sufrimiento es parte de ella.

2) <u>Pensamiento correcto, determinación correcta</u>: Conducta ética; dirigir la voluntad hacia lo que es lícito y beneficioso, no solo para uno mismo sino para los demás.

3) <u>Palabra correcta</u>: Evitar los chismes, la vulgaridad, las mentiras y el discurso abusivo o dañino. Como escribió el antiguo salmista: "Que las palabras de mi boca y los pensamientos de mi corazón sean de tu agrado, Oh SEÑOR, mi roca y mi redentor".[173]

4) <u>Acción correcta</u>: la práctica de sentir amor y evitar causar ningún daño, de practicar la no violencia con nosotros mismos y los demás;

asegurarque las obras de uno estén motivadas por la compasión sin egoísmo.

5) <u>Medio de vida correcto</u>: Ganarse la vida de forma digna, escogiendo y cumpliendo una labor sagrada *(dharma)* que eleve a los demás; rechazar trabajos que requieran matanza, como el de carnicero.

6) <u>Actitud correcta, esfuerzo correcto</u>: Evitar los pensamientos negativos y las acciones egoístas; Aspirar siempre al bien y al más alto posible.

7) <u>Atención correcta</u>: Estar consciente y presente, mantener pensamientos puros para que la mente se convierta en un cáliz para la inteligencia superior.

8) <u>Concentración correcta</u>: Practicar la meditación que abre el acceso al chakra del tercer ojo y conduce al grado más alto de la comprensión iluminada.

El Héroe Tauro en el amanecer de la Era de Acuario es el siervo del amor. Encarna el espíritu de la compasión verdadera. Su mente está libre de cualquier ilusión y engaño. Unido a la Verdad Universal, goza de la paz y la felicidad verdadera. Al haber experimentado un despertar espiritual, va hacia adelante —como lo hizo Gautama— para guiar a aquellos todavía en busca del camino que conduce a la liberación del sufrimiento.

---

[173] Salmo 19:14

11. ♍ Virgo

Símbolo	**La Doncella**
Nacido	.23 de agosto~22 de sept.
Arquetipo	*La Maestra*
Frase clave	**Yo Sirvo**
Elemento	**Tierra**
Cruz	**Mutable de la Sabiduría**
Casa	**La Sexta:**

Curación y salud, los empleados, los compañeros de trabajo, la dieta y los hábitos, la moda y las mascotas

Regente	**Mercurio**
Regente esotérico	**La Luna**
Polaridad	**Piscis**
Chakra	El Plexo Solar
Anatomía	Los intestinos, el bazo, la digestión, y el sistema nervioso autónomo

Cualidades espirituales ....**La pureza, el perdón, excelencia en el trabajo y en el servicio, constancia, atención a los detalles y el saldar de las deudas kármicas**

Vulnerable a .....Ansiedad, temor del rechazo, sentido de injusticia, agitación emocional y crítica

Debe adquirir ..**Paciencia, tolerancia, serenidad, fe, regocijo en el servicio, ver "el cuadro grande"**

Madre Teresa de Calcuta • Colin Firth • María Montessori • Sophia Loren • Itzhak Perlman

EL SOL EN VIRGO

El trabajo solo es un medio para poner al amor en acción.

—Madre Teresa, 26 de agosto de 1910

TERRA, LA MADRE EN LA TIERRA

El símbolo de la "M" en el glifo de Virgo representa la energía de Dios como Madre. Terra, la Madre (*mater* en latín) en el elemento Tierra, enseña a sus hijos que habitan en el universo material a poner en práctica el ímpetu espiritual del Padre (*pater*). Entonces, el Héroe Virgo en el amanecer de la Era de Acuario manifiesta la sabiduría de la Madre Divina en su aplicación práctica, por ejemplo, en la educación, la dieta y en las artes curativas; en la ciencia, la agricultura y la tecnología; en las bellas artes, la moda y la belleza; en muchos otros campos así como en el ritmo y las exigencias de la vida cotidiana. Vemos en el Héroe Virgo (en ambos sexos) el amor de la madre por la excelencia, la cualidad meticulosa de su cuidado, su diligencia en el más mínimo detalle, su notable paciencia ejemplar y su comprensión tan perceptiva, su prudencia y maestría en el manejo del dinero y de cualquier reserva que esté a la mano. Como la madre, el Héroe en Virgo atrae energía de fuentes invisibles. Parece infatigable, trabajando hasta el final y obteniendo la victoria tras haber superado considerables obstáculos en el proceso. Y así como Acuario representa la Era del retorno de la Madre, del rayo femenino a la humanidad, las posibilidades abundan para las almas nacidas en Virgo más que en cualquier otra época de la historia conocida.

LA DONCELLA: PUREZA, JUSTICIA Y LA COSECHA

Virgo es el único signo cuyo símbolo es una mujer. Ha recibido muchos títulos a lo largo de los milenios, todos aspectos de la pureza y amor de la Madre Divina. A veces llamado "La Doncella", el nombre en hebreo de la constelación de Virgo con sus muchas estrellas es *Betulah*, que significa "una virgen"; en árabe se le llama *Adarah*, la virgen pura, y en griego, *Parthenos*, "la doncella de pureza virginal", una referencia a la diosa Palas Atenas.

Los griegos designaron a Astrea, hija de Júpiter y la Diosa de la Justicia, como una de las 110 estrellas de Virgo. Según la leyenda, Astrea gobernó a la humanidad durante la época en que seres tan avanzados que fueron llamados dioses vivían entre los hombres. Como sucede tan a menudo, la gran mayoría de los hombres rechazaron a estos maestros y a sus enseñanzas, forzando a Astrea —la representante de la Madre Divina— a retirarse a planos superiores. Cuenta la leyenda que Astrea fue la última de los dioses que caminó entre los hombres, antes de reunirse con sus compañeros en las estrellas, sosteniendo la balanza de la justicia en su brazo extendido hacia la próxima constelación: Libra.

Los egipcios vieron a Virgo como Isis, "la reina entronada", "la esposa de Osiris; la llamaron *Apolla*, que significa "mazorcas de maíz" y "la semilla". Los romanos asociaron a Virgo con *Justa*, la Diosa de la Justicia. El historiador y profesor E. Raymond Capt, nota en su libro *The Glory of the Stars (La gloria de las estrellas)* que en un sentido profético, Virgo representa a "la virgen, la hija de Sión", que es una referencia a la nación de Israel, compuesta por las doce tribus.[174]

El sitio de internet www.LiveKabbalah.org enseña que la raíz de la palabra תבולה (Betula o Virgo) es בתואל (Betuel) que significa la hija (בתו) o la casa (ביתו) de Dios (El אל).

La Virgen de Virgo simboliza el estado puro de la luz antes de haberse distorsionado al descender a dimensiones más densas de la manifestación. Los hombres y las mujeres Virgo expresan la pureza del rayo femenino en que tienden a ser prudentes e industriosos, perspicaces y considerados, muy particulares en sus gustos y preferencias, confiables, fidedignos y naturalmente modestos. Tanto los hombres como las mujeres Virgo ganan el cariño y respeto de los demás por su naturaleza gentil y reflexiva. Hacen hincapié en la limpieza y el orden y su meticulosidad es evidente en cada aspecto de sus vidas.

Sin embargo, cuando los Virgo están desequilibrados, sea por un momento o por años, actúan de manera opuesta a su naturaleza verdadera. Pueden ser fastidiosos y quisquillosos al extremo, ansiosos e impacientes, negligentes, desordenados y promiscuos; se enojan con facilidad cuando sienten que algo es injusto, son emocionalmente explosivos, desocupados, desconfiados y críticos. Utilizan su inteligencia innata para justificar sus aberraciones. Claro, así como cada signo representa alguna virtud, también puede representar un vicio, cada cual según su naturaleza. En casi todos los casos, la manifestación de alguna aberración externa es sintomática de alguna herida interna.

PERFECCIONANDO LO IMPERFECTIBLE

La perfección implica término, y nada nunca está terminado en el tiempo y el espacio (por lo menos en el sentido absoluto), sino que está evolucionando constantemente. Un momento perfecto se convierte en una perla de una secuencia de momentos, pero nunca en una finalidad en sí misma. No obstante, como los Virgo perciben el orden inherente en toda la creación, son perfeccionistas por naturaleza. Ya sea que su atención esté puesta sobre todo en asuntos mundanos tales como el presupuesto familiar u obras más transcendentales, como componer una obra musical o analizar sistemas este-lares, el Virgo siempre está ocupado

---

[174] Sofonías 3:14; Isaías 3:16; Zacarías 9:9-10

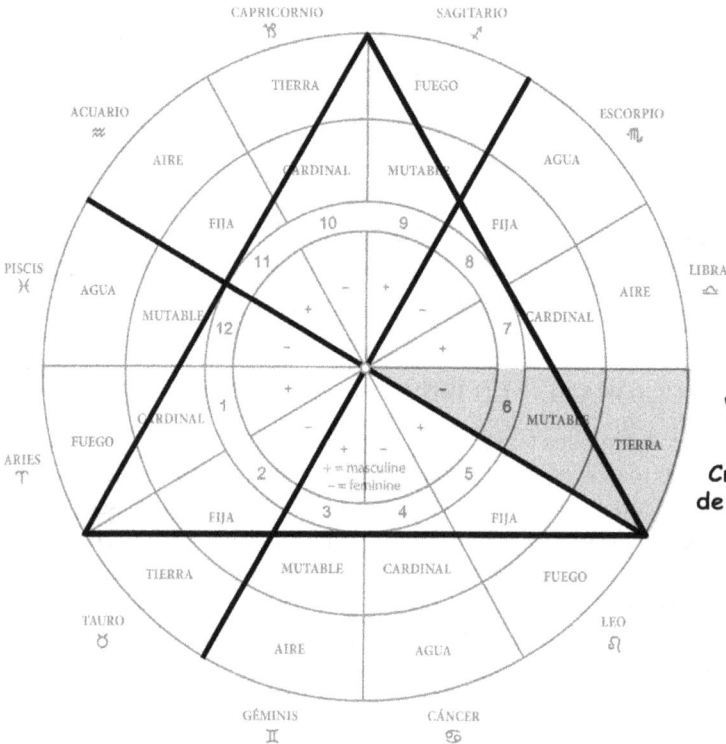

Virgo:
Casa 6
Cruz Mutable
de la Sabiduría
Tierra

perfeccionando lo imperfectible. Los Virgo sostienen ideas muy definidas sobre cómo tienen que ser las cosas. De modo intuitivo perciben qué es lo que anda mal y el por qué del problema. En su trabajo y sus interacciones con otras personas, insisten en la precisión, exactitud y fide-lidad al propósito original.

El famoso compositor y director de orquesta **Leonard Bernstein** (25 de agosto de 1918), expresó el esfuerzo típico Virgo de reflejar el orden divino cuando dijo:

La clave del misterio de un gran artista es que, por razones desconocidas, regalará toda su energía y su vida simplemente para asegurarse de que una nota siga a otra dejándonos con la impresión que algo en el mundo anda bien.

La facultad discriminatoria de Virgo es una maravilla cuando se trata de redactar, refinar, reparar, recetar, diseccionar, disecar, limpiar y en tantas actividades cuyo objetivo es mejorar algo o encontrar y corregir errores. Por lo general los Virgo trabajan en ocupaciones que requieren una inteligencia capaz de discernir la verdad y manejar con eficacia los detalles y la diversidad; por ejemplo, puestos en las industrias médicas o farmacéuticas, o desempeñarse como maestros de escuela, escritores, investigadores, diseñadores gráficos, técnicos en computación, ingenieros, mecánicos y en trabajos similares. Les encanta retocar, perfeccionar, refinar y añadir los últimos toques a un trabajo determinado. Están especialmente equipados para analizar y estudiar la viabilidad de cualquier proyecto o propuesta. Por lo tanto, son miembros de gran valor en casi cualquier equipo, pues no pasan nada por alto. No hay duda de que la atención a los detalles es un atributo de la Madre Divina. No obstante, los Virgo deben tener cuidado con la microgestión.

Como Virgo es el segundo signo en la *Triplicidad de Tierra* (Tauro, Virgo y Capricornio), se puede decir que el comportamiento correcto descrito para Tauro llega a ser muy particular en Virgo, en donde cada acción tiene sus requisitos. Un día típico Virgo está marcado con reglas, rituales, listas, agendas detalladas y otras herramientas semejantes diseñadas para ayudar a organizar y manejar con mayor eficacia el tiempo. Aunque insisten en la exactitud, los Virgo no son rígidos. Lo que buscan, de manera inconsciente, es manifestar en todas las cosas su recuerdo de la matriz divina. El alma Virgo razona que es mucho mejor observarse a uno mismo, haciendo un recuento diario de sus hábitos en lugar de estar limitado por ellos. Mantener el camino correcto es la mejor manera de conservar la paz interior; ignorar los pasos en el camino lleva a perderse en un laberinto de errores.

PENSAR CON EL CORAZÓN

Estas almas perceptivas tienden a ser jueces de los demás y de sí mismas, una falla que por lo general no reconocen ni aceptan, porque se sienten justificados al señalar a otras personas que se han quedado cortas y podrían hacer mejor las cosas. Claro que todo es por el propio bien de ellas, o así lo cree sinceramente el Virgo, quien tiene buenas intenciones. Su consejo podría ser oportuno y sus observaciones perspicaces. No obstante, a muy pocas personas les parecen los consejos que no han pedido y mucho menos que les ennumeren sus fallas. Un esposo Virgo, hombre inteligente, generoso y exitoso, casi perdió el amor de su bella y joven esposa por su hábito de corregirla a cada momento. Es importante que cada Virgo recuerde siempre que la crítica destruye la popularidad y mata el romance. Como enseñó Jesús tiempo atrás: *¿Por qué te fijas en la paja que está en el ojo de tu hermano, y no echas a ver la viga que está en tu propio ojo?*[175]

Aun así, los Virgo pueden ser más duros aún consigo mismos. La autocrítica excesiva puede detener, incluso inmovilizar al individuo Virgo. En su mente, él nunca es suficientemente bueno.

Entonces, corregir sin cesar a alguien puede apagar cualquier relación, a menos que exista un acuerdo mutuo, como suele haber en la relación entre un gurú y su discípulo, un entrenador o mentor y su aprendiz. Una maestra Virgo de piano y de voz, señaló cada nota que su estudiante no cantaba bien, la posición de la barba, cada aliento fuera de lugar, la atención de la mente, tensión en los hombros, entre tantas otras correcciones. No todos los estudiantes de esta profesora sobresaliente siguieron estudiando con ella, pero los que sí, la amaron mucho. Estaban en extremo agradecidos por el refinamiento de su ejecución. Algunos de los estudiantes llegaron a grandes alturas. Aunque la acción puede ser la misma, hay una gran diferencia entre la persona Virgo regañona que confunde el camino de otra alma con el suyo, y las observaciones detalladas de una maestra dedicada a sus estudiantes, contratada para despertar y desarrollar el potencial de cada alumno. Quizá la diferencia se ubique en la motivación amorosa o en su carencia.

Solo cuando tenga mucha experiencia y bastante maestría podrá el nativo de Virgo, viendo lo que está mal o fuera de lugar, mantener la paz, discerniendo bien cuándo debe intervenir y cuando es más sabio guardar silencio. La astróloga Isabel Hickey aconseja a los Virgo ser menos críticos y más amorosos. Les explica lo siguiente: "Venus, el principio del amor, se siente infeliz en un área en donde opera la mente inferior. Nos relacionamos con otras personas a través del corazón, jamás con la mente". En verdad los Virgo son más felices cuando aprenden a pensar con sus corazones.[176]

TIEMPO DE COSECHA[177]

Muchas de las ilustraciones de la Doncella de Virgo la representan con una gavilla de trigo en la mano izquierda y un ramito de maíz detrás de la oreja derecha. El trigo y el maíz son símbolos de la cosecha de otoño, una época para cosechar los frutos de lo que se sembró en Tauro (el primer signo de Tierra), durante la primavera. Entonces, entendemos que la cosecha representa la hora en que hay que pagar las cuentas kármicas en Virgo, cuando hay que separar la espiga del trigo —las obras, hábitos y mentalidades positivas de las que nos hacen daño—, lo cual antecede a la evaluación de la evidencia en Libra, la revelación en Escorpio de lo que había estado oculto, la deliberación de las cortes en Sagitario y el juicio dictado en Capricornio al final del año.

En efecto, el karma tiende a retornar rápido y con tremenda intensidad durante los ciclos de Virgo. Las almas nacidas en el signo de la pureza luchan con registros kármicos intensos, el dolor de emociones profundamente arraigadas y la angustia de anhelos no cumplidos. A la vez, están bendecidos por la cosecha de talentos de muchas vidas. Claro, todo individuo, sin importar cuál sea su signo astrológico, reencarna con el propósito de saldar su karma. No obstante, Virgo y Piscis, más que cualquier otra polaridad, representan la oportunidad del alma para comprender las consecuencias de sus acciones pasadas y compensarlas. Los nacidos en cualquiera de estos dos signos experimentan no sólo el peso de su propia carga kármica, sino el de la carga kármica planetaria también.

La consecuencia kármica de haber rechazado a la Madre Divina, una historia enterrada tan profundamente en el inconsciente colectivo que está casi olvidada, aumentará con el avance de la Era de Acuario. Podemos identificar la falta de reverencia hacia el rayo femenino en el mal uso de las energías sexuales (esotéricamente conocido como el fuego sagrado), así como en la ignorancia a gran escala de la sabiduría de la Madre, la burla a sus disciplinas e incluso en el mal uso y aplicación de los avances y dispositivos tecnológicos que en realidad son regalos de la Madre. Es una tragedia que la gente utilice la abundancia que la Madre nos ha dado de una manera desprovista de amor, usándola egoístamente para mecanizarse en lugar de elevar la vida o en la negación de la vida del niño, aun los no nacidos.

TESHUVA: ARREPENTIMIENTO

La ley del retorno de karma es inexorable e impersonal. No obstante, la Madre Tierra también representa la misericordia en forma de oportunidad. El énfasis en Virgo no debe estar en el error humano y la consiguiente caída de los reinos en donde se ubica la armonía perfecta, sino en la oportunidad del alma en el tiempo y el espacio para reclamar lo que se ha perdido.

Los Kabalistas asocian a Virgo con el mes *Elul*, un período de *Teshuva* o arrepentimiento en preparación para los días santos de *Yom Kippur*; un tiempo

---

[175] Mateo 7:3

[176] *Astrology, a Cosmic Science (La astrología, una ciencia cósmica)* por Isabel M. Hickey, 1981 (originalmente publicado en 1970).

[177] Eclesiásticos 3:2 *Hay un tiempo para nacer y un tiempo para morir; un tiempo para plantar y un tiempo para cosechar.* (BLPH)

de purificación y expiación. Echando un vistazo más profundo hacia el significado de los días asociados con Virgo, el sitio de Internet *Live Kabbalah* apunta:

> *Se conocen los días de Elul como los días de Teshuva (arrepentimiento) que deriva de la palabra LaShuv (לשוב) que significa regresar, es decir regresar a nosotros mismos, a nuestra verdad, a nuestra verdadera conexión interna. El rabino Breslov dice que la palabra hebrea Tikun (תיקון), que significa corrección, tiene las mismas letras que (תינוק), un bebé. Esto significa que una persona que se corrige a sí misma al eliminar la separación y desconexión de su alma, vuelve a su estado inicial como cuando era un bebé, reactivando así todos sus sistemas. Éste es el propósito de estos cuarenta días: perder nuestro sufrimiento y dolor así como el yo distorsionado y regresar a nuestros seres reales. Éste es el propósito de la creación y del mes de Elul.*

Redimir significa liberar a una persona de una deuda u obligación, o conseguir la libertad de una persona pagando un precio; entonces, entendemos el concepto de que Jesucristo, quien está asociado con Piscis y la Era de Piscis, pagó el precio —cargó sobre sí mismo el karma del mundo— comprando así para la humanidad la oportunidad de ser sanada. Ser redimido, entonces, significa ser purificado, desencadenado y liberado de la carga kármica.[178] Virgo nos da el manual, enseñándonos el camino paso a paso.

Ahora que la Era de Acuario está amaneciendo, nos echamos sobre nuestros propios hombros, en pequeños incrementos según los ciclos, la deuda que Él ha cargado por nosotros conforme la Era avanza. Hemos tenido suficiente tiempo para prepararnos. Es justo que lo hagamos.

LA MENTE SOBRE LA MATERIA Y EL ESPÍRITU SOBRE LA MENTE

Mercurio, el planeta que representa los procesos del pensamiento, la palabra y cualquier forma de comunicación, rige a Virgo. Mercurio también rige a Géminis, otro signo sobre la Cruz Mutable de la Sabiduría. La diferencia entre Virgo y Géminis es que Virgo es un signo de Tierra, mientras que Géminis es un signo de Aire. Los nativos de ambos signos se ocupan en compartir y difundir el conocimiento, pero a los Géminis les gusta aprender por el gusto de hacerlo, aprender sin tener un propósito práctico en mente; lo cual es absurdo para la mayoría de los Virgo.

Un dicho astrológico declara que los Virgo "pueden hacer una bolsa de seda de la oreja de un cerdo"; lo cual significa que pueden producir algo de valor de cualquier cosa. Inquisitivos, eficaces e ingeniosos, buscan la mejor manera de hacer el trabajo, remediar el problema, remendar el vestido roto, mostrar a otra persona cómo lo puede hacer o cómo lo puede mejorar. Los nativos de este signo mercurial aprenden de prisa. Su habilidad para retener información es impresionante. Considera, por ejemplo, una mesera Virgo que recuerda correctamente las órdenes de seis personas sin necesidad de apuntarlas. Pero siendo mutables por naturaleza, también son propensos a ser muy impresionables; recogen con facilidad los pensamientos de otras personas o pensamientos en el ambiente, confundiéndolos con los suyos propios.

A los Virgo no los sacuden fácilmente las situaciones difíciles. Puesto que dependen del razonamiento deductivo y la lógica, son analíticos expertos, y así determinan cómo remediar casi cualquier situación. Sin embargo, llegará el día en el que se encuentren metidos en circunstancias que no puedan resolver de la manera usual. Aunque tales momentos pueden provocar sentimientos de frustración, miedo y enojo, los ayuda a salir de la mente inferior, forzándolos a dar un salto de fe. Hasta a los Piscis idealistas les conviene emplear algo del razonamiento práctico Virgo para examinar la viabilidad de sus sueños, y a la inversa a los Virgo a veces se les reta a pensar menos y creer más, una mentalidad más característica de Piscis, su complemento.

Al notar que las personas nacidas bajo la influencia de Virgo son muy propensas a utilizar sus mentes para controlar mejor la materia, los astrólogos Sakoian y Acker escribieron: "Los Virgo necesitan aprender que aunque el cuerpo debe servir a la mente, al final de cuentas la mente debe servir al espíritu".[179]

EL TRABAJADOR INFATIGABLE

Los Virgo trabajan bien bajo presión. *Leonard Bernstein* ofrece la siguiente fórmula para obtener el éxito: "Para realizar grandes logros, se requieren dos cosas: un plan y no tener tiempo suficiente para poder llevarlo a cabo por completo".

Ante todo, el destino interno del alma Virgo es servir. Virgo rige el empleo, los empleados y los compañeros de trabajo. Su propia alma, la expresión del rostro, la naturaleza amorosa y receptiva de su espíritu y sus palabras bondadosas comunican: "Estoy aquí para ayudarte". Muchos Virgo, trabajadores concienzudos y dedicados, trabajan horas extras; caminarán el kilómetro extra sin que nadie se los pida.

Los nativos de este signo se sienten devastados cuando se rechaza sus esfuerzos. Ya sea que la causa se ubique en ésta u otras vidas, las circunstancias

---

[178] Salmos 130:7-8; el Libro de Hechos 20:28, Gálatas 3:13 y 4:5, Lucas 2:38

[179] *Manual de Astrología* por Frances Sakoian and Louis S. Acker (Harper Collins Publishers, 1994); originalmente publicado en inglés como *The Astrologer's Handbook* (Harper and Row, 1973).

Leonard Bernstein hizo su debut como director musical con *La Orquestra Filarmónica de Nueva York* el 14 de noviembre de 1943, como substituto de último momento del compositor alemán (nacionalizado estadunidense), Bruno Walter. El concierto fue transmitido a toda la nación. Al día siguiente, salió en la primera plana del periódico *The New York Times*; celebraron a Bernstein como el primer estadunidense que dirigía *La Filarmónica*. Tenía veinticinco años de edad.

conspiran para ayudar a estas almas a encontrar la paz interna necesaria para superar su miedo al rechazo. Muchas de ellas son almas gentiles, su enojo no siempre sale a la vista. Una persona Virgo, apática en apariencia, desempleada o que elige ocupar su tiempo en actividades dudosas, puede haber aceptado en algún nivel de su ser que sus servicios no tengan valor o que a nadie le interese emplearlos.

SI NO TIENES ÉXITO A LA PRIMERA...

Virgo rige los intestinos y la digestión. Los Virgos suelen ser propensos a una variedad de desórdenes digestivos. ¿La causa? Casi siempre es la ansiedad. La manera de acabar con tal sufrimiento es procurar relajarse, dejar de preocuparse tanto. ¡Ojalá fuera tan fácil como suena! En realidad, lo es. En la lista de libros recomendados para los Virgo sobresale *No te ahogues en un vaso de agua* del psicólogo estadunidense, el doctor Richard Carlson que diseñó una enseñanza búdica que fuera comprendida con facilidad por los occidentales. El doctor Carlson muestra que lo que determina nuestra paz mental no es tanto lo que nos pasa, como nuestra reacción a las circunstancias. Dale Carnegie, uno de los primeros y mejores autores de autoayuda, ofrece esta fórmula simple pero efectiva para vivir sin preocupaciones: "¡Siéntete satisfecho de hacer lo mejor que puedas!"

Cuando el Virgo se obsesiona en la búsqueda de la perfección, puede volverse exageradamente exigente ya sea con otras personas o consigo mismo. Aunque le gusta componer, reparar, investigar y entender cómo se soluciona el problema, por lo general se queda con la idea inconsciente de: "Si no tengo éxito, no valgo nada; si comento un error, seré rechazado". Más aún, cada vez que soluciona un problema o consigue algo que ha deseado desde hace tiempo o termina un proyecto, aparece otro al instante. Si llega a percibir que la vida consiste en una serie de retos que templan su voluntad, es probable que se convierta en experto en resolver problemas. Sin embargo, debe tener cuidado de no crear el hábito de sentirse perpetuamente frustrado e insatisfecho, pues con una mentalidad así de negativa jamás sentiría que está saliendo adelante; en su mente algo siempre andaría mal.

Una vez que el Virgo permite que los pensamientos negativos invadan su mente, estos tienden a dar vueltas fastidiosamente en su cabeza. Esa crítica interna tan persistente puede convertirse en un tormento para su alma, un ruido interno terriblemente agotador. Algunos nativos de este signo tienen una tendencia exagerada a enfocarse en lo que está mal; ni el detalle más pequeño escapa a su aguda atención. Al niño Virgo le beneficia aprender desde una edad temprana que puede ver el vaso medio lleno o medio vacío.

El alma en Virgo encuentra la paz mental cuando descubre el regocijo del Sendero, las grandes lecciones aprendidas tras haber cometido errores e incluso haber fracasado. Aun cuando los Virgos conocen el gozo de un trabajo bien hecho, puede llegar el momento en el que celebren la oportunidad de tratar de hacerlo mejor. Los Virgo se inclinarán por descartar una manera de hacer las cosas si no les da resultado, reemplazándola por otra, lo que sea necesario para terminar la tarea. Al final, la persistencia y la paciencia darán los resultados. No obstante, para los Virgo es un reto discernir cuándo hay que dar por finalizado un proyecto —o incluso una relación íntima— y seguir adelante.

¡CONFIA EN TU CAPACIDAD!

Cuando el israelita **Itzhak Perlman** (31 de agosto de 1945), famoso violinista y director de orquesta, tenía apenas tres años de edad, dijo a sus padres que quería aprender a tocar violín. El conservatorio musical Shulamit de Tel Aviv rehusó aceptarlo por el hecho de que era demasiado pequeño para sostener el instrumento. Entonces demostró que "es tarea del artista descubrir cuánta música puede hacer con lo que tiene". El niño Itzhak se enseñó a tocar un pequeño violín que su padre hizo a su medida. Sin embargo, en menos de un año contrajo la polio que le paralizó ambas piernas. Mucha gente pensó que el futuro de ese talentoso niño se había perdido trágicamente. No obstante, Itzhak perseveró. Con diez años de edad, entró a Shulamit donde dio su primer recital. Al cumplir trece, recibió una beca en la escuela de música Juilliard de Nueva York. Debutó en Carnegie Hall en 1963 y ganó el prestigioso premio *Leventritt Memorial Competition* en 1964, lo cual lanzó su carrera a la edad de diecinueve años. Perlman es considerado el violinista clásico más prominente de su generación. Ha tocado en casi todas las grandes salas de concierto del mundo.

Cuando las cosas se ponen difíciles, a la persona con el Sol en Virgo le da por quejarse y sentirse deprimido o puede elegir sonreír, enfrentando la adversidad con optimismo y fe, descubriendo fuentes internas antes desconocidas. En las palabras del maestro Perlman: "¡Confía en tu capacidad!"

¿Fue la polio de Perlman un retorno inevitable de su karma? Tal vez. Sin embargo, como el ciego al que curó Jesús, puede que su condición se manifestara para enseñar una lección importante al mundo, para convertir a esta Tierra en un mejor lugar y/o para aumentar la determinación y valentía de sus almas. En realidad, no lo podemos saber con certeza. En última instancia, esto no es lo que importa. Aquellos que logran alcanzar mucho más que las esperanzas ordinarias, nos inspiran y motivan. Hasta ponemos más atención cuando tales individuos logran llegar tan alto a pesar de sus desventajas y discapacidades. La elección de ser positivos y perseverar a pesar de las limitaciones nos anima a transcender nuestro destino escrito en las estrellas.

LA FUENTE DE LA JUVENTUD

La mayoría de los Virgo ponen atención a los detalles de su apariencia. Su naturaleza los atrae a campos como la estética, la moda y la cosmetología. Algunos exageran; pareciera que siempre se están arreglando, peinándose, cambiándose de ropa y, cuando pueden, sometiéndose a cirugías plásticas para alterar sus rasgos y el color de su tez. Lo bueno nunca es suficientemente bueno.

La actriz italiana Virgo **Sophia Loren** (20 de septiembre de 1934) nunca perdió su elegancia y belleza. ¿Cuál es el secreto de esta estrella tan cautivadora? Ella insiste en que "la belleza tiene que ver con cómo te sientes por dentro, y eso se refleja en tus ojos. No es algo físico". Loren también declara: "Existe una fuente de juventud: es tu mente, tus talentos, la creatividad que traes a tu vida y a la vida de quienes amas. Cuando aprendas a aprovechar esta reserva, habrás derrotado la vejez".

LOS MAESTROS DEL ZODÍACO

Motivados a aprender y enseñar, los Virgo a menudo son los mejores maestros, ya sea su profesión o simplemente su naturaleza. Aprovechándose de una variedad de fuentes, son expertos en desglosar temas en sus diversos componentes para luego presentarlos en un formato interesante, preciso y fácil de entender. Como la Madre Tierra, el maestro Virgo crea y mantiene el orden con diligencia y repite con paciencia las instrucciones necesarias, mientras busca mecanismos para hacer las lecciones más interesantes e impartir mayor entendimiento y libertad creativa al niño.

María Montessori (31 de agosto de 1870) atrajo al principio gran atención hacia su manera de enseñar cuando recibió la oportunidad de cuidar a un grupo de niños que vivían en uno de los barrios más pobres de Roma. Necesitados y desatendidos, sus padres los dejaban hacer lo que querían. Montessori los observó para descubrir las leyes de su ser, luego creó un ambiente en el que sus habilidades naturales pudieran florecer. Llamó a su primera escuela *La Casa dei Bambini (La Casa de Los Niños)*, en donde aquellos niños que habían sido descuidados y tenían escasa esperanza de un buen futuro, empezaron a ser ordenados y productivos. Sus destrezas y habilidad para concentrarse sobre-pasaron a las de los niños de la misma edad provenientes de familias privilegiadas.

La Dra. María Montessori (1870–1952) y la Dra. Elisabeth Caspari (1899–2002)
"La tarea del maestro es nutrir primero y ayudar, observar, animar, guiar, inducir, en lugar de interferir, prescribir o restringir".
—María Montessori, El Método Montessori

La Dra. Montessori enseñó que todo niño tiene genio interno y que el papel del maestro o de la maestra, es servir a este guía interno, observándolo y proveyéndolo de los materiales necesarios para su trabajo verdadero, que es el de crear al hombre que un día llegará a ser. Montessori, católica devota, enseñaba lo importante que es sintonizarse con el alma del niño. Se ha dicho que capturó el espíritu con el que María, la madre de Jesús, y Elizabeth, la madre de Juan el Baptista, educaron a sus hijos.

Aparte de desarrollar en el niño su discriminación visual, la coordinación óculo-manual, el sentido de orden y la pinza como preparación para la escritura y lectura, los materiales y lecciones Montessori ayudan a los niños a descubrir por sus propios medios qué es lo que da resultado y qué no. El énfasis en los detalles, el orden, la artesanía y el trabajo manual forman parte fundamental de cualquier salón de clase Montessori. Todos estos son conceptos Virgo que derivan de la sabiduría del corazón de la Madre Divina. Montessori escribió:

En el ambiente Montessori, los materiales están diseñados para engendrar amor por el aprendizaje en el niño, así como la habilidad de corregirse a sí mismo.

La Madre en Virgo observa a cada uno de sus hijos en silencio. Reconoce en ellos la semilla de su potencial, aun cuando todavía no se han despertado a su propio destino divino. Paciente, sabia, diestra y cuidadosa de cada detalle, ayuda a sus hijos a desarrollar al máximo sus fortalezas y a superar con eficiencia sus debilidades. Les proporciona las herramientas necesarias y el entrenamiento para utilizarlas, porque sabe que llegará el día en que tendrán que dejar el nido y defenderse por sí mismos.

Elisabeth Caspari, una verdadera discípula de María Montessori, con quien ésta pasó cinco años en la India, era otra educadora Virgo infatigable en sus esfuerzos para ayudar a los niños del mundo. Nacida el 5 de septiembre de 1899, la doctora Caspari vivió casi hasta los 103 años de edad, educó a miles de niños y entrenó a numerosos maestros y maestras en diversas partes del mundo. Estaba determinada a conservar el legado de María Montessori, a que no lo perdieran aquellos que aprendieron sus métodos sin capturar su mensaje. Al preguntarle sobre su opinión sobre la educación durante la Era de Acuario, le encantaba citar el verso bíblico que dice: "Un niño pequeño los guiará".[180] El niño representa el alma que la Madre ha venido a despertar, porque ha llegado la hora de recuperar lo que durante tantos eones ha estado perdido.

Recibí mi entrenamiento como maestro Montessori directamente de la Dra. Elisabeth Caspari en 1980 y 1981. Fue una época maravillosa en mi vida, pues la Madre Caspari, como la llamábamos, era una portadora apasionada y convencida del legado de la Dra. María Montessori. El mensaje de Montessori fue mucho más allá de lo que se llama *el Método Montessori*, y Elisabeth Caspari estaba decidida a que no se diluyera, se distorsionara o se perdiera.

Sin duda, estas dos pioneras y maestras Virgo establecieron los cimientos de la educación correcta para la era acuariana. Al observar a los niños, Montessori descubrió el secreto de la niñez, del cual surgió la "nueva educación", llamada también "el nuevo sendero" y por último el Método Montessori. Pero la misma Montessori había declarado: "No había método que ver. Lo que se veía era a un niño —al alma de un niño liberada de obstáculos, actuando según su propia naturaleza".

El mensaje era claro: la sociedad adulta debe devolver al niño su herencia legítima, pues en el niño descansa el destino del mundo. Solo él puede cambiar la ruta de los hombres, pues es él quien creará al hombre en el que se convertirá. Montessori escribió: "Un niño es como el Mesías en el sentido en que desciende hacia los hombres caídos para llevarlos de vuelta al reino de los cielos". La Madre Caspari nos enseñó que para capturar la esencia de esta enseñanza maravillosa, debemos ir más allá de la estructura del método; debemos ahondar en la cristalina claridad de la mente de María Montessori. Debemos conocer al niño y amarlo como ella lo hizo.

Qué ejemplo magnífico del uso correcto de la agudeza Virgo: no solo

---

[180] Isaías 11:6 *El lobo vivirá con el cordero, el leopardo se echará con el cabrito, y juntos andarán el ternero y el cachorro de león, y un niño pequeño los guiará.* (CST)

CARTA COMPUESTA:
Dr. Elisabeth Caspari
con
Dr. María
Montessori

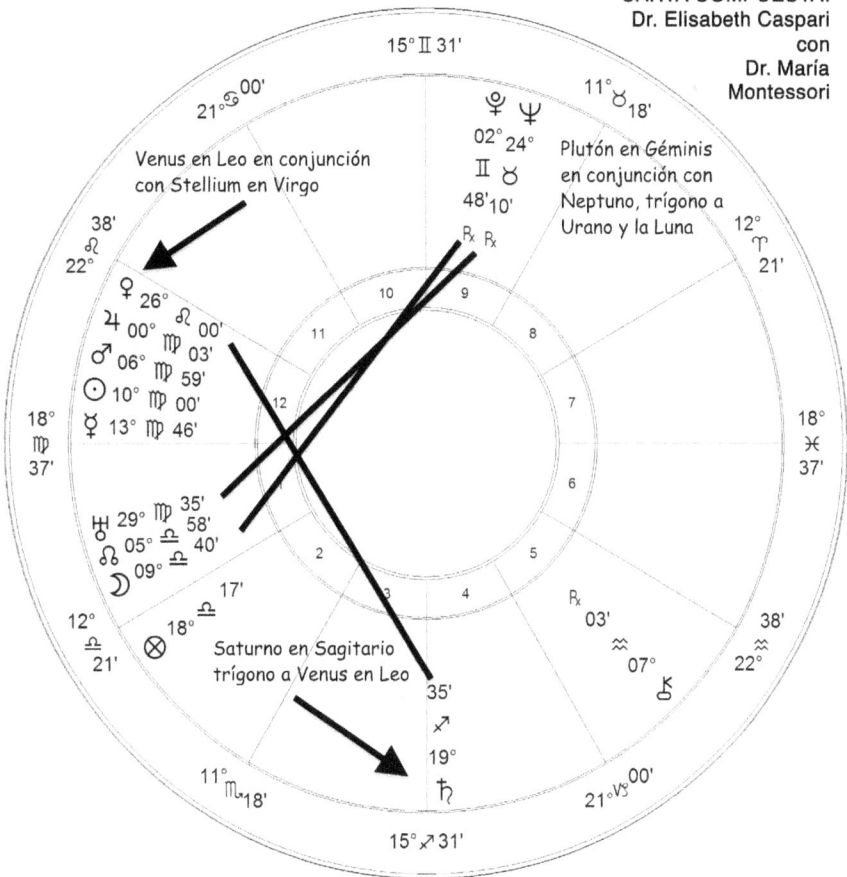

Venus en Leo en conjunción
con Stellium en Virgo

Plutón en Géminis
en conjunción con
Neptuno, trígono a
Urano y la Luna

Saturno en Sagitario
trígono a Venus en Leo

---

¹⁸¹ El *stellium* de planetas en Virgo está enmarcado por la Luna en gentil Libra formando un auspicioso trígono con Plutón en Géminis, lo cual señala el potencial para un cambio profundo en el campo de la educación. Hay que advertir que Urano, planeta de las reformas y revoluciones arrasadoras está intensificado por encontrarse en el último grado "anarético" (29) de Virgo. Además, Urano en trígono con Neptuno es un aspecto de idealismo y reforma que puede indicar facultades espirituales muy desarrolladas. Aquí tenemos la carta compuesta casi entera, pero vemos a Saturno (dharma, carrera, destino) en Sagitario (educación, filosofía, misticismo y religión, viajes al extranjero) casi solitario; se ve hasta abajo de la carta, en trígono con Venus en Leo (amor por el niño). Notamos que Montessori nació en 1807, cuando Saturno en su tránsito estaba a 21 grados Sagitario. En 1899, veintinueve años después (un retorno completo de Saturno), nació Elisabeth Caspari. En su carta Sagitario está a 17 grados Sagitario. (Saturno había llegado a 21 grados Sagitario en febrero de 1899, pero luego se puso retrógrado por varios meses). El punto medio de Saturno visto en la carta compuesta es 19 grados Sagitario, obviamente la posición precisa para poder afectar el pensamiento mundial.

El trígono Venus/Saturno fortalece la relación entre María Montessori y Elisabeth Caspari y profetiza la durabilidad de sus labores en beneficio de los niños del mundo.

percibir la perfección en el niño, sino darle las herramientas que necesita, más la amorosa guía del adulto, a fin de que esté libre para corregirse a sí mismo. Así pues, a los maestros Montessori en entrenamiento se les enseña a ser lo bastante valientes como para mirarse en el espejo y eliminar cualquier cosa en su psicología que pueda obstaculizar la confianza del niño bajo su cuidado.

La carta compuesta se calcula determinando los puntos centrales matemáticos entre los planetas y puntos de cada persona, y es una nueva carta de todo a todo. En efecto, es la carta natal de una relación. La carta compuesta entre María Montessori y Elisabeth Caspari es acentuada por una sorprendente concentración de planetas liderados por Venus, el planeta del amor, en el signo del niño —Leo— ¡en conjunción con dos de los cinco planetas en Virgo! En verdad, esta carta compuesta describe no solo la naturaleza de la relación entre María Montessori y Elisabeth Caspari sino, y de manera más importante, la de la obra que sobreviviría a estas dos grandes educadores Virgo durante generaciones por venir. (Veasé la carta compuesta en la página anterior).[181]

EL NIÑO VIRGO

Para el Virgo pequeño, lo bueno no es suficientemente bueno si no es perfecto. Miguel era un niño Virgo de cinco años que asistía a la escuela Montessori. En un día cualquiera la maestra sonó la campana anunciando la hora del recreo. Los niños salieron a jugar, todos menos Miguel. Él se quedó, absorto y decidido, a finalizar su dibujo de una casita rodeada por un césped verde. El pequeño dibujó la casita con un hermoso portón blanco enfrente y empleó el recreo para dibujar con todo detalle cada pasto. Casi no despegaba su mirada del papel. Aunque sacrificó todo el recreo para satisfacer su necesidad de perfección, al final su rostro brilló al ver su trabajo terminado.

Inquisitivos por naturaleza, a los niños Virgo les gusta observar los fenómenos naturales para descubrir las leyes que gobiernan su manifestación. Con frecuencia disfrutan participar en actividades y pasatiempos en los que deben nombrar, pegar, organizar y categorizar. Muchos niños de este signo tienen destreza manual, algunos muestran habilidad mecánica o artística desde una edad temprana, otros más tienen talento musical y por lo general les gusta trabajar con artesanías y tejidos. Hasta a los más pequeños les encanta el manejo de artefactos mecánicos, cualquier cosa que se pueda montar y desmontar de nuevo. Las piezas geométricas que forman diseños bellos e intrincados captan su interés.

Los jóvenes Virgo tienden a preocuparse por los demás. Responden de inmediato cuando sienten que alguien necesita su ayuda. De igual manera les gusta cuidar las cosas, encargándose de muchos asuntos; salvan, restauran y reparan. Los niños Virgo se sienten apreciados cuando se les da la oportunidad de dar la mano en la familia y pueden resultar de gran ayuda cuando se les proporcionan herramientas hechas a su medida, con las cuales pueden hacer trabajos excelentes. Conforme van madurando, estos niños mercuriales inventan modos más eficaces de administrar el hogar, el salón de clase y todo lo demás.

Algunos niños de este signo son cariñosos pero tímidos, por ello les beneficia tener modelos y mentores que los inspiren a reconocer lo bueno que hay en ellos, en otras personas y en sus diversas actividades. De la misma manera, padres, guardianes y maestros amorosos y pacientes ayudarán a estos pequeños al desalentar cualquier tendencia que presentara a criticar, quejarse o molestar. A veces ocurre que el niño con el Sol en Virgo puede estar tan angustiado ante la posibilidad de que las cosas no le salgan perfectas, que mejor decide no hacer nada. Quizá la percepción del niño acerca de las expectativas de uno o ambos padres, representados por el Sol y la Luna en su carta, despierta ansiedad, causándole miedo o vergüenza. Si se esmera en proyectos cuyo reto es apropiado para su edad, dentro de un hogar amoroso y un ambiente escolar que anima la exploración entusiasta, conocerá el premio a sus esfuerzos y llegará a aceptar que "Roma no se construyó en un día".

Muchos jóvenes Virgo demuestran interés en las artes curativas; ponen una curita sobre el dedo de un niño más pequeño; preparan remedios e infusiones de hierbas; estudian anatomía y fisiología o miran detenidamente por un microscopio; muchos otros son hábiles en las ciencias naturales y las matemáticas. Nacidos con una habilidad natural para aprender y para la lectura, los niños Virgo se sienten en casa en el salón de clase, sobre todo cuando las lecciones los estimulan y el ambiente es bello y ordenado. Como nacen con un deseo innato de nutrir e instruir a los demás, normalmente gozan cuidando a sus hermanos menores y sus mascotas. Saben cuidar los detalles, pero cuando se fijan demasiado en las cosas pequeñas, pierden de vista la imagen completa, como cuando tantos árboles no le permiten a uno ver el bosque. Los padres deben recordar a su hijo o hija Virgo que "hay un lugar para cada cosa y cada cosa en su lugar", para prevenir que su cuarto se atasque de libros y chácharas.

La energía Virgo es de Tierra, por lo cual los Virgo son agudamente conscientes de sus cuerpos. Los bebitos de este signo se sienten muy incómodos si se los deja mojados o se los desatiende. El alma Virgo necesita discriminar y discernir, es el desgranador destinado a separar el trigo de la espiga. Por consiguiente, la etapa de aprender a ir al baño es vital para estos niños, pues están aprendiendo cómo sus cuerpos discriminan entre lo que necesitan y lo que no. Esta época no debe ser desagradable, deben sentirse cómodos y no se les debe presionar. El examen escudriñador que hace el adolescente Virgo de la imperfección que percibe en su propia persona puede ser bastante despiadado. La adolescencia es una etapa clave para los Virgo, de la que pueden salir airosos si logran ver lo bueno dentro de sí mismos, así como dentro de los demás. Cuando están ocupados y disciplinados en trabajos y estudios que disfrutan, pueden ocupar su atención de manera constructiva, mientras adquieren las destrezas y experiencias que los preparan para su próximo paso en la vida.

¿ERA EL SEÑOR DARCY UN VIRGO?

¿Era el Señor Darcy, el protagonista creado por la autora Jane Austen en su novela clásica, *Orgullo y prejuicio*, un Virgo? Así parece, por lo menos por la interpretación del actor **Colin Firth** en la exitosa producción de la BBC (British Broadcasting Corporation) en 1995. Colin Firth (10 de septiembre de 1960), saltó a la fama con esta mini-serie hecha en un principio para la televisión.

De hecho, Firth casi rechazó la oferta del papel de Darcy porque creía que no tenía nada en común con él, y tal vez no le correspondía protagonizarlo. Años después, Firth dijo lo siguiente en la entrevista que le realizó el periódico inglés, *Daily Express*: "Darcy era taciturno, sexy, misterioso, y yo simplemente no soy así. Él montaba a caballo y era dueño de una magnifica casa en Derbyshire. Yo paseo en bicicleta, hablo mucho y no vivo con lujos". Sin embargo, desde un punto de vista astrológico, Firth fue hecho para este papel. Con el debido respeto por el talento actoral de Firth, me pregunto si habría podido ser tan convincente como el —aparentemente— orgulloso y arrogante Darcy, sin la ayuda de su Ascendente en Escorpio. Acaso no haya sido tanto la naturaleza arrogante y aristócrata de Darcy lo que conectó a Firth con el personaje, como la autenticidad y honorabilidad de Darcy en su camino hacia el Héroe en el que se convirtió tras procesar el rechazo de Elizabeth Bennett a su propuesta matrimonial. Darcy se da cuenta que si desea ganar el amor de Elizabeth, tendrá que dejar de ser la persona orgullosa y engreída en la que se ha convertido sin saberlo —rasgos de carácter que provienen sobre todo de su niñez y que le habían servido bien hasta que el verdadero amor lo desafió a examinarse con mayor detenimiento.

Colin Firth, en el papel del Señor Darcy, con su coprotagonista **Jennifer Ehle** en el de Elizabeth Bennet en la miniserie producida por la BBC sobre la novela escrita por Jane Austen, *Orgullo y perjuicio.*

La carrera de actor favorece la predilección que tiene Firth por perfeccionar sus obras hasta el último detalle, ya sea que el proyecto actual sea un papel cinematográfico o un capítulo de su vida personal. De hecho, cuando le preguntaron durante una entrevista cuál era su rasgo de carácter más sobresaliente,

Firth respondió: "La necesidad obsesiva de perfección". Él admira a personas como Gandhi, que emprenden la lucha en contra de las injusticias políticas y sociales. Firth ha ganado el éxito por su perseverancia, esfuerzo constante y determinación, siempre puliendo sus destrezas en el perfeccionamiento de su arte.

Ser perfeccionista va de la mano con la ansiedad de los Virgo. Cuando le preguntaron cuál era su truco para controlar el estrés, Firth habló de su costumbre de escribir en su diario mientras escucha música de Mozart, una buena manera de mantenerse en paz en lugar de alterarse por cosas insignificantes. Y por último, cuando le preguntaron quiénes fueron las mujeres de su vida, contestó: "¡Mi madre, mi esposa y Jane Austen!"

SALVAR AL PLANETA Y A NOSOTROS MISMOS

Virgo rige la salud y los hábitos alimenticios. Los nativos de este signo son muy sensibles a las diversas toxinas en el ambiente, dentro de la comida, en los cosméticos, las pinturas y las drogas farmacéuticas. Aunque son muy reactivos a estos elementos, tienden a recuperarse relativamente rápido de sus malestares.

La personalidad Virgo tiende a ser muy particular en cuanto a sus gustos, experimentando con una dieta tras otra. No hay duda de que la comida correcta puede ser la clave para ayudarlo a estabilizar su disposición nerviosa y a mejorar su salud. El perrito toy terrier de una pareja Virgo se rehusó a comer premios normales para perros. ¡Solo aceptó las mejores botanas para canes hechas en casa!

El campo de la nutrición, regido por Virgo está pasando por una revolución en estas primeras décadas de la Era de Acuario. Aquellos que quieren salvar a la Tierra y salvarse a sí mismos, están repensando lo que debemos comer, cómo debemos hacerlo, la manera de cultivar, cosechar y obtener nuestra alimentación y nuestro abastecimiento de agua. Se están desarrollando nuevas técnicas como reacción al avance alarmante de la ingeniería genética de nuestros cultivos, la erosión de nuestras tierras, la mala administración y la contaminación de los mantos acuíferos. Por otro lado, nuevas fronteras acuarianas actuales incluyen la comprensión del poder curativo de las frutas y las verduras; nuevos métodos para cultivar comida orgánica (biológica); el uso de plantas como medicina que reemplaza la dependencia a tantas drogas de patente; y la introducción de menúes más saludables en las escuelas públicas y otras instituciones.

PERFECCIONAR LA FE A TRAVÉS DE LAS OBRAS

La mayoría de las almas Virgo que buscan su unión con Dios descubren que su sentido natural de moderación y pureza, su sabiduría y discriminación, su esfuerzo constante de superación, su inclinación natural por la autorreflexión y su temperamento estudioso, les ayuda a adaptarse bien a los rigores y sencillez de la vida espiritual. Muchas veces llegan al Sendero ya entrenados y con cierto éxito en su campo de trabajo y en su labor sagrada, el destino para el cual nacieron.

Quizá ya tengan un momentum de servicio a los demás y estén acostumbrados a hacer sacrificios personales cuando es necesario. En cualquier caso, casi siempre llegan listos para poner manos a la obra y ayudar en lo que puedan.

Cuando las almas persiguen con diligencia el sendero de la automaestría, a menudo experimentan la eliminación de una parte de su karma personal, lo cual les permite saldar sus deudas kármicas a través del servicio y la oración. Talentos y dones particulares pueden cristalizarse dentro de ellos, proveyéndolos de la energía y las destrezas necesarias para enfrentar lo que parecería un desafío formidable. La fe del Aspirante Virgo será puesto a prueba a través de sus obras. Al aplicarse con sinceridad al sendero, se va perfeccionando a sí mismo y fortalece su relación con su propia realidad divina.

El cumplimiento de la labor sagrada es un elemento esencial en el sendero espiritual de cualquier persona, sin importar cuándo haya nacido, pero Virgo ejemplifica más que los otros signos zodiacales las palabras de Santiago, discípulo de Jesús, cuando afirmó que a través del trabajo se perfecciona la fe y que *la fe, sin obras, es muerta*.[182,183]

UN HÉROE PARA LA HUMANIDAD

William Wilberforce, nacido el 24 de agosto de 1759, era un político y filántropo británico y el líder del movimiento abolicionista de la esclavitud en

William Wilberforce (1759–1833)

Inglaterra. Como muchos Virgo, nació con la pasión de corregir la injusticia en el mundo. Una vez dijo de sí mismo: "Si ser ardientemente sensible a los sufrimientos del prójimo significa ser un fanático, entonces yo soy uno de los fanáticos más incurables del mundo". Profundamente religioso, Wilberforce consideró la posibilidad de ser sacerdote, pero su buen amigo, el joven primer ministro William Pitt, lo convenció de que podría servir mejor a Cristo en el campo político. Con veintiun años de edad, Wilberforce fue el miembro más joven del Parlamento. No todos los Virgo están destinados a enfrentarse a una nación entera, pero todos nacieron para servir; y a través de sus esfuerzos no solo ayudan a otras personas, sino se ayudan a sí mismos. Sin lugar a dudas, Wilberforce creía que había nacido para luchar contra la esclavitud en Inglaterra. Comenzó por presentar la legislación contra la esclavitud en 1789; fue recibido con oposición, enojo y escarnio en casi cada paso que dio. No es de sorprender que sufriera de malestares gastrointestinales severos, enfermedades típicas de Virgo resultantes del estrés, la ansiedad y la fatiga. Sus problemas crónicos de salud lo debilitaron, amenazando a veces su vida. No obstante, siguió luchando por la causa. ¿Cómo lo hizo? Una vez escribió:

> *Desarrolla el hábito de ver antes que nada las terribles consecuencias del fracaso; luego, pon tu atención en el premio glorioso ante ti; y cuando tus fuerzas empiecen a flaquear y tu espíritu esté por agotarse, deja que la visión de tu causa te reanime, reavivando tu resolución; entonces, invoca con renovado vigor las energías desfallecientes de tu alma.*

En lo personal yo jamás olvidaré el sabio consejo que me dio una amiga Virgo hace años, cuando le pregunté por qué no se habían resuelto todavía las circunstancias difíciles en las cuales me encontraba. Ella me respondió: "Es una vasta alquimia". Con estas palabras me estaba diciendo que había muchas cosas que todavía tenían que manifestarse y que el asunto tenía que ver con las vidas de varias personas, no solo conmigo. Como dijo el apóstol Santiago: *Más tenga la paciencia su obra completa, para que seáis perfectos y cabales, sin que os falte cosa alguna.*[184]

Cuando todos los atributos del Héroe en Virgo se reúnen, combinando su pasión por una causa superior con perseverancia y paciencia a pesar de los obstáculos, el objetivo casi inevitable es la victoria. En la biografía de William Wilberforce, *A Hero for Humanity (Un héroe para la humanidad)* se describe el momento en que se dio un gran avance en la causa a la cual Wilberforce había dedicado su vida:

> *En la noche del 23 de febrero de 1807, la emoción aumentaba en la Cámara de los Comunes mientras los miembros del Parlamento debatían la iniciativa más reciente que había propuesto. Declaración tras declaración se manifestaron en favor de la abolición, y los demás miembros del Parlamento empezaron a rendir homenaje a Wilberforce. Luego, los miembros de la Cámara de los Comunes se pusieron en pie, se dirigieron a Wilberforce y lo aclamaron. Gritaron: ¡Viva! tres veces mientras Wilberforce se había quedado sentado con la cabeza inclinada y lloraba. Entonces, los Comunes votaron por abolir el*

---

[182] Santiago 2:22 *Ya ves que la fe actuó juntamente con sus obras y que la fe se perfeccionó en virtud de las obras?* (RVR 1977)

[183] "Santiago 2:26 *Porque así como el cuerpo sin espíritu está muerto, también la fe sin obras está muerta.* (RVR 1977)

[184] Santiago 1:4

tráfico de esclavos por un votación de 283 contra 16. El Primer Ministro Granville dijo que la legislación era "una medida que otorgaría felicidad a millones de personas actualmente vivas, y por la cual el recuerdo de Wilberforce sería bendecido por millones todavía no nacidos".[185]

Cuando el Parlamento prohibió el tráfico de esclavos en 1807, cambió la corriente, pero tomaría veintiséis años más, para que la ley tuviera efecto para toda la Gran Bretaña, incluyendo las colonias. Wilberforce seguía luchando, siempre y cuando estuviera lo suficiente saludable para hacerlo. Después de casi tres meses de debate, el 26 de julio de 1833 se aprobó en casi todo el Imperio Británico el Acta de Abolición de la Esclavitud. Un mensajero corrió a la casa de Wilberforce, llevándole la buena noticia. Él murió tres días después y fue enterrado al lado de su amigo, William Pitt, en la Abadía de Westminster.[186]

El Acta de Abolición de la Esclavitud —un preludio para la Era de Acuario que estaba por venir— preparó la plataforma para la abolición de la esclavitud en Estados Unidos que se realizaría casi sesenta años después (1865) y requeriría la misma lucha, visión y perseverancia, esta vez por parte de Abraham Lincoln (léase el Sol en Acuario) y una Guerra Civil por ganar.

LO SUFICIENTE: NI MÁS, NI MENOS

Emilia, una maestra de Yoga de veintiocho años de edad, dotada con esa belleza particular de la mujer Virgo, guió a sus estudiantes a través de una *asana* (ejercicio) bastante difícil. Los instruyó: "En su próxima exhalación, levanten *graciosamente* la pierna derecha y elévenla por detrás". Sus alumnos sonrieron. De alguna manera, la palabra *graciosamente* les sirvió para recordarles que dejaran a la energía fluir, ejecutando el ejercicio con la fuerza necesaria, ni más ni menos. Mientras caminaba por el salón evaluando el progreso de los estudiantes, Emilia continuó guiándolos con una voz a la vez fuerte y suave: "Pongan su atención en su aliento, exploren qué es lo mejor para ustedes, tal vez necesiten aumentar la fuerza o estirarse para obtener mayor flexibilidad; si lo necesitan, usen un ladrillo de corcho o doblen la rodilla". Añadió, casi como una idea tardía: "y recuerden practicar *enoughness*". ¿Qué quiere decir *enoughness? Lo suficiente, ni más, ni menos.*

Para el alma Virgo en el camino espiritual, es vital establecer límites personales correctos, pues la economía del esfuerzo muestra maestría en el uso de la energía de la Madre. ¿Cuánto hay que ahorrar? ¿Cuánto hay que gastar? ¿Cuándo llega a ser una desventaja trabajar demasiado? A los Virgo no les gusta tirar la toalla. Sin embargo, la vida les enseñará la sabiduría de discernir y aceptar cuándo es hora de perseverar y cuando es hora de dejar un proyecto, aunque les parezca no haber hecho lo suficiente. Aprenderán a perdonar y aceptar lo que no pueden cambiar, a reconocer y aceptar cuando una relación llega a su fin y cuando es mejor dejar de hacer por otra persona lo que ésta tiene que hacer por sí misma. El buscador Virgo llega a reconocer como señales de alerta los sentimientos de estrés y de frustración. Debe volver a su centro, tomar una pausa para respirar, contar hasta diez o quizá dar la vuelta; lo que más lo ayude a disipar la ansiedad que ha penetrado en su psiquis antes de que lo abrume. ¡Debe practicar *enoughness!*

LA ANSIEDAD DESTRUYE LA ALQUÍMIA

La ansiedad recorre toda la gama, desde la pequeña molestia de una mentalidad crónicamente aprehensiva hasta el revoltijo constante de mensajes y pensamientos negativos pasando por totales ataques de pánico. La expresión que todos los Virgo deben aprender es: *¿A ti qué te importa? Tú, sígueme.*[187]

Por supuesto, algunos errores traen consecuencias severas que alteran el curso de la vida, pero muchos descubrimientos y sucesos maravillosos son resultados de errores, incluso de supuestos fracasos. Todo en la vida ocurre por una razón. Elizabeth Clare Prophet, refiriéndose al estado de ansiedad tan común entre los Virgo o cualquier persona que pasa por un ciclo de Virgo, enseñó que el sentimiento de lucha crea la lucha.

¡QUÉ NADA TE PERTURBE!

Cuando el Aspirante Virgo es crítico, se hace vulnerable a *la sugestión mental agresiva*, la imperceptible intrusión de los pensamientos de otros en su mente. Puede aprender a reconocer y liberarse de estos mensajes negativos e invasivos que las personas tienden a creer justificándolos mediante la creencia de una injusticia (¡No es justo!), y así evitar arrepentirse después.

Conforme avanza, el Aspirante Virgo tiende a ser menos susceptible a caer en la trampa de hacer caso a pensamientos ajenos, porque es más consciente

---

[185] Este escenario está bien ilustrado en la película Amazing Grace (Gracia sublime), dirigida por Michael Apted. La película reproduce la campaña hecha por William Wilberforce casi por sí solo contra el tráfico de esclavos en el Imperio Británico, así como su relación con el orador evangelista John Newton, quien había trabajado en barcos de esclavos hasta que tuvo una conversión religiosa, después de la cual escribió la poesía "Amazing Grace" *(Gracia sublime)*, bien conocida después como una influencia importante en la vida de Wilberforce y en el movimiento abolicionista. Newton fue un mentor religioso para el joven Wilberforce cuando éste estaba viviendo en Londres.

[186] Para saber más de Willam Wilberforce, su vision y su lucha, véase William Wilberforce el Parlamentario Persistente en http://www.visionjournal.es/node/2170.

[187] *Jesus le dijo: Si yo quiero que él se quede hasta que yo venga, ¿a ti qué? Tú sígueme.* Juan 21:22 (RVC)

y menos propenso a estados mentales agitados que atraen tales perturbaciones a su paz mental. No obstante, más le vale quedarse en un estado de *mindfulness* y gratitud, acompañado por una determinación de estar siempre agradecido y de no dejar que nada lo intranquilice. Si llega al estado de agotamiento por la falta de sueño o por ansiedad, estará mostrándose en los hechos vulnerable a la sugestión mental agresiva. Cuando los buscadores Virgo se encuentran atrapados en un vórtice de energía negativa, necesitan respirar lentamente para restablecer su ecuanimidad. Aunque podrían sentirse tentados a analizar el problema en detalle en busca de la solución, ése no es el momento para hacerlo.[188]

EL PERDÓN

Quien quiera ser el Héroe en Virgo tendrá que reconocer, enfrentar y purgar de su psique una de las manifestaciones de la ignorancia más perniciosa, profundamente oculta y comúnmente aceptada hoy en día, que es la creencia de que somos rechazados por Dios a causa de los errores que hemos cometido. Las almas Virgo a menudo experimentan *un temor al rechazo* casi primordial. La verdad es que Dios jamás rechaza a sus hijos. Cuando rechazamos al Maestro, nuestro karma se convierte en nuestro maestro (aprendemos a través del retorno de nuestro karma).

No puede haber arrepentimiento verdadero sin la confesión del error, la resolución de no pecar más (de dejar de utilizar mal la luz), y la aceptación del perdón (la oportunidad de aprender a hacerlo mejor, liberados de la carga de sentirnos culpables). El Aspirante Virgo debe sacudir de su mente y de su psique la sustancia tóxica de la vergüenza, tan prevaleciente en este signo.

Invocando a las grandes reservas del amor, el Aspirante Virgo calma el fuego que hay en su mente, la agitación de su plexo solar y cualquier rastro de tristeza que hubiera en su corazón. A fin de cuentas, perdonar es una elección. Llega el momento en que el alma debe escoger entre quedar presa dentro de los vórtices limitantes de emociones negativas o seguir su camino. Rehusar perdonar o ser perdonado es una manifestación de orgullo y una negación de la gracia, una acción que en efecto liga a la persona kármicamente a personas o recuerdos que se niega a soltar. Cualquiera que sea la acción que haya decidido tomar en una circunstancia dada, una vez que supera su resistencia a perdonar y a ser pedonado, entregando su dolor y a la persona que lo ha lastimado a un Poder Superior, el Aspirante Virgo seguirá su camino con una carga más ligera.

---

[188] Mary Baker Eddy, la fundadora de *La Ciencia Cristiana*, fue la primera en usar el término *sugestión mental agresiva*; las enseñanzas de The Summit Lighthouse tratan el tema con mayor detenimiento. Algunos psiquiatras utilizan el concepto hoy en día.

HEROÍNAS DE VIRGO

Ambas *Clara Louise Kieninger* y *la Madre Teresa de Calcuta* vivieron vidas de abnegación, fueron constantes en su servicio y en perfeccionar su fe mediante sus obras. Ambas encarnaron la llama de la Madre Divina.

Clara Louise Kieninger y Madre Teresa dedicaron sus vidas a servir a Dios; las dos lograron tocar a las almas que trabajaban a su lado o quienes estaban bajo su cuidado e inspiraron a mucha gente en todo el mundo con su ejemplo.

Clara Louise Kieninger, una verdadera Heroína Virgo, nació el 16 de septiembre de 1883 en una familia pionera en Junction City, Kansas. Después de haberse graduado de la escuela de enfermería, resolvió que el lema de su clase, *Ich Dien (Yo sirvo)*, sería el principio rector de su vida, junto con la Regla Dorada, la oración y la fe incondicional. Los servicios de Clara Louise eran muy estimados adondequiera que iba. Ocupó diversos puestos de autoridad debido a la excelencia de su cuidado y ministerio sobre los necesitados; su habilidad para organizar con gran eficiencia su personal y para entrenar a los nuevos estudiantes; su sabiduría, compasión y su enfoque práctico. Sirvió como subdirectora o directora en diferentes hospitales en Estados Unidos y Europa durante las dos Guerras Mundiales, así como en Brasil, donde estableció la primera escuela de enfermería. En años posteriores, llegó a conocer y abrazar las enseñanzas de los Maestros Ascendidos. Recapitulando sobre su vida, Clara Louise escribió que le fue posible enfrentar cualquier tarea que le había sido encomendada sin importar la magnitud de los retos *guiada por el Padre, el amado Maestro Jesús y mi propio gurú, mi maestro.*

Ich Dien (Yo sirvo), los memorias inspiradoras de *Clara Louise Kieninger*, una mujer cuyo estilo de vida fue el de una verdadera altruista.

La vida de Madre Teresa es bien conocida. Nacida bajo el nombre de Anjezë Gonxhe Bojaxhiu el 26 de agosto de 1910, en Albania, se convirtió en una hermana católica romana y una misionera en Calcuta, India. Sirvió por muchos años como maestra y luego como directora de la secundaria St. Mary's hasta aquel día memorable de 1946, cuando tenía una cita con el destino y sintió que Jesús la llamaba para servir a los más pobres entre los pobres.[189] Luego, en 1950, estable-

Madre Teresa (Virgo) y la **Princesa Diana** (Cáncer), ambas campeonas de los derechos humanos, se encontraron en 1997 en el Bronx, Nueva York, en el monasterio Las Misioneras de la Caridad. "Diana es mi hija"—dijo a menudo la Madre Teresa. Las dos murieron unos meses después de esta foto con solamente algunos días de diferencia.

ció las Misioneras de la Caridad, que en 2012 contaban con más de 4500 hermanas en 133 países.[190]

Un detalle fascinante, indicativo de la mano de Dios en la misión de la Madre Teresa: ella empezó pidiendo a las autoridades que le otorgaran un lugar donde pudiera cuidar a aquellos a quienes nadie quería. Madre Teresa insistió en que era lo único que necesitaba del Estado y que ella se encargaría del resto. Entonces le regalaron un templo abandonado que había sido dedicado a la diosa hindú Kali; Madre Teresa lo convirtió en un refugio de cuidado paliativo gratuito. Lo llamó, "Kalighat, la Casa del Corazón Puro".[191] Kali es venerada por muchos en la India como una manifestación del poder de la Madre Divina.

A menudo, el Aspirante Virgo se dedica a un servicio particular que se convierte en *el dharma, la labor sagrada* de su vida, la parte central de su plan divino individualizado. Descubre que cuando sirve a la vida, la vida le sirve a él.

---

[189] La Madre Teresa quizá nació el 27 de agosto, el día de su bautismo; hay cuestionamiento en cuanto a cual de las dos fechas es la correcta.

[190] Las hermanas de las Misioneras de la Caridad mantienen centros para leprosos, personas con sida y con tuberculosis, dirigen comedores de beneficencia, dispensarios y clínicas móviles, ofrecen programas terapéuticos para niños y familias y han abierto muchos orfanatos y escuelas. Sus miembros se adhieren a los votos de castidad, pobreza y obediencia; tienen un cuarto voto que es el de "dar servicio gratis con todo el corazón a los más pobres entre los pobres".

Ambas, Clara Louise y la Madre Teresa, sacaron fuerza y coraje de la oración, una parte esencial de su servicio. Clara Louise comentó cierta vez: "Nunca me siento cansada. Siempre tengo energía gratuita para quienes quieran utilizarla".[192]

En respuesta a la pregunta de si le fue difícil dejar la vocación que había mantenido por veinte años para ir a ayudar a los pobres de la India, Madre Teresa comentó que jamás había modificado su vocación. Afirmó: La vocación[193] es pertenecer a Cristo; *el trabajo* es solo un medio para poner en práctica nuestro amor".[194]

Que aprenda el Aspirante Virgo de Clara Louise y de la Madre Teresa esa habilidad tan especial de la Madre para mantener el concepto inmaculado (la visión de la imagen divina original de la persona) aun cuando haya error, enfermedad o problemas severos. Madre Teresa vio el rostro del Cristo en todos los que llegaron buscando amparo. Cuando el Aspirante Virgo logre ver lo bueno incluso en aquellas personas que se oponen a él o que lo condenan o en aquellos que lo maldicen, entonces vivirá en paz y será menos susceptible a desanimarse cuando se encuentre inmerso en la oscuridad y en sus preguntas sin respuestas, como pasó con la Madre Teresa. Esto también es un rito de purificación antes de la victoria final.[195]

A través de sus pasos por el camino sagrado del arrepentimiento, acelerados por la oración y "La ciencia acuariana de la invocación", y por su servicio a la vida, el buscador de la verdad puede cumplir su destino único, enmendar daños cometidos o sufridos y saldar sus deudas kármicas (tanto personales como planetarias). Al hacerlo, recuperará su verdadera razón de ser, que está enterrada debajo de los niveles de hollín y densidad kármica. Ésta es, sin duda, la belleza de Virgo.

---

[191] El número de personas que han recibido ayuda en Kalighat, que sigue operando hoy en día, es incalculable. En 1975, Madre Teresa dijo que habían recibido a 29 000 personas.

[192] Véase la autobiografía de Clara Louis Kieninger *Ich Dien* publicada por Summit University Press.

[193] *Vocación* puede ser entendida como la misión de una persona, el llamado o la labor sagrada.

[194] www.YouTube.com: *Mother Teresa of Calcutta on Irish Television*, 1974.

[195] El 4 de septiembre de 2016, el Papa Francisco proclamó santa a Madre Teresa de Calcuta, poniéndola como un modelo de amor y santidad para todo el mundo. El Papa también subrayó el coraje de Madre Teresa, quien hizo oír su voz a los poderosos de la Tierra, exhortándolos a tomar alguna responsabilidad para ayudar a los pobres y a los no nacidos, quienes no pueden defenderse por sí mismos. El Papa añadió: "La misericordia fue para ella la sal que dio sabor a cada obra suya, y la luz que iluminó las tinieblas de quienes no tenían ni siquiera lágrimas para llorar su pobreza y sufrimiento".

12.

♑

Capricornio

Símbolo ....**La Cabra**

Nacido ......21 de dic.~19 de enero

Arquetipo ....*El Padre*

Frase clave ....**Yo Construyo**

Elemento ....**Tierra**

Cruz ....**Cardinal del Poder**

Casa ....**La Décima:**
   Carrera, estatus y reputación, sentido del honor,
   logro, promociones y reconocimientos, el padre o
   el pariente económicamente responsable, el gobierno, el patrón, figuras de autoridad importantes, posiciones de poder y autoridad, y el juicio

Regente ....**Saturno**

Regente esotérico ....**Saturno**

Polaridad ....**Cáncer**

Chakra ....La Coronilla

Anatomía .. Las rodillas, los huesos y los dientes

Cualidades espirituales ....**Poder y dominio,
   productividad, responsabilidad, esfuerzo,
   honor y organización**

Vulnerable a ....*Ambición exagerada, mal uso del
   poder, condenación y juicio, crítica, negatividad
   y cinismo, escepticismo y pesimismo*

Debe adquirir ....**Humildad, confianza, convicción,
   un buen sentido del humor y fe**

Yogananda • Benjamín Franklin • Sta. Teresa de Lisieux • Mark Prophet • Juana de Arco

EL SOL EN CAPRICORNIO

Usted dice ser mi juez; tenga buen cuidado
de lo que hace porque en verdad yo soy enviada
por Dios y usted se pone a sí mismo en gran peligro.

—Juana de Arco
(Su advertencia a los jueces durante su juicio)

EL PINÁCULO DEL LOGRO

Situado en el punto más alto de la carta natal, conocido por los astrólogos como el Mediocielo, Capricornio está en el punto preciso donde el modelo espiritual desciende a la manifestación física, para que una semejanza de lo que está arriba pueda manifestarse aquí abajo. Los astrólogos reconocen a Capricornio como el portal a la Décima Casa, que tiene que ver con la relación del alma con el padre y otras figuras importantes de autoridad, así como con asuntos que conciernen a la carrera, el estatus social y la reputación. No es sorprendente que la mayoría de los Capricornio estén ocupados dirigiendo su vida mundana en sus diversos aspectos; por lo general los encontramos en posiciones de mando.

Cualquiera que sea su campo de acción, tienden a llegar a las posiciones más encumbradas. De hecho, Capricornio representa la cristalización del *dharma* o destino único de cada persona y la cima de los honores y los logros terrenales.[196]

Algunos nativos de este signo están tan decididos a ganar reconocimiento mundano y seguridad económica, que la ambición de cumplir tales deseos domina su vida. En cambio, el Capricornio verdadero representa el pináculo del logro, tanto en su carácter e integridad, honor e inteligencia práctica. Es el hombre justo y capaz que dedica su vida al servicio de la humanidad. Entonces, aquellos nacidos bajo la influencia de este signo tan industrioso, reciben el reto de hacer una diferencia en el mundo manteniéndose humildes y espiritualmente sintonizados, una labor de verdad ingente. El poeta místico libanés **Kahlil Gibran**, nacido el 6 de enero de 1883, capturó bellamente la manera como el Capricornio puede lograr su poderoso destino cuando escribió lo siguiente:

> *Mi alma me habló y me dijo: la linterna que llevas no*
> *es tuya y la canción que cantas no fue compuesta en lo profundo*
> *de tu corazón; porque aunque sostengas la luz, no eres la luz, y*
> *aunque seas un laúd con cuerdas tensas, no eres el ejecutante.*

LA PRUEBA DEL PODER

Las almas nacidas con el Sol en Capricornio están destinadas a ejercer el poder —el uso de la energía cósmica divina y el pulso de la creación. Así, el nativo Capricornio puede aportar muchas obras buenas siempre y cuando se base en el motivo, la razón y la causa correctos. Cuando el poder es utilizado para fines egoístas, corrompe y puede causar mucho daño y destrucción. La tentación de abusar del poder puede parecer irresistible, ya sea por ignorancia o por la ambición egoísta de acumular gran riqueza, de controlar a otras personas o incluso por el afán desenfrenado y el deseo implacable. Tanto es así, que muchas órdenes religiosas a través de los tiempos han exigido a sus discípulos que se desprendan de sus deseos de ser influyentes en el sentido mundano. Sin embargo, puede que el individuo nacido en Capricornio tenga una misión importante que cumplir para la cual se lo haya preparado a través de muchas vidas, o quizá un karma que tenga que ver con el abuso del poder en una vida pasada que tal vez afectó a muchas personas. Entonces, es posible que su destino requiera lograr una posición de mando y hasta de gran fortuna, para cumplir su llamado en esta vida y saldar sus cuentas kármicas.

La relación del Capricornio con el poder se lleva a cabo de múltiples formas y en diversos escenarios. El poder vigoriza pero también intoxica, empodera pero amenaza, fortalece pero puede ser muy tentador. Advertencia: el poder entrelazado con el orgullo crea una mezcla volátil. A veces, los nativos de este signo se creen tan importantes y poderosos que por un tiempo son indiferentes al sufrimiento de otras personas y no escuchan a nadie. La potente energía que corre por sus venas se apodera de ellos. La impetuosidad del momento los puede llevar a actuar de manera exagerada y a causar mucho daño que más tarde lamentarán. Como es reconocido en las artes marciales y en el boxeo —deportes que satisfacen el empuje dinámico de muchas almas Capricornio— entre más fuerte sea el individuo, más crucial es que sea capaz de disciplinarse a sí mismo y controlarse.[197]

Por lo general el éxito capricorniano se construye ladrillo por ladrillo; la paciencia y el esfuerzo sincero constituyen el mortero del cemento. Sin embargo, ¡todo se puede perder en un momento de rabia!

Los Capricornio son constructores, directores, gerentes, gobernantes, organizadores y planificadores de eventos, por mencionar solo algunas de las vocaciones en donde encontramos a estos individuos tan capaces. Aun los Capricornio más hogareños están ocupados manejando no solo sus propios asuntos sino los de sus amigos, familiares y comunidad. Sin embargo, a veces su sentido de do-

---

[196] "Dharma" tiene múltiples significados; en este contexto, dharma se refiere a la labor sagrada, particular de cada uno, su contribución única de acuerdo con su plan divino.
[197] Los famosos boxeadores Floyd Patterson, Muhammad Ali, Joe Frazier y George Foreman nacieron con el Sol en Capricornio.

Capricornio:
Casa 10
Cruz Cardinal
del Poder
Tierra

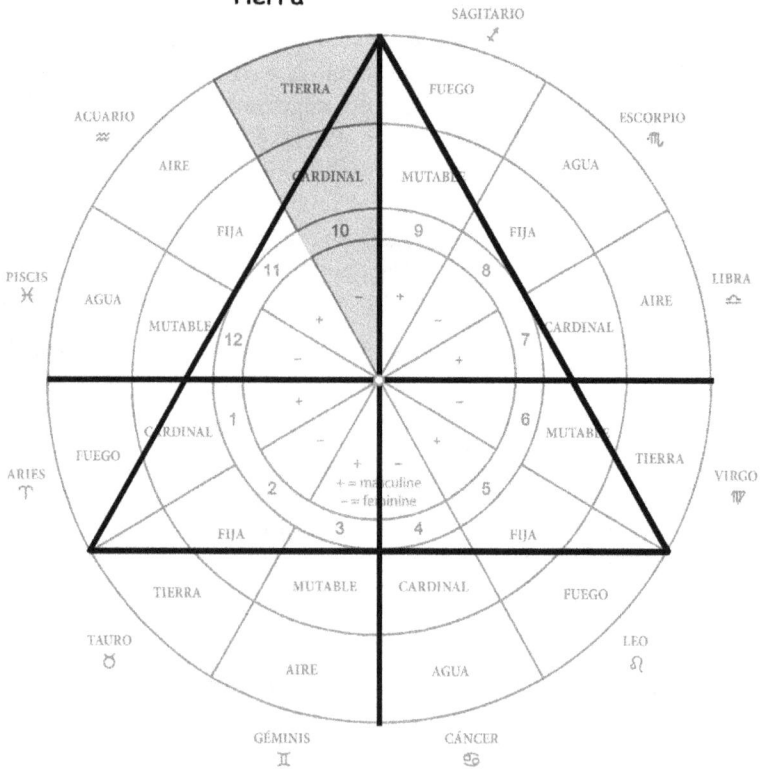

minio y los aplausos del mundo les hacen suponer erróneamente que ellos son la fuente del poder en la fuerza y vigor que experimentan, cuando en realidad es la energía divina la que los empodera. El Capricornio experimenta lo que es esencialmente una cuestión espiritual: la naturaleza de su relación con Dios, en sus interacciones con diferentes figuras de autoridad en su vida: el niño con sus padres, el alumno con su maestro, el trabajador con su patrón, el ciudadano con el gobierno, etcétera. A la inversa, logra conocerse mejor a sí mismo cuando le toca ser la persona en posición dominante en la relación (el padre de familia, el maestro, el patrón, etcétera.). Es cierto que durante la Era de Acuario en la que ya estamos, hay más igualdad que antes en las familias y dentro del trabajo, pero aunque las etiquetas han cambiado, el jefe ahora es el líder del equipo y la cadena de mando todavía existe.

Luego, están aquellas almas Capricornio quienes no aprovechan las oportunidades que se les presentan para avanzar porque se sienten indignas o incapaces de ejecutar bien el trabajo, las doblega el peso de sus errores pasados o tal vez porque su voluntad ha sido suprimida por la condena de aquellos que se les oponen. Éstas y otras expresiones de autocondenación o baja autoestima, de sentirse impotentes (sin poder), representan la otra cara de una identidad equivocada en este signo. Con los años, los Capricornio empiezan a darse cuenta de que las lecciones aprendidas del fracaso, a menudo dan la clave para el éxito futuro.

Capricornio rige las rodillas. Tarde o temprano, los nativos de este signo se arrodillarán con humildad genuina, no por miedo, ni por haber sido derrotados, sino por reverencia y devoción genuinas.[198] Desafortunadamente, a muchos Capricornio les cuesta darse cuenta que es mucho mejor ser humildes que arriesgarse a ser humillados. El misterioso secreto del éxito en Capricornio es que la fuerza y el poder salen a la luz en la humildad.

EL HÉROE EN CAPRICORNIO

El Héroe Capricornio es fuerte y poderoso pero bondadoso y gentil. Es responsable y está dispuesto a tomar la carga de autoridad sobre sus hombros, pero está siempre consciente de que a pesar de los oficios mundanos que pueda asumir y los honores que pueda recibir, es ante todo el siervo humilde de Dios y de la llama divina dentro de aquellos a quienes le toca gobernar. Es como el general que batalla para lograr la paz y tiene que luchar para ganar, extrayendo de sí mismo y de sus soldados grandes reservas de fuerza interna para vencer al enemigo. Sin embargo, su ambición debe ser guiada hacia su meta final, que es la paz. Si piensa y actúa de manera contraria, lo más probable es que se convierta en un dictador y como lo ha probado la historia una y otra vez, tales tiranos tienen

---

[198] Aparte de las rodillas, Capricornio rige los dientes, los huesos, la vesícula y las articulaciones.

su hora de gloria o de infamia, según el caso, pero inevitablemente caen del poder, habiendo ocasionado por sus propias acciones el juicio inevitable de una autoridad más elevada que cualquier hombre. En realidad, aquél que usurpa un trono que no es suyo por derecho, no es castigado, sino devuelto por la fuerza del amor a su lugar correcto.

Juana de Arco, nacida el 6 de enero de 1412 (juliano; 15 de enero, calendario gregoriano), tenía doce o trece años cuando a solas en el jardín de su casa escuchó por primera vez las voces celestiales y vio las tres figuras que llegó a identificar como el Arcángel Miguel, Santa Catalina y Santa Margarita. Los ángeles le revelaron que ella estaba llamada a expulsar a los ingleses de Francia y a restaurar el trono para el legítimo heredero. Juana lloró cuando los hermosos visitantes celestiales se despidieron de ella —¡eran tan bellos!— Juana desde luego tenía mucho miedo. Le indicaron que tendría que iniciar su misión convenciendo a las autoridades francesas de que ella había sido enviada por Dios para salvar a la nación. Ella no tenía ningún deseo de fama ni de grandeza y no hubiera soñado jamás en vestirse de hombre para guiar a los ejércitos en la guerra, pero tal era la Voluntad de Dios para ella. Sabía que su Voluntad prevalecería y que solo tenía que llevar a cabo su parte. Aunque Juana parecía no ser más que una joven campesina que no sabía ni leer ni escribir, era valiente y devota, como a menudo ocurre en los inolvidables dramas divinos que tienen lugar aquí abajo en la Tierra. Sin duda era un alma de bastante logro espiritual, bien preparada para esa misión tan vital.

Capricornio, el signo del Padre, está ubicado sobre la Cruz Cardinal del Poder, la cual es también llamada la *Cruz de Identificación y Relación Correcta* en la *Astrología Transformacional*. Gracias a su relación con Dios Padre, la cual se hizo más fuerte por su oración y cada decisión correcta que tomó, Juana de Arco pudo llevar a Francia a la victoria. Aunque el Tribunal de la Inquisición la condenó a muerte, veinticinco años después fue declarada inocente y proclamada mártir. Más tarde fue canonizada y hoy en día, Santa Juana es reconocida como una de las heroínas nacionales de Francia.[199]

En mayor o menor medida, quien desea ser el Héroe Capricornio recibirá la oportunidad, que es a la vez un gran reto, de ir más allá del llamado del deber, de defender lo justo y de escoger honorable y francamente el camino correcto. Este extracto del libro Juana de Arco del autor Mark Twain, suena a una lista de requisitos para cualquier alma que aspire ser el Héroe Capricornio:

---

[199] El inquisidor general Jean Brehal finalmente declaró a Juana de Arco inocente de herejía el 7 de Julio de 1456, veinticinco años después de su muerte en la hoguera. El Papa Benedicto V la canonizó comó Santa en 1920.

Ella era sincera cuando la mentira era el idioma común; era honesta cuando la honestidad era una virtud perdida; mantenía sus promesas cuando mantener una promesa no se esperaba de nadie... estaba llena de compasión cuando la crueldad sin misericordia era la regla; se mantenía firme cuando la estabilidad era desconocida y honorable en una era que había olvidado lo que era el honor; era una roca en sus convicciones cuando los hombres no creían en nada y se burlaban de todas las cosas; era infaliblemente genuina en una época que era falsa desde la médula... tenía una esperanza valiente cuando la esperanza y el coraje habían perecido en los corazones de su pueblo.

RESPONSABLE, FIABLE, EFICAZ Y PRODUCTIVO

Como pertenecen al elemento Tierra y la Cruz del Poder, no es sorprendente que los Capricornio sean los productores del Zodíaco. La frase clave de Capricornio es: "Yo soy responsable". En un currículum Capricornio típico podría estar escrito: "Confíe en mí para hacer cualquier trabajo en excelencia. Cuente conmigo para estar siempre a tiempo y trabajar largas horas; soy responsable, fiable, eficaz y buen organizador. Tengo talento para encontrar soluciones prácticas a problemas complicados. Como gerente natural, sé dirigir a otras personas y en asuntos grandes y pequeños, ejerzo buen juicio y sentido común". No obstante, ser tan capaz presenta ventajas e inconvenientes, porque les molesta que la mayoría de las personas no vean lo que para ellos es obvio. En realidad, los Capricornio no necesariamente saben ni hacen las cosas mejor que la mayoría de la gente, sino que siguen trabajando cuando el resto del equipo tiene rato que se ha ido a casa.

Por lo general, los Capricornio están muy activos y ocupados. Como les es natural buscar soluciones, les encanta estar metidos en situaciones en las que puedan ser creativos, utilizando su ingenio natural. Sin embargo, una sola persona no puede hacerlo todo, así que a los nativos de este signo no les queda más que reconocer la necesidad de manejar de la mejor manera sus interdependencias con otras personas, ya sea que deleguen parte del proyecto o se mantengan en segunda fila cuando toca a otro ser el encargado. El principio se aplica igual así se trate de la unidad familiar, una compañía, una organización política, social o religiosa, o incluso la nación.

LA CABRA DE CAPRICORNIO

Capricornio rige las montañas, así como el arduo ascenso hacia la cima. Al igual que los picos de las montañas tocan el cielo, los planos más elevados sobre la Tierra ocupan simultáneamente las esferas inferiores del cielo, llamado *el plano etéreo*. Los Capricornio a menudo son robustos y resistentes. Algunos de ellos escalan montañas para sentirse triunfadores, otros buscan ascender en la escala social mientras que otros más aspiran a alcanzar la cúspide del ser.

¿Cómo escalar la montaña? La Cabra de Capricornio nos recuerda que hay que proceder con confianza, trepando por las escarpadas alturas con seguridad, paso a paso y de rodillas, es decir, con humildad.

SATURNO: EL GRAN MAESTRO

Los Capricornio son saturninos por temperamento; diligentes, algo reservados, industriosos, estables, conservadores y concienzudos. Ganan el respeto e inspiran confianza en quienes los conocen. Se dice que Saturno representa el pasado, la tradición y el deseo de mantener el orden establecido. Aunque por lo general no son propensos a ser agitadores, tampoco están necesariamente atrapados en el pasado. Más bien estudian el pasado para aprender valiosas lecciones que los ayuden a entender de manera más amplia cómo mejorar el presente y el futuro. El astrólogo John Soric en su libro *The New Age Astrologer (El astrólogo de la Nueva Era)*, dice correctamente que los Capricornio son una poderosa fuerza que no puede ser ignorada.

Saturno representa la Ley; aquellas personas nacidas bajo su influencia están dotadas de un respeto innato por lo que debe pasar y lo que hay que hacer. Tienden a ejercer una habilidad particular de este signo para estudiar la vida desde un punto de vista objetivo, organizar con eficiencia, ver y medir lo útil y lo necesario, discernir lo que dará buenos resultados y lo que no. Como el padre tradicional, la cabeza de la familia o un gobernante o bien el director de una compañía, los Capricornio consideran su responsabilidad establecer y mantener las normas correctas. Como es característico en cualquier legislador, pueden aparentar ser demasiado estrictos e impersonales, aunque también es cierto que algunos descubren que son mejor recibidos cuando aprenden a ser más flexibles y misericordiosos, menos mandones y dominantes, más abiertos a nuevas ideas, pero en muchos Capricornio lo que pareciera ser una frialdad de carácter, es en realidad una adhesión a la verdad, el orden y el deber. Típicamente independientes y autosuficientes, pueden dar la impresión de ser materialistas o insensibles, sin embargo la mayoría de ellos desean amar y ser amados con lealtad y amor sincero.

En la Astrología Kabalística, Saturno está relacionado con la sefirah *Binah* (entendimiento), una manifestación femenina en contraste con la sefirah *Hokhmah* (sabiduría) una manifestación masculina relacionada con Urano. La sabiduría es el resultado de mucha experiencia (Saturno), por lo tanto es evidente sobre todo en almas maduras. ¿Cómo adquiere uno el entendimiento? Una vez más debemos regresar a los principios básicos para contemplar la relación del hombre con su Creador y del individuo con la Ley Eterna.

En la astrología tradicional se conoce a Saturno como *La Gran Influencia Maléfica*, el portador de aflicciones. Se puede interpretar una aflicción como "mi karma ha vuelto por mí". Cuando el Capricornio se siente estresado por mucho tiempo, aun si suele ser mental y emocionalmente fuerte, tiende a expresar las manifestaciones negativas de Saturno: pesimismo, preocupación, crítica y condena de sí mismo y los demás, miedo al fracaso. No obstante, a pesar de los obstáculos en el camino, los Capricornio tienden a perseverar con mucha paciencia y determinación. Es muy raro que alguno de este signo tire la toalla; siguen adelante cuando otras personas tienen rato de haberse rendido.

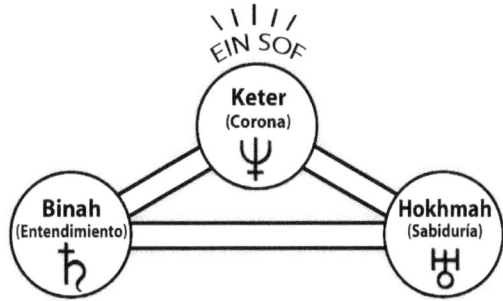

La Triada Kabalística Suprema en la parte superior del Árbol de la Vida representa las primeras etapas de la manifestación del espíritu puro (Ein Sof a través de Keter) como Sabiduría (Hokhmah/masculino) y el Entendimiento (Binah/femenino).

Saturno también se ha ganado el título de *El Gran Probador (del alma)* y *El Gran Maestro*. En efecto, Saturno cristaliza nuestras cuentas kármicas trayendo a nuestro portal la oportunidad de cosechar las recompensas del servicio y la dedicación de años de labor, no solo las consecuencias naturales de lo que nos hemos acarreado por el mal uso —actual o pasado— de la luz. Cuando Saturno pone a prueba al alma a través de la adversidad o alguna limitación, el Capricornio bien preparado se corrige a sí mismo, solucionando el problema que acaso ha tenido desde hace mucho tiempo y al hacerlo llega a conocerse mejor. Para el Capricornio místico, como se verá, Saturno representa al gurú o *Zadek*, el Gran Maestro, quien por la fuerza del amor atrae, enseña, disciplina, poda y guía al Aspirante en el Sendero.[200]

Los Capricornio no esperan que la vida les sea fácil; la mayoría de ellos creen que no hay viajes gratuitos y que quien desee tener éxito progresará por sus propios esfuerzos. Mientras haya trabajo que hacer, pondrán la mano en el arado con presteza y determinación y así avanzarán en su camino. Ellos esperan la misma dedicación y esfuerzo sincero de otras personas. Si por casualidad te toca trabajar con alguien nacido en este signo, o si tu padre, maestro o gurú es un Capricornio, cuenta con que te dará lo necesario para empezar tu labor, pero tendrás que ganar su respeto a través de tus obras e integridad si quieres obtener un aumento de sueldo, una promoción, permisos o una mano amiga.

---

[200] *Tzadik, o Zadek*, es un título que denota una descripción psicológica espiritual del alma. Su sentido verdadero se aplica solo a aquél que ha transformado por completo las inclinaciones naturales, "animales", "vitales" del alma en santidad, de modo que solo experimenta amor y reverencia por Dios, sin tentaciones materiales.

Ocurre a menudo que el Capricornio llega a sentirse agotado por la disciplina y exigencias de Saturno, un estado que engendra escepticismo en algunos, mientras que otros tienden a ser realísticamente cautelosos. El líder espiritual y fundador del movimiento y organización The Summit Lighthouse, **Mark L. Prophet** (24 de diciembre de 1918), solía decir: "No confíes en nadie", una afirmación positiva de una verdad eterna cuando se entiende como una advertencia de que *es mejor confiar en el SEÑOR en vez de en el hombre.*[201]

Saturno representa la sabiduría de las edades, la preservación de las obras y creencias clásicas. Sin embargo, en su sentido negativo caracteriza a individuos pesados y/o instituciones estancadas en el pasado, a menudo corruptas e intransigentes, que buscan como pueden mantener el control y dominio en una era de cambio e innovación. De manera semejante, los Capricornio menos aptos, que se anclan en el pasado aferrándose a lo que para ellos representa la seguridad, en la gran mayoría de los casos lo hacen por miedo al futuro.

En la Era de Acuario, los Capricornio resueltos a pagar sus deudas kármicas y a distinguirse en esta vida, trazarán los ciclos de oportunidad representados por Saturno (con Júpiter) en la carta astrológica, los cuales le enseñarán con mayor claridad cuál es la naturaleza y cuáles son los ciclos de su destino. Así podrán prever cuándo darán resultado todos los años que se aplicaron con diligencia y persistencia. Las pruebas de Saturno ayudarán a aquél que quiera recibir los retos del Sendero para alinearse, es decir, colocarse en relación correcta con su gurú o maestro espiritual para seguir su camino en donde lo había dejado —tal vez cientos de años o muchas vidas atrás— y para transmutar su karma, definir y manifestar su llamado único en esta vida, convertirse en el ser disciplinado, guiado y moldeado por la sabiduría de la Madre Divina.

Como tiene la voluntad de disciplinarse a sí mismo para deshacerse de la máscara del ego de una vez por todas, el alma Capricornio seriamente dedicada al sendero espiritual, da la bienvenida a las pruebas e iniciaciones de Saturno. No lo percibe como el cobrador terrible de deudas, sino como un guía sabio, su gurú y amigo, estricto y preciso en sus elevadas exigencias. Sin embargo, para la mayoría de los Capricornio, la presencia constante de Saturno sobre la psique es pesada, y es la razón por la cual tantos nativos de este signo tienen una presencia seria y reservada.

EL AVENTURERO CAPRICORNIO AUTORREALIZADO

Benjamín Franklin, el patriota estadounidense y uno de los padres fundadores de la nación, nació en Boston el 17 de enero de 1706 (gregoriano; 6 de

---

[201] Salmo 118:8 *Mejor es refugiarse en Jehová que confiar en el hombre.* (RVR 1977). Quiere decir que no es prudente confiar en la consciencia inferior del hombre, siempre sujeta al error.

enero, juliano), como el decimoquinto hermano de un total de diecisiete. Franklin era un ejemplo del espíritu Capricornio ingenioso y práctico. Aunque nació en circunstancias humildes, fue autodidacta y autosuficiente. Por su ingenio e inteligencia, y a través de sus escrituras, legislaciones, diplomacia, inventos y guía, hizo lo que pudo para que otros prosperaran. Franklin escribió:

> *El hecho de estar obligado a depender de uno mismo y de sus propios recursos es una bendición; porque el individuo luego desarrolla y manifiesta facultades que anteriormente ni sospechaba tener.*

YO Y MI PADRE

La posición de Saturno en la carta natal así como sus tránsitos, al igual que cualquier planeta ubicado en la Décima Casa o en un aspecto pronunciado en el Mediocielo (el signo y grado en la cúspide de la Décima Casa), es de suma importancia en la vida del Capricornio. Saturno, Capricornio y la Décima Casa se relacionan con el principio del padre, y puede que describan al padre actual o a una autoridad importante (normalmente masculina) durante la juventud. No obstante, el astrólogo transformacional debe tomar en cuenta que hoy en día la mujer a menudo ocupa la posición de poder (representada por Saturno y la Décima Casa) dentro de la familia y/o dentro de la empresa. De manera semejante, aunque Cáncer y la Cuarta Casa están relacionados con el principio materno, a veces encontramos a hombres que adoptan roles domésticos como cuidar a los niños en la familia.

Estas posiciones y sus aspectos planetarios revelan dinámicas cruciales que interactúan en las relaciones personales. Ni siquiera las cuadraturas y las oposiciones o los aspectos difíciles en puntos claves de la carta del Capricornio significan necesariamente el fin de una relación importante. Cuando Elizabeth Clare Prophet, una Aries (Fuego sobre la Cruz de Poder) se comprometió con Mark L. Prophet, un Capricornio (Tierra sobre la Cruz de Poder), un astrólogo les advirtió que iban por mal camino, pues los dos eran demasiado poderosos y las luchas de poder serían inevitables. Ella tenía veinte años menos que él y lo respetaba no solo como compañero sino como maestro, por lo tanto decidió: "Pues si uno de los dos tiene que dar un paso hacia atrás, seré yo". ¡Y de qué unión más amorosa y maravillosa gozó esta pareja! Juntos crearon un movimiento espiritual internacional que ninguno hubiera podido lograr por sí solo.

La consciencia que tiene el Capricornio de sí mismo, su ambición por el éxito, el respeto propio o la falta de él así como cualquier señal de engrandecimiento, de mal uso del poder o incluso de miedo a asumir posiciones de autoridad, todo esto se basa en su conexión o su falta de conexión con el Espíritu como el principio que rige su vida. Más bien, su percepción de Dios casi siempre se ve afectada tanto por su relación con su padre, como por sus experiencias con la figura dominante de su vida temprana y aun por sus relaciones con sus padres en vidas pasadas.

SIN DOLOR NO HAY GANACIA

Los Capricornio suelen asumir una pesada responsabilidad. El síntoma clave que indica que el peso sobre sus hombros es demasiado o que continuar con lo mismo le es muy tedioso o que se está identificando más con el problema que con la solución, es una tendencia a quejarse. Como normalmente tiene confianza en sí mismo y se siente en control de su vida, quejarse es sintomático de que se siente lastimado e impotente. El problema ante él le parece enorme y sin solución, por consiguiente se siente desconcertado, negativo y pesimista y puede que reaccione a la defensiva, condenando o acusando a otros e incluso condenándose a sí mismo.

La costumbre de quejarse sin cesar puede conducir a la caída del Capricornio, aunque sea una persona muy capacitada. La tendencia de ser irascible puede estar tan arraigada que se vuelve crónica, un hábito tan inconsciente que la mayoría de las personas que lo padecen ni reconocen lo negativas que son. El Capricornio puede descubrir una tendencia dentro de sí mismo a enfocarse en lo negativo al escuchar en su diálogo interno: "Hubiera hecho esto o lo otro, ¿por qué no lo hice?, ¡esto estuvo muy mal!, ¿qué podría pasar si tal o cual cosa ocurriera?", entre otras aprehensiones y regaños.

Aunque muchas personas están familiarizadas con los sabios consejos de Benjamín Franklin tales como: "Si despiertas temprano y te acuestas temprano serás sano, rico y sabio" no todos saben que Franklin también escribió el adagio popular: " Sin dolor, no hay ganancia".

LA LUZ QUE BRILLA EN LA OSCURIDAD

El Sol entra en Capricornio el 21 y en algunos años el 22 de diciembre, durante el solsticio de invierno, cuando el día es más corto y la noche más larga que en cualquier otro día del año.

En verdad, el 25 de diciembre se celebra la llegada del Mesías a un mundo en tinieblas, una fecha muy atinada para contrarrestar la oscuridad de principios de Capricornio. Es la luz invernal que emerge en la oscuridad mientras la luz del día aumenta poco a poco, casi imperceptiblemente.

Así pues, los Capricornio llegan a este mundo en un tiempo de gran oscuridad y gran esperanza. Experimentan de manera muy personal esta yuxtaposición del peso del karma negativo —no necesariamente suyo—, y el júbilo de la salvación. Después de todo, no somos víctimas de la noche oscura para siempre, sino por un tiempo limitado, para madurar espiritualmente. Cuando todo lo que nos rodea es oscuridad, puede ser difícil enfocar nuestra atención en la pequeña semilla de potencialidad que brilla como una velita en la noche. No obstante, eso es justo lo que las almas Capricornio tienen que aprender a hacer para poder enfocarse en lo positivo. Como escribió Henri-Frédéric Amiel, el filosofo suizo del sigo XIX al reflexionar sobre una enseñanza que dio Jesús a sus discípulos: *Trabaja mientras tienes la luz. Tú eres responsable de los talentos que te han sido confiados.*[202]

NO JUZGUÉIS

¿Tendré éxito? El miedo en los signos de Tierra (Tauro, Virgo y Capricornio) a menudo gira en torno a la búsqueda de la aprobación y el temor a sentirse desaprobado. Cuando los Capricornio permiten que el miedo invada su psique, alimentado por un sentido subyacente de indignidad o falta de mérito, de manera inadvertida dan entrada a su némesis: la vergüenza y la culpa. Sobre todo aquellos que hacen un esfuerzo sincero por hacer lo mejor posible, tienden a aceptar que la culpa es suya cuando las cosas andan mal o por lo menos cuando no salen tan perfectas como habían imaginado. Cuando se condenan a sí mismos, las consecuencias pueden ser muy graves, afectando su paz mental y hasta haciéndolos caer en depresión. Por el contrario, los Capricornio encuentran más paz cuando deciden deshacerse del hábito lastimoso de señalar con el dedo y culpar a otras personas. ¡Todo lo que se da, más tarde se recibe!

Raras veces comprende el individuo Capricornio que tanto daño se puede hacer al ofrecer consejos no solicitados, aun si sinceramente desea ayudar a remediar una situación particular, sobre todo si retiene hasta un poco de negatividad. No solo en sus interacciones con los demás, sino también para consigo mismo, con quien a veces es extremadamente severo. Aun cuando sus logros externos, su inteligencia práctica y otras cualidades positivas son obvias para todos los que los rodean, tratar con su propio juez interno le puede parecer una tarea de Hércules. Si encuentra que no le es posible callar a la voz interna que lo condena, es probable que tenga alguna herida que todavía no ha sanado, a menudo asociada con una relación cercana del pasado, tal vez con sus padres.

¿Cómo puede uno mantenerse positivo en mente y en espíritu cuando ve tanta oscuridad, cuando está consciente de problemas que parecen desafiar cualquier posibilidad de resolverlos, cuando es tan dolorosamente consciente de sus propios defectos y limitaciones y las de los demás? En verdad, la fe es el complemento natural del poder y una aliada de muchísimo valor para el Capricornio.

---

[202] Juan 9:4 *Es menester que yo haga las obras del que me envió, entretanto que el día dura; la noche viene, cuando nadie puede trabajar.* (RVR 1977)

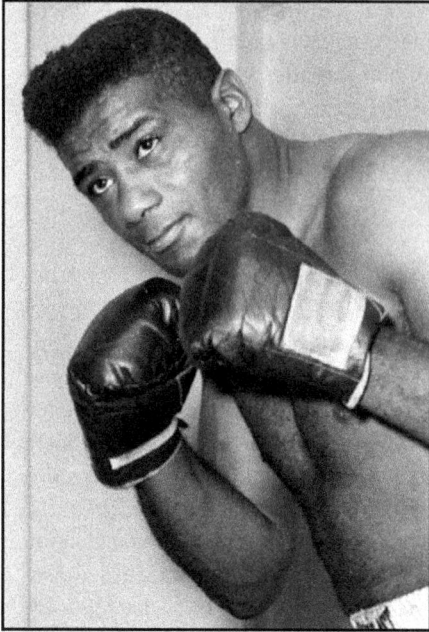

Floyd Patterson (1935–2006) boxeador profesional americano, campeón indiscutible de peso pesado.

EL GLADIADOR GENTIL

El campeón de peso pesado, *Floyd Patterson*, nacido el 4 de enero de 1935, era un campeón en el cuadrilátero y también en la vida. Superó la pobreza y las condiciones difíciles, casi inimaginables de su juventud. Su niñez fue tan caótica que cuando no andaba por las calles de Nueva York, podría haber estado en seis o siete escuelas diferentes en el mismo año. A pesar de todo esto, a la edad de veintiún años fue el boxeador más joven en ganar el campeonato de pesos pesados. Patterson se preocupaba por los demás; era considerado y sin pretensiones. Lo apodaban *El Gladiador Gentil*. Aunque ser compasivo se consideraba una debilidad en un boxeador profesional, la naturaleza bondadosa y reflexiva de Patterson le resultó muy ventajosa como hombre, padre, esposo y como mentor para los jóvenes. La combinación de gentileza y fortaleza es muy impresionante y se encuentra en los mejores Capricornio. El título de su autobiografía, *My Victory Over Myself (Mi victoria sobre mí mismo)* describe un tema principal en las vidas de muchos nacidos en este signo. Patterson comentó allí que aunque es cierto que fue noqueado más que cualquier otro peleador, —como tantas veces se dijo en la prensa—, también es cierto que se levantó más veces que cualquier otro peleador.

EL ESPÍRITU LUCHADOR DE CAPRICORNINO

Cualquiera que sea la circunstancia, condición o persona que rete al alma Capricornio insinuándole que no saldrá adelante y que ni siquiera trate de hacerlo, él tiene dentro de sí mismo un espíritu luchador y una determinación incomparables para superarse y lograr su meta.

Un adolescente Capricornio cuyo padre era un boxeador semiprofesional, esperaba pelear con su padre después de la escuela. Era lo más importante de su día. Cuenta que por muchos años no pudo responder a los rápidos puñetazos que parecían salir de todas partes. "Aunque me derribó una y otra vez —dijo sonriendo—, ¡nunca me quedé en el suelo! ¡Siempre me levanté!"

EL PODER INDOMABLE DE LA VOLUNTAD

El gurú y yogui, **Paramahansa Yogananda**, nacido el 5 de enero de 1893, enseñó que los fracasos deben despertar una mayor determinación de sembrar las semillas del éxito. En *La ley del èxito*, un librito lleno de consejos sabios, escribió:

> *"Aun cuando te asalte el látigo de las circunstancias, mantén la cabeza erguida. No importa cuántas veces hayas fracasado, trata siempre una vez más. Aunque creas que no puedes seguir luchando, o que has hecho ya cuanto podías, lucha siempre, hasta que tus esfuerzos se vean coronados por el éxito".*

VARIACIONES

Aunque la mayoría de los Capricornio son compasivos, muchos dan la impresión de estar emocionalmente distanciados. A pesar del acercamiento característicamente impersonal e imparcial de los Capricornio, presumir que no son nada sensibles es erróneo. Muchos nativos de este signo son muy sensibles; a menudo son los primeros en ofrecer una mano amiga, una solución práctica o una palabra de consuelo. Más aún, aquellos Capricornio en cuyas cartas natales está el Ascendente o la Luna y en menor medida, Venus o Marte, en un signo de Agua (Cáncer, Escorpio o Piscis), experimentan emociones tan fuertes que a veces se sienten abrumados por ellas.

Nataniel, un Capricornio con la Luna en Piscis, es tan sensible que tiende a proteger su espacio personal y entra en períodos de meditación y retiro siempre que tiene tiempo para hacerlo. Ha descubierto que su gran sensibilidad lo ayuda mucho en su papel como doctor de medicinas naturales conocido por sus fórmulas individuales de yerbas chinas y aceites esenciales que han sido como un elíxir milagroso para mucha gente. Aunque Nataniel tiende a ver el lado positivo de la vida, a menudo lucha contra sentirse descorazonado (Capricornio) cuando no encuentra la solución a los problemas de otras personas. Incluso le es difícil cobrar (Capricornio) por sus servicios, y tiende a regalarlos. Es claro que necesita establecer límites personales (Piscis), pero para los Capricornio puede ser difícil saber hasta dónde llega su responsabilidad.

EL NIÑO CAPRICORNIO

Un dicho astrológico sostiene que "los Capricornio son viejos cuando son jóvenes y jóvenes cuando son viejos". La sobriedad de Saturno se ve rara expresada en el joven de este signo, quien a menudo es muy maduro para su edad. Devoto por naturaleza, tiende a ser un poco tímido y cohibido y casi siempre tiene una disposición algo seria. Aun de niños, los Capricornio tienden a ser metódicos, industriosos, pacientes y decididos a cumplir sus metas. Los padres y maestros del niño Capricornio le pueden ayudar a desarrollar la confianza en sí mismo haciéndole saber que es estimado y amado, no solo por lo que hace, sino por quien es. A la vez, los niños Capricornio muestran su amor a través de sus obras, por lo tanto es beneficioso reconocer sus esfuerzos y sus trabajos bien hechos. Asimismo, respetan y admiran a aquellos que actúan con confianza e integridad y cuyos logros son destacados.

Puede que el alma Capricornio nazca en circunstancias humildes o con una condición limitante de un tipo u otro que le pese durante la juventud, pero que después llegará a ser su motivación para salir adelante. Carisa, nacida con el Sol en Capricornio y la Luna en Cáncer, se escondía tras las faldas de su mamá hasta los trece años de edad. Había sufrido desde pequeña a causa de alergias alimentarias severas, un problema que no es fuera de lo común en jóvenes de este signo. Antonio, también Capricornio, no nació con problemas físicos pero se rehusó a comer casi todo lo que su madre le servía. Era su manera de expresar: "Yo quiero ser el encargado". A veces a estas almas que están destinadas a asumir posiciones de poder en su vida adulta, de pequeñas les cuesta trabajo sentarse en la fila de atrás. Por fortuna, estos dos jóvenes tenían padres amorosos y responsables; Carisa aprendió a manejar sus alergias y Antonio dejó de buscar maneras negativas de controlar a su madre

Al observar al niño, sus gustos y disgustos, los padres pueden percibir señales de la futura carrera que le depara el destino. En su libro, *Autobiografía de un yogui*, Yogananda describe sus aventuras cuando era joven, cómo se escapaba de casa para ir en busca de su gurú. No obstante, muchas de estas almas Capricornio deben pasar por varias etapas de aprendizaje y experiencia antes de que se haga evidente su vocación. La posición de Saturno en la carta natal del niño Capricornio ayudará a reconocer los diferentes ciclos en su vida.

Es tan natural para el joven Capricornio ser el encargado y es tan hábil en lo que hace, que sus padres tenderán a poner sobre los hombros de su hijo tareas y responsabilidades no apropiadas para su edad. En un ejemplo extremo de esta tendencia común, un Capricornio del medio oeste de los Estados Unidos de América cuenta que manejaba la camioneta familiar cuando tenía solo ocho años de edad, pues resulta que era él quien tenía que recoger a su padre del bar cuando estaba demasiado borracho para manejar —en su vida adulta pasó muchos años tratando de recuperar su niñez perdida y, como dice el dicho, era más joven cuando ya era viejo.

El niño Capricornio, nutrido y criado con luz, honor y verdad, tendrá posibilidades todavía imprevistas en este ciclo de la Era de Acuario para desempeñar su papel destinado en la construcción y gobierno de una Nueva Era.

TODO PROGRESO ES PRECARIO

De los cuatro elementos, el de Tierra es el más denso. Por el magnetismo del elemento físico, los signos de Tierra (Tauro, Virgo y Capricornio) tienen la inclinación de ocuparse, a veces de manera exagerada, en su creación material. En especial aquellos Capricornio cuya orientación en la vida es sobre todo materialista, a menudo se sienten compelidos a manifestar alguna expresión de perfección externa. La perfección como meta por sí sola, puede resultar contraproducente, sin embargo estirar las facultades del cuerpo, mente y alma para hacer, pensar, comprender y cumplir lo que antes fue inalcanzable, ¡eso sí funciona! Así, cada meta lograda no representa la cúspide final, sino un plano, un lugar para descansar, una oportunidad para prepararse para el próximo ascenso hacia la cima. El activista de derechos civiles, *Martin Luther King Jr.* (15 de enero de 1929) lo expresó bien cuando dijo: "Todo el progreso es precario, la solución de un problema nos pone cara a cara con otro".

ESCALAR HACIA ARRIBA

¿Qué ocurre cuando el Capricornio está decidido a transcender su yo anterior para realizar su ascensión? Su meta, que eclipsa todas las demás, es lograr su unión con Dios. A lo mejor piensa en convertirse en uno con la verdad, el amor divino, es decir, entrar en la consciencia superior; o quiz a despertarse espiritualmente y mantenerse despierto. Cualquiera que sea el caso, una vez que el Aspirante Capricornio pisa firme en el sendero espiritual, se dedicará diligentemente a su misión.

LA CABRA DE MAR: SÍMBOLO DE LA REDENCIÓN

Capricornio significa *cabra con cuernos*; el macho cabrío y la cabra montañesa. Capricornio también está representado por *la cabra de mar*, un símbolo antiguo lleno de un profundo sentido oculto. Se describe la cabra de mar como un chivo con cola de pez. Tallas de piedra de esta extraña criatura que han sido encontradas en lápidas babilónicas de hace aproximadamente 1000 años a.C., muestran su conexión con la constelación de Capricornio.

Capricornio como *el chivo expiatorio*, ha sido interpretado como símbolo del arrepentimiento, el proceso necesario para corregir la relación del alma con su Creador. Como el cordero, se puede interpretar el sacrificio del chivo como el sacrificio del Cristo, de aquél que toma sobre sí mismo los pecados del mundo para que aquellos, que de otra manera se hubieran perdido –al no soportar el peso de su propio karma volviendo sobre ellos—, puedan salvarse. Tal vez resulte difícil al Aspirante Capricornio dejar de criticar y condenar a los demás y a sí mismo, cuando la luz de la iluminación le revela los errores cometidos en el pasado, sus deficiencias de carácter, etcétera. No obstante, más le vale celebrar su oportunidad de poner su casa en orden a través de sus obras y en el espíritu liberador del perdón.

La Cabra de Mar también puede ser interpretada como un símbolo de la decisión del buscador espiritual de soltar los elementos más oscuros y pecaminosos de su propio ser. La parte del pez en la cabra significa su dominio sobre los elementos emocionales e inconscientes dentro de la psique, incluyendo la substancia de los sueños y los recuerdos de vidas pasadas. El mundo subterráneo tiene que ser expuesto y purificado. Si el Aspirante ha de subir la montaña, ha de hacerlo libre de carga.

EL LLAMADO

En muchos casos, el Aspirante Capricornio tendrá que pagar sus deudas mundanos antes de embarcarse en su aventura espiritual. Puede que se inspire de repente en una visión, una epifanía o —como pasó con Mark Prophet cuando era un hombre joven— tal vez reciba un llamado inesperado de un Maestro Ascendido. El Morya llamó a Mark Prophet. Yogananda pasó años en la búsqueda antes de encontrarse con su gurú, Sri Yukteswar, cuando tenía diecisiete años de edad. Santa Teresa de Lisieux quería ser una santa desde que atestiguó una curación milagrosa a los trece años.[203]

Por lo general el Aspirante Capricornio desea dejar un legado de valor en el planeta. El Maestro Ascendido El Morya llamó a Mark Prophet para que fuera su mensajero y para establecer *The Summit Lighthouse*, un empeño enorme, una tarea colosal. Sri Yukteswar otorgó a Paramanhansa Yogananda la misión de traer el conocimiento del *Kriya Yoga* a Occidente, una tarea que Yogananda logró llevar a cabo. A veces, el llamado es más silencioso y la misión es de escala menor, pero el esfuerzo es igual de grande para aquél que desee transcender su ser inferior.

LA PEQUEÑA FLOR

El Aspirante Capricornio tiende a dirigir su atención y su tiempo hacia logros de gran escala o quizá se mantenga ocupado involucrándose en varios proyectos. Al hacerlo, puede perder de vista las cosas pequeñas, pero es a través de aquellas acciones aparentemente insignificantes como se alineará, día a día,

---

[203] Santa Teresa cuenta que durante la Nochebuena de 1866, Jesús respondió a su oración en la que le pidió ayuda para su hermana, quien sufría de un caso severo de eczema. Recordando los eventos de aquella noche, escribió en 1895: "Sentí, para decirlo brevemente, que la caridad entró en mi corazón, la necesidad de olvidarme de mí misma para hacer felices a los demás. Desde esa noche bendita no he sido derrotada en ninguna batalla, sino que fui de victoria en victoria y así comencé —por así decirlo—, a correr la carrera de un gigante (una referencia a Salmo 19:5)".

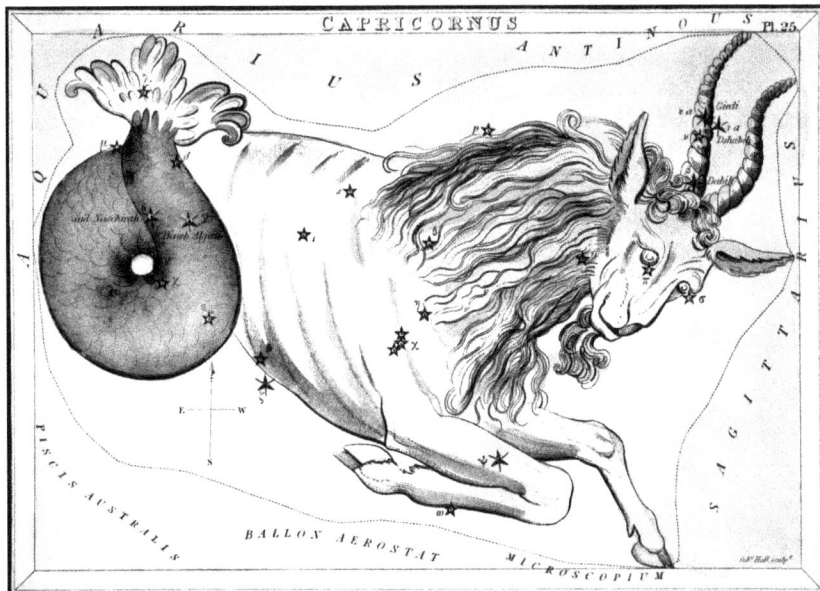

con el espíritu vivo del amor. Marie-Françoise Thérèse Martin, nacida el 2 de enero de 1873 en Alençon, Francia, llegó a ser conocida por hispanohablantes como Santa Teresa o *Santa Teresita de Liseux* y la Pequeña Flor de Jesús. Cuando apenas tenía catorce años, pedía ser admitida en el convento de las Monjas Carmelitas Descalzas en su ciudad de Lisieux. Tres de sus hermanas mayores ya estaban allá. Se entrevistó con la madre superiora, quien le aconsejó que regresara al cumplir veintiún años. Thérèse sintió que no debería esperar tanto —de hecho, apenas viviría diez años más—, entonces hizo un viaje especial al Vaticano con su padre, donde recibió la bendición del Papa. Poco después, a la edad de quince años, entró en el carmelo. Sus circunstancias y su salud fueron tales que se dio cuenta de que no había sido llamada a hacer obras deslumbrantes, sino que su misión era mostrar el valor de vivir el sendero de Cristo en las cosas pequeñas que hacemos día a día. Escribió:

> *El amor en sí se demuestra con hechos, así que, ¿cómo puedo mostrar mi amor si las grandes obras me son imposibles? La única manera en que puedo demostrar mi amor es esparciendo flores, y estas flores consisten en cada pequeño sacrificio, cada mirada y palabra, y en hacer las cosas pequeñas por amor.*

Durante su estancia con las hermanas carmelitas, Thérèse dio el ejemplo de ser amorosa incluso cuando los demás eran envidiosos o estaban de mal humor. La Pequeña Flor hizo un esfuerzo por ser alegre, ayudando con cualquier tarea que se le pidiera hacer, sin importar qué tan desagradable, difícil o insignificante fuera. Procuraba evitar el chisme y echaba a la llama del amor todas las manifestaciones de ira e irritación dirigidas a su persona; practicaba el perdón, aun cuando fue falsamente acusada. Thérèse eligió entrar en el corazón sagrado de Jesús en lugar de reaccionar con orgullo o incluso con indignación justificada. En su vida puso primero a Dios, haciendo lo que ella sentía en su corazón que Él querría que ella hiciese. Esto fue su regalo y el cáliz que forjaba para recibir su amor. Mientras se extendía la tuberculosis por su cuerpo, la joven carmelita sufrió más de lo que los doctores creyeron era posible soportar. Ya al final de su prueba, sobre su lecho de muerte a los veinticuatro años de edad, dijo: "He llegado al punto en que no puedo sufrir más, pues todo sufrimiento ha llegado a ser dulce para mí". Las hermanas de Thérèse publicaron sus recuerdos en un libro llamado *Histoire d'une Âme (La historia de un alma)*. Fue canonizada en 1926. Millones de personas siguen encontrando consuelo e inspiración a través de sus palabras y su ejemplo. Santa Teresa de Lisieux es una de las santas más populares de la tradición católica, junto con Juana de Arco.

CÓMO SER EL AMOR EN ACCIÓN

Poner a Dios primero —en cada pensamiento y acción— requiere gran esfuerzo y constancia, así como entregar todo esfuerzo a la Voluntad de Dios. Al entrar en el Sendero, el Aspirante debe soltar todo deseo que pueda tener de recibir aprobación y aplausos. Los fariseos acusaron a Jesús de haber violado la ley cuando curó a un hombre cojo en el Sabbat, el día sagrado en que se debe descansar. La respuesta de Jesús fue breve y enfática, expresa la mentalidad de quien ha decidido ser un instrumento de la fuerza superior: *Mi Padre hasta ahora trabaja, y yo trabajo*.[204]

Cuando el buscador de la verdad Capricornio practica ser el amor en acción día y noche, un gran sentimiento de paz inunda su ser y su aura se llena de luz. Se siente cada vez más y más seguro en manos de Dios. El amor emana de su persona dulce y compasivamente, y a veces severa y poderosamente. El ascenso a la cima es transformador; cada empuje hacia arriba, cada acto ejecutado con regocijo, son una celebración del regalo de la vida. A medida que progrese en su discipulado, las circunstancias externas dejarán de determinar su felicidad, se hará cada vez menos susceptible a perder su equilibrio a causa de las cambiantes corrientes astrológicas. *Y su vida está escondida en Cristo con Dios*.[205]

Al mismo tiempo, el Aspirante Capricornio conoce momentos en los que experimenta en carne propia que cuando se sale de la presencia de la paz a causa de la duda, el enojo, el miedo o cualquier clase de negatividad, la vida de inmediato se vuelve caótica. Siempre y cuando se ubique en su Ser Superior—llamado por algunos el Ser Crístico— será menos probable que llegue a su puerta el retorno kármico predicho en la astrología.[206] Y cuando se encuentre en medio de una situación difícil estará cada vez mejor preparado para encararla con valentía y ecuanimidad.

RETOS EN EL CAMINO A LA CIMA

El sino del Aspirante Capricornio lo pondrá en situaciones en las cuales se encuentrará con aquellas personas con quienes comparte karma o quienes despiertan en él lo que más necesita superar. Más aún, cuanto más ame y entre más exponga la luz de su aura las fuerzas del antiamor— los celos, la envidia y otras emociones negativas nacidas del temor— en aquellos con quienes entra en contacto, mayor será la oposición que tendrá que enfrentar. En opinión de aquellos que eligen quedarse en un estado de existencia ilusoria, el místico es una amenaza. No todos quieren ni están preparados para poner en riesgo sus debilidades y creencias ilusorias, y menos aún desean abandonar sus indulgencias, lo cual es un requisito básico para entrar en el riguroso campo del entrenamiento espiritual.

El Aspirante Capricornio aprende con rapidez que no debe tomar a pecho los golpes y dardos que otras personas le envían. Mientras siga reaccionando, su progreso será obstaculizado y lento. Yogananda nos da unas claves prácticas de cómo ser *calmadamente activo y activamente calmado*.[207]

Conforme gana mayor madurez espiritual, el devoto Capricornio que es disciplinado, llegará a reconocer como maestro a cualquiera que logre incitar su ira. Deseando entender en lugar de criticar, debe tener cuidado de no condenar ni juzgar a otras personas. Es probable que haya sufrido en carne propia falsas acusaciones y la condena en alguna coyuntura de su vida. Tal vez decida tomar represalias o quizá decida que es mejor conservar su paz.

Los tránsitos de Saturno a cualquier posición en su carta natal o progresada y también, los tránsitos de los planetas al Saturno natal, pueden pronosticar la naturaleza de una circunstancia en la que la fe y la automaestría del Aspirante Capricornio serán puestas a prueba. Por ejemplo, un hombre Capricornio con Ascendente en Géminis —comunicación y el chakra de la garganta— fue varias veces objeto de chismes maliciosos. Aunque le pesaba el comportamiento negligente de parte de aquellos a quienes creía sus amigos, él mismo tenía fama de criticar mucho. Al final, este buscador Capricornio se dio cuenta de que no importa tanto que uno sea la víctima o el perpetrador, sino que la energía esté purificada y sea devuelta a Dios. El perdón y la compasión —el ahimsa parmo dharma o no-violencia— tienen que llegar a ser su forma de vida.

---

[204] Juan 5:17

[205] Colosenses 3:3

[206] Véase "La ciencia acuariana de la invocación", el siguiente capítulo, para aprender cómo se puede transmutar la astrología negativa.

[207] *La paz interior: el arte de ser activamente calmado y calmadamente activo* por Paramanhansa Yogananda (Self-Realization Fellowship, 2011).

En el arduo ascenso hacia la cima de la montaña espiritual, encontrará sus *registros* —palabra esotérica que significa cuentas pasadas, incluso de otras vidas— y sus tendencias, positivas o destructivas, en el uso del poder. Se enfrentará con aspectos muy particulares suyos en su relación con el Espíritu, especialmente con el Padre, y cualquier condición psicológica no resuelta que tenga que ver con su padre biológico o con otra figura de autoridad importante durante su niñez. Su sentido de autoestima será expuesto a la luz, así como su capacidad para mantenerse en pie a solas cuando las cosas se ponen difíciles. Es menester que aprenda la ley mundana y la ley divina, siempre esforzándose por asegurarse de que sus juicios estén equilibrados y que la ley sea la sierva de la verdad.

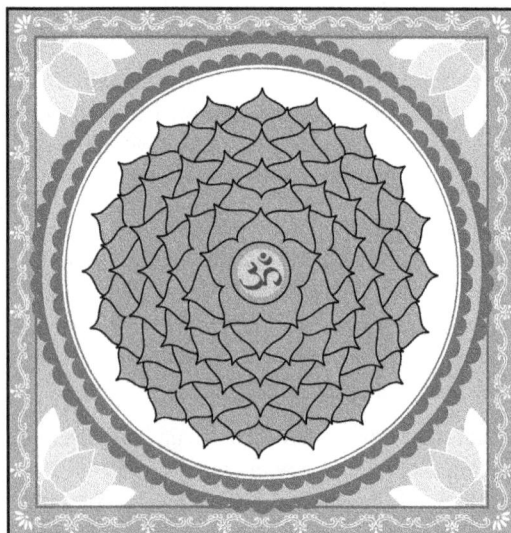

El Loto de Mil Pétalos

EL LOTO DE LOS MIL PÉTALOS

Capricornio está asociado con el chakra de la coronilla, el centro de energía más elevado ubicado en la parte superior de la cabeza. El nombre sánscrito para el chakra superior de los siete chakras mayores es *Sahasrara*, que significa *El Loto de los Mil Pétalos*. En el Tíbet y en el budismo, el loto con sus raíces dentro del fango, su tallo en el agua y sus hermosos nenúfares flotando sobre el agua, representa las diferentes etapas de progreso en el Sendero; desde el fango del materialismo, por las aguas de la experiencia hasta la luz de la iluminación. Los místicos se refieren al chakra de la coronilla cuando hablan del portal hacia la consciencia cósmica. El chakra de la coronilla está asociado con la sefirah kabalística de Keter, la emanación divina en la parte superior del Árbol de la Vida o el Árbol Cósmico, que distribuye la luz de los mundos superiores a las esferas inferiores. De manera semejante, en las tradiciones místicas, la luz de la Divina Presencia desciende de la Deidad a través del chakra de la coronilla y se distribuye a los otros seis chakras nutriéndolos y haciéndolos girar, y gradualmente vuelve a la coronilla en una acción llamada el levantamiento del fuego Kundalini.

Se puede visualizar la luz del chakra de la coronilla como una llama dorada y radiante de inteligencia cósmica. Es el brillo sereno y potente de la sabiduría, ilustrado en los retratos de los santos con un halo alrededor de la cabeza. Los budistas visualizan al buda Gautama sentado sobre el loto, mientras una intensa y brillante llama violeta le rodea la coronilla. El Aspirante Capricornio utiliza la ciencia de la invocación y la meditación para eliminar de este chakra cualquier mal uso de la mente divina. A medida que crece su momentum, va transmutando la substancia densa y psíquica que afecta al cerebro y que ocasiona torpeza mental y estrechez de miras. El Aspirante siente una sensación de cosquilleo y luego de ardor en el punto más alto de su cabeza, la frecuencia de los mundos superiores se une con la suya y puede comprender y ver lo que no podía entender ni imaginar antes. En esta coyuntura en su sendero, debe tener cuidado de no elevarse tanto en la consciencia superior como para volverse negligente con las necesidades de la vida y del cuerpo físico. Si el cerebro no recibe nutrientes adecuados puede volverse hiperactivo, creando cortoscircuitos cerebrales y problemas mentales

POR QUÉ EL ASPIRANTE DEBE CONQUISTAR SUS ESTRELLAS

Como hemos visto, mientras aquél que desea ser el Héroe viaja a través de los signos solares, son muchos y variados los obstáculos, asechanzas, ilusiones y desviaciones que lo desafían. Pero aún mayores son las oportunidades y la transformación que experimenta mientras escala la montaña, acercándose cada vez más a la cima del ser. Aunque la prueba de su espíritu se intensifica, su carga se aligera mientras más alto asciende. ¿Realmente necesita estar consciente de su astrología? ¿No basta con que su corazón esté sujeto a su propósito sagrado?

En el décimosexto capítulo de *Autobiografía de un yogui*,[208] titulado "Cómo dominar la influencia de los astros", Yogananda relata un revelador e inolvidable episodio que le sucedió cuando su gurú, Sri Yukteswar, lo ayudó a descubrir por qué la astrología, abordada de manera correcta, es una herramienta muy necesaria para cualquiera que transite con seriedad la senda hacia Dios. Sin embargo, Yogananda —nacido con el nombre de Mukunda Lol Ghosh[209] el 5 de enero de 1893 en Gorakhpur, India— admite haber estado predispuesto en contra de la astrología. Rechazaba la creencia ampliamente generalizada de que cualquier astrólogo podía decir el futuro y la persona quedaba circunscrita por esos pronósticos a un sino inmutable. Ya de pequeño sabía que "las semillas del karma pasado no pueden germinar si se las tuesta en los fuegos divinos de la sabiduría".

---

[208] Véase *Autiobiografía de un Yoguí*, Paramahansa Yogananda, Self-Realization Fellowship (Los Angeles, 2006).

[209] Después de graduarse en la Universidad de Calcuta en 1915, Mukunda tomó los votos como monje de la venerable Orden monástica de los swamis, momento en el cual recibió el nombre de Yogananda (que significa felicidad, ananda, a través de la unión divina, yoga). In 1935, estando en la India, Sri Yukteswar le dio a Yogananda el título monástico de Paramahansa, cuyo significado es 'cisne espiritual' (siendo param: 'espiritual' o 'supremo' y hansa: 'cisne'), un título que indica el más alto nivel de realización.

Sri Yukteswar Giri (1855–1936) y *Paramahansa Yogananda* (1893–1952) —un ejemplo intemporal de la relación entre gurú y chela (maestro espiritual y discípulo).

El Capricornio tiende a ser algo escéptico por naturaleza. No tanto en el sentido del incrédulo Piscis Tomás, sino más bien en el del pragmático investigador del espíritu que no tiende a correr riesgos, un empírico que prueba lo que no puede ver en el laboratorio de la vida. Tampoco el Capricornio abandona tan fácilmente una postura que sus propias observaciones le han probado que es cierta. Sin embargo, Capricornio también es el signo del deber y, por supuesto, en la relación entre el Aspirante Capricornio y su gurú, ¡solo una humilde receptividad funcionará!

La historia comienza cuando Sri Yukteswar sugiere a Mukunda que consiga un brazalete astrológico. Mukunda duda, pues, él no creía en la astrología. El propio Sri Yukteswar, él mismo un Jyotisha (astrólogo védico), se mete en un prolongado discurso —del cual sólo se publican algunos extractos aquí—, en donde explica a su renuente discípulo que los hombres, mientras siguen luchando con su mortalidad, están sujetos a la miríada de influencias del cosmos material. Cierto es que los charlatanes son responsables de haber desacreditado la astrología con sus dudosas prácticas. Solo unos pocos, de profundo entendimiento e intuitiva sabiduría pueden llegar a comprender y practicar correctamente este antiguo arte. Sri Yukteswar explica además:

"El mensaje extensamente blasonado a través del cielo, en el momento del nacimiento no debe enfatizar la fuerza del destino individual —como resultado de un pasado bueno o malo— sino que debe despertar en el hombre la voluntad de escapar de la esclavitud universal. Lo que él hizo en el pasado, él mismo puede anularlo. Nadie más que él fue el instigador de las causas cuyas efectos está actualmente experimentando en su vida. El hombre puede vencer cualquier limitación porque él mismo la ha creado por sus propios hechos, y porque posee recursos espirituales que no están sujetos a las influencias planetarias.

"El hombre sabio vence la influencia de sus planetas —o lo que es lo mismo, de su pasado— transfiriendo su lealtad de la creación al Creador. Mientras

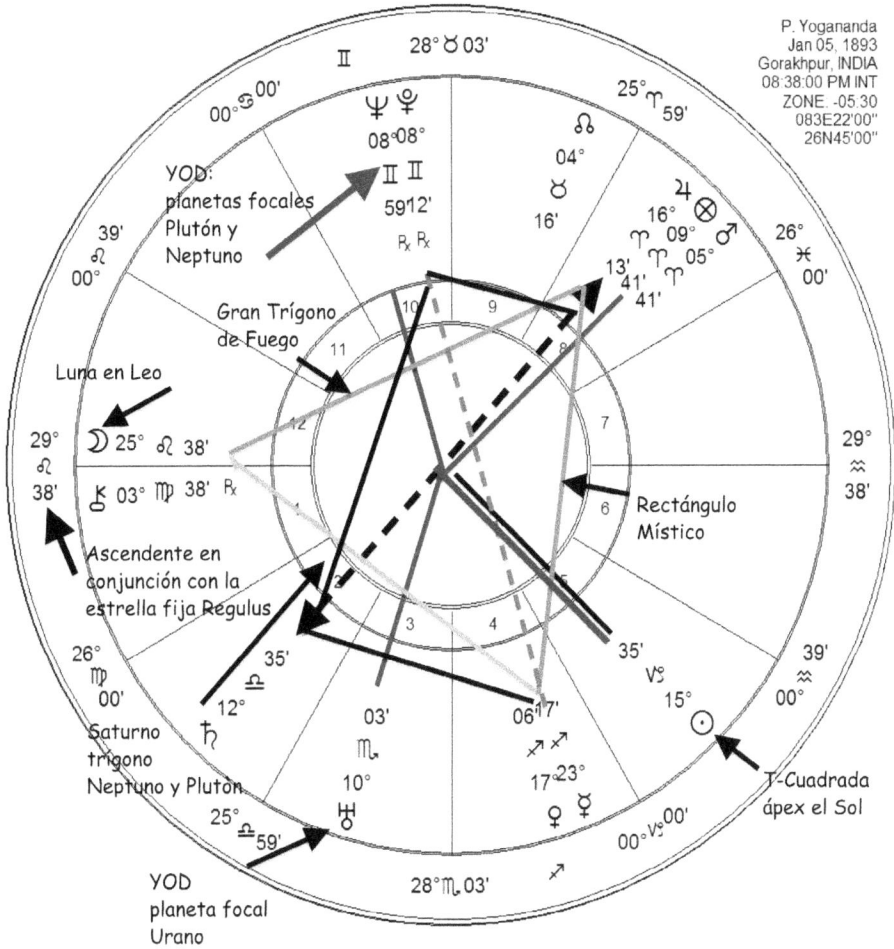

P. Yogananda
Jan 05, 1893
Gorakhpur, INDIA
08:38:00 PM INT
ZONE. -05.30
083E22'00"
26N45'00"

28° ♉ 03'

Ⅱ

00°♋00'

25°♈59'

♆ ♅
08°08°

☊
04°

YOD:
planetas focales
Plutón y
Neptuno

Ⅱ Ⅱ
59'12'
℞ ℞

♉
16'

♃ ⊗
16°
♈ 09° ♂
05°
13' ♈
41'
41'

26°
♓
00°

39'
♌
00°

Gran Trígono
de Fuego

Luna en Leo

29°
♌
38'

☽ 25° ♌ 38'

⚷ 03° ♍ 38' ℞

Rectángulo
Místico

29°
♒
38'

Ascendente en
conjunción con la
estrella fija Regulus

26°
♍
00°

35'

♎
12°

03'

♏
10°

06'17'

↗ ↗
17°23°

35'
♑
15°

☉

39'
♒
00°

Saturno
trígono
Neptuno y Plutón

♄

♏

25°♎59'

♅

28°♏03'

♀ ♂
00°♑00'

♐

T-Cuadrada
ápex el Sol

YOD
planeta focal
Urano

²¹⁰ Un Gran Trígono de Fuego (espíritu) domina la carta natal de Yogananda y, de hecho, involucra a la mitad de los planetas de la carta; la Luna en Leo, Venus y Mercurio en Sagitario y Marte y Júpiter en Aries, todos conectados con una u otra de las complejas configuraciones que marcan esta fascinante carta. El Gran Trígono de Fuego ilustra el incesante búsqueda del joven Mukunda para hallar a su gurú, su enfocada devoción y los años de entrenamiento bajo la égida del maestro Sri Yukteswar. Además, apunta la misión de ser el portador de la enseñanza de *Kriya Yoga* a América, que según se dice tuvo su origen en el santo y yogui Babaji. Su ascendente a 29 grados Leo en conjunción con la estrella fija Regulus enfatiza el liderazgo y el papel que el destino le había otorgado.Una característica intrigante de su carta natal son los dos yods entrelazados, también llamados Dedos de Dios. (Planetas focales: Urano en Escorpio en la Tercera Casa, Plutón y Neptuno en Géminis en la Décima). Viajaría, hablaría extensamente a una variedad de audiencias, y sus escritos viajarían por el mundo. *(cont.)*

más toma conciencia el hombre de su unidad con el Espíritu, menos podrá ser dominado por la materia.

"Dios es armonía, el devoto que se sintoniza con Él, nunca ejecuta una acción desequilibrada. Sus actividades serán ajustadas correcta y naturalmente de acuerdo con la ley astrológica. Después de la oración y de la meditación profunda el devoto está en contacto con su divina conciencia, no hay poder mayor que el de esta protección interna".

Después de un prolongado silencio, Mukunda se atreve a preguntar:

—Entonces, querido Maestro, ¿por qué quiere usted que yo use un brazalete astrológico?

—Únicamente cuando el viajero ha llegado al final de su viaje puede prescindir de sus mapas e itinerarios. Durante el viaje, debe aprovechar cualquier vía que le permita abreviar su trayecto.

—Las estrellas están próximas a tomar un interés poco amistoso en ti, Mukunda. (Véase el análisis de su carta astrológica en la página anterior).[210] Pero no temas, estarás debidamente protegido. Dentro de un mes, tu hígado principiará a causarte grandes trastornos, La enfermedad está indicada para durar unos seis meses, pero con el uso del brazalete astrológico se acortará a veinticuatro días.

Mukunda consigue el brazalete, forjado específicamente según las instrucciones de Sri Yukteswar.[211] Casi pasa un mes cuando de pronto Mukunda experimenta un agudo dolor en el hígado, un dolor que describe como "una tortura". En las tres semanas que siguen se vuelve tan intenso, que tras veintitrés días, Mukunda decide tomar el tren a Benarés, para buscar ayuda de su gurú. ¡Ya no soporta el dolor! Por la manera como Yogananda describe el encuentro entre gurú y discípulo, vemos que el maestro lo estaba esperando. Después de todo, los veinticuatro días de enfermedad se habían cumplido. Yogananda relata la reunión:

---

[210] *(cont.)* Yuxtapuesto con este complejo augurio está una conflictiva T-Cuadrada, ápex Sol, sobre la Cruz Cardinal de Poder —las cuestiones sobre la vida, su propia misión y propósito, cuyas respuestas no siempre vería fácilmente. Notamos que Júpiter (el hígado) está en conjunción con Marte (inflamación) ambos en oposición con Saturno (retorno kármico), todos en cuadratura al Sol en Capricornio de Yogananda. ¿Era ésta la configuración sobre la cual Sri Yukteswar basó su predicción? El entrecruzamiento de la T-Cuadrada con el Gran Trígono convierte a éste en un cometa, planeta focal Saturno, anclando su destino al unirlo a su misión y traerlo una y ora vez a la labor de completar su dharma. Más aún, Saturno está en trígono con Plutón (el aspecto "Dios en mí puede mover montañas") en conjunción con Neptuno (a través de la fe); así pues, también vemos un insólito Rectángulo Místico. Según el astrólogo Dane Rudhyar esta configuración inusual representa "el misticismo práctico". Los trígonos y sextiles proveen los medios para buscar una solución creativa y viable a los inevitables conflictos que representan las oposiciones que se cruzan —¡si es que el alma está al nivel del reto! Esto sin duda representa la vida de Yogananda, la crisis a la que hizo frente, su profunda comunicación interna y su solución espiritual final.

"…Sri Yukteswar me recibió con inusitado calor, poco habitual en él, pero no me dio la opotunidad para contarle en privado mis padecimientos. Muchos devotos visitaron ese día a mi Maestro, únicamente para el *darshan*.[212] Enfermo y casi abandonado, me senté en un rincón. No fue sino hasta después de la cena, cuando todos los visitantes se habían marchado, que mi Maestro me llamó al balcón.

—Tú debes haber venido por tu malestar del hígado…Vamos a ver, tú has estado enfermo por veinticuatro días, ¿no es así?

—Sí, Señor.

—Haz el ejercicio para el estómago que te enseñé.

—Si usted supiera lo intenso de mi sufrimiento, Maestro —le dije—, no me pediría que hiciera ningún ejercicio. —Sin embargo, hice un pequeño intento para obedecerle.

—Dices que tienes dolor. Yo digo que no tienes ninguno. ¿Cómo tal contradicción puede existir? —Mi Maestro me miró inquisitivo.

Yo estaba desconcertado, más luego me sentí sobrecargado de una genuina sensación de alivio. Ya no sentía el tormento continuo que por cuatro semanas casi no me había permitido ni dormir. A las palabras de Sri Yukteswar, la agonía del dolor desapareció, como si nunca hubiera existido.

Traté de arrodillarme a sus pies, un señal de gratitud, pero, rápidamente, me lo impidió:

—No seas infantil. Levántate y goza de la hermosa luna sobre el rio Ganges. —Pero los ojos de mi Maestro centelleaban gozosos, mientras yo permanecía en silencio a su lado. Comprendí por su actitud que deseaba que yo sintiera que Dios era el que me había curado, no él".

La *Astrología Transformacional* y también la Astrología Kabalística, el *Kriya Yoga*, las enseñanzas de los Maestros Ascendidos a través de Elizabeth Clare Prophet y Mark Prophet, todos enfatizan que mientras el hombre resuelve su karma en el tiempo y el espacio, es vulnerable a las influencias astrológicas, suyas o del mundo en general. Lo que el que desea ser Héroe debe recordar siempre es que jamás es víctima de un sino (karma); puede tomar medidas activas para gobernar sus estrellas y cumplir su destino con éxito. Así, cuanto más profunda sea su realización espiritual, mayor será la influencia que él ejerce en el universo y menos afectado estará por influencias planetarias.

Sobre todo, sigo atestiguando en mi propia vida y en la de mis clientes, el poder de la oración y, específicamente, el de la llama violeta para la trans-

---

[211] Según Sri Yukstewar, los *rishis* o sabios de la India descubrieron que los metales puros, y ciertas gemas y piedras preciosas, de cierto peso y a veces en combinación con plantas, pueden contrarrestar poderosamente las emanaciones perjudiciales de los astros.

[212] Yogananda define *darshan* como, "La bendición que fluye del Maestro a su simple vista".

mutación de la propia vulnerabilidad kármica a influencias astrológicas negativas, para mitigar o transformar por completo un futuro período de adversidad antes de que se convierta en una manifestación física y sobre todo para superar victoriosamente cada prueba que surja en el camino.

LA CÚSPIDE

La subida a alturas más elevadas nunca cesa; el Aspirante se convertirá en el Adepto, el Héroe, quien luego llegará a ser el Maestro Ascendido, el Ser Iluminado. El campo energético áurico de algunas de estas grandes almas que han logrado la inmortalidad es tan vasto, que puede llenar el espacio de una esfera planetaria y más allá. Cuánto más alto suba por la montaña, más podrá dar de sí mismo a la humanidad. Se dice que en la Era de Acuario muchos candidatos estarán destinados a recorrer el Sendero. El Héroe Capricornio es el guía experto en la escalada a la Cima del Ser.

LA CIENCIA ACUARIANA
DE LA INVOCACIÓN

El salvoconducto a los mundos superiores

Lo que yo he llamado "La ciencia acuariana de la invocación" es una referencia a nuevas fronteras que están abriendo nuestro entendimiento, comprensión y habilidad para conectarnos con dimensiones superiores a través del poder del sonido en sus diversos modos de expresión —la comunicación compasiva, la entonación de ciertas frecuencias y tonos a través la ofrenda de oraciones, mantras y decretos poderosos, fiats (breves afirmaciones poderosas), melodías y sonidos— e incluso tonos y melodías que están por descubrirse. ¿Qué pasaría si cada palabra hablada fuera pronunciada conscientemente, en un tono y timbre de voz afinados con precisión y estuviera dotada de amor? Viviríamos en el paraíso, porque la naturaleza misma respondería a tan bella armonía.[212]

Estoy convencida de que la compresión y entendimiento del sonido —su papel en la creación de mundos enteros, así como su potencial destructivo— junto con nuevos desarrollos en el arte de escuchar, son componentes esenciales para la autotransformación, por lo tanto para la Era de Acuario. Cuando fundé *The Three Magi Complete Astrological Services* en 1989, empecé con una tesis que he podido confirmar a través de mi experiencia de más de veinticinco años: que la profecía (el prognosis visto en la carta astrológica) no está escrita en piedra, sino puede ser alterada por un cambio en la consciencia. El uso de la palabra hablada, cuando se aplica correctamente, es clave en este proceso de autotransformación de nosotros mismos y transcendencia del karma (descrito en la carta astrológica).

Como Dorothy en *El Mago de Oz*, quien iba de un lado para otro luchando contra brujas y metiéndose en cantidad de aventuras buscando el camino de regreso a su hogar en Kansas, solo para descubrir que lo único que hubiera tenido que hacer era golpear los tacones de sus zapatos color rubí tres veces y luego pedir que la llevaran de regreso a casa; así nosotros tenemos el derecho otorgado por Dios de pronunciar las palabras mágicas que nos llevarán de vuelta a nuestro hogar divino, con solo comprender la ciencia de la invocación y cómo la podemos aplicar en nuestras vidas.

---

[212] El decreto es la forma más poderosa de orar, es el "Mandadme" de Isaías 45:11, el mandato original a la Luz: ¡Lux fiat! o ¡Hágase la luz! El derecho de nacimiento de todos *los hijos y las hijas de Dios*. Es la palabra divina dicha por el hombre en el nombre de su Presencia Yo Soy y en el nombre del Cristo viviente dentro de él para efectuar cambios constructivos sobre la Tierra a través de la voluntad de Dios y la manifestación.

Cualquiera que esté dedicado a un sendero elevado hacia Dios, sin importar su edad, la era en la que vive o su pasado ancestral, tiene la capacidad de modificar una predicción astrológica alarmante. Cada uno de nosotros, a través de la oración concertada mientras tratamos nuestra psicología, podemos transformar los errores del pasado en ganancias positivas evitando así, además, los presagios astrológicos negativos antes de que lleguen a nuestra puerta. Sí, es verdad que a veces nos es necesario pasar por ciertas experiencias diseñadas para transformar nuestra comprensión, pero hasta en esas circunstancias la oración puede mitigar su severidad. He visto predicciones negativas desvanecerse en el aire cuando el alma ya ha aprendido la lección y ha pagado sus deudas kármicas.

Se ha citado muchas veces el dicho de Edgar Cayce: *¿Por qué preocuparte, cuando puedes rezar?* Yo creo firmemente en el poder de la oración como una fórmula alquímica que puede acelerar la consciencia, el puente entre el mundo superior y el inferior, una clave esencial para que el Cielo interceda por nuestras vidas. He visto una y otra vez el poder de la palabra sagrada en combinación con la previsión revelada por la carta astrológica, como una herramienta efectiva para enfrentar situaciones desafiantes, resolver cuestiones de relaciones íntimas, asuntos económicos o de salud, en el esfuerzo de dominarse a sí mismo y de avanzar en el camino hacia la cumbre.

La única manera verdadera y segura de ganar acceso a los reinos de la consciencia más elevada es, y siempre ha sido, a través del ejercicio de la palabra hablada realizado con claridad mental y devoción. Así, el buscador de la verdad puede alterar su vibración, calmar su ser y experimentar los planos superiores de consciencia, donde es receptivo a mayor iluminación. A menudo será capaz de aliviar o hasta curar sus enfermedades. Hoy en día, a través de diferentes técnicas de sonido, concienzudos especialistas en las artes curativas están guiando a sus pacientes a través de las meditaciones, utilizando con frecuencia la resonancia de cuencos de cristal o la entonación de mantras.

El uso de la *Llama Violeta Transmutadora* fue introducido en su origen por Godfre Ray King en *The I AM Movement (El Movimiento YO SOY)* en los años 1930, luego por Mark y Elizabeth Clare Prophet, quienes lo enseñaron en The Summit Lighthouse como una dispensa cósmica patrocinada hoy en día por el Maestro Ascendido St. Germain y que se había perdido desde los días de la Atlántida. La entonación de mantras, decretos dinámicos y fiats de llama violeta sirve para la transmutación de los registros kármicos y patrones de conducta que le pesan al alma y la mantienen repitiendo los mismos errores como si estuviera atada a una cruz kármica.

Esta forma de invocación es tan transformadora y milagrosa en sus efectos, que cuando se la usa de forma constante y sobre todo cuando se la combina con la disciplina del Sendero y un entendimiento de las fuerzas astrológicas que actúan en tu mundo, puede dar vuelta por completo a tu vida de una manera real y definitiva. Ponlo en práctica y lo comprobarás por ti mismo. La Llama Violeta sigue siendo una bendición mágica en mi propia vida. Simplemente entona este mantra bien conocido:

¡YO SOY un ser de fuego violeta,
YO SOY la pureza que Dios desea!

En *El Camino del Héroe a través del Zodíaco* exploramos las prácticas y tradiciones de diversos credos y creencias. Escribo sobre los chakras y trato diferentes maneras de orar; oraciones, mantras, invocaciones y decretos dinámicos. He provisto al lector con los enlaces a la Internet para ayudarle a explorar este tema tanto como desee hacerlo. ¿Por qué el conocimiento del uso del sonido no ha sido difundido de modo más profuso cuando puede mejorar nuestras vidas tan radicalmente? ? Yo creo que de la misma manera como hemos lastimado a la Tierra y ahora buscamos resarcir el daño, los cambios de consciencia requeridos para modificar los ritmos de nuestras vidas, la manera en la que nos comunicamos, los sonidos en nuestras experiencias cotidianas.

El Dr. Mitchell Gaynor, en su bien documentado libro *Sounds of Healing (Sonidos de la curación)* explica por qué los monjes tibetanos han mantenido por tanto tiempo en secreto su compresión del uso terapéutico de los sonidos que producen con sus cuencos de metal. Han guardado los secretos de este arte debido a su gran potencial destructivo. En manos equivocadas, los cuencos podrían ser terriblemente mal utilizados, sin contar con que el sonido de las palabras que decimos tienen el poder para crear o para destruir.

Pero esta es la naturaleza de la Era de Acuario que ya no puede esperar más para que nos pongamos al día. Los malhechores y mucha ignorancia siguen existiendo sobre este planeta, pero si no se revelara el conocimiento del uso correcto del sonido, que ha sido ocultado desde hace cientos de miles de años, los Hijos de la Luz destinados a transformar el planeta y ascender a Dios, no podrían avanzar como deben.

Por lo tanto, debemos conocernos a nosotros mismos como realmente somos, entonando nuestras invocaciones de luz y verdad para magnetizar lo que en otro nivel de consciencia ya existe. Así pues, no busquemos aquí o allá, porque lo cierto es que el reino de Dios (la consciencia del Cielo y del Nuevo Día) está dentro de nosotros.

SOBRE LA AUTORA

Cuando Kathie García eligió llamar a su compañía **The Three Magi** en 1989, vio el valor de la astrología como herramienta para ayudar a las personas a comprenderse mejor a sí mismas, sus relaciones y su mundo. Como los sacerdotes de antaño que fueron astrónomos y también astrólogos, a Kathie le interesaba la astrología como una ciencia sagrada; el descifrar la simbología y la definición de la energía de los signos y los planetas como claves para revelar los misterios de la vida.

Kathie Ann Zuflacht nació el 25 de septiembre de 1951 en la ciudad de Nueva York. El Sol estaba en Libra, la Luna en Leo, como parte de un Gran Trígono en Fuego. Piscis ascendía. Su padre fue cirujano y su madre maestra y psicóloga de niños. Kathie tenía un hermano mayor y uno menor. Fue educada para apreciar las bellas artes, las funciones de teatro de *Broadway* y los museos de la ciudad. Le encantaba la diversidad de culturas de Nueva York. Más tarde transmitiría este amor a sus hijos.

Cuando estalló la guerra de Vietnam, Kathie empezó a buscar una mayor compresión de los cómos y los por qués de la vida. Se sentía inspirada por un libro escrito por Thich Nhat Hahn, *Vietnam: Lotus in a Sea of Fire—A Buddhist Proposal for Peace (Vietnam: loto en un mar de fuego —una propuesta budista para la paz)*. Un par de años después, empezó a estudiar astrología y Kabbalah. Durante el tiempo que pasaba en la universidad profundizó en filosofía. Mientras se hacía camino a través de volúmenes de literatura teosófica, fue atraída hacia **El Maestro Ascendido M (El Morya)**. Para sus dieciocho años, ya había decidido que nada era más importante que hallar a este maestro. Tras terminar sus estudios universitarios, pensó que iría a la India a buscarlo.

En 1973, Kathie obtuvo el título de licenciada en antropología, con una subespecialidad en filosofía de la universidad *Sophie Newcomb College de Tulane University* en la ciudad de Nueva Orleans. Pasó un año estudiando en *University College y London School of Economics* en Londres. Se enfocó en la historia antigua de Mesoamérica (México y América Central). Sus estudios de antropología resultaron ser muy útiles para su trabajo astrológico; había aprendido a dialogar con el cliente para entender su experiencia y su acervo cultural particular. Kathie notó cómo ciertos aspectos astrológicos se manifestaban de manera diferente según los matices de la cultura en la que había crecido su cliente.

Kathie relata que su historia de amor con México comenzó cuando pasó un verano en Cuernavaca antes de cumplir los quince años. De inmediato se sintió en casa con la cultura mexicana y con el amor que emanaba de su gente. En 1976 conoció a *Manuel García Castilla* en Isla Mujeres, una isla pequeña cerca de Cancún que en aquel entonces apenas comenzaba a consolidarse como centro turístico. En el momento en que vio por primera vez a Manuel, se dio cuenta que aquélla era una cita con el destino. Seis meses después, esta bien preparada mujer de Nueva York y ese pescador y buzo del Caribe Mexicano se casaron y llegaron a tener cuatro hijos.

Un año después de casarse, Kathie sintió que debía ir a Nueva York, donde creía que iba a encontrar un libro que le ayudaría descubrir el sendero espiritual que había buscado desde su adolescencia. Manuel, siempre de buena gana, se sumó al viaje y dos semanas después, en una librería de Nueva York encontró *El Chela y el Sendero*, dictado por El Morya y publicado por *The Summit Lighthouse*. Lo reconoció en el instante; pues, en sus sueños, Kathie había visto la imagen del buscador espiritual de la portada del libro. Luego, junto con Manuel, cruzó todo el país en autobús con la determinación de asistir a la conferencia de *The Summit Lighthouse* en Pasadena, California. Kathie explica que este evento fue el momento de inflexión para el resto de su vida.

Después del nacimiento de su hija Indra en Cancún, Kathie decidió estudiar para convertirse en una maestra Montessori. Cuando estaba encinta de sus hijos mellizos, estudiaba bajo la tutela de Madame Elisabeth Caspari en la comunidad espiritual de *The Summit Lighthouse* cerca de Malibu, California. Recibió su certificación de maestra de *The Pan American Society* en 1981. Cuando los mellizos tenían ocho años de edad, en 1989, Kathie optó por trabajar como astróloga, cosa que había hecho de manera semiprofesional cuando vivía en México, para poder sostenerse económicamente mientras educaba a los mellizos en casa. Lo que empezó como una solución provisional, llegó a ser su carrera.

Durante aquellos años, a la vez que se ocupaba de la educación y crianza de sus hijos, Kathie creó informes astrológicos para ayudar a los niños a alcanzar su mayor potencial. Su informe **Child*Star** (en inglés y en español) fue el primer informe astrológico diseñado para ayudar a los padres de familia a guiar mejor a sus hijos. **Astro*Journey** es un informe pronóstico para adultos jóvenes. **Know Your Child**, una versión en CD de Child*Star, vino después. Mientras avanzaba en su sendero espiritual, Kathie seguía buscando la manera como la astrología podía ser una herramienta valiosa para la autorrealización. Lo que se convertiría en su particular enfoque de la astrología —la *Astrología Transformacional* descrita en este libro —fue el destilado de la sabiduría de las tradiciones místicas mundiales para ayudar a definir los retos y los obstáculos por superar en **El Camino del Héroe a través del Zodíaco**.

Cuando se le preguntaba qué era lo que más le gustaba del sendero espiritual, Kathie una vez respondió: "Me encanta ver la transformación que ocurre en las personas una vez que se dedican seriamente al Sendero. ¡Es algo asombroso, de verdad!" ¿Y qué es lo que más le gusta a Kathie de la *Astrología Transformacional*?

"Al tener una mejor idea de lo que está pasando y de lo que el futuro te depara, puedes elegir mejor, de forma más sabia y sensata; la luna llena en Piscis no te toma por sorpresa, haciéndote caer dentro de un torbellino de frustración emocional. Estás preparado y por lo tanto conservas tu paz. Puedes ayudar a otros a que hagan lo mismo. Equipado con perspicacia astrológica, puedes aprovechar mejor el ciclo cuando estés en la cumbre de tu carrera y no te preocuparás cuando Saturno se encuentre en el punto más bajo de tu carta astrológica; por el contrario utilizarás el ciclo para sentar las bases de tu futuro éxito".

"Te das cuenta de que tu carta astrológica es tu mapa vital y es perfecto para ti en esta vida. Créemelo, no quisieras tener la carta de otra persona, sin importar cuánto mejor sean sus circunstancias que las tuyas. La vida consiste en la oportunidad para salir adelante en excelencia, y todos recibimos esta oportunidad. Comenzando con una comprensión básica de los doce signos solares, la astrología te ayuda a entender tus semejanzas y tus diferencias con los demás. Cuando los padres de familia se familiarizan con las cartas de sus hijos, tienden a tener mucha más paciencia —una virtud indispensable en la educación de los pequeños— aun si son impacientes por naturaleza. Tras explorar su astrología transformacional, los enamorados tienden a ser más tolerantes y comprensivos y pelean menos".

Kathie concluye, "Me encanta que cuando se aplica conscientemente *La ciencia acuariana de la invocación* a la astrología, podemos transmutar los presagios e influencias negativas que alteran nuestro presente, y mejorar nuestras posibilidades futuras. Si no pudiera ofrecer esa esperanza a las personas, no continuaría trabajando con la astrología".

Las consultas, seminarios, talleres y escritos de Kathie García siguen teniendo efecto en personas de diversas edades y estilos de vida alrededor del mundo entero. Ella insiste en que "cada uno de nosotros tiene la oportunidad de llegar a ser el Héroe, de aprender a gobernar las estrellas y de trazar la ruta que tomará en el camino de regreso a Dios". Para Kathie, la *Astrología Transformacional* nos entrega una lupa que nos perite ver mejor el recorrido.

Aspectos y Configuraciones Astrológicos

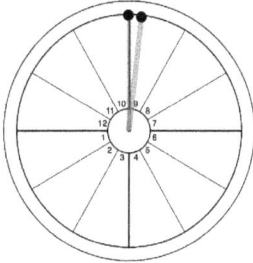

La Conjunción
0-10°

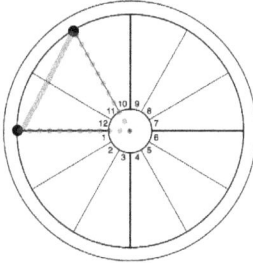

El Sextil
60°

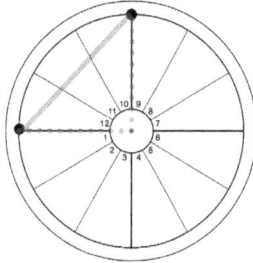

La Cuadratura
90°

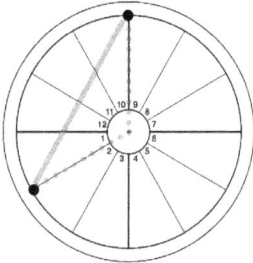

El Trígono
120°

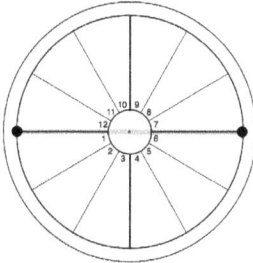

La Oposición
180°

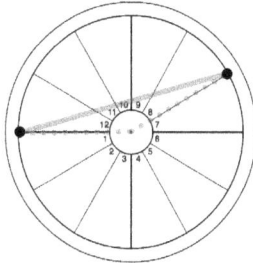

El Quincuncio
150°

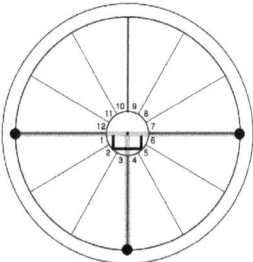

La T-Cuadrada
dos planetas opuestas en
cuadratura a otro planeta

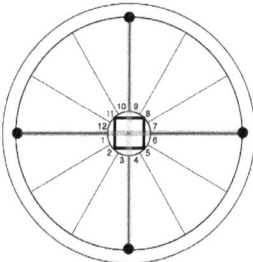

La Gran Cuadratura
dos oposiciones
formando una cruz

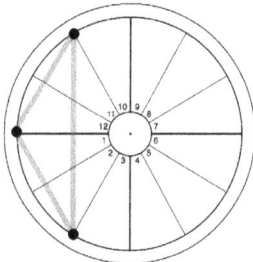

El Gran Trígono Menor
dos planetas en Trígono,
ambos sextil otro planeta

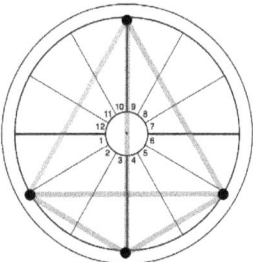

El Cometa
Un Gran Trígono
Bisecado

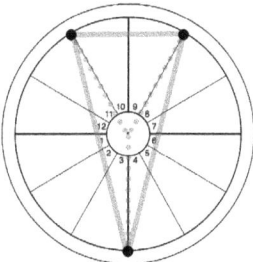

Yod (Dedo de Dios)
Dos quincuncios
y un sextil

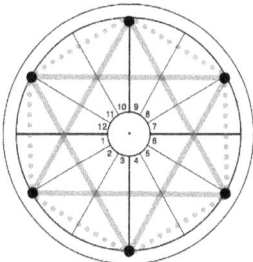

El Gran Sextil
Hexagrama de
dos Gran Trígonos

Glifos de los 12 signos del Zodíaco

Aries

Tauro

Géminis

Cáncer

Leo

Virgo

Libra

Escorpio

Sagitario

Capricornio

Acuario

Piscis

Glifos para las posiciones planetarias

El Sol

La Luna

Mercurio

Venus

Marte

Júpiter

Saturno

Urano

Neptuno

Plutón

Nodo Lunar Norte

Quirón

Cartas • Consultas e informes • Software

Para recibir una carta natal gratis,
mande un correo electrónico dirigido a:
kathie.garcia@thethreemagi.com
o escriba a la siguiente dirección:

Kathie García
The Three Magi Compete Astrological Services
P.O. Box 81 • Emigrant, Montana 59027 E.U.A.

Por favor incluya la siguiente información:

*Nombre completo:*_____

Fecha de nacimiento (mes, día, año):

_____/_____/_____

Hora de nacimiento (hora local exacta):

_____ :_____ *(am) o (pm)*

☐ *Hora desconocida*

*Lugar de nacimiento (o de la ciudad más cercana,
si es un pueblo muy pequeño):*

*Ciudad, estado, país:*_____

Para pedir una consulta astrológica personal,
escoja entre una variedad de informes astrológicos
y para recibir boletines gratuitos, visite el sitio:

www.TheThreeMagi.com
o mande un correo electrónico a:
kathie.garcia@thethreemagi.com
o llama al **(406) 333-4804**